エクセルギーと環境の理論

── 流れ・循環のデザインとは何か ──

宿谷昌則　編著

西川竜二
高橋　達
斉藤雅也
淺田秀男
伊澤康一
岩松俊哉
マーセル シュバイカ

共著

目　次

〈執筆分担〉

宿谷昌則：全体編集、はじめに、改訂にあたって、第0章、第1章、2.1、2.5、2.6、3.1、3.2、3.8、4.1、4.2、4.3、4.6、4.7、おわりに

西川竜二：2.4、3.4、3.6、3.9、4.3

高橋　達：2.7、2.10、2.11、3.7、4.4、4.5

斉藤雅也：2.3、2.9、4.6、4.7

淺田秀男：2.2、3.3、3.5

伊澤康一：2.3、2.8、2.9、4.3.4、4.6

岩松俊哉：2.3、4.6

マーセル シュバイカ：2.12

はじめに

表題の「エクセルギー」ということばを初めて聞いた読者は少なくないかもしれない。また、聞いたことがあるという読者も、明解で有用だと思われている向きはあまりないのではなかろうか。

著者の一人 宿谷 が「エクセルギー」ということばを初めて耳にしたのは1983年ごろであるが、明解で有用だというにはやはり程遠かった。しかし同時に、よくわからないのにもかかわらず、何か大きな魅力を感じたのだった。

『エネルギー問題という場合のエネルギーは、保存される概念として今や科学全般で不可欠なエネルギーではなくて、本当は「エクセルギー」のはずなんです。エクセルギーという概念でエネルギー問題とは何かを考え直してみる必要がありますね……』といったニュアンスのことを故 押田勇雄 先生から直接伺った。そのことを今でも鮮明に思い出す。

魅力は感じたのだったが、「エクセルギー」を主題として研究してもよいものかどうかは随分迷った。当時の私が主たる専門としていたのは光と熱にかかわる建築環境学であり、照明や暖房・冷房のあり方について研究していたのだが、その中にエクセルギーという概念をもち込むのが是か非か、それが実のところよくわからなかったのである。

エクセルギー概念は、20世紀後半になって初めて見出されたまったく新しい概念かというと、そうではない。エクセルギーという名前は1950年ごろ、ラントという熱力学の研究者が思いついたものであるが、エクセルギーに相当する物理的な概念の基本的な定式化は、すでに1900年ごろには試みられていた。さらに、その源流を探っていくと、熱力学を創始するのに最も基本的な役割を果たしたカルノーの1820年ごろの論文にまで遡る。ラントによる命名以後、エクセルギーは、様々な工業プロセス —— 例えば発電のための熱化学プロセスや人工物質の生産プロセスなど —— において、できるだけ大きな出力をどうやって得るかを求めるための指標とすることに特化して研究され、また使われてきた。

エクセルギー概念の源流を訪ねると、それはどうも物理学の世界のようだし、応用されてきた領域を見ても、それは機械工学や化学工学の世界だった。私が専門としてきた建築環境学とは関係なさそうに見えたのは当然であった。エクセルギー概念そのものがよく理解できていなかったのだから、それを建築環境学に取り込むべきか否かがわからなかったのは、今となってみれば当たり前だった。

今一度よく思い返してみると、建築環境学にエクセルギー概念をもち込むことに躊躇したのは、むしろ次のような不安からだったと思う。エクセルギーの研究はした、そしてエクセルギー概念が何であるかはわかった。しかし、実は建築環境学にはまったく不要なことがわかった・・・・というのでは空しいではないか。こうなっては、研究者として問題を立てる能力の無さを敢えて時間をかけて証明するようなものではないか。また、もしそうであったならば、研究室で私と一緒になって学んでくれる大学院生や卒研生を、外れた道へと誘い込んでしまったことになる。これでは、教育に携わる者として大変にまずいではないか。

エクセルギーということばを初めて聞いたときに魅力を感じたと言ったが、これをもう少し別の言い方で表現すると､面白そうだという直感だったように思う。

1990～1992 年ごろに行なっていた学部 3 年生あるいは大学院 1 年生向けの講義の中で、折に触れて『エクセルギーという、まだ私もよくわからないけれども、エネルギー問題を理解し解決していくためには是非必要な､「面白そうな」概念があるんです・・・・・・』といったことを話していたのを思い出す。そんな話を繰り返すうちに『この概念をもっと明瞭につかみたい』という思いが、上に述べた私の不安を次第に上回るようになったのだと思う。

本書で、共著者として名を連ねている方々は、以上のような講義における私のつぶやきに、あるいは、よくわからないが何か面白そうなことに手をつけようとしている無謀にも見える姿の私に共鳴してくれた人たちである。

彼らの『エクセルギーの研究をやってみよう』という勇気に元気づけられて、私は、諦めることなく、エクセルギー概念を通して建築環境にかかわる様々な問題を理解するという目標に向けて研究してくることができたと思う。

そうして気づいてみると、建築環境とは何かが私たちなりに見えてくるとともに、エクセルギー概念とは何かもわかってきた。エクセルギー概念の理解が深まってきたら、それに応じて建築環境とは何かの理解も深まってきたのである。

本書は、私たちのグループが行なってきた以上のような研究で明らかになってきたことをできる限り平易に、しかし本質を損なうことのないように、読者の方々に広く紹介し解説することを目的として編み著したものである。

本書は二部構成とした。第1部「エクセルギー で 見る・考える」は、1992年ごろから今日までの約12年間に私たちが行なってきたエクセルギー研究が明らかにしたことを述べた。第2部「エクセルギー を 見る・考える」は、第1部に述べたことが見出せるようになるまでに私たちなりに築いてきたエクセルギーの基礎理論について述べた。

第1部の前には第0章を設けた。本書をパラパラとめくって、難しそうだな……と思われる方々は、とも角もこの第0章を読んでみてほしい。その結果、面白そうだ……ということになれば、少なくとも第1部について筆者らがエクセルギーの研究で明らかにしたことのエッセンスを共有していただけるのではないかと思う。

第1部は、不明な点が残ってもよいから通読していただきたい。次いで第2部を今度はゆっくり読むようにしていただければと思う。必要に応じて第1部に再び戻り、また第2部に戻って····ということを繰り返していただければ、エクセルギー概念の本質が次第にわかってくると思う。

建築環境を中心的な主題として行なってきたエクセルギーの研究を通じて学んだことは、研究の直接的な成果の他にも多々ある。例えば、学問の細分化は、特に20世紀になって著しかったが、建築環境学に熱力学を組み込むことを試みて、細分化の一方で融合化も重要なことが身に沁みてわかった。21世紀は学問の融合化を積極的に推し進めなくてはならないと思う。

また、「わからないことがわかっていく」という学習のプロセスがどういうことかも少しだけわかってきたような気がする。本書で取り上げるような基本的な概念を学習していくプロセスでは、誰もがほとんど必ず抱く典型的な疑問がいくつも現われるものである。概念が「わかる」「腑に落ちる」というプロセス、すなわち理解は、疑問を人と人とが共有し、疑問の投げかけと回答とを真摯に、あるいは愚直に繰り返すことではじめて進む。この「わかっていく」プロセスが人の脳の中に自然な かたち で現われるのはどういうことか(という難題)も少しはわかってきたような気がする。

以上のような経験もできれば読者に伝えたいと思い、私たちは、本書の特に第2部を著わすに当たって、天下り的な記述をできるだけ避けるよう努めた。私たち自身、エクセルギーの研究を始めた1992年ごろはまったくと言ってよいほどに熱力学が理解できていない状態だったのであり、そこから始まって、エクセルギー概念がわかるようになっていくプロセスそのものをできるだけ大切にしたいと考え、また、そうすることで、エクセルギー概念を私たちがどう捉えたかを一人でも多くの読者に伝えられれば嬉しいし、学問のおもしろさが伝えられればなお幸いだと考えたからである。

エクセルギー概念の基礎理論とその応用には、建築環境学の外にも展開すべき広大な領域が残っていると思う。読者がエクセルギー研究の新たな展開や応用領域の開発に興味をもち、自ら参加するきっかけを本書がつくることができたとすれば、編著者としてたいへんに嬉しい。

また、環境デザインや環境共生型の技術開発を志向されている方々が、本書の内容に触れてイメージを豊かにして下さるとすれば、これに優る喜びはない。デザインや技術とは自然に備わっている〈かたち〉や〈しくみ〉に倣うことに他ならないと思うからである。

なお、本書の記述に誤りがあるとすれば、それはすべて私たち著者に起因するものである。

2004年　初夏

編著者　　宿谷 昌則

改訂にあたって

本書の初版が2004年8月に刊行されてすでに6年が過ぎた。本書は、私たちが行なってきた建築環境を主たる題材としたエクセルギー概念による研究の2004年春ごろまでの成果をまとめたものであった。

初版の刊行後2年半が経ったころ、本書を世に出してくれた北斗出版が廃業することになって、本書の残部を宿谷と共著者が引き取り、その後は、入手したいとの問い合わせがあった折に実費でお分けしたり、知り合いの方々との研究会でお分けしたりしていた。そのあいだ、私たちの研究には幸いにして新たな展開があり、建築環境や熱力学に関する私たちなりの理解はさらに深まった。

研究の進展により改訂の必要性を感じ始めたころ、2008年ごろだったと記憶するが、共著者の一人 高橋達さん が、他書の出版で付き合いのあった井上書院の関谷勉さんに、本書の改訂版 発行の可能性を打診してくれた。

いわゆる売れ筋となるような類の本を除くと、本の出版はなかなか難しい状況にあることを、編集の仕事をしている知り合いの人たち他から耳にしていたので、まぁ〜あまり期待はしないで待とう・・・そう思ったきりで、宿谷は、高橋さんが打診してくれたことさえ忘れて1年以上が過ぎた。

2010年の1月ごろになって、本書の改訂版 刊行を検討したいとのメッセージが、井上書院の関谷さんから高橋さんを通じて届いた。改訂版 刊行を引き受ける方向で検討したいと申し出て下さった大きな理由は、たとえ少ない部数ではあっても、このような本格的な本を息長く出していこうとの方針を会社が打ち出したためとのことだった。本書がそのように評価されたことは嬉しいことだった。その後、改訂の作業方針が決まるまでは早かった。

初版以来の6年間で私なりにまた深まった建築環境と熱力学についての理解にもとづいて、初版の記述を改めて見ると、いくつかの曖昧な記述が気になり、また、記述や図を新たに加えたい、差し替えたい、そう思うところが少なからずあった。新たな研究成果については、その主役を演じてくれた方々に新たに入ってもらうことにした。その一人は岩松俊哉さん(電力中央研究所)、いま一人はマーセル シュバイカさん（ドイツ カールスルー工科大学）である。

以上のようなことから、新たな加筆とともに、小さくはない修正を行なった箇所は、次のとおりである。(　) 内はそれぞれ主たる担当者である。

0.4— コラム　角度を変えて見る・考える（宿谷昌則）
1.5　生態系における養分循環（高橋達）
2.3　体温調節システム（岩松俊哉）
2.4　湿り空気（西川竜二）
2.9　植物（斉藤雅也・伊澤康一）
2.10　家庭生ごみ・排水の浄化と活用（高橋達）
2.12　住まい手の行動と冷暖房（マーセル シュバイカ）
3.8— コラム　放射エクセルギー理論の基礎ができるまで(宿谷昌則)
4.3　湿と乾—湿り空気・水の分離エクセルギー（宿谷昌則）
4.4.2　養分溶液の分離エクセルギー（高橋達）
4.5.3　化学エクセルギーの近似計算式（高橋達）
4.6　動物のからだ（ヒト）（岩松俊哉）
4.7　植物のからだ（葉）（宿谷昌則）

なお、本書の全体構成については、宿谷が改めて見直すとともに、表現の見直しを行なった。初版で、熱力学に現われる諸量を示強変数と示量変数とに分けて考えることは理解を深めるのに重要であると記したが、改訂版では、示強変数は内包量、示量変数は外延量と呼び直すことにした。そのほうが意味するところがより明確になるからである。また関連することで、初版では、エントロピーは(エネルギーや物質の)「拡散の度合い」を意味すると記したが、エントロピーが外延量の一つであることに注意すると、内包量のニュアンスがある“度合い”という表現はよくないので、エントロピーは(エネルギーと物質の)「拡がり散りの大きさ」と表現することにした。

2004年8月の初版刊行から今日までのあいだに、エクセルギー研究が重要である……との認識は、ゆっくりと、しかし確実になってきたとの感触がある。これは、日本国内でもそうなのだが、ヨーロッパでの手応えがむしろ大きい。初版が出る少し前に終わった「低エクセルギー利用の建築環境システム」に関する国際共同研究プログラムの仕事は、その後、2006年秋から新たなプログラム（IEA-ECBCS-Annex 49）に発展し、2010年秋にはその成果が披露されるところまで進展した。欧州共同体（EU）の科学技術交流推進プログラム（COST）でも、エクセルギー研究が2007年3月以来、プログラムの一つとして取り上げられ（COSTeXergy programme）、宿谷も（欧州外からの）特別メンバーとして参加してきた。

そのようなネットワークのお陰があってのことだろうと思うのだが、本書改訂版の話が進み始めようとしたとき、まさに同調するかのように、科学書・技術書の出版で著名なあるヨーロッパの出版社から、エクセルギーの本を書かないか……との提案があった。こちらの方は、これから2年ほどの間で書き上げなくてはならない。本書改訂の仕事は、この英語版 執筆のための弾みになったと思っている。

2010年 遅い入梅を迎えて

宿谷 昌則

第0章

エクセルギー の 見方・考え方

「エネルギー消費」というときの“エネルギー”は、私たちの生活を支えている石油や天然ガスを指したり、これらに加えて原子力によってつくられる電力を指したりする。このことはいわゆるエネルギー問題の玄人ばかりでなく素人でも知っている。「省エネルギー」の“エネルギー”も同じだ。

近代から現代にかけて自然科学は著しく発展したが、その中で「エネルギー」なる概念が確立された。その意味するところは次のとおりである —— エネルギーは、形態にはいろいろあっても総体としては不生不滅であって保存される。このことは物理の教科書に必ず書いてあって、「エネルギー保存の法則」と呼ばれる。

〈消費〉と〈保存〉は異なることではあるが、エネルギーについては一方で消費されることがあり、他方では保存されることもある……などと表現すると、何が何だか訳がわからなくなる。消費される“エネルギー”と保存される「エネルギー」とが、まったく別物であることが誰にとっても明々白々ならばよいのだが、残念ながらそうではない。

例えば、いわゆるエネルギー問題の専門家が、“新エネルギーの開発”と言ったり、はては“創エネルギー技術”と言ったりするのを聞くことがあるが、少し注意深く聞いてみると、消費される“エネルギー”を意味して使っているらしいが、同時に保存される「エネルギー」の意味合いも含んでいるらしい。意味合いの違いをよく理解していて、敢えて両者一緒にして言っているのならまだよいが、発言している当人も意味合いの区別がついていないのではないか。そうとしか思えないことが実は少なくない。かく言う筆者（宿谷）もエクセルギー概念がつかめていなかった頃を思い出すと、似たような発言をしていたのではないかと思う。

保存される「エネルギー」は科学的に確立された概念である。このことを基本にしよう。そうすると、消費されるのは何だろうか。それをできるだけ身近な事例を対象にしながら具体的に明らかにしていくことが本書を貫くテーマである。消費されるのは「エクセルギー」である。

消費される「エクセルギー」も、保存される「エネルギー」も、じかに触ったり目で見たりが適わない〈概念〉*である。そこが一寸難しい。そう思われるかもしれない。しかし、両者の違いが明確になったら、すっきりして気持ちが良いし面白くなってくる。いわゆるエネルギー問題や環境問題のどちらかといえば暗いイメージを面白くしてしまう。そこが大切だと思う。面白くなると、人は知恵を出すようになると思うからだ。自分の頭で考える（脳を鍛える）ことは楽しい。楽しいと問題解決の道は開けてくる。そう思うのだ。

本章では以下に、本書の中心テーマである「エクセルギー」がおよそどのような概念なのかを、保存される「エネルギー」概念、生成される「エントロピー」概念とともに示そう。およそのイメージをつかむことだけを目指して読んでほしい。

不明なところが残るだろう。しかし、それはわかっていくきっかけなのだ。その不明さを第1〜4章を通じて明らかにしていこう。

0・1 エクセルギー の 見方・考え方 保存と消費

例えば、図0.1の(a) に示すような部屋があるとしよう。この部屋は分厚い壁・床・天井板で囲まれており、外部とはまったく隔絶されていると考える。その中央には水の入った容器が置いてあるとしよう。室温は20°C、水温は80°Cである。(b)は、(a)の状態を「はじめ」として少し時間が経った「途中」の状態を示している。容器をただ放置しておけば、水温は少し下がっているだろう。これと同じことは誰もが日常よく経験する。熱いお茶の入った茶碗を机の上に放置しておけ

* 概念とは、ヒトの脳の働きとして現われる意識の一部である。

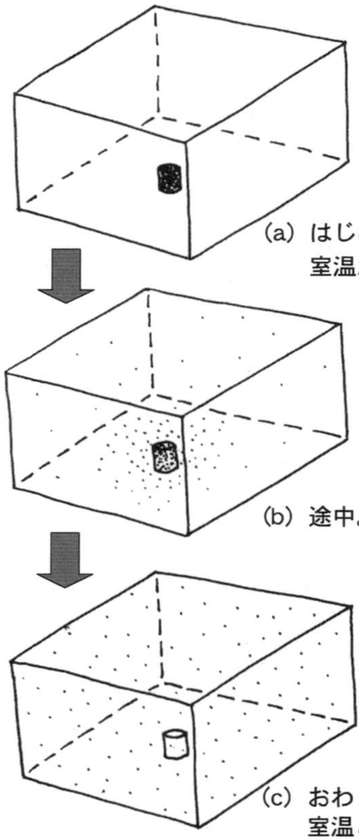

(a) はじめ。容器内の水温が80℃、
室温が20℃とする。
(b) 途中。水温が下がってくる。
(c) おわり。水温は下がりきって、
室温と同じになる。

図 0.1　部屋があって、その中央に湯の入った容器が置いてある。(a)から(b)へ、(b)から(c)への時間の流れの中で、水温は下降する。ここでは、部屋の大きさが容器に比べて十分に大きいために、室温の上昇は無視できるとしよう。熱拡散のイメージを黒点の拡がり散りで表現してある。

ば、次第にぬるくなっていくし、よく沸いた風呂の湯も時間が経てばぬるくなる。(c)は、(b)の状態がしばらく続いた後に往きつく「おわり」の状態を示している。水温は室温と同じになっている。この後いくら時間が経っても、水温がさらに下がって室温より低くなることはないし、その逆に水温が独りでに室温よりも高くなっていくことはない。これもまた、誰もが日常よく経験して知っているとおりである。

(a)から(b)へ、(b)から(c)へと水温が下降していくのは、容器の壁を貫いて水から室内への〈熱の流れ〉が生じるからである。この〈熱の流れ〉のイメージを

図 0.1 では、多くの黒点が拡がり散っていく様子で描いてある。黒点の総数は(a)でも(b)でも、また(c)でも同じだとしよう。時間が経っても黒点の総数が変化しないということは、別の言い方をすると、黒点の総数は「保存」されているということだ。

大雑把に言うと、この黒点の総数に相当する概念を〈熱エネルギー〉という。今から 180〜200 年前までは、重さが測れないほど小さい「熱素（カロリック）」と呼ばれる物質があって、それが様々な物質を出入りすることで、その物質の温度が上がったり下がったりすると考えられていた。当時の科学者たちが熱素として頭の中に思い描いたイメージは、まさに図 0.1 に示した黒点のようなものだったに違いない。その後、熱に関する科学が発達し、熱素なる物質は実のところ存在せず、熱といっているのは、エネルギー（と呼ばれる概念）の形態の一つだということが明らかになった。

いまエネルギーの形態の一つと言ったが、熱エネルギーの他には「仕事」「位置エネルギー」「運動エネルギー」などがある。

例えば、お米 10 kg の入った袋を 1 階から 2 階に運べば、この米袋は「仕事」をされて、1 階の床面に比べて「位置エネルギー」を得たことになる。棚の上に置いた米袋が何かの拍子に破れて米粒が床の上に落ちていくとき、「位置エネルギー」の一部は「運動エネルギー」になる……という具合に様々な形態のエネルギー（という言葉）を使って現象の説明ができる。エネルギーという概念は、図 0.1 のプロセスでも、また、米袋の話でも、全体としては「保存」されるところが最も重要なことである。

エネルギーが「保存」されるとすると、“エネルギー消費”とは何のことだかわからなくなる。保存とは『保たれて存在する』ことで、消費とは『費やされて消えてしまう』ことであり、保存と消費は互いにまったく対立する概念だからだ。そこで、消費を明確にするために必然的に現われてくるのが〈エクセルギー〉なのである。エネルギーは保存され、エクセルギーが消費される。

図 0.1 の(a)から(c)へのプロセスを説明するのに黒点が「拡がり散っていく」と表現した。エクセルギーは〈拡散という現象を引き起こす能力〉を表わす概念と考えればよい。(a)では、容器の水は大きなエクセルギー（拡散を起こす能力）をもっている。(b)では、(a)に比べて容器内のエクセルギーは減ってきている。容器の中にあるエクセルギーの一部が容器の壁を伝わって部屋空間の方向へ流れ

てくる。壁の中に入ったエクセルギーは流れながら消費されていき、部屋空間に到達するまでに消費されきって無くなる。(c)では、(a)や(b)で容器の水がもっていたエクセルギーはすべて消費されきっている。

以上のように「消費」という現象を明確に表現できるエクセルギーは言い換えると、あるエネルギーに「資源性」があるか否かを表わしてくれる概念である。私たちの生活は多かれ少なかれ資源を消費して成り立っていることは改めて言うまでもないことだが、それを表わす客観的な（普遍的な）概念がエクセルギーだったのである。

エネルギーだけでなく物質に「資源性」があるか否かについても同様である。図0.2は物質の資源性をイメージするための基本となる物質拡散の様子を、図0.1に描いた熱拡散のイメージと同様の形式で描いたものである。エクセルギーは、エネルギーに加えて物質についても拡散能力を表わせるところが重要である。このことは第4章に詳しく述べる。

資源を消費すれば、その代償として“ゴミ”が生まれる。これもまた、熱いお茶を放置しておけば冷めていくのと同じように、誰もが日常的な体験でよく知っていることだ。このようなゴミの性質を、資源性がエクセルギーで表わせたのに対応づけて表わせないか……と考えていくと、エントロピーと呼ばれる概念がそれを表わしてくれることがわかってくる。エントロピーは、エネルギーや物質がどれくらい拡がり散った状態にあるか(拡散の大きさ)を表現してくれる。エクセルギーの消費は、エントロピーの生成に比例する。拡散を起こす能力が減少することは、拡散の大きさが増すことに他ならない。このことは第3章に詳しく述べる。

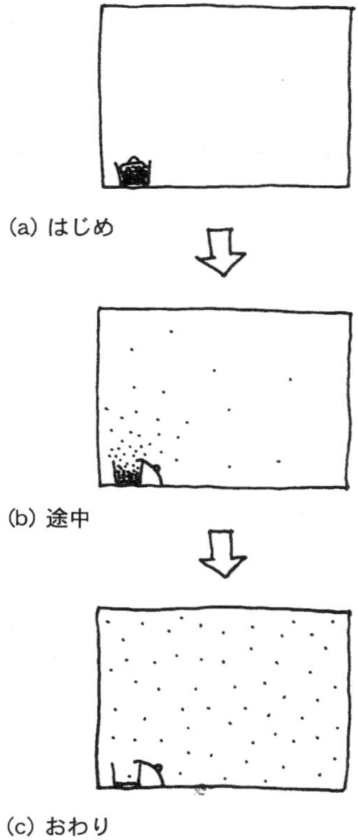

図0.2　閉じた部屋の隅に臭いのある物質が入れてある容器がある。(a) では容器の蓋が固く閉めてある。容器内の物質は拡散する能力をもっている。蓋を開けると、(b) のように、拡散が起きる。(c)は拡散しきった状態。(a) から (c) へのプロセスは物（質）拡散。

やはり難しそうな話になってきた。そう思われるかもしれないが、いまはとに角、エクセルギーは拡散を引き起こす能力のことで「資源性」を、エントロピーは拡散の大きさのことで、エネルギーの「廃熱性」と物質の「廃物性」を表わすとだけイメージしておいてほしい。

エクセルギー の 見方・考え方

0・2 エクセルギーの維持

少し話を前に進めよう。今度は容器内の水を、容器にとっての環境(部屋空間)とは異なる温度に維持し続けるにはどうしたらよいかを考える。容器の水をただ放置すれば、遅かれ早かれ図0.1の(c)の状態に到ってしまうのだから、そうならないようにするためには、容器の温水にエクセルギーを注ぎ込み続ける必要がある。ここで注意しなくてはならない点は、容器に投入するエクセルギーの値は容器から出ていこうとするエクセルギーよりも必ず大きくなくてはならないことである。外から入ってくるエクセルギーは、温水のエクセルギーとなるまでに一部が消費されるからである。

エクセルギーを消費し続けなくてはならないということは、エントロピーが生成され続けることである。廃熱が生み出され続けるのだ。廃熱は、容器から部屋空間に流れ出し続けるから、部屋空間が冒頭に述べたようにその外とは隔絶されているとすれば、廃熱がどんどん溜まっていくことになる。部屋空間の温度は上がってきてしまうわけである。そうなっては、容器の水と環境との間で温度差を維持することにはならないから、廃熱すなわちエントロピーを部屋空間から外へと排出しなければならない。以上のことをイメージとして描いたのが図0.3である。水温の維持には、エクセルギーを投入し消費し続けるとともに、エクセルギー消費に比例して生成され続けるエントロピーを排出し続けることが必要なのである。このような一連のプロセスを「エクセルギー・エントロピー過程」という。

図0.3に示した容器における水温維持のためのエクセルギー・エントロピー過程を具体的に計算した例は、3.3に詳述するが、そのエッセンスを以下に述べてお

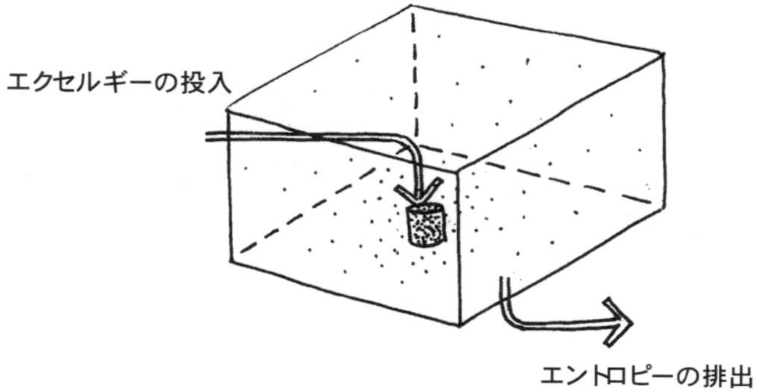

図 0.3　容器水温の維持。そのためにはエクセルギーを投入し消費し続けるとともに、エクセルギー消費に比例して生成されるエントロピーを排出し続けなくてはならない。

こう。

水温 80°Cを維持し続けるために、電熱ヒーターによって 68.6 W のエネルギーが投入され続けるとする。エネルギーは保存されるから、容器壁から周囲環境に放出され続けるエネルギーはやはり 68.6 W である。投入される方は電力で、放出される方は熱である。両者は形態が異なる。電力という形態のエネルギーは、まったく拡散していない、すなわち拡散の度合いがゼロのためにエクセルギーそのものである。熱は電力に比べるとかなり拡散している。拡散の度合いが大きい。そのことを考慮して、周囲環境に向けて容器壁の内側に流れ込むエクセルギーを求めると 11.7 W となる。

68.6 W と 11.7 W の差 56.9 W は、水温維持のために消費され続ける。放っておけば下がるはずの水温を、絶え間ないエクセルギー消費によってなんとか吊り上げながら（ずり落ちないように）一定に保つというイメージが持てるとよい。

エクセルギー消費はエネルギーが拡がり散っていくことだから、拡がり散りの大きさ、すなわちエントロピーがエクセルギー消費に比例して生成され続ける。生成エントロピーの大きさは、エクセルギー消費 56.9 W を周囲環境温度の 293 K (20°C) で割った 0.19 Ons/s(＝W/K)となる。このエントロピーは容器壁の中へと流れ込む。そうでなければ、水温は維持できない。

壁内部の伝熱もまた自然現象の一つに他ならないから、壁内部に流れ込んだエクセルギー 11.7 W は伝熱によって消費されていき、そのことに比例してエントロピーが生成されていく。11.7 W のエクセルギーは、周囲環境にたどり着くまでに消費され尽くす。周囲環境は、容器内の水で生成されたエントロピー0.19 Ons/sに壁内部で生成されたエントロピー0.04 Ons/s(＝11.7/293)が加わった0.23 Ons/s(＝0.19＋0.04)を受け取り続けることになる。周囲環境がエントロピーを受け取り続けても、その温度を上昇させないですむには、図0.3に描いたように周囲環境空間からもエントロピーをその外部へと排出し続ける必要がある。

水温の維持というエクセルギー・エントロピー過程は、具体的には以上のように営まれる。

エクセルギー・エントロピー過程は〈流れ〉だと考えればよい。私たちの身体を含む様々な系は、エクセルギー・エントロピー過程という〈流れ〉の中に形態を創り出し働きを営む。

0・3 エクセルギー の 見方・考え方 環境の入れ子構造

「エクセルギー・エントロピー過程」の見方で、私たちの身体や、私たちの生活する建築内部の空間や都市空間の成り立ちを考えるといろいろなことがわかる。いくつかの例を挙げて考えてみよう。

私たちがファミリーレストランなどに食事に行ってメニューを見ると、例えば豚カツ定食が950 kcal‥‥などと記載されていることがある。950 kcalという数字は、豚カツ定食の食材を燃焼したときに得られる熱エネルギーの量を示している。この熱エネルギーは、私たちの身体では皮膚からの放熱や呼気・汗・小便などとともに放出される熱エネルギーに相当する。身体の外部へと排出される熱エネルギーそのものである。

エネルギーそのものが重要ならば、身体から出た熱エネルギーを再び取り入れるのが効率的でよさそうなものであるが、そんなことはできない。何故か。私たちは、豚カツの蓄えているエネルギーではなくてエクセルギーを、体内で消費するために食べるのである。身体からの放熱、そして汗・小便の排出は、消費の結果生成されたエントロピーを身体の外へ捨て、身体の状態を維持するためである。

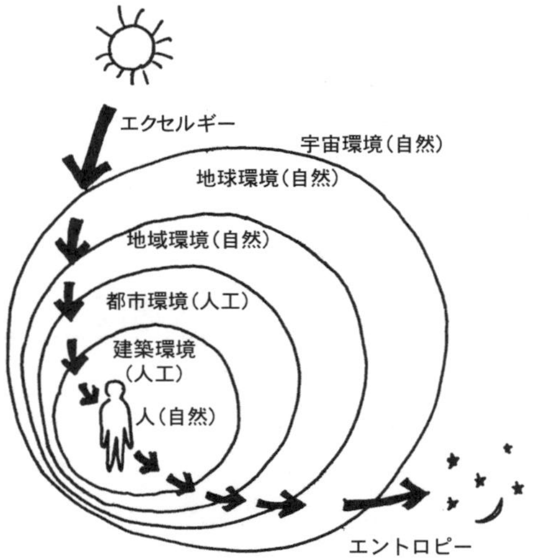

図 0.4　環境空間の入れ子構造。人・建築環境・都市環境・地域環境・地球環境はいずれもエクセルギー・エントロピー過程として働く。

私たちの身体は、エクセルギー・エントロピー過程として成り立っているのだ。

暖房や冷房・換気を行なって、建築内部の温度を快適な範囲に維持したり、空気の清浄さを維持したりすることもやはりエクセルギー・エントロピー過程として成り立っている。これは、エクセルギー・エントロピー過程として成り立っている私たち人の身体を囲む環境空間には、やはりエクセルギー・エントロピー過程が成り立たなくてはならないこと意味している。このような関係は、人・建築環境に引き続いて、都市環境や農村・山村・漁村環境にも見られ、それらを囲む地域環境、そして地球環境へと、空間の大きさを広げて考えていくことができる。図 0.4 は、そのイメージを描いたものである。人・建築・都市・地域・地球環境の空間は「入れ子構造」となって働いている。このように考えてくると、“地球環境問題”と呼ばれる問題は、入れ子構造がうまく働かなくなることを指していることがわかってくる。

太陽から得たエクセルギーの消費が、雨や風などの気象学的活動をはじめとして、あらゆる生きものの活動を可能としており、これら活動（消費）の結果、エントロピーが絶えず産み出されている。地表付近の大気温度は、北極から赤道・南極までをすべて平均してしまうと約 15°Cになるが、これはエントロピーが大気上端から宇宙空間へとうまく排出されるからである。そのようにして地球環境は維持されている。私たちの生活する身近な環境空間のエクセルギー・エントロピー過程は、地球環境のエクセルギー・エントロピー過程の内側にあって初めて成り立っているのである。

0・4 エクセルギー の 見方・考え方 エクセルギー消費と快適性

エネルギー問題にしても地球環境問題にしても、庶民が取るべき行動として示されることは、“照明のスイッチをこまめに消しましょう”・“省エネルギーのために冷房の設定温度は28°Cに” ……などである。

一般の人々にとってエネルギー問題や環境問題は、何となく〈暗さ〉を伴う話題である。その理由は、『資源をあまり消費しないようにせよ』と言われることが、『もっと快適さを求めたいのに我慢しなくてはならない』のと等価だと条件反射的に思ってしまうところにあるのではないだろうか。これは、資源の消費が小さくては快適さは得られない、という暗黙のうちの前提があることを示唆する。

ところが、人の生理を含む自然のしくみには、消費が大きいほど快適さが増すなどということはない。エクセルギーのほどよい消費こそが快適さをもたらす。どうも、そういうことらしい。こんなこともエクセルギーの研究から垣間見えてきた。詳しくは本書を読み進んでいただければと思う。

コラム

角度を変えて見る・考える

エクセルギー概念を一言で説明するのはやさしくはない。だから本書を著した。読者には熟読を是非お願いしたい —— というのが著者（宿谷）の本音だが、（難解といわれる）熱力学に馴染みのない読者に熟読を直ちに望むのは虫がよすぎるかもしれない。読者が本書をパラパラとめくったところで、少なくともエクセルギー概念の必要性に共感していただけるとすれば、それに越したことはない。そういうわけで、第0章を第1章の前に加えた。

このコラムでは、著者がエクセルギーの研究を始める前に抱いていた数ある素朴な疑問のうちの3つとその答を記して読者の参考に供したい。

20°Cの水20ℓを40°Cまで上昇させるのに加えなくてはならない熱エネルギーと、20°Cの水5ℓを100°Cまで上昇させるのに加えなくてはならない熱エネルギーは、ともに1674 kJ (キロジュール) でまったく同じである。しかし、手で触れると、一方は生温かく、他方は極めて熱い。両者には直感的な違いがある。論理と直感がつながらない。熱エネルギーの概念だけでは表現しきれない〈何か〉があるのではないか。素人の愚問といわれることもあったが、それでもよい、とも角もこの〈何か〉を突き詰めていこう。そうしたら、エクセルギー概念に行き当たり、さらにはその本質がエネルギーや物質の「拡がり散っていく能力」であることがわかってきた。

環境温度20°Cとして、40°Cの水20ℓと100°Cの水5ℓの(温)エクセルギーを計算してみると、前者は55 kJ、後者は194 kJとなる。後者のほうが3.5倍大きい (図0.1)。この答が自分で初めて出せたとき、直感と論理はつなが

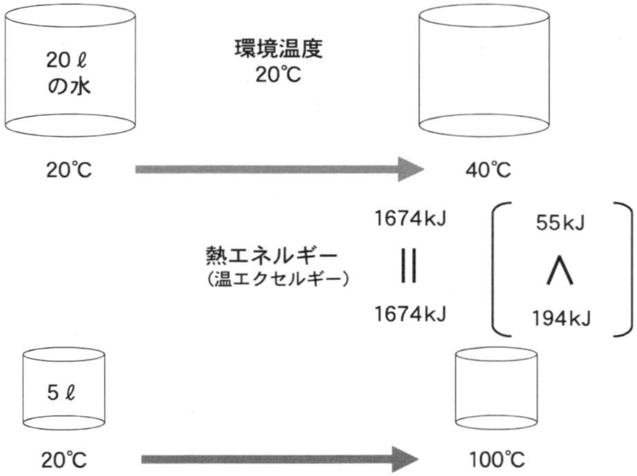

図0.1　20ℓの水と5ℓの水。前者の温度を20°Cから40°Cに、後者の温度を20°Cから100°Cに上げたとする。両者の保有する熱エネルギーは1674 kJで同じ。温エクセルギーは、前者が55 kJに対して後者が194 kJ。

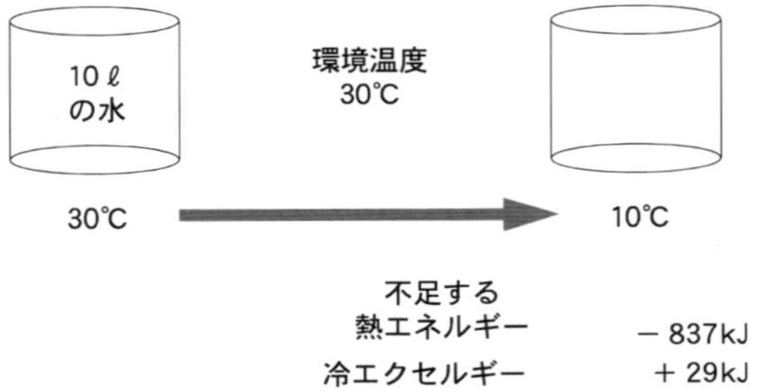

図 0.2　10 ℓ の水があって、その温度を 30℃から 10℃に下げたとする。この水が保有する熱エネルギーは−837 kJ で、実はエネルギー不足。冷エクセルギーを計算すると、その値は 29 kJ となって、資源性（拡がり散りを引き起こす能力）があることがわかる。

り始め、疑問の氷解が始まった。

盛夏のある日、外気温 30℃のときに 10℃というよく冷えた水 10 ℓ がある。その熱エネルギーは、外気温と同じ温度の水に比べて 837 kJ 不足している。このエネルギー不足に、私たちは冷たさというありがたさを感じる。エネルギー不足がありがたいというのは何だかおかしな気がする。そんなことを不思議に思うのは、わからず屋の単なる愚問だろうか。

環境温度 30℃では、10℃の水 10 ℓ は 29 kJ の（冷）エクセルギーをもつ（図 0.2）。冷たさという資源性が「正」の値として表現できるではないか。この答えが自分なりに見出せたとき、疑問の氷解は加速し始め、エクセルギーは「拡がり散らせる能力」をも表わすことにやがて気づくことになった。

くどいようだが、いま一つ例を挙げよう。5 ℓ の水を入れたタンクの中にプロペラを浸す。その回転軸に縄の一端を巻きつけ、滑車を介してもう一方の端に錘を吊るす。この錘を落下させるとプロペラが回転して、プロペラ表面と水との間に摩擦が生じて水温は上がる（図 0.3）。これは加熱と同じ結果を生む。先の例（図 0.1）と同様に、水温を 20℃から 100℃まで上昇させたいとすれば、吊り下げた錘が（位置に応じて）保有しているエネルギーを、その落下によって 1674 kJ だけ失うようにすれば、錘の落下からプロペラの回転へと動力（仕事）が伝わってタンク内の水は温められ、結果として水は熱エネルギーを得る。その値は（エネルギーは保存されるのだから）1674 kJ となる。

この現象をエクセルギーで表現すれば、次のようになる。100℃の水が保有

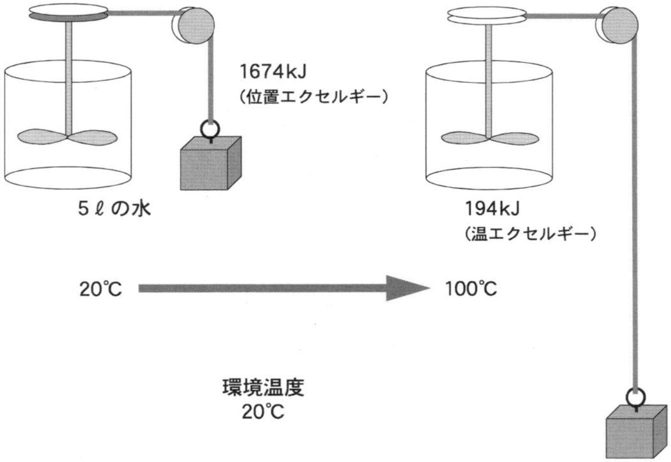

図0.3　錘を落下させてプロペラを回転させると、水温は上がる。5 ℓの水を20°Cから100°Cまで上昇させるには、錘の落下によってタンク内に1674 kJのエクセルギーを投入しなくてはならない。こうして得られる温水のエクセルギーは194 kJ。

する温エクセルギーは、先にも述べたように194 kJとなる。錘が最初の位置でもっていたエクセルギーは、エネルギーの場合と同じく1674 kJで、両者の差1480 kJ（=1674−194）は「消費」されたのである。水が得た温エクセルギー194 kJは、錘の落下というしかたでプロペラに投入されたエクセルギーの12 %弱である。言い換えると、88 %が消費されたから温エクセルギー194 kJが得られたのである。

錘の落下でタンク内の水に投入されるエクセルギー1674 kJは、錘の代わりに体重70 kgの人が100人乗った籠を縄に吊るして、6階建の建物屋上から落下させるのと同じである。これは、プロペラの回転という動力が、モノを動かすのにまずは使うべきであって、モノを暖めるのにいきなり使うべきでないことを示唆する。

タンク内の水を20°Cから100°Cへと温めたら、プロペラが回転し錘が上昇した……そんなことが自然に起きることはあり得ない。そのことを顕わに(定量的に) 示してくれるのが、エクセルギーの概念だともいえる。

今改めて思うのは、自然現象をある一つの角度から見るのではなく、別の角度からも「見る・考える」ことの大切さである。

第1部

エクセルギー で 見る・考える

第1章

地球環境システム

米国 NASA が打ち上げた宇宙船から地球を撮影した映像を、読者も一度や二度は見たことがあるだろう。海は青、砂漠は薄茶、森は深緑……、その上に刷毛で刷いたように、あるいは点描したように白い雲が見える――そんな映像である。

地表付近の大気温度は、地域によって、また時期によって異なる。北極や南極などに近い地域であれば、－35～10℃、赤道に近い地域であれば、20～35℃、日本の横浜であれば、0～32℃という具合だ。しかし、これら地域や時期によって異なる大気温度も、多くの場所について、また一年間を通じて平均してしまうと、約15℃という温度になる。この値は、去年も今年も来年もほとんど変わらない。地球は、表面温度が約 5700℃の太陽に照らされつつ、－270℃の宇宙空間にあって15℃を保つのだ。地球にはそのようなしくみがある。これを「地球環境システム」と呼ぼう。私たちの生活する身近な環境空間は、地球環境システムが安定して機能することで成り立っている。

地球環境システム

1.1 地球環境問題という心の問題

地表付近の大気温度は、地球の 45 億年といわれる歴史の中でずっと一定に保たれてきたわけではない。地球史の中で起きてきた様々な地質学的・気象学的・生物学的な事件が多かれ少なかれ互いに影響し合って、次第に現在のような 15℃という温度になったと考えられる。地表付近の大気温度平均値が 15℃より下がっていくことを地球寒冷化、上がっていくことを地球温暖化という。

大気温度の上昇・下降は、大気中の二酸化炭素濃度と相関が強い。二酸化炭素は、地表から大気を貫いて宇宙空間に向けて放射していこうとする電磁波を吸収しやすいからである。過去40年ほどにわたる大気中の二酸化炭素濃度は上昇傾向にあり、また、地表付近の大気温度もわずかながら上昇する傾向にある。そういうわけで、いま現在は、地球温暖化の時代にある。

近年になって、海面上昇などの目に見える変化が地球上の様々な地域で現われてきたり、森林地帯の面積減少（砂漠地帯の面積増加）が顕わになったり、それに伴って生物種の多様性が貧しくなったりしてきている。生物種の一つとしての私たち人間は、といえば、人類史始まって以来 過去に例がないほど人口が著しく増加して、その多くが都市に棲むようになった。

その背景には、科学という人間の営みが著しく発達して、地殻に埋まっている化石燃料・ウラニウム燃料・鉱物などの資源となり得る物質を様々に加工し利用する（科学的な）技術が、過去に例のない速さで発達したという事実がある。このことは、私たちの日頃の生活がどのように成り立っているかをちょっと考えてみれば納得がいくだろう。照明ランプや暖冷房機器・冷蔵庫・テレビ・パソコン・自動車などはもはや、私たちの多くにとって生活の必需品となっている。これらにはこれまでの科学や技術の性格が象徴的に現われており、著しい都市化は便利な機器の発達によって可能になったと考えられるわけである。

農村や山村・漁村における生活には、田園・海・山・川に囲まれる良さ、空気の良さなどがある。都市における生活には、その代わりに、機械的・電気的な技術がもたらす便利さ・快適さがある。前者は「自然」のもたらす良さ、後者は「人工」のもたらす良さである。これまでのところ、後者の良さが誰にとっても優れて見えるため、多くの人々を都市に棲まわせるようになって、都市は巨大化する一方だったのだと思う。それが必然的に化石燃料などの使用量を増加させ、結果として二酸化炭素の排出量が増え、それが大気中の二酸化炭素濃度の上昇を加速し、大気温度の上昇を助長することになった。そのような疑いがあるから何とかしなくては・・・・というのが地球温暖化防止の議論である。

地球寒冷化にしても、地球温暖化にしても、変化の「速さ（あるいは勢い）」が急だと問題になると考えられる。急な変化は、私たち人間の生活が脅かされるような、しかも人間の手には負えないような何かはなはだ困った気象学的・生物学的・地質学的な現象を引き起こすかもしれないからである。

急激な地球寒冷化を考えてみよう。もし万が一核戦争が起きたとすると、そのことが原因となって広大な地域で大気中に放射性物質を含む膨大な量の塵がばら撒かれるだろう。塵を構成する微粒子は大量の雲を発生させて、現在よりも地表に届く太陽からの電磁波（日射）の量をかなり減らしてしまう可能性がある。そうすると、地表付近の大気温度は下降するだろう。このような寒冷化が本当に起きるかどうかはやってみなければわからないが、これを実験的に検証してみようと考えるのは馬鹿げている。そう直感する人々が圧倒的に多いと思う。

残念ながら、核保有国には、何を思ってか核爆弾の必要性をあえて唱える人々もあるが、彼らを支持する人の数が増加するなどということのないようにしなくてはならない。(倫)理性にしっかりと融合した知性の育成が求められる所以である。

地球温暖化についても同様にして考えてみよう。地球寒冷化で考えた原因（核戦争）に対応するのは、電力の生産を目的とした化石燃料やウラニウム燃料の大量消費や、人工物質の生産を目的とした鉱物資源の大量消費である。核爆弾でもウラニウム燃料や鉱物資源を大量消費するから、消費の「総量」に着目すれば大同小異だろう。確実に違うのは、消費の「速さ（勢い)」である。消費の速さ（勢い）が違うと、一方では寒冷化になるかも知れず、他方では温暖化になるかもしれない。

地球温暖化を防止する一つの方法として、化石燃料を用いる発電（火力発電）ではなく、ウラニウム燃料を用いる発電（原子力発電）を推進するという考え方がある。これは、原子力発電は二酸化炭素をあまり大気中に放出しないということが根拠になっている。しかし、ウラニウム燃料を精製するには、大量の鉱物資源と化石燃料の消費が必要だし、発電能力 100 万 kW の発電所を 1 日運転すると 3.26 kg の核廃物が生産され[1)]、この核廃物は徹底管理が世代を越えて必要になる。これらのことを考えると、原子力発電は、地球温暖化防止のために取り上げるべき発電方法とは思えない。

地球温暖化が問題視され始めたのは 1990 年ごろで、それから 14 年ほどが経った。温暖化の主たる要因は人間の活動にあるとされていているが、地球人 1 人当たりの化石燃料消費速さは、この 10 年ほどの間、減るどころか増え続けている。それは、消費速さ（勢い）が大きいとはいっても、核爆弾の爆発における消費速さに比べればはるかに遅い化石燃料の消費速さに対しては、その危険性に気付けるほどの知力を、私たち人間の「心」はまだ持ち得ていないからかもしれない。あるいは、人口の著しく増加した人間社会システムの慣性が大きすぎて、すぐには消費速さを減らせないからかもしれない。

地球環境問題は、私たちの身体のどこかが直接痛くなるというような、他の動物とも共通する「低次の心」に現われる問題ではない。地球環境問題は「高次の心」の問題である。地球を宇宙から見た映像にしても、大気や河川・海洋の汚染にしても、大気の二酸化炭素濃度にしても、これらは皆、ヒトという動物種で現われた「高次の心」によって初めて知ることが可能になった。地球環境問題にかかわる議論では、「低次の心」と「高次の心」が切り離されてしまいがちである。その点を改めていく必要があると思う。

核爆弾の場合は、如何に悲惨な事態が起きるかを人々は多少なりとも想像できるようになった。これは、約65年前に広島や長崎で起きたことが資料として残され、また不幸にも実際に体験させられてしまった人々が次の世代、そのまた次の世代へと語り継ぐかたちで伝承が行なわれてきたからである。

それに比べると、人間による化石燃料や鉱物資源などの著しく大きい消費速さが助長する地球環境問題は、今なお進行中であり、歴史上の出来事として伝承できるような段階には未だ達していないのだと思われる。しかし、だからといって黙しているわけにもいかないというわけで、人間の様々な活動に起因する二酸化炭素の排出量を予測したり、排出量の大きい技術を排出量の小さい技術へと改変したりする技術の開発などが盛んに行なわれている。しかし、技術の基になるべき哲学や思想・科学の〈すがた〉に何ら変更を求めないで進められてしまっている技術開発が少なくない。これでは、屋上屋を重ねることにならざるを得ない。これもまた人間の「心」の問題である。

円という形とは何かを知ろうと思えば、必然的に円周率という概念に行き当たり、円周率が理解できると、円とは何かの本質がよくわかってくる。これは幾何学の話であるが、同様のことを地球環境問題やエネルギー資源・物質資源問題に当てはめてみよう。地球環境問題やエネルギー資源・物質資源問題とは何かを知ろうと思えば、これらの問題を理解するに相応しい鍵となる概念を見出さなくてはならないし、その概念を理解するよう努めることで、問題の本質がよくわかってくるに違いない。この鍵となる概念の（少なくとも）一つが「エクセルギー」

だろうというのが筆者らの考えである。

エクセルギー概念が何であるかは本書の中で次第に明らかになるが、本章の次節以下では、地球環境システムの成り立ちをエクセルギーの考え方で整理した結果を述べよう。

1・2 地球環境システム 物質・エネルギー・エントロピー・エクセルギー

図 1.2.1 の(a)に示すように、太陽から絶え間なく、地球に向かって電磁波が放たれ、その一方で、地表からは大気外、すなわち宇宙空間に向かってやはり電磁波が放たれている。その中で、本章の冒頭に述べたように、地表付近の大気温度は平均的に 15°Cに保たれている。

図 1.2.1 の(b)に示すような水槽をイメージしてみよう。蛇口から一定の速さ

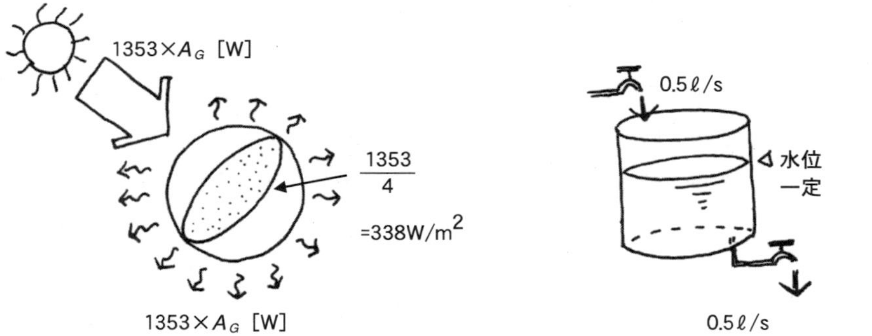

図 1.2.1 地球環境システムの平均温度が 15°Cに保たれるのは、太陽からもたらされる日射エネルギー 1353×A_G と同量の放射エネルギー 1353×A_G が宇宙空間に放出されるため。1353 は大気圏外で太陽に正対する 1 m²の面が受け取る日射エネルギーで、単位は W/m²、A_G は地球断面積で、単位はm²。1353 W/m²を 4 で割って得られる 338 W/m²は、北極から赤道・南極までの地球全表面について平均した地表面積 1 m²当たりの日射エネルギー(a)。水槽で、水が入ってくるのに水位が一定に保たれるとすれば、それは、入ってくる水の量 (0.5 ℓ/s) が水槽から出ていく水の量 (0.5 ℓ/s) と釣り合うため(b)。(a)と(b)は同じこと。

で水が入り、その一方で同じ速さで水が水槽の底にある穴から出ているとする。そうすると、水面の高さは一定に保たれるだろう。図1.2.1の(a)と(b)の対応関係を考えると、地表面付近の大気温度は水面の高さ、太陽から放たれ地球が受け取る電磁波は蛇口から出る水、地球大気から宇宙空間に向かって放たれる電磁波は、水槽の底から出ていく水に相当することがわかる。

水位が一定に保たれている水槽で、入ってくる水量が、例えば0.5 ℓ/sであれば、出ていく水量は同じく0.5 ℓ/sである。このことに対応するのは、地球の場合では、地表面の1 m²当たり1秒当たり338 Jのエネルギー、すなわち338 W/m²のエネルギーの入りと、338 W/m²のエネルギーの出である。水位が一定の水槽を単位時間当たりに出入りする水の「物質」量が互いに等しいのと同様に、温度が15°Cに保たれる地球を単位時間当たりに出入りする電磁波の「エネルギー」量は互いに等しい。

水槽に入る水と水槽から出ていく水は、同じ水でも位置（高さ）が違う。同様に地球に入る電磁波と地球から出ていく電磁波では、同じ電磁波でも波長や振動数（周波数）が違う。入ってくる電磁波の方は出ていく電磁波よりも波長が短い(振動数が大きい)。そのために、地球に入ってくる電磁波のように短い波長の電磁波を「短波長放射」、地球から出ていく電磁波のように波長の長い電磁波を「長波長放射」と呼ぶ。太陽からの短波長放射を指して特に「日射」ともいう。

同じ量の水やエネルギーが出入りすることが重要なら、「出」と「入り」をひっくり返してもよさそうにも思える。例えば、次のように表現してみよう。水槽の底から水が独りでに吸い込まれ、同様に上方の蛇口からも水が吸い込まれる。そうすると、水面の高さはやはり一定の高さに保たれる。こんなことが起こり得ないことは、誰もが暗黙のうちに知っている。しかし、水量という概念そのものは、このことを説明してはくれない。同様にエネルギーという概念そのものは、地球に入る短波長放射と地球から出る長波長放射の違いを説明してはくれない。

以上のようなことから、（水の）質量や（放射の）エネルギーに加えて「エクセルギー」や「エントロピー」の概念が必要となるわけである。

エクセルギーがどのような概念であるかを大略述べると、次のようになる。

エクセルギーとは、エネルギーや物質の「拡散能力」であり、この拡散能力がエネルギーや物質の「資源性」を表わす。拡散能力をもったエネルギーや物質が拡散すれば、その後の拡散能力は拡散の前に比べて小さくなる。拡散能力が減ることは資源性が小さくなることである。資源の消費とは、正確に言うと、エクセルギーの消費である。エクセルギー概念の特徴の一つは、このような「消費」とは何かが明確になることである。

一方、エントロピーは、エネルギーや物質の「無秩序さ」あるいは「拡散の大きさ」である。エクセルギー概念が資源性を表わすとしたのに対応させて考えると、エントロピー概念は、エネルギーの「廃熱性」、物質の「廃物性」を表わすといえる。

エクセルギーが消費されることは、拡散能力が減ることだから、拡散の大きさが増える、すなわちエントロピーが増すことと同じ意味である。エクセルギーが消費されると、エントロピーが生成され、エントロピーの大きくなった、すなわち拡散の大きさが大きくなったエネルギーや物質が生じる。これらの一部（あるいは全部）は、捨てなくてはならない廃熱や廃物となる。

太陽から地球にやってくる電磁波は、エネルギーとともに大きなエクセルギーを運んでくる。その一方で、地球から宇宙空間に出ていく電磁波は、エネルギーとともにエントロピーを運び去る。宇宙へ運び去られるエントロピーは、地表で営まれている気象学的・生物学的な様々な活動のために、太陽から電磁波にのってやってきたエクセルギーを消費した結果として生成されたものである。

質量・エネルギーは「保存」され、エクセルギーが「消費」され、それに比例してエントロピーが「生成」され、生成されたエントロピーは地球の外へ「排出」される。

地球上で生成されたエントロピーが宇宙空間へと運び出されているということは、太陽から電磁波がやってくるということに比べてわかりにくいだろう。何故わかりにくいのかを考えて見ると、地球に入ってくる方は、肌に日射が当たって暑く感じたり、目に日光が眩しかったり、という日常的な感覚と整合するのに、地球から出ていく方は残念ながら日常的な感覚と直ちには整合しないからである。しかし、生成されたエントロピーが地球の外に排出されているのは事実である。物体がもつエントロピーの特性を考えると、そう結論するほかないのである。エントロピーの特性とは、次のようなことである ―― 物体はその温度上昇もしくは圧力降下（体積増加）とともに、保有するエントロピーを増す。

冒頭に述べたように、地表付近の大気温度は15℃で一定に保たれている。ということは、地表付近にある物体の全体が保有しているエントロピーは一定である

表1.2.1 エクセルギー・エントロピー過程

1．エクセルギーの投入	資源性のあるエネルギーもしくは物質を系内に取り込むこと。
2．エクセルギーの消費	資源性のあるエネルギーもしくは物質の一部を系の活動のために拡散させること。
3．エントロピーの生成	系内で資源性のあるエネルギーもしくは物質が拡散して、それに応じて拡散の大きさが増えること。
4．エントロピーの排出	系の状態（温度・圧力・濃度など）を1．と同じに保つために生成エントロピーを環境へはき出すこと。

ことを意味する。大気の圧力は、高気圧や低気圧などの分布があるけれども、これも平均してしまえば、1013.3 hPa（=101.3 kPa=1 atm）という圧力で一定である。地表付近で起きている気象現象・生物活動は、エクセルギーの消費によって成り立っているのだし、その一方で温度も圧力も一定に保たれるということは、エクセルギー消費の結果として生み出されたエントロピーは、宇宙空間に運び去られるほかないのである。

以上のような考察から、あるシステムが活動を持続的に営むためには、エクセルギーの取り入れとその消費、消費に比例した必然的なエントロピーの生成、そして生成されたエントロピーのシステム外部への排出が滞りなく行なわれなくてはならない。この一連のプロセスを、本書では一貫して「エクセルギー・エントロピー過程」と呼ぶことにする。**表1.2.1**にエクセルギー・エントロピー過程の一巡を成す4つの基本現象（プロセス）を記しておく。

1・3 地球環境システム エクセルギー・エントロピー過程

図1.3.1は、太陽からのエクセルギーの投入と消費、地表と大気中の様々な自然現象の中でエントロピーの生成と排出がどのようにして行なわれるか、そして、地表面温度が平均的に15℃に保たれているのにエクセルギーとエントロピーがどのように関係しているかを具体的に計算した事例を示したものである[2)3)]。

上段の図は、エクセルギーの投入と消費、下段の図は、エントロピーの生成と

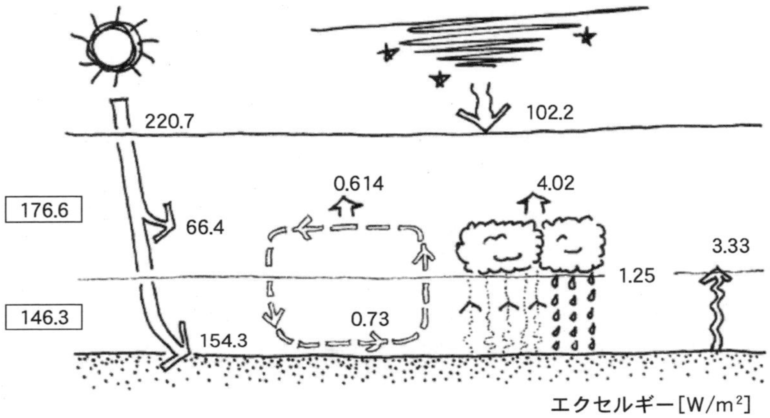

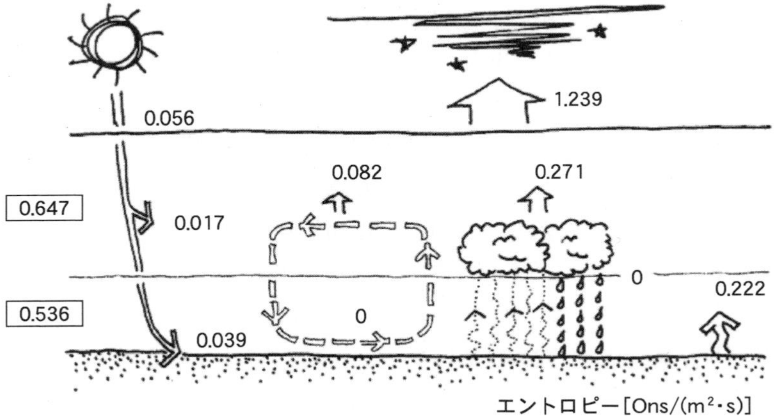

図 1.3.1　地球環境システムのエクセルギー・エントロピー過程。上段はエクセルギーの投入・消費の速さで、単位は W/m²、□内の数字がエクセルギー消費速さ。下段はエントロピーの生成・排出の速さで、単位は Ons/(m² s)、□内の数字がエントロピー生成速さ。太陽から日射エクセルギー、宇宙空間から冷放射エクセルギーがやってきて、それらが消費されることで、気象・生命活動が営まれる。この消費速さに対応するエントロピー生成速さ 1.18 Ons/(m²・s)は、すべて長波長の電磁波によって大気上端から宇宙空間に排出される。

排出を示している。まず、地球には太陽から約 221 W/m² の日射エクセルギーと、宇宙空間から約 102 W/m²の冷放射エクセルギーがやってくる。日射エクセルギーとは、植物に光合成を起こさせたり、太陽電池を働かせたり、私たちヒトの目に視覚という現象を起こさせたり、物体を暖めたりできるような拡散能力である。宇宙空間からやってくる冷放射エクセルギーは、物体を冷やすことができるような拡散能力である。物体を暖めることができる拡散能力を「温エクセルギー」、冷やすことができる拡散能力を「冷エクセルギー」という。これらについては、第3章で詳しく述べる。

地球では、太陽からやってくる日射エクセルギー約221 W/m^2と宇宙空間からやってくる冷エクセルギー約102 W/m^2の合計約323 W/m^2のすべてが消費されることで、大気と水の循環をはじめとする気象学的な活動、さらに様々な生物学的な活動が営まれている。

下段の図に目を移そう。宇宙へは1.239 Ons/(m^2•s)の速さでエントロピーが排出されている。単位OnsはJ/Kに同じで、オンネスと読む。W(ワット)、J(ジュール)と同じように、Ons(オンネス)も熱に関する学問の発展に貢献のあった科学者の名前にちなんでいる*。その一方で、太陽から0.056 Ons/(m^2•s)の速さでエントロピーがやってきている。これらの差1.18 Ons/(m^2•s)は、地球上での太陽と宇宙を起源とするエクセルギーを消費した結果、エントロピーが生成される速さである。大気中と地表で起きている気象現象と、人間を含む生命現象は、1.18 Ons/(m^2•s) というエントロピー生成速さで行なわれているといえる。

地下深くに埋まっている化石燃料や鉱物資源を私たち人間が掘り出して、その中にあるエクセルギーを消費して建物や自動車•飛行機•発電所•コンピュータ•家電製品などをつくり、またこれらを使うのに化石燃料や原子核燃料を消費した結果として生成されるエントロピーは、上に述べた宇宙へのエントロピー排出速さ1.239 Ons/(m^2•s)には含まれていない。

世界中に生きる人間のすべてによる化石燃料や鉱物資源の消費に起因するエントロピーの生成速さは、地球表面の1 m^2当たりに平均してしまうと、1.239 Ons/(m^2•s)の1万分の1に満たない。しかし、東京やニューヨークなど、局所的にはその10分の1程度にまで達していると考えられる。地球が宇宙空間に定常的に排出している1.239 Ons/(m^2•s)に比べて、相対的に無視できない大きさのエントロピーが化石燃料や鉱物資源の消費の結果として局所的に生成され始めたというのが地球環境問題だといえる。

---

* Onsという表記は、正しくはOnnes(オンネス)で、低温物理学に大きな貢献のあったオランダ人科学者 Heike Kamerlingh Onnes(1853-1926)にちなんでいる[4)5)]。Onnesはちょっと長いので、本書ではOnsと表記することにした。単位Onnesは、一般的に用いられるには到っていないが、エントロピー概念の重要性から考えて、固有の単位を用いたほうがよいだろうと考えた。

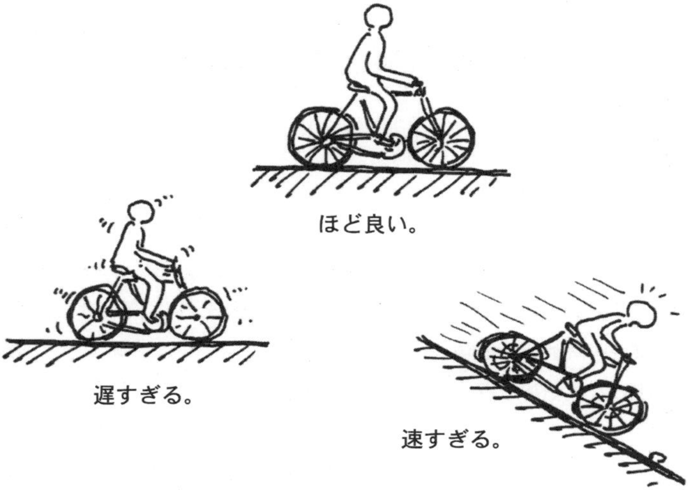

図 1.3.2　自転車をこぐ速さが遅すぎるとバランスが崩れやすい。速すぎてもバランスが崩れやすい。速すぎるのは危険だ。ほどよい速さならバランスは崩れにくい。私たちの生活におけるエクセルギー消費速さにも同様なことが言えないだろうか。

私たち現代人の、特に都市における生活は、化石燃料のもつエクセルギーの極めて大きい消費速さによって何とか成り立っている。消費をいきなり減らすことは、高速運転している自動車に急ブレーキをかけるようなものである。事故の起きる可能性が高い。エンジンブレーキをかけて徐々に減速し、安全な速さで走行できるようにするのと等価な化石燃料消費技術や、その技術開発の元になる考え方・見方をみつけていく必要があるわけである。

図 1.3.2 は、「ほどよい」消費速さを目標にすることの大切さをイメージとして描き示したものである。自転車の速さが遅すぎれば、バランスが崩れやすくなって、地面に足をつけなくてはならなくなる。一方、速すぎれば、小石がちょっと車輪にあたるだけでも転倒する危険がある。ほどよい速さならば、周囲の景色を楽しむことができてよい。いわゆるエネルギー問題・環境問題にも同様のことが言えるのではないだろうか。

1・4 地球環境システム 水・大気の循環と15℃の維持

地表付近の温度は、北極から赤道さらに南極までを、また一年を通じて平均すると、冒頭にも述べたように約15℃である。金星のそれは約500℃、火星のそれは約−60℃である。金星は地球よりも太陽に近く、火星は地球より太陽から遠いからである。地球は太陽に近すぎず、また遠すぎずという好位置にあるといえよう。

私たちヒトを含む生物の身体は水が最も大きな割合を占めるが、その水の働きを考えると、平均15℃という温度はたいへんに都合がよいことに気づく。15℃という温度、1013.3 hPa という圧力では、水は液体の状態でも、また気体の状態でも存在しやすいからである。500℃という温度の水は、地球大気圧 1013.3 kPa に比べて40倍程度の圧力がかかる場合に初めて可能であり、この条件ではもはや液体も気体もない。一方、−60℃の水は、圧力の高低に関係なく主に固体としての存在である。生物は、水を含む食べ物を絶えず取り込み消費し老廃物を排出するという生理があって成り立っているが、500℃や−60℃という条件では生理が成り立たない。

以下では、太陽と大気・地表、地表と地殻・地球の位置関係を確認し、その上で、地表付近の大気温度が平均的に15℃になっている理由を考えてみよう。

1.4.1 太陽と地球

太陽の直径は 1.39×10^{9}m、太陽と地球の間の距離は約 1.49×10^{11}m、地球の直径は 1.27×10^{7}m である。といっても、何だかさっぱり実感がわかないので、仮に地球を直径が約 65 mm のテニスボールと同等の大きさの球体だとしてみよう。そうすると、太陽の直径は 7.1 m、太陽と地球の間は 765 m ということになる。

太陽の位置から地球の姿を見たとしよう。直線道路の 765 m 先にテニスボールが置いてあるのと相似の関係にあるわけだから、太陽から見れば、地球はちっぽけな存在である。その反対に地球の位置から太陽を考えてみよう。これは、私たちが日々体験している位置関係で、直線道路の765 m先に建っている2階建の戸建住宅を見るのとほぼ同様である。地球にとっての太陽は、太陽にとっての地球よりも大きな存在である。

このような幾何学的な関係に照らしてみると、太陽がいかに猛烈な勢いで電磁波を放出しているかが窺える。太陽が放出する電磁波の源は、太陽の内部で起きている原子核融合反応である。原子核融合反応は、太陽の大きな質量がもたらす大きな重力によって、太陽内部に著しい高温・高圧が実現された結果として起きている。

太陽の表面温度は約5700℃で、四方八方に電磁波を放出しているが、太陽と地球の距離は上述のように十分に離れているために、地球に到達する電磁波の指向性はかなり強い。量子力学の明らかにしたところによると、光は波の性質と粒子の性質を併わせもつ。そこで、太陽からやってくる電磁波を、波ではなく光の粒子（光子）と考えると、これら光子群は互いにほぼ平行あるいは一直線上に並んで飛んでくるといってもよい。これは、日射のエネルギーに対してエクセルギーの比が大きいことを意味する。大気圏外の日射では、エクセルギーはエネルギーの約93％である。日射のエクセルギーについては、第3章で詳しく述べる。

地球を包んでいる大気の厚さは約30 kmである。直径65 mmのテニスボールとしての地球で考えてみると、0.18 mmに相当する。硬式テニスボールの表面は毛羽立っているが、大気の厚さはその毛羽の厚さよりもかなり薄いことになる。

白い紙にコンパスで直径65 mmの円を描いてみよう。芯の太さ0.2 mmの鉛筆で描いたとすると、描かれた軌跡の太さよりも大気の厚さは薄い。大気は思いのほか薄いと感じないだろうか。同様のことを地殻の厚さや海の深さについても記しておこう。地殻は0.05〜0.25 mm相当、地球表面の70％を占める海の深さは、大気や地殻よりもさらに薄く0.019 mm相当である。こうして考えてみると、地球とは、とても硬い固体の薄皮（地殻）があって、その表面の70％がほんのわずか凹んでいて、極薄の水膜（海）が覆い、陸地部分の地殻と海の全体を気体の薄い膜が覆っている —— そんな球体である。

地球は太陽の周りを回転（公転）していることは周知のとおりで、その軌道は楕円である。しかし、楕円の程度は小さい（短半径が長半径の0.9998倍、離心率0.017）ので、地球大気の上端に達する日射エネルギーもエクセルギーも、一年を通じてほぼ一定である。エネルギーの量は太陽に正対する面1㎡当たり1秒当たり1353 J、すなわち1353 W/㎡である。地球は公転だけでなく、自らも回転（自転）しているためにその断面は多少楕円状になっているが、これもまた真円に近い。直径が等しい円と球を比べると、円の面積は球の表面積の1/4だから、図1.2.1の(a)に示したように、地球表面には平均的に338 W/㎡(＝1353/4)のエネルギーが電磁波によって運ばれてくると考えられる。

1.4.2　地表付近——大気温度の概算

大気や地表で反射された日射を宇宙船から観測した結果によると、地球の平均的な日射反射率は0.3程度である。言い換えると、地球に降り注ぐ日射エネルギーを1として、0.7が吸収されるわけである。すなわち、237 W/㎡(＝338×0.7)のエネルギーが地表に吸収される。エクセルギーでは、図1.3.1に示したように221 W/㎡（＝237×0.93）である。

(1) 大気を無視する場合

上述したように、大気は相対的に極めて薄いので、まずは大気の厚さを無視して、地表面の温度を求めてみよう。

日射のエネルギーが地表に吸収されれば、その一部は地殻内部に入っていく。これはもちろん現実の地表で時々刻々起きている現象である。その一方で、1.4.1に述べたように地殻は大気と同等に薄いから、地殻の下部から地表に向かって地球内部にある熱エネルギー（地熱）がジワジワ伝わってきそうに思える。

様々な深さにおける地中温度の実測によると、おおよそ次のことが言える。地表から3 mほどの深さになると、1年の間で温度変化はほとんどなく、しかもその温度はその直上の地表付近の年平均気温に等しい。地殻を3 mの深さよりもさらに掘り下げていくと、地中の温度は、およそ25 mごとに1℃の割合で上昇していく[6)]。言い換えると、地殻は、その下部にある高温高圧の液状岩石（マントル）によって熱せられてはいるが、その影響は地表から3 mの深度ではほとんど無視し得るまでに減衰している。地殻の深度3 mは、熱の振る舞いから判断して、地質学の世界と気象学の世界の境界になっているといえよう。

地殻の内側は、地球を直径65 mmのテニスボール大とすると、中心から16 mmまでを主に鉄とニッケルが構成している。この領域を核という。中心から6

mm 相当は固体、その外側(6〜16 mm)が液体である。核の外側は岩石で、地殻の最下部までが液状岩石(マントル)、地殻が固体の岩石である。核とマントルの接するところは約4000℃、核の中心は6000〜7000℃である。地表付近の大気温度15℃は、太陽の表面温度5700℃と地球の核心温度6000℃の間にある[7)]。

話を戻そう。地殻は薄いから高温のマントルから地殻を貫いて熱エネルギーが地表にまで伝わってきそうに思えたが、その影響は深度3mでは(幸いにして)無視できることがわかった。また、深度3mまでの地殻では、1年という時間の長さで考えると、地表面が吸収した日射のエネルギーと同量の熱エネルギーが結局のところ宇宙空間へ放出されていると考えておよそ間違いではなさそうだ。

そこで、以下の議論では、地殻が熱エネルギーをまったく伝えないと仮定しよう。

図1.2.1の(b)に示したように、水槽では、入る水の量が出る水の量と等しいと、水位は一定に保たれる。同様に地表に入るエネルギーが出るエネルギーと等しければ、地表付近の大気温度は一定に保たれることになる。このことを式として表現すると次のようになる。

$$(1-\rho)I=\sigma T_g^4 \qquad (1.4.1)$$

等号の左辺は地表面が吸収する日射エネルギーで、右辺は地表面が宇宙空間に向かって長波長放射によって放出するエネルギーである。

左辺にある ρ は地球の日射反射率(=0.3)、I は地球に入射する日射エネルギーの平均値(338 W/m²)である。物体がその温度に応じて周辺の空間に電磁波(長波長放射)によって放出する熱エネルギーの総量は、その物体の絶対温度の4乗に比例することがわかっている(シュテファン・ボルツマンの法則)。それを式として表わしているのが右辺である。T_gは地表面の絶対温度、σ は比例定数で、その値は5.67×10^{-8}W/(m² K⁴)である。

式(1.4.1)の未知数は T_gだけだから、まず T_g^4 の値を求め、次いで4乗根を求めればよい。結果は254 K、摂氏温度としては−19℃が得られる。この結果は、15℃という求めるべき値と34℃の差があって地表付近の大気温度とは著しく異なる。図1.4.1は、式(1.4.1)の関係と温度の計算結果をまとめて描いたものである。

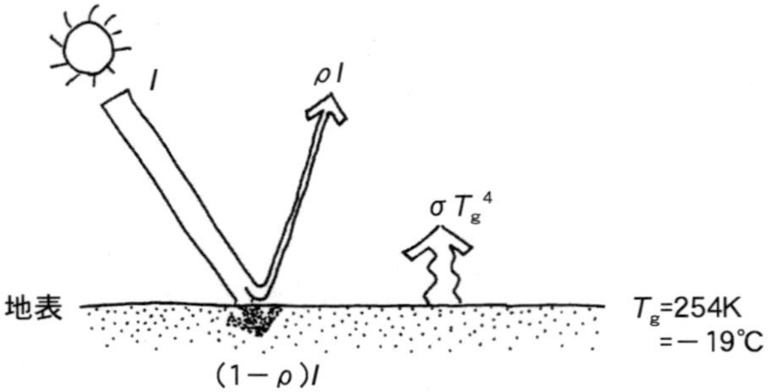

図1.4.1 大気を無視した地球表面のエネルギー収支。$\rho=0.3$、$I=338$ W/m²、$\sigma=5.67\times10^{-8}$W/(m²・K⁴)を本文中の式（1.4.1）に代入すると、$T_g=254$ K（＝－19℃）を得る。

(2) 循環のない大気がある場合

以上の結果は、大気の厚さを無視したから得られた結果だろう。私たち人間を含む生きものは、実際には大気の海の底に生きている。そこで、今度は地表面の上方に大気の屋根がある場合を想定して計算をやり直してみよう。

大気は、地表の上方に厚さの薄い屋根がかかっているようなものと想定し、短波長放射をすべて透過し、その一方で、長波長放射はすべて吸収すると仮定しよう。地表面の方は日射吸収率 0.3 で、長波長放射はすべて吸収する。すなわち、日射はすべて地表面まで到達し、地表で反射した日射は、大気の屋根を完全にすり抜けて宇宙空間に出ていってしまい、その一方で、大気と地表はそれぞれが出した長波長放射を、すべて受け止め吸収してしまう。

大気の屋根は、宇宙空間と地表面とに挟まれていると見ることができるから、宇宙空間からやってくる長波長放射と地表面からやってくる長波長放射の双方をすべて吸収する。宇宙空間からやってくる長波長放射の量は、地表面からやってくる長波長放射と比べれば、極めて小さい。前者は 3 K（－270℃）の物体から放たれる放射、後者は、250～290 Kの物体から放たれる放射である。3 Kは宇宙物理学の発展によって明らかにされてきた値である。宇宙空間にある物体は、3 Kの放射に囲まれていると考えればよい。ある物体からの放射エネルギー量は、式（1.4.1）にも現われたように、その物体温度の 4 乗に比例するから、宇宙からやってくる放射エネルギー量は、地表面からやってくる放射エネルギー量に比べて無視できる量である。

そのようなわけで、大気の屋根に入る熱エネルギーは、地表からの放射エネルギーだけで、出る方は、大気の屋根の上面から宇宙空間に向かって、また、下面から地表面に向かって放射されるエネルギーということになる。

地表面に入るのは、日射のエネルギーに加えて、大気の屋根が下方に向けて放射するエネルギーで、地表面から出る方は、大気の屋根に向かって放射するエネルギーということになる。

以上の文章表現による説明を、式で簡潔に表現すると、以下の式 (1.4.2) と式 (1.4.3) になる。

$$\sigma T_g^4 = \sigma T_a^4 + \sigma T_a^4 \qquad (1.4.2)$$

$$(1-\rho) I + \sigma T_a^4 = \sigma T_g^4 \qquad (1.4.3)$$

文章表現と数式表現の双方を読み比べると理解が深まるはずである。それを試みてほしい。T_a は大気屋根の絶対温度、T_g は地表面の絶対温度である。式(1.4.2) と式 (1.4.3) は、未知数が T_a と T_g の連立方程式になっている。これを解くと、T_a=254 K、T_g=302 K となる。摂氏温度に直すと、大気の屋根は−19℃、地表面温度は29℃となって、地表面温度は高くなったが、求めるべき温度15℃に比べて14℃も高くなってしまう。

図1.4.2 (p. 49) に、式 (1.4.2) と式 (1.4.3) の関係とともに温度の計算結果を示しておこう。

(3) 水と大気の循環を想定する場合

地表付近の大気温度が年平均で29℃というのは地球全体としては高すぎるが、29℃に近い年平均温度の地域が地球上にないわけではない。それは、赤道に近い砂漠地帯である。この地域の特徴はといえば、水が少なく植物や動物も少ないことだ。

式 (1.4.2) と式 (1.4.3) では、水の蒸発・凝縮のことは確かに無視したし、大気の動き (対流) も無視した。これらがおそらくは地表面温度を異常に高くした原因だろう。実際の大気では、高気圧と低気圧の間で風が吹き、また日射を受けて暖められた地表や海・川の表面から水が蒸発し、大気と相互に拡散し合う。低気圧の上昇気流に乗って上空に上がった水蒸気は冷やされて (液体の) 水になり、やがて雨となって再び地表に戻っていく。

そこで、これらの現象を何とか考慮できるように、式 (1.4.2) と式 (1.4.3)

を作り直すことを考えよう。

蒸発と対流によって地表から大気の屋根へと移動するエネルギーを H と表現することにして、式（1.4.2）と式（1.4.3）を書き改めると、次のようになる。

$$\sigma T_g^4 + H = \sigma T_a^4 + \sigma T_a^4 \quad (1.4.4)$$

$$(1-\rho) I + \sigma T_a^4 = \sigma T_g^4 + H \quad (1.4.5)$$

式(1.4.4)で H が左辺にあるのは、蒸発と対流とによって H という量のエネルギーが地表から大気の屋根に運ばれるからである。式(1.4.5)の方では、H は右辺にある。これは、地表から H という量のエネルギーが大気の屋根の方に向かって運び去られることを意味する。

T_gと T_aに H が加わったから未知数が3つで、方程式の数は式（1.4.4）と式（1.4.5）の2つだから、このままでは解けない。そこで、求めるべき地表付近の大気温度 T_g=288 K(=15℃）を計算条件として、その代わりに H を未知数としよう。式（1.4.4）と式（1.4.5）を T_aと H の方程式と見なすわけである。そうして解いた結果は、T_a=254 K、H=80 W/m² となる。

図1.4.3は、式（1.4.4）と式（1.4.5）の関係とともに、これらの式を解いた結果を描いたものである。水の蒸発と降雨、空気の対流循環が、地表面に吸収される日射エネルギー237 W/m²の4分の1に相当する熱エネルギー80 W/m²を地表から大気の屋根へと運ぶ役割を果たしており、そのことで初めて地表付近の大気温度は15℃に維持されることがわかる。

1.4.3　水と大気の相互拡散・分離 —— ヒートポンプ作用

前節の議論では、大気が日射を吸収しない、また長波長放射をまったく透過させないとしたが、実際の大気は日射の一部を吸収したり、また地表面から大気に向かう長波長放射の一部を宇宙空間へ透過させる。これらのことまで考慮して整理されたエネルギー収支を図1.4.4に示しておこう[8)9)]。この図から、次のことが読み取れる。

地表面に吸収される日射エネルギー165 W/m²は、地球大気の上端に入射する日射エネルギーの約50％である。大気に吸収される71 W/m²は約20％である。そ

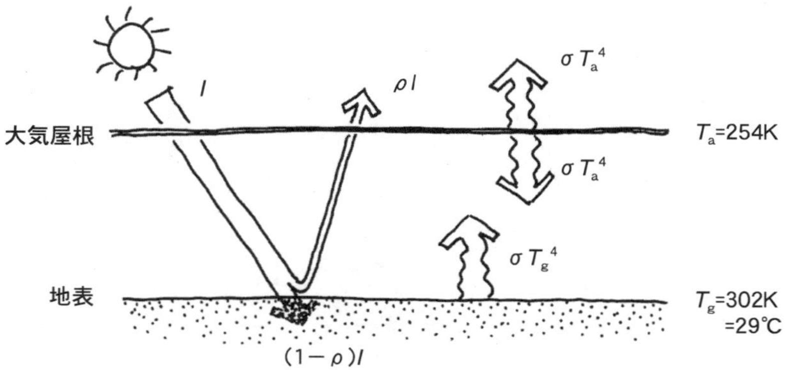

図 1.4.2 大気を日射(短波長放射)に対しては透明、長波長放射に対しては完全に不透明な(黒い)薄い屋根のようなものと考えた場合のエネルギー収支。地表面温度 T_g=302 K (=29℃) を得るが、これは高すぎる。

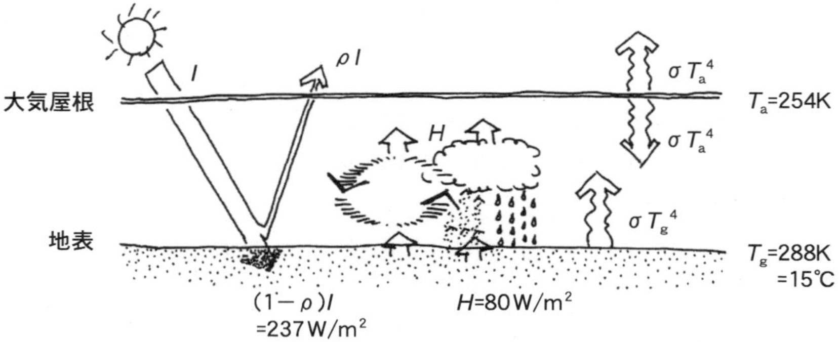

図 1.4.3 薄い大気屋根の下で水と空気が循環して H なる量のエネルギーを地表から大気屋根へと運び去る場合のエネルギー収支。得られる方程式を T_aと H を未知数とみて、T_g=288 K (=15℃) を条件として解くと、H=80 W/m²を得る。

の合計 236 W/m²は 70 %で、地球を宇宙から見たときの平均的な日射吸収率 70 %と一致する。日射は地表だけでなく、大気も暖めている。

大気と地表の間での放射によるエネルギーのやり取りを見ると、地表からは正味 64 W/m² (=371+20−327) が放出されている。海表面や地表面からの水の蒸発では、78 W/m²、大気の対流では 23 W/m²が、地表から大気中へと移動している。両者の合計 101 W/m²は、前節の概算で求めた 80 W/m²に相当する。前節の概算は

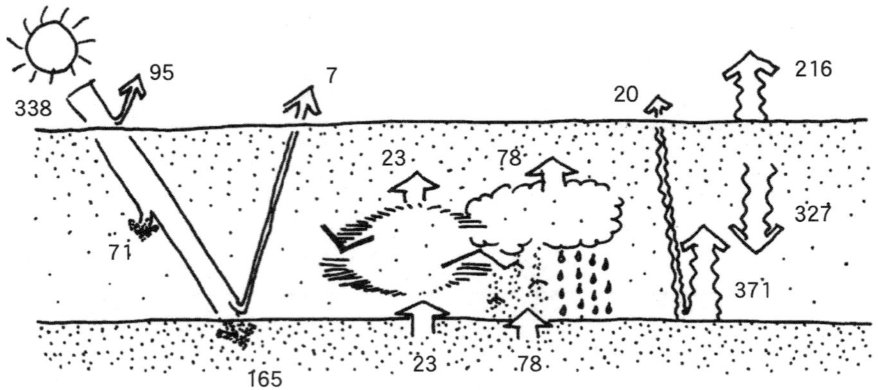

図 1.4.4 地球の詳細なエネルギー収支。単位は W/m²。大気と地表のそれぞれが日射エネルギーの一部を吸収し反射する。大気循環と水循環が地表から大気へとエネルギーを運び、地表から大気に向かう放射エネルギーはそのほとんどが大気に吸収され、わずかが宇宙へ直接出ていく。大気は宇宙と地表の双方に向かって放射によってエネルギーを出す。大気の外側に入射する日射がもたらすエネルギー 338 W/m²は、反射日射のエネルギーと地球から宇宙へ向かう長波長放射のエネルギー合計と釣り合う。

大筋において誤りでなかったことが確認できる。また、水の蒸発は対流の 3.4 倍（=78 / 23）である。15°Cの維持に果たす水の役割の大切さがわかる。地球が「水の惑星」と呼ばれる所以である。

大気が吸収するエネルギーの合計は、日射・対流・蒸発・長波長放射の和 543 W/m²（=71+23+78+371）である。そのうちの 327 W/m²（60 %）が地表に向けて、残り 216 W/m²（40 %）が宇宙空間に向けて、いずれも長波長放射として放出されている。地球から宇宙空間に向けて放射されるエネルギーには、この 216 W/m²に、地表から大気をすり抜けて宇宙空間へ放出される 20 W/m²が加わって合計 236 W/m²となる。地表から大気をすり抜ける 20 W/m²の長波長放射は、波長範囲が 8〜13 μm にある。大気はこの範囲の長波長放射をよく透過するのである。これを「大気の窓」と呼ぶことがある。

大気から宇宙空間へ長波長放射によって放出されるエネルギーの合計 236 W/m²は、地球に入射した日射エネルギー 338 W/m²から反射する日射エネルギー 102 W/m²（=95+7）を差し引いた残り 236（=338−102）に等しい。このようにして（保存される概念である）エネルギーの収支は成り立っている。

水の役割の大切さがわかってきたところで、蒸発によるエネルギーの輸送 78

W/m²についてもう少し考察してみよう。風呂上りや汗をかいたときに扇風機などで風を受けると冷たさを感じる。これは、体表面での水の蒸発によって熱が奪われて体表面の温度が下がるからである。15℃の水が蒸発によって運び去るエネルギー（蒸発潜熱）は約2450 J/g、エントロピーは8.5 Ons/gであることがわかっている。

そこで、78 W/m²のエネルギーが奪われるのにどれだけの水が蒸発しなくてはならないかを計算してみよう。78 W/m²は78 J/(m²•s)だから、これを2450 J/gで割って、31.8 mg/(m²•s)を得る。地表では、陸地も川も海も、私たちのからだから出る汗も、植物の葉からの蒸散も併わせて、平均的にこれだけの蒸発がある。31.8 mgは1秒当たりの値だから、これを1年当たりの値に直すと、約1000 kg/(m²•年)（$=31.8\times10^{-6}\times3600\times24\times365$）となる。これは、地球全体の年平均降水量1000 mmにほかならない。

地球全表面積の70％は、前述したように海水表面である。残り29％の陸地にも湖や川があり、また湿った土壌があり、その中には無数の小動物・菌類・微生物が生息している。また、土壌の上には大小様々な種類の植物と（私たちヒトを含む）動物が無数に生息している。それらの体表面からは多かれ少なかれ絶えず蒸発が行なわれている。その合計が、地表の1 m²当たり1年当たりで1000 kgになり、この1000 kg の水蒸気は大気上部で凝縮して、年平均降水量1000 mmとして海と陸地とに再び戻ってくる。地表1 m²当たり1年当たり1000 kgの水が大気との間で「相互拡散」と「分離」とを繰り返しているのである。

1.2に述べた地球環境システムのエクセルギー•エントロピー過程は、以上のような水と大気の相互拡散・分離によって機能しているといえるが、それは、次のような構造が地球に備わっているからともいえる。

第一は、地球が1.4.1に述べたような位置関係にあって、日射エクセルギー221 W/m²を定常的に吸収し消費していることである。地球は太陽に近すぎることもなく遠すぎることもない。

第二は、十分に大きくまた重い地球が、大気と水とを引きつけて、宇宙空間のどこかへ散逸してしまわないようにしていることである。地球の衛星である月には大気がない。これは月が軽すぎて（重力が小さすぎて）、月にとっての大気となるべき気体を引きつけておくことができないことを意味する。

第三は、地球がほどほどに軽いために、水が大気の中にあって、固体・液体・

気体の三態のいずれにも変わり得ることである。水が液体のときは、空気に比べて十分に重いために大気の底に沈み、水が気体のときは、空気より十分軽いために大気中に浮くことができる。

第四は、水の分子一つを構成する水素原子二つと酸素原子一つの成す〈かたち〉が特異であって、そのことが実は水の融点や沸点を同類の分子に比べて異常に高くしている[10)11)]。沸点が高いということは、水の蒸発によって運び去ることのできる熱エネルギー・熱エントロピーが他の物質に比べて大きいことを意味する。水のこの性質が、図1.4.3や図1.4.4に示した水と大気の相互拡散と分離を効率良く行なわせているといえよう。

このように述べてくると、地球には日射エクセルギーを動力源とした巨大なヒートポンプが存在していることに気づく。一般に使われている多くのヒートポンプ暖冷房機は、後述するように、電力（エクセルギー）を動力源として、装置内部で冷媒と呼ばれる物質に、膨張と圧縮を繰り返させることで、温エクセルギー（物体を暖める拡散能力）と冷エクセルギー（物体を冷やす拡散能力）を室内外に同時に取り出している。

このヒートポンプ暖冷房機の内部における膨張と吸熱に対応することが、地球環境システムでは地表と海表で起き、圧縮と屋外への放熱に対応することが大気上空で起きている。密閉された配管内に閉じ込められている冷媒に対応するのは、地球では大気中の「水」である。密閉された配管内部空間に対応するのは「大気」であり、冷媒の圧力に耐えるように配管どうしをつないでいるボルトやナットに対応するのが「重力」である。私たちは、地球環境システムの働きの中に建築や都市の環境空間をつくり日々の生活を営んでいるわけである。

地球環境システム

1.5 生態系の養分循環

前節まで熱機関としての地球のエクセルギー・エントロピー過程について述べてきた。地球は、大気・水の循環があってこそ、生成エントロピーを宇宙に廃棄し、気象活動を持続できるのだった。

実は、地球には大気・水以外にも物質の循環が存在する。それは“養分”の循環だ。養分の循環とは、言い換えると、食物連鎖のことである。植物を草食動物が食べ、草食動物を肉食動物が食べる。肉食動物に限らず、すべての動物・植物の生体・死骸を微生物が分解し、植物は動物・微生物の排泄物中にある無機物を原料にして有機物を生産する。このような〈食う－食われる〉の関係が食物連鎖である。

あらためて食物連鎖について説明すると、以下のようになる。植物は、燃料としての日射と冷却材としての水を取り込み、二酸化炭素と水を原料にして体内で有機物を生産し固定する。動物は、植物の体内に固定された有機物を摂取し分解することで生命活動を維持する。動植物の死骸や動物の排泄物は大半が有機物であり、それは昆虫などの小動物や微生物に摂取される。微生物は分子量の大きい有機物を分解し、分子量の小さい有機物や無機物を排泄物として排出する。食物連鎖は、たとえて言えば、“栄養物質の駅伝”のようなことである。生態系の中でそれぞれのニッチに位置する生物たちが駅伝選手であり、生物間で受け渡される栄養物質群が襷《たすき》だ。この生態系における襷のやりとりを“養分の循環”と表現したわけである。スポーツの駅伝と違うのは、襷にあたる栄養物質が選手である生物間で異なる物質に変化する点である。

生態系は、養分循環を介して膨大な種類と個体数の生物種がつながって営まれている。したがって、もともと生態系の中に存在しなかった毒性物質がその生態系に入り、ある生物種に摂取されると、それは生物種から生物種への“毒物駅伝”になることを意味する。食物連鎖の頂点に位置する大型肉食動物は、“養分駅伝”のアンカーにあたるので、襷に相当する養分物質が形を変えて彼らに到達するま

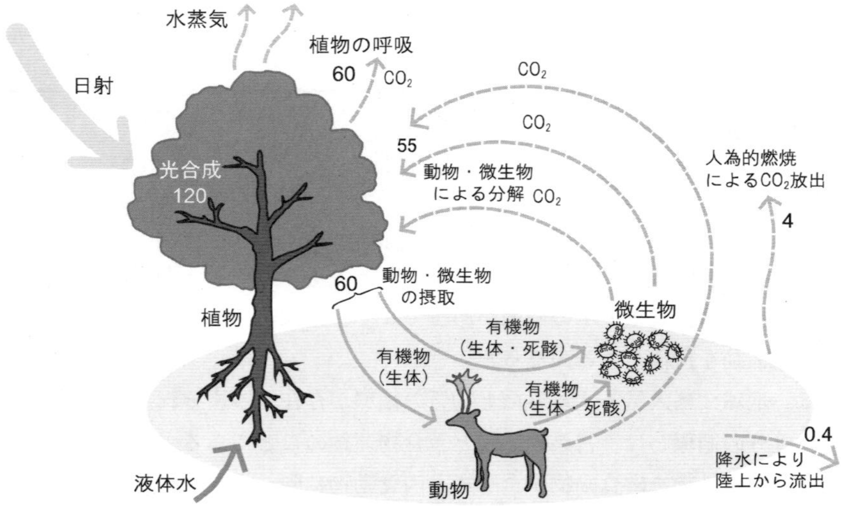

図1.5.1　地球陸上生態系における炭素の循環 [Pg/year]（Pg は 10^{15} グラムのこと。国立環境研究所 Web Site（http://db.cger.nies.go.jp//gem/warm/flux/archives/archives 2.html）における IPCC Climate Change 2001, The Scientific Basis のデータをもとに高橋が作成）

での間に、毒物は他の生物種体内で次第に蓄積されていき濃縮される。そのため、食物は、アンカーである大型肉食動物に到達した時点で毒物としての濃度が高くなっている。そのような毒物濃度が高くなってしまった食物を偏食すると、健康を害する可能性は高くなる。生態系における養分循環の視点に立てば、毒性物質を環境に放出せざるを得ないような技術を決して選択してはいけないことがわかる。

図1.5.1 は、地球の陸上生態系における炭素の循環を示したものである。現実の生態系では、炭素だけでなく、窒素やリンなどさまざまな養分物質が循環し、その循環の経路も複雑に枝分かれしている。ここでは養分循環の本質をとらえるとともに、大まかな数の関係をつかむために、陸上生態系のみでの、しかも炭素だけの循環を考えることにしよう。

図1.5.2 は、図1.5.1における炭素の流れから推定した炭素循環における化学エクセルギーの流れを、地球の陸地表面1㎡当たりについて示したものである。炭素含有量から化学エクセルギーを推定する方法は4.5.3で詳述するので、興味のある読者は参照してほしい。

生態系では、植物が環境中にある（化学エクセルギー0の）二酸化炭素と水を

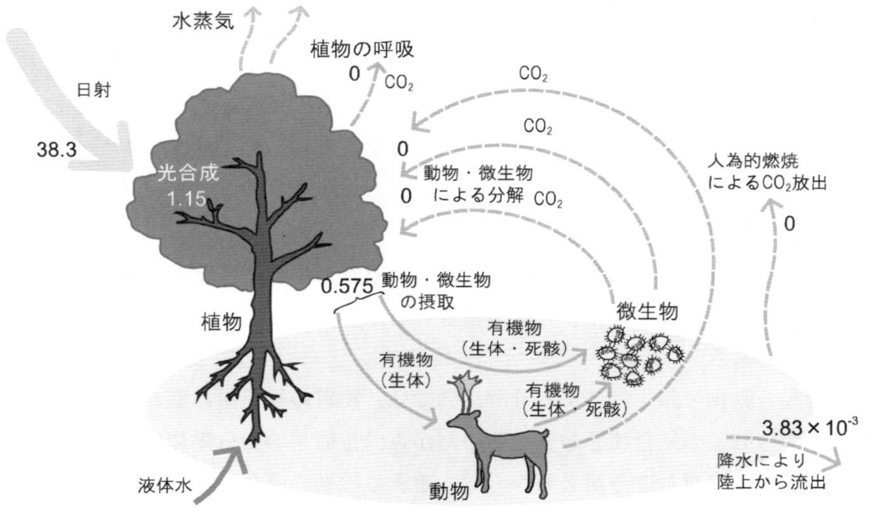

図 1.5.2　地球陸上生態系における炭素循環から推定した化学エクセルギーの流れ［W/m²］。陸上生態系で生産される有機物の化学エクセルギーは、循環する大気の運動エクセルギーの約八割に達する量である。

取り込み、莫大な日射エクセルギーと液体水の湿エクセルギーを消費することによって、化学エクセルギー 1.15 W/m²をもつ有機物を合成•生産している。動物•微生物は、生産者である植物が生産した有機物から化学エクセルギー 0.575 W/m²を取り込み、それを消費した結果、化学エクセルギー 0 の二酸化炭素を排出している。植物は、再び化学エクセルギー 0 の二酸化炭素・水を原料にして、日射と液体水のエクセルギーを消費することによって、有機物の形で化学エクセルギーを生産する。動物の排泄物や死骸は結局のところ、そのほとんどがそれらを食料とする動物や微生物に分解されるので、光合成で生産された化学エクセルギーは、植物 — 動物 — 微生物の経路を問わず、ほぼその全量が動物・微生物に消費されることになる。こうしたエクセルギー消費から免れたのが、太古の植物の死骸である化石燃料である。

植物に吸収される日射エクセルギーに対して、体内に固定される化学エクセルギーの割合が仮に 3 %とすると、植物群には光合成のために 38.3 W/m²の日射エクセルギーが吸収されていることになる。1.3 で述べたように、地球表面に吸収される日射のエクセルギーは 154.3 W/m²であり、循環する大気の運動エクセルギーは 0.73 W/m²である。植物に吸収される日射のエクセルギーは、地球表面全体に吸収される量の1/4である。陸上生態系で生産される有機物の化学エクセルギーは、循環する大気の運動エクセルギーの値の約八割に相当する。大気が莫大な運動エクセルギーをもつことは、貿易風などに見る大気の運動を想像すると、なるほどそうであろうと思えるが、その八割に達する量の化学エクセルギーが養分循環によって生態系を流れていることを知ると、生態系のイメージが顕わになってくるように思う。

生態系は、日射エクセルギーという大きな駆動力を得て、化学エクセルギーをもつ養分が生物化学反応によって消費されながら循環することで持続可能になっているのである。

光合成と動物・微生物による分解活動では、物質の総質量は変わらず、それらを構成する分子の結合状態が異なるのだから、生態系の養分循環にとってはエクセルギーの受け渡しこそが必要なのである。生態系の養分循環は、炭素などの物質を作業物質としてエクセルギーの受け渡しを生物間で行なっている。ある生物種の排泄物は、その生物種の食料物質に比べればエクセルギーは当然小さい、すなわちエントロピーが大きい。食物連鎖は、異なる生物種間でのエクセルギー供給を行なうだけでなく、エントロピー排出を行なって、生態系全体のエクセルギー供給とエントロピー排出を円滑にする過程である。

そう考えると、私たち人間が意識するしないにかかわらず、生活の営みで必ず生じる糞尿の排出や食物の収穫は、以上のような養分循環と十分に調和したかたちで行なわれなければ、人間の生存が危うくなることがわかる。それを予防するためにも、養分循環型の建築環境技術の開発は重要である。2.10に述べる生ごみの堆肥化やバイオトイレは、そのような養分循環型の建築環境技術の例である。

4.1に述べるように、熱の流れから力学的仕事を取り出すのが熱機関である。伝熱に加えて化学反応によって仕事を取り出す熱機関を、熱化学機関という。空気と水の伝熱・流体現象を中心として生じる気象活動に加えて、養分循環という生物化学現象が同時に絶えず起きているのが地球表面の活動である。したがって、地球は熱化学機関ということができる。

地球環境システムは図1.5.3に示すように、規模が異なる複数の環境が入れ子構造をなしており、養分の循環に伴うエクセルギーとエントロピーの流れもまた、環境の入れ子を貫いている。地球環境システムは、大気・水・養分といった作業物質が入れ子の関係にある環境システムのあいだを循環し、エクセルギーの投

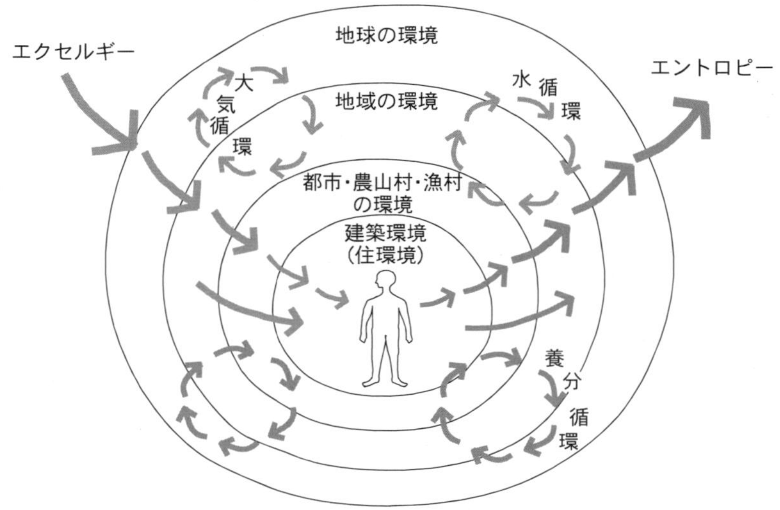

図 1.5.3　入れ子構造をなす地球環境システムを貫くエクセルギーとエントロピーの流れと物質循環。大気と水の伝熱・流体現象を中心にした気象現象に加えて、養分循環という生化学現象が同時に絶えず生じている。熱化学機関としての地球環境システムでは、養分循環に伴うエクセルギーとエントロピーの流れもまた環境の入れ子を貫いている。

入・消費、エントロピーの生成・排出を滞りなく行なうことで成り立っている。

● 参 考 文 献 ●

1）林弘文・除伯瑜・勝又昭治・平松惇：地球環境の物理学、共立出版、2000 年、p.121
2）宿谷昌則：地球環境システムのエクセルギー・エントロピー過程、日本建築学会大会学術講演梗概集、1995 年、pp.545-546
3）M. Shukuya and D. Komuro, “Exergy-Entropy Process of Passive Solar Heating and Global Environmental Systems”, Solar Energy, Vol.58 Nos 1-3 1996, pp.25-32
4）押田勇雄：物理学の構成、培風館、1968 年、p.52
5）押田勇雄：単位の事典、ラティス、1965 年、p.17、p.21、p.52
6）戸田盛和：熱現象 30 講、朝倉書店、1995 年、pp.13-14
7）丸山茂徳・磯崎行雄：生命と地球の歴史、岩波新書、1998 年、pp.2-6、pp.249-251
8）松野太郎：太陽エネルギーとその地球上での変換と循環、空気調和・衛生工学 vol.87, No.9、1993 年、pp.7-15
9）押田勇雄：太陽エネルギー、NHK ブックス、日本放送出版協会、1981、p.71
10）勝木渥：物理学に基づく環境の基礎理論、1999 年、海鳴社、pp.57-64
11）宿谷昌則：自然共生建築を求めて、鹿島出版会、1999 年、pp.145-149

第2章

建築環境システム

2・1 建築環境システム パッシブシステムとアクティブシステム

人にとって最も身近な環境空間 —— 建築環境 —— の調整は、約５万年前に私たち人類の歴史とともに始まったといえる。建築環境空間の中で、住まい手たるヒトがほどよい明るさや温かさ・涼しさを感じることができ、また、吸うに安全な清浄な空気が環境空間を満たすように、光や熱・空気、さらに音・水の振る舞いを調整するための〈しくみ〉を総称して「建築環境システム」という。

壁や窓・屋根・床などを総称して「建築外皮」と呼ぶが、当初は、この建築外皮に開口部を設けたり、建築外皮の構成に工夫を施したりすることによって、建築環境空間の照度や温度・湿度・気流・空気質などを調整しただろう。このような主として建築外皮による建築環境調整の〈しくみ〉を「パッシブシステム」という。また、パッシブシステムを支える技術を総称して「パッシブ型技術」と呼ぶ。

パッシブシステムがどのような〈かたち〉になるかは、そのシステムがどのような地域に建つかによって異なってくる。

〈しくみ〉と〈かたち〉といったが、しくみは時間の流れの中に現われる機能、かたちは目に見える構造のことである。しくみは一連の動きを読むことのできる「型」、かたちは時間を止めたときに見られる「形」といってもよい。

夏季に高温多湿になる地域を「季間蒸暑地域」、夏季に高温ではあるが乾燥する地域を「季間乾暑地域」という。それぞれの地域において何世代にもわたる長い時間をかけてつくられてきた伝統的な建物を見ると、そこには地域固有の〈かたち〉があり、また〈しくみ〉があるだろうことが読み取れる[1)]。これを「建築文化」と呼ぼう。

写真 2.1.1 は、神奈川県にある伝統的な住居の一例、**写真** 2.1.2 は、地中海沿岸に見られる伝統的住居の一例である。これらを比較して気づくことは、両者の〈かたち〉に見られる相違である。**写真** 2.1.3 は、南アメリカ大陸の太平洋沿岸にある年間蒸暑地域にある伝統的住居の例であるが、これを写真 2.1.1 と比較して気づくのは、両者の〈かたち〉に見られる相似である。両地域は互いに遠く離れているにもかかわらず、同じような〈かたち〉が現れていることがおもしろい。

伝統的住居のつくり方・住まい方という建築文化は、コンピュータやインターネットを介した情報伝達手段が存在しなかった時代に発展したのだから、両地域で互いによく似た〈かたち〉が見られるのは、一方の地域における建築文化が他方に伝わったというよりは、外気の温湿度や日射量・降水量といった地域の気候特性が似ているためではないかと考えられる。そうだとすれば、これは、神経生

写真 2.1.1　日本の伝統的民家に見られる茅葺屋根。乾燥した茅茎の内部と茅束の隙間に多くの小さな空気層が形成され、遮熱・断熱の効果が現われる。

写真 2.1.2　地中海沿岸地域に見られる伝統的住居の例。数 10 cm 厚の日干しレンガで構成される壁は蓄熱性（蓄温性・蓄冷性）に富む。白い仕上げは日射をよく反射する。

写真 2.1.3　南アメリカ大陸の蒸暑地域に見られる住居の一例。地面からの湿気の上昇を避けるために、床下に空気のよく通る空間がある。日射を遮へいするとともに、雨を凌ぐために軒が十分に出ている。また、居住空間にも十分な通風性が確保されている。（この写真は L. Beltran による）

物学（脳科学）の視点を加えて考えると、なおさら興味深くなる。ヒトという生物の脳は、与えられた地域環境の特徴を読み取り、それに相応しい建築を構成し建築文化を形成していくという働きが現われるようにできているといえそうだからである。

「パッシブシステム」の〈しくみ〉や〈かたち〉には、（ヒトの脳を介して）地域らしさが現われるのが大きな特徴である。パッシブシステムには「多様性」がある。

ヒトの進化で特徴的なことは、二足歩行が可能になったという事実である。歩行運動から両手が十分に解放されると、その解放の過程それ自体がヒトの脳を含む神経系の発達を著しく促すことになり、結果としてヒトは、道具を発展させ、火を使用し、言語をはじめとするシンボルによる情報伝達を行なうようになって……今日の現代文明を発生させるに到った。

今日の都市文明の〈しくみ〉や〈かたち〉は、古代に始まった薪などの燃焼による火の使用が、産業革命から現代にかけて著しいメタモルフォーゼ（変容）を遂げた結果である。火の使用は、「電力」の使用へと変容したと考えられる。火の使用がどうして電力の使用につながるのかは、電力のつくられる過程を考えるとわかる。

発電所では、石炭・石油・天然ガスの燃焼やウラン原子核分裂反応によって水を加熱・加圧し、その一方でこの水を海水などによって冷却・減圧する。高温高圧の水から低温低圧の水への流れは、タービンと呼ばれる羽根車を回転させ、結果として「動力」を得る。この動力を、発電機の働きで電磁気的なエネルギー（エクセルギー）に変態させ、送電線を通じて輸送する。そのエネルギーを、モーターの働きで再び動力に戻す。以上のようなプロセスの全体を考えると、電力とは、「電磁現象を利用して運ばれた動力」であることがわかる。動力発生の〈しくみ〉は第4章で改めて議論する。

ランプ・照明器具・ファン・ポンプ・ヒートポンプなどの組合せによって行なわれる照明・暖冷房・換気は、動力の働きによっている。ファンは羽根車とモーターが組み合わされた装置で空気を移動させ、ポンプはやはり羽根車とモーターが組み合わされた装置で水を移動させる。いずれも動力が主役を演じている。そこで、このような動力の働きによって行なう建築環境調整の〈しくみ〉を「アクティブシステム」と呼ぶ。また、アクティブシステムを支える技術を総称して「ア

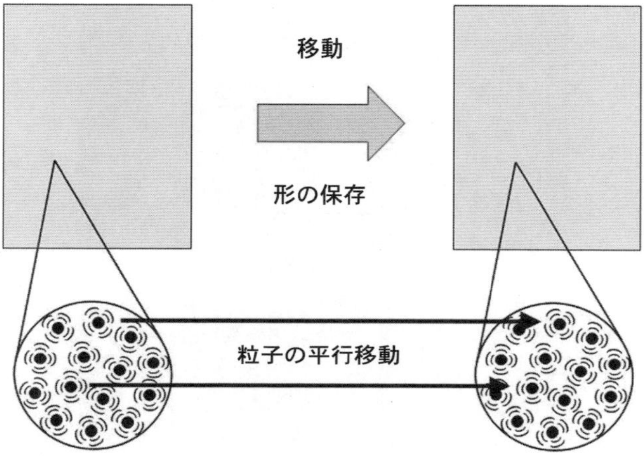

図 2.1.1　物体がその形を保存したまま移動する。これは、微視的に見れば、物体を構成する原子・分子という粒子が平行移動することにほかならない。このような粒子群の平行移動を起こさせる最大能力が「エクセルギー」である。個々の粒子はランダムに振動している。この振動の全体がどの程度であるかを表わす物理量が「温度」だ。振動の全体がどの程度拡がり散っているかを表わすのが「エントロピー」、振動が拡がり散る前と後で保存されるのが「エネルギー」である。

クティブ型技術」という。

動力は、第 2 部の 3.1 や 4.1 における議論で明らかになるように、エクセルギーそのものである。動力とは、読んで字のごとく、物体を動かすことである。形ある物質はすべて、原子や分子という粒子が互いにある定まった配置にあって成立している。この〈ある定まった配置〉が形をつくる。動力とは、その形を崩さずに、その物質の全体を移動させる能力のことである。

形が崩れないのだから、図 2.1.1 に模式的に示すように、物質を構成する個々の原子・分子はすべて平行移動する。このような粒子群の平行移動を起こさせる最大能力がエクセルギーだと考えてもよい。物体が移動する際には、多かれ少なかれ摩擦があって、“最大”能力の一部が失われる。これは粒子群の平行移動という運動が一部拡がり散る、すなわち「拡散」することである。この拡散が「エクセルギー消費」である。

古代における火の使用がメタモルフォーゼを遂げて電力となったわけであるが、このことは室内の照度や温湿度を自由に調整することを可能にして、それが低い階高と深い奥行きという部屋の形態を可能にし、ひいては今日、世界中の都市に見られる高層建築という形態を可能にした。気候風土が著しく異なる地域に

写真 2.1.4　アクティブ型技術が可能とした高層建築の一例。これは、世界中の大都市にある高層建築に共通して見られる形態である。居住空間の形態的な特徴は深い奥行きと低い天井高である。これらはアクティブ型の照明・暖房・冷房・換気技術が可能にした。

あっても、高層建築という形態には違いがあまり見られない[2)]。写真2.1.4は、大阪に建つツインタワー形状の高層事務所建築の一例である。このような形態は、ニューヨークでも横浜でも上海でも基本的には同じであり、都市文明のシンボルである。これは、アクティブ型技術のもたらす最も著しい特徴といってよいだろう。アクティブシステムには「一様性」がある。

石油・石炭の燃焼や原子核分裂反応の利用を必然とするアクティブ型技術への過度の依存は、1.1に述べたように地球環境問題やエネルギー資源・物質資源問題を引き起こしたが、同時にパッシブ型技術を見直す機会を与えてくれた。見直しは、四半世紀ほど前に始まり今日に至っているが、その間に、アクティブ型技術によって成り立っている現代建築にパッシブ型技術を適用したり、アクティブ型技術をパッシブ型技術で代替したり……などが試みられてきた。

初めのころは、パッシブかアクティブかの二者択一を迫るような硬直ぎみの議

表 2.1.1 パッシブ型とアクティブ型の技術要素の比較。パッシブ型（建築部位）とアクティブ型（機械的・電磁気的しかけ）のそれぞれにかかわる主な物理的特性が併わせて示してある。

目的	パッシブ型技術		アクティブ型技術	
照明	・窓 ・日除け ・天井 ・内壁表面	・ガラス昼光透過率 ・日除け昼光透過率 ・天井昼光反射率 ・壁面反射率	・ランプ ・照明器具 ・天井 ・内壁表面	・発光効率 ・器具透過率 ・壁面反射率
暖房	・窓 ・壁 ・床 ・天井	・断熱性 ・蓄熱性（蓄温性） ・日射取得性	・放熱器 ・ファン ・ヒートポンプ ・ボイラー	・対流伝熱特性 ・放射伝熱特性 ・圧力損失特性 ・効率
冷房	・窓 ・壁 ・床 ・天井	・日射遮蔽性 ・断熱性 ・蓄冷性	・放冷器 ・ファン ・ヒートポンプ	・対流伝熱特性 ・放射伝熱特性 ・圧力損失特性 ・効率
換気	・窓 ・扉 ・換気口	・風力 ・浮力 ・圧力損失特性	・ファン ・ダクト	・圧力損失特性 ・効率

論が行なわれたり、パッシブ型技術の採用は科学・技術の後退ではないかといった議論が行なわれたりさえした。このような議論が発生した背景には、科学や技術のもとになる当時の考え方（哲学や思想）に変革が求められていたにもかかわらず、考え方を変えることはせずに、知らず知らずのうちに新たに現われ始めた技術の欠点や不備を批判してしまうという「心の問題」があったように思われる。

これからの時代は、パッシブシステムをよりよく働かせるようなアクティブシステムの開発や、パッシブ型技術と整合するようなアクティブ型技術の開発を促せるような新たな哲学や思想、また新たな科学が必要になると思う。本書で議論を展開するエクセルギー概念は、そのことに何がしかの役割を果たすのではないだろうか。

建築環境がヒトにとって最も身近な環境空間であることは冒頭に述べたとおりであるが、〈身近〉ということは言い換えると、建築環境空間はヒトの身体の延長ということでもある。ヒトの身体の解剖（形態）学的・生理学的な成り立ちを調べると、そこには上述した建築環境空間のためのパッシブシステム・アクティブシステムと同様の違いがあることがわかる[3)4)]。パッシブシステムやアクティブシステムの発生・展開は、ヒトの身体の発生・展開をなぞる結果になっていると言った方が当たっているだろう。

建築環境学は、本書で主として議論する建築環境にかかわる熱力学に加えて、生物学をも積極的に融合していく必要性がある。

表 2.1.1 は、照明・暖房・冷房・換気のそれぞれにかかわるパッシブ型技術とアクティブ型技術の要素を整理してみたものである。2.2 以下を読み進んでいく際に参考としてほしい。

● 参 考 文 献 ●

1) 木村建一：民家の熱環境論、木村編：建築環境学 2 、丸善、1993 年、pp.1-46
2) 池田武邦：大地に建つ―200 年後の建築家と子どもたちへ―、ビオシティ、1998 年
3) 宿谷昌則：自然共生建築とその形態にかんする考察、日本建築学会大会学術講演梗概集、2000 年 9 月、pp.483-484
4) 宿谷昌則：自然共生建築とヒトの「感覚―運動」系にかんする考察、日本建築学会大会学術講演梗概集、2001 年 9 月、pp.437-438

建築環境システム

2・2 照明システム

照明は光の流れによって成り立つ。「流れ」の源を光源という。太陽光ならば光源は太陽、電灯光ならば光源は電灯である。「光の流れ」といわれてもちょっとイメージしにくいかもしれない。例えば、朝起きて、雨戸を開けると太陽光が部屋の中に流れ込んでくる。雨戸を閉めれば光が流れ込まないので暗くなる。電灯の場合も同じだ。電灯のスイッチを入れると、電灯から光が流れ出す。スイッチを切ると、光の流れが止まる。電灯の場合は、電灯と発電所の間に電力（電磁現象によって運ばれる動力）の流れがある。電灯がついている間は、発電所から送電線を伝わって電力が「流れ」ている。

光の流れの川上《かわかみ》を光源というのに対して、川下《かわしも》を受光面という。太陽光や電灯光の流れを受け止めるのは、部屋の中の机や床・壁・天井面などだ。机や床・壁・天井面などに受け止められた太陽光・電灯光の「流れ」は、その後どうなるだろうか。光の流れだけを考えていたのでは答は見出せない。

筆者（淺田）も光のことだけを考えていたときは答が見出せなかった。

光がある面に吸収されると、その光は熱になる。照明の専門家は、どういうわけか光が熱に変わってしまった後のことはあまり考えない。それが習慣になっている。エクセルギーの観点に立つと、光から熱への変化が「流れ」であり、「建築環境空間に放たれた光は、いずれどこかの面に吸収されて、最終的にすべて熱になる」という当たり前のことが明確になる。

2.2.1 蛍光灯はヒーターかランプか？

図 2.2.1 に示すような所要電力 40 W の蛍光灯が、定常的に光を放っている状態を考えよう。40 W の電力が投入され、蛍光管の表面からは 9 Wが光エネルギーとして、31 W が熱エネルギーとして放たれる。エネルギーは保存されるので、蛍光管に入るエネルギー（電力）と、出てくる光と熱のエネルギーの合計とは等し

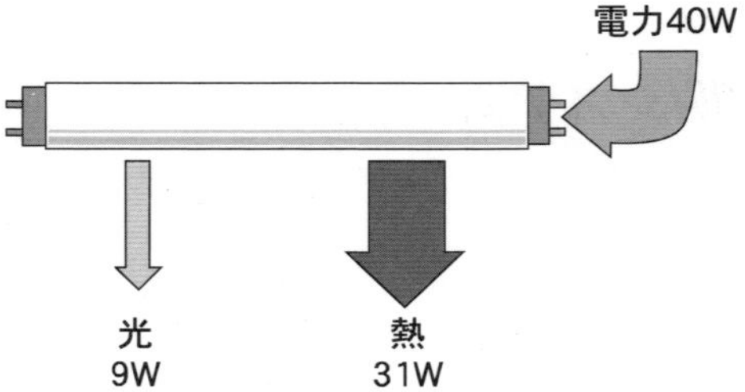

図 2.2.1 40 W 白色蛍光灯を出入りするエネルギー[1)]

い。エネルギーは消費されないことが確認できる。蛍光管表面から放たれる熱エネルギーは、光エネルギーに比べて3倍ほど大きい。アクティブシステムやその構成要素の名称は、それらの目的をよく表わすように付けるのがよいはずで、最も大きな出力が目的に合致するだろうと考えてみる。そうすると、蛍光管は電灯ではなく電気ヒーターということになってしまう。

図 2.2.2 は、同じ蛍光管をエクセルギーの視点で見たものである。蛍光管には 40 W の電力(エクセルギー)が入り、7 W が光エクセルギーとして、4 W が熱エクセルギーとして管の表面から放たれる。図中の□内に示した 29 W は、入ったエクセルギー(40 W)と、出ていったエクセルギーの合計 11 W(=7+4)の差(=40−11)である。この 29 W は、蛍光管内部で電力から可視光をつくるプロセスで「消費」されたエクセルギーで、投入エクセルギー 40 W の約 70%に当たる。

光エクセルギーは、熱エクセルギーに比べて 1.7 倍(=7/4)大きい。蛍光管は、エクセルギーの視点で見ることではじめて「ランプ」と称するのが相応しいことがわかる。

エクセルギー消費は、次のような蛍光管内部での発光プロセスによって引き起

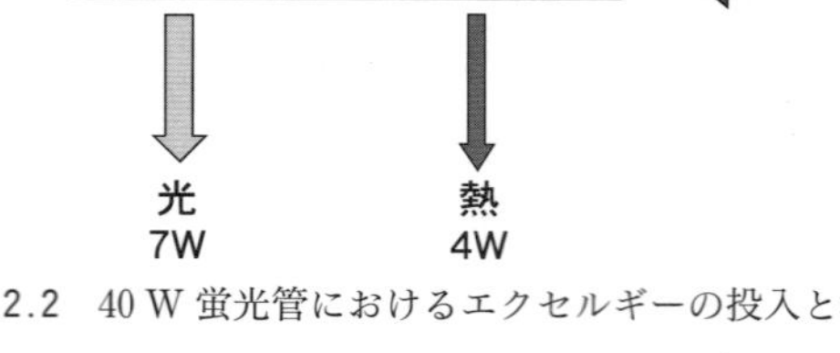

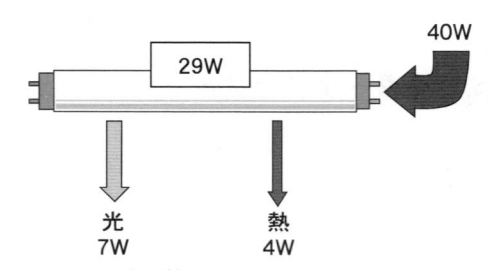

図 2.2.2 40 W 蛍光管におけるエクセルギーの投入と消費[2)]

こされる。まず、蛍光管の両端にある電極の一方から他方へ向かって交互に電子が放たれる。電子は管内空間をガラス管に平行に飛ぼうとするが、管内に充填されているガス状の水銀原子に衝突する。衝突の結果として、水銀原子から紫外線が放出され、その紫外線がガラス管の内側に塗布されている蛍光物質に入射する。蛍光物質は紫外線に刺激されて可視光を発散する。この一連のプロセスをまとめると、電極を飛び出す電子の指向性のある運動に始まって、蛍光管外表面からの可視光の発散に終わるということができる。このプロセスの全体は「拡散」である。この拡散が 29 W のエクセルギー消費として表現できたのである。

2.2.2 照明と暖房・冷房のつながり

太陽は最も基本的な光源である。一《いち》生物としての人間（ヒト）の目は、太陽光でつくられた光環境に適応するよう進化してきた。ところが、大都市にある事務所建築などでは、晴天の昼間でもブラインドを閉じて太陽光(直射日光や天空光)を遮り、電灯を常時点灯していることが多い。窓から得られる太陽光を照明のために積極的に利用して、電灯を点けるのを減らせば、電灯における電力の浪費を防ぐことができ省エクセルギーになるし、また、人間（ヒト）に相応しい光環境を形成することにもなる[4)]。

太陽光は、大気を貫いて地表面に直接やってくる「直射日光」と、大気で散乱する「天空光」に分けられる。両者を併わせて「昼光」という。昼光を建築環境空間の照明光源として積極的に利用することを「昼光照明」という。

昼光は、太陽や雲の動きによって時々刻々変動する。雲が空の全体を覆っているような日（曇天日）や雨の日などは、昼光の量が非常に小さくなる。晴れていても昼光が届きにくい部屋の奥や、窓に近いところでも、曇ってきて室内が暗くなったら、光の量を補うために電灯を点ける必要がある。天井面などに光の量(照度）を測るセンサーを設置して、その測定値に応じて電灯の光出力を増やしたり減らしたりして調節すれば、室内のどこでも必要最低限の明るさが確保できる。このように電灯の光出力を調整することを「調光制御」または「調光」という。

本節の冒頭で述べたように、室内に放たれた昼光や電灯光は、最終的にすべて熱になる。冬ならばこの熱は、暖房で供給すべき熱の一部になるが、夏ならば冷房で取り去るべき熱の一部になる。したがって、昼光照明のエクセルギー消費過

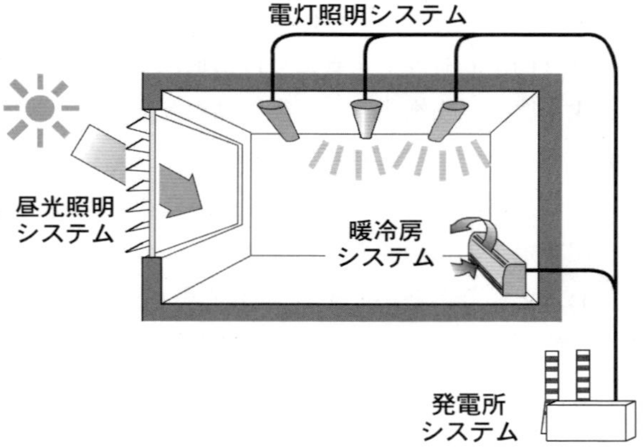

図 2.2.3 昼光照明と電灯照明・暖冷房システム

程を考える際には、暖冷房によるエクセルギー消費過程をも併わせて考える必要がある。ここでは、図 2.2.3 に示すような事務所建築の一室で、昼光照明・電灯照明・暖冷房の全体についてエクセルギー消費過程を求めた例を示そう。

この部屋では、窓から入る昼光に応じて電灯の調光制御を行ない、ヒートポンプエアコンを用いて暖冷房を行なう。電灯やヒートポンプエアコンには電力が投入されるので、その電力をつくる発電所もシステムの一部として考える。ここでは天然ガス焚き火力発電所を想定する。システムの境界を貫いて入ってくるのは、窓面・外壁に当たる昼光（日射）のエクセルギーと、発電所に投入される燃料のエクセルギーである。

投入されたエクセルギーは、図 2.2.4 に示すような散乱・吸収・熱伝導・放電などの現象で消費されていく。例えば、直射日光が窓面のベネシャンブラインドに当たって「散乱」したり、窓のガラス面やブラインド面に「吸収」されて熱へと形態変化したり、その熱が対流・放射・伝導で移動したりする。このような様々な現象の全体と部分とについてエクセルギー消費を求めると、昼光照明・電灯照明・暖冷房システム全体がどのようにして成り立っているのか、より良いシステムを構築するには、システムのどこをどのように改善したらよいのか……などがわかるはずである。

図 2.2.5 は電灯を点けっ放しにする場合（以下、常時点灯）と、昼光に応じて電灯を調光制御する場合について、年間エクセルギー消費を比較した例である。

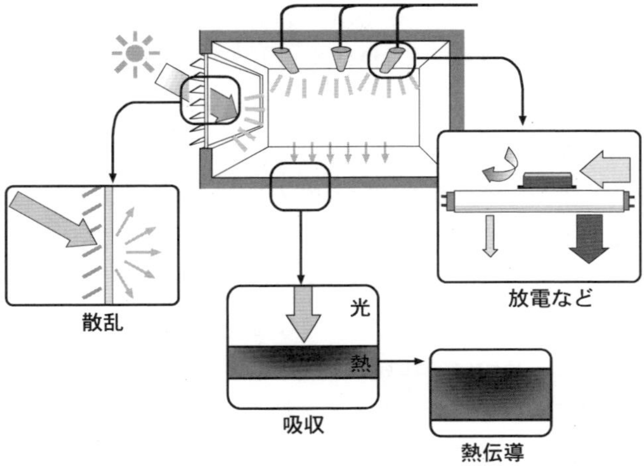

図 2.2.4　エクセルギー消費の起きる部位・機器と現象

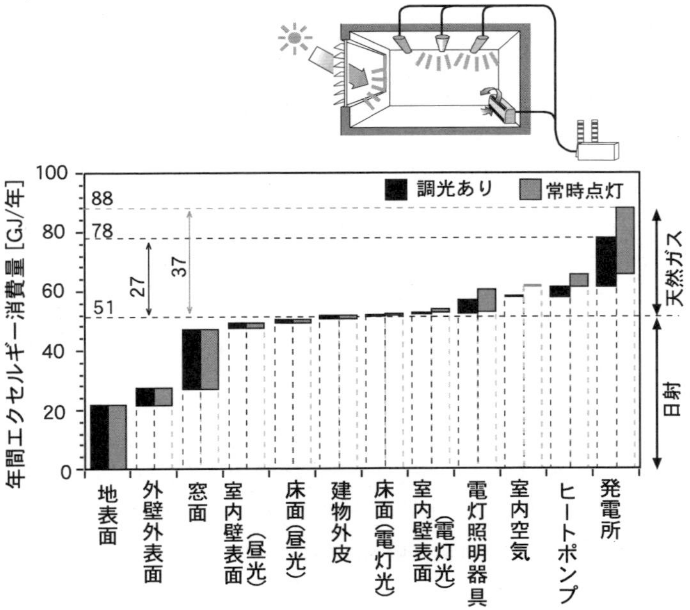

図 2.2.5　常時点灯・調光ありの場合の年間エクセルギー消費量[3]。対象室は、東京に建つ事務所建築の間口・奥行きがともに 8 m、天井高が 2.6 m の一室で、南面に幅 6 m×高さ 1.7 m の窓がある。窓面は、複層ガラスと室外側ブラインドとで構成されている。天井面には 40 W 2 灯用の照明器具が 16 台設置されている。調光ありの場合は、机上面照度 500 lx が確保できるよう制御される。黒塗りの四角が電灯の調光あり、網掛けの四角が常時点灯の場合である。

この計算例では，常時点灯（網掛け四角）および調光ありの場合（黒塗り四角）ともに窓ガラスの外側にブラインドがあるとしている。

昼光照明を行なうには、必要にして十分な量の昼光だけを室内に導けるようにする必要がある。室内に入る昼光が過剰だと、眩しさや過熱（オーバーヒート）が起きるからである。多くの建物では、ベネシャンブラインドが用いられているが、それらのほとんどは窓ガラスの室内側に取り付けられている。しかし、これは2.6にも改めて述べるように、窓ガラスの室外側に取り付けるべきである。昼光(日射)がもたらす熱が室内に入りにくくなるからである。そう考えて、図2.2.5では常時点灯と調光ありのいずれも、室外側ブラインドを想定してある。この想定で、調光の有無によってエクセルギー消費にどんな違いが現われるのかを見ることができる。なお、部屋の寸法などは、図2.2.5の説明文に記してあるとおりである。

横軸はエクセルギーが消費される建築部位または機器である。「地表面」は建築部位でも機器でもないが、外壁や窓面で反射した日射エクセルギーのゆくえを見るために、横軸の左端に示してある。「室内壁表面」と「床面」は2つずつあるが、これは昼光と電灯光のそれぞれのエクセルギー消費を別々に示すためである。

縦軸は各部位・機器におけるエクセルギー消費の年積算値で、単位はGJ/年（ギガジュール/年、Gは10^9）である。常時点灯と調光ありの双方ともに、縦軸51 GJ/年のところに水平に描かれている点線と横軸の間が日射エクセルギー消費、それより上が天然ガスエクセルギー消費である。天然ガスエクセルギー消費は、常時点灯の場合に37 GJ/年（＝88－51)、調光ありの場合には27 GJ/年（＝78－51)である。

次に、個々の部位におけるエクセルギー消費を見てみよう。例えば、「窓面」におけるエクセルギー消費量は、常時点灯も調光ありも20 GJ/年（網掛け四角・黒塗り四角の上端に対応するエクセルギー47 GJ/年と、下端に対応するエクセルギー27 GJ/年の差）である。網掛け四角あるいは黒塗り四角の下の点線部分は、今は窓面のところを見ているから、その左側に示されている部位、すなわち「地表面」と「外壁外表面」におけるエクセルギー消費を合計したものである。

横軸右端の「発電所」における網掛け四角の上端に対応するエクセルギーは88 GJ/年で、これは左端「地表面」から右端「発電所」までのシステム全体におけるエクセルギー消費合計である。黒塗り四角で示した調光ありの場合、システム全体のエクセルギー消費量は 78 GJ/年で、常時点灯に比べて 10 GJ/年小さい。

窓ガラスや日除け、室空間の大きさなどの建築的な条件は同じなので、「地表面」から「建物外皮」までの（横軸と点線の間で示される）日射エクセルギー消費パターンは、常時点灯と調光ありとで同じである。したがって、10 GJ/年の違いは電灯の調光がもたらしていることになる。

「電灯照明器具」と「ヒートポンプ」におけるエクセルギー消費量が、同様な大きさであることに注意してほしい。常時点灯の場合には、「電灯照明器具」におけるエクセルギー消費の方が「ヒートポンプ」よりもむしろ大きい。調光ありの場合における「電灯照明器具」と「ヒートポンプ」のエクセルギー消費量は、常時点灯の場合よりも小さい。結局、このことが発電所における天然ガスのエクセルギー消費量の差 10 GJ/年をもたらしている。なお、常時点灯・調光ありのいずれの場合も、天然ガスエクセルギーの約 60 %が「発電所」で消費されている。電灯や暖冷房機器での電力利用の背後には、このような「発電所」での大きなエクセルギー消費が伴っていることを銘記しておく必要がある。

図 2.2.5 に示した常時点灯と調光ありのエクセルギー消費比較は、前述のように，ブラインドが室外側にある場合を想定して行なった。次に、ブラインドが室外側にあるか、それとも室内側にあるかの違いが、年間のエクセルギー消費にどんな違いとして現われるかを計算した例も示しておこう。図 2.2.6 がその結果である。

ブラインドが室内側か室外側かで、システム全体で 4 GJ/年（=82−78）の違いがある。日射エクセルギー消費についてよく見ると、日射エクセルギー消費の合計（51 GJ/年）は、室内側ブラインドでも室外側ブラインドでも同じだが、51 GJ/年に至るまでの道筋（過程）が異なっていることがわかる。「地表面」では、室外側ブラインドの方が室内側ブラインドよりも日射エクセルギー消費量が大きく、「窓面」では室外側ブラインドの方が小さい。「窓面」と「地表面」のエクセルギー消費を合計すると違いはない。

一方、天然ガスのエクセルギー消費を見ると、「ヒートポンプ」と「発電所」で大きな差が現われている。これは、日射エクセルギーが室外側で消費されるか室内側で消費されるかの違いだけで、「ヒートポンプ」「発電所」におけるエクセルギー消費が変わったことを示している。

もう一度「地表面」から「床面（昼光）」までのエクセルギー消費を見てみよう。

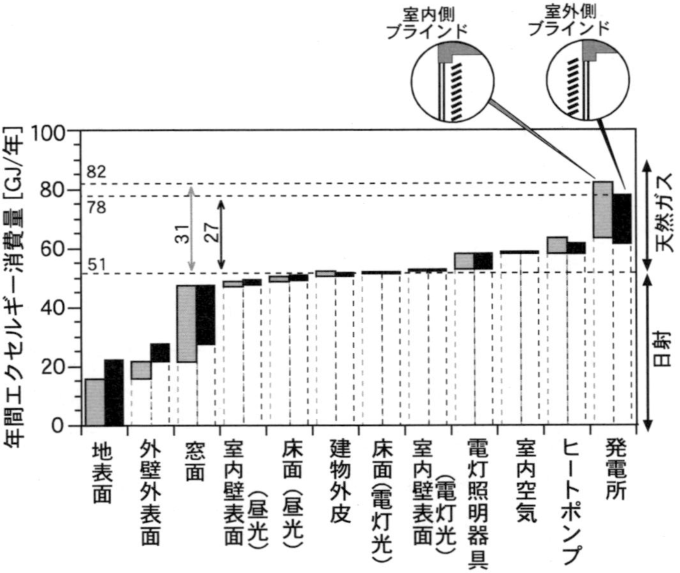

図2.2.6　室内側・室外側ブラインドの場合の年間エクセルギー消費量[3)]。対象室の条件は、図2.2.5の場合と基本的に同じ。窓面は、網掛け四角が複層ガラスと室内側ブラインドの場合、黒塗り四角が複層ガラスと室外側ブラインドの場合である。いずれの場合も、電灯照明は調光制御される。

この範囲に示されているエクセルギー消費は、すべて日射がどこかの面に吸収されて光から熱に形態変化することによる。これらの合計は、窓面と外壁面に入射した日射エクセルギーの合計 51 GJ/年の 90 %以上を占める。残り 10 %が昼光照明のために消費される。窓面に入射した日射エクセルギーは、昼光照明のために消費しても、昼光照明を行なわずに、ただ単に消費させてしまったとしても、その量は変わらない。だからこそ、日射は「熱」として利用する前に、まず「光」として利用すべきである。

昼光照明とは、日射エクセルギーが消費され尽くすまでの道筋（過程）を、照明という目的に合うよう「流れ」を変えることだといえよう。昼光照明は「流れのデザイン」の一つなのである。

● 参 考 文 献 ●

1) 木村建一：建築設備基礎理論演習、学献社、1970年7 月（初版）、pp. 355-356
2) 淺田秀男・宿谷昌則：Exergy-Entropy Process of Electrical Lighting System Using Fluorescent Lamps、日本建築学会計画系論文集　第483号、1996年5 月、pp. 91-100
3) Asada, H., Shukuya, M., Numerical Analysis of Anuual Exergy Consumption for Daylighting, Electric-lighting, and Space Heating/Cooling Systems, Sixth International IBPSA Conference (BS'99) Kyoto, Japan, Septemper 1999, pp. 121-127
4) 宿谷昌則：照明の成り立ちを考える、照明学会誌　第87巻　第9号、平成15 年、pp. 720-724

2・3 建築環境システム
体温調節システム

中国内陸部にある黄土高原には、「窰洞（ヤオトン）」と呼ばれる地下住居があり、現在でもたくさんの人たちが暮らしている。窰洞内で行なわれた熱環境調査によれば、地表から5〜6 mの深さにある室内の温度は、年間を通してほとんど変動せず、年平均外気温にほぼ等しい[1)]。窰洞に住む人たちは、自らの生活空間のポテンシャルを、無意識的にあるいは意識的に活かして、現在でもそれなりの快適さを得て暮らしているらしい。エクセルギー概念を用いて表現するならば、冬は、屋根・床・壁を構成する土のもつ温エクセルギーを、夏は冷エクセルギーを有効に活用しているといえよう。窰洞はパッシブ型技術を駆使した暖冷房の典型である。

これに対して、特に都市に棲む私たちの過ごしている多くの空間では、アクティブ型技術を駆使した暖冷房が行なわれている。身近にある限られた材料の性質を利用した古典的なパッシブ型技術による建築環境空間の調整では、寒すぎたり暑すぎたりする時間は短くはないだろう。それに比べれば、アクティブ型技術による調整では、寒くも暑くもない時間をほとんど好きなだけ十分長くできる。しかし、身体が不調になる例が少なからずある。例えば，“冷房病”と呼ばれる症状のことである。これは、不自然な冷房によって、体温調節がうまく働かなくなってしまうために起きると考えられる。

人体の熱的な状態を表す「暑い」「寒い」「涼しい」などを「温冷感覚」と呼ぶが、これらは、人体を貫いてエネルギーや物質がどのように拡散していくかで決まると考えられる。言い換えると、身体のエクセルギー消費のしかたや大小が決める。ここでは、人体内部でのエクセルギー消費が、人体周囲の環境によってどのように異なるかを求めた例を紹介しよう。

図 2.3.1 は、夏の標準的な服装で、椅子に座って本を読む、ノートをとるなどの作業をしているヒトを想定して、環境温度が5〜35°Cの間で様々な値をとった場合に、このヒトのエクセルギー収支と温冷感覚の対応関係がどのようになるか

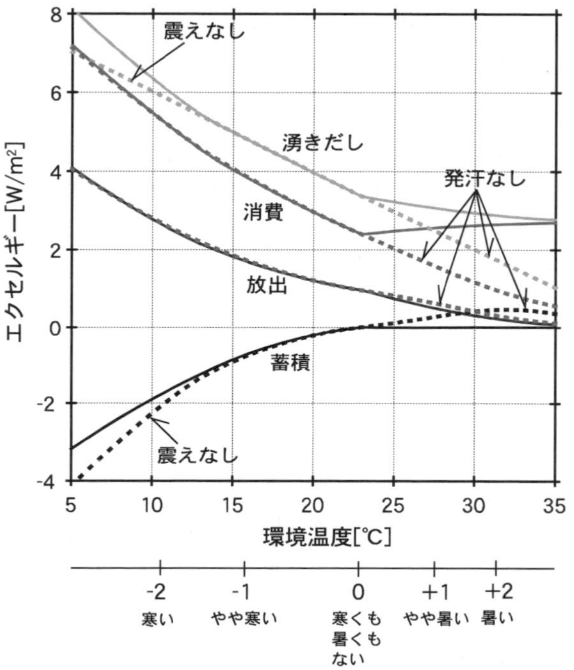

図 2.3.1　人体のエクセルギー収支。ある環境温度について［代謝で湧きだす（発生する）温エクセルギー］−［消費］＝［蓄積］＋［放出］が成り立つ。エクセルギー消費が最も小さくなるのは、ヒトが「寒くも暑くもない」と感じる環境温度においてである。

を示したものである[2)~4)]。２つの横軸のうち、上の方は周囲の環境温度を表わし、下の方は温冷感覚を数値化して表したものである。「寒くも暑くもない」が０、「やや暑い」が＋1、「暑い」が＋2、「やや寒い」が−1、「寒い」が−2 である。縦軸は、体表面 1 m² 当たりについて求めたエクセルギーの湧きだし・消費・蓄積・放出の速さを表す。

人体内部のエクセルギー湧きだしとは、何もないところからエクセルギーが湧きだすことを意味するのではなく、飲食によって取り込まれたグルコースの中に、化学的に蓄えられたエクセルギーが細胞活動のために消費された結果として生み出される温エクセルギー（ものを温めることのできる能力）を意味する。湧きだすエクセルギーは、環境温度が低いほど、すなわち寒冷環境の方が暑熱環境よりも大きい。これは、体温と環境温度の差が大きくなるからである。環境温度が 13℃以下の場合に、「震え」によって湧きだすエクセルギーが大きくなる。環境温度が

13°C以下で示されている点線は、人体に「震え」が起こらないと仮定した場合の計算結果である。この点線と湧きだすエクセルギー（実線）の差が、震えによって湧き出すエクセルギーの増分である。この増分は、人体に摂取された主としてグルコースに含まれている化学エクセルギーが、本来はさまざまな細胞活動のために消費されるところを、体温維持のために消費された結果として現われる。

エクセルギー消費の線を見ると、寒冷環境で大きく、「寒くも暑くもない」状態で最小となり、暑熱環境では再び大きくなっているのがわかる。エクセルギー消費が最小になるところ（23.5°C）は、熱的な負荷が人体に最もかかっていない状態といえる。

冷房病の症状があるヒトは、「寒さ」を感じさせられることが多いと考えられる。これは、図2.3.1では寒冷環境側に相当する。冷房病は、人体のエクセルギーが過度に消費され続けて「だるさ」を感じさせることなのかも知れない[5)]。

「寒くも暑くもない」より右側の暑熱環境のエクセルギー消費は、環境温度が高いと大きくなり、35°Cでは湧きだすエクセルギーのほとんどすべてが消費されることになる。温度上昇とともに人体のエクセルギー消費が増加するのは、主に発汗のためである。暑熱環境（24～35°C）の範囲に示される点線は、発汗作用がないと仮定した場合の計算結果である。発汗が正常に働かないと、放熱（エントロピーの排出）ができないから、体内へのエクセルギー蓄積速度が増す。体温が上昇するわけである。

以上の議論では、人体のエクセルギー収支計算に必要となる「環境温度」は、実のところ、人体のすぐ近くの温度、すなわち室内空気温としていた。ヒトにとっての環境は、多くの場合、建築環境空間であるから、環境温度を室内空気温とするのはよいと思われるかもしれないが、建築環境空間を構成する建築外皮（パッシブシステム）やアクティブシステムにとっての環境も併わせて考察していく場合には、人体とパッシブシステム・アクティブシステムの全体にとっての共通な環境温度を基にしてエクセルギー収支を求めるべきである。

私たちの身体は、室内空気に直接取り囲まれ、その外側に建築環境空間を構成する窓や壁・床・天井がある。室内の空気温度と窓や壁などの温度は一般的に異なるから、これらのことを反映した人体のエクセルギー収支を考えたい。実は、図2.3.1に示したエクセルギー収支は、外気温と室内空気温・周壁平均温の3者がすべて等しいというかなり特別な場合についての結果だった。これに対し、外気温と室内空気温・周壁平均温の3者がすべて異なる場合を計算した一例が、図2.3.2である。

図2.3.2は、冬季の条件として外気温0℃；外気相対湿度40％を想定した場合に、人体で消費されるエクセルギーが室内の温度条件によってどのように変化するかを示している[6)7)]。縦軸は窓や壁・床・天井の平均温度（周壁平均温）であり、横軸は人体周囲の空気温（室内空気温）である。ヒトは冬もののズボンにセーター程度（0.9 clo）を着て、座って安静にしている（1.0 met）状態を想定している。また、室内の気流は静穏（0.1 m/s）で、相対湿度は外気と同じ40 ％を仮定している。

縞模様の線群はすべて、人体のエクセルギー消費である。地図でよく見られるような等高線をイメージしていただきたい。等高線は、三次元である地形の起伏を二次元で表現したものである。人体のエクセルギー消費を示す線群も、地図の等高線と同様にして読み取ることができる。

左上から右下にわたって斜めに引かれている太線は、体内における代謝熱量が、

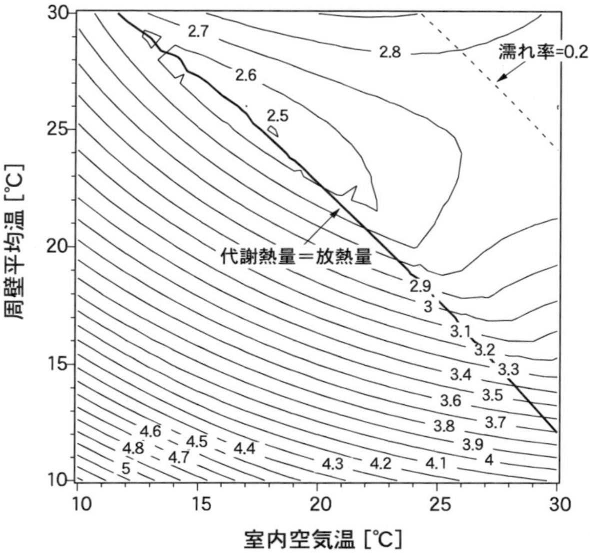

図2.3.2　人体のエクセルギー消費と室内空気温・周壁平均温の関係（冬季：外気温0℃、外気相対湿度40％）。室内空気温と周壁平均温の組合せによってエクセルギー消費は異なる。最小のエクセルギー消費（2.5 W/m²）は、室内空気温18℃で周壁平均温25℃の付近で生じている。なお、太線は、代謝熱量と放熱量が等しくなる室内空気温と周壁平均温の組合せを表わす。

体表面からの放熱量とちょうど釣り合う場合の周壁平均温と空気温の組合せを示したものである。例えば、この太線上にある〈周壁平均温15℃・空気温28℃〉の建築環境と、〈周壁平均温25℃・空気温18℃〉の建築環境とでは、放射で放出される熱エネルギーと対流で放出される熱エネルギーの割合に違いはあるが、その合計と体内における代謝熱量とは釣り合う。この太線より左下の領域は、周壁平均温・空気温が低くなる寒冷環境に相当する。周壁平均温・空気温がともに低くなるにつれて、エクセルギー消費の値が大きくなる。これは、低い周壁平均温・空気温によって体表面温が下がり、結果として（深部）体温と体表面温の差が大きくなるためである。また、周壁平均温・空気温がともに15℃を下回る場合は、「震え」があって、そのためにもエクセルギー消費は増す。

一方、太線より右上の領域は、周壁平均温・空気温が高くなる暑熱環境に相当する。周壁平均温・空気温がともに高くなるにつれて、寒冷環境ほどではないが、エクセルギー消費の値がわずかに大きくなる。これは、主として「発汗とその蒸発」のためである。汗水の蒸発は体表面温度を下げ、結果として（深部）体温と体表面温の差がわずかに大きくなるのである。なお、図中右上に見られる鎖線は、発汗によって体表面が濡れている具合が20％（濡れ率＝0.2）の場合を示したもので、ヒトが湿潤さを許容できる限界とされている[8)]。

エクセルギー消費の等高線をよく見ると、エクセルギー消費が最小になるのは、周壁平均温が約25℃で空気温が約18℃の場合で、エクセルギー消費は約2.5 W/m²である。これは、暖房では空気を加熱するよりも周囲の壁・床などを温めるほうが、人体のエクセルギー消費を小さくできることを示している。

窓や壁の断熱性が低いと、周壁平均温は低くならざるを得ない。例えば、それが16℃ぐらいだったとすると、代謝熱量＝放熱量になるようにするには、空気温を25〜27℃にしなければならない。この場合、人体のエクセルギー消費は、約3.2 W/m²である。これは周壁平均温25℃、空気温18℃の場合（2.5 W/m²）の1.3倍である。

以上のことから、人体のエクセルギー消費を小さくするのに、建築外皮の断熱がいかに重要であるかがよくわかる。また、床暖房などのような周壁を直接的に温める放射式暖房の方が、空気を暖める対流式暖房よりも快適だといわれてきたのが何故なのかもよくわかる。人体のエクセルギー収支は、温熱的な快適性とは何かについて、エネルギー概念に基づく温冷感指標をよく補完してくれる。これ

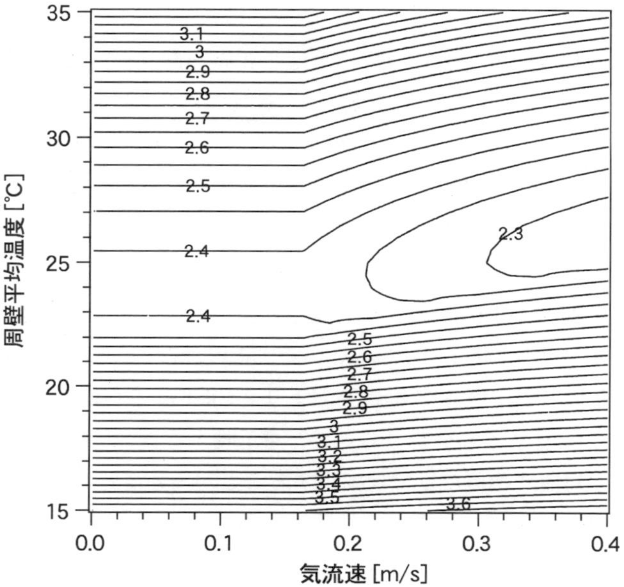

図 2.3.3　対流式冷房を想定した場合の人体エクセルギー消費と周壁平均温度・人体近傍気流速の関係（夏季：外気温 33°C、相対湿度 60 %）。室内空気温湿度は 26°C；50 %を想定している。最小の人体エクセルギー消費は 2.3 W/m²未満で、周壁平均温度 26°Cほどで気流速 0.32 m/s を越えるところで生じている。いわゆる冷房を行なっている空間では、気流速は 0.15 m/s 未満に抑えないと気流が不快に感じられ、また、周壁平均温度は放射熱源の存在のために空気温度より高くなっていることが多い。これらの条件を考慮すると、エクセルギー消費は 2.5～2.7 W/m²となる。

は、エクセルギー概念の有効性をも具体的に示すと考えられる。

壁や窓などの表面温度を比較的高く保つには、建物のほどよい高断熱化が不可欠である。高断熱化は一般に、暖房システムのエネルギー使用（エクセルギー消費）量を減らすためと考えられがちだが、人体のエクセルギー消費を小さくし、快適な建築環境を形成することがまず重要なのである。

図 2.3.3 は、夏季を想定して外気温 33°C；外気相対湿度 60 %とした場合に対流式冷房（エアコン）を行なった室において、人体のエクセルギー消費が、周壁平均温度・人体近傍気流速とどのような関係にあるかを示している[10)]。

縦軸は周壁平均温度、横軸は人体近傍の気流速である。人は長ズボンと半袖シャツを着て、座ってパソコンを使用しているような状態（着衣の熱抵抗が 0.43 clo で代謝量が 1.1 met）を想定している。室内の空気温湿度は 26°C；50 %を仮定している。

最も小さい人体エクセルギー消費の値は2.3 W/m²程度で、気流速が0.3〜0.4 m/sで周壁平均温度が26°C程度の場合に得られている。対流式冷房の場合に、気流速が0.3〜0.4 m/sに達すると、在室者の身体を舐める風は手先や足先の温度を低下させ、むしろ冷たさを感じさせ始めて不快になってしまうことが少なくない。場合によっては、冷えに加えて、目の乾燥や喉の嗄れも生じる。したがって、気流速は大きくても0.15 m/s未満に抑えるべきである。

そこで、気流速が0.1 m/sの場合を見ると、人体エクセルギー消費の値が最小となるのは、周壁平均温度が24°Cあたりで2.4 W/m²ほどとなる。周壁平均温度24°Cは、計算条件としている空気温26°Cより2°C低い。これは放射温度の調整が、冬季ばかりでなく夏季でも重要であることを示唆する。

この条件は、対流式冷房だけでは実現することが極めて難しい。多くの場合は、ガラス面の内側にブラインドなどの日除けがあって、その温度が高くなっていたり、天井面にある照明器具・ランプの温度が高くなっていたりしており、それらはみな温放射エクセルギーを出す熱源となっているからである。事務所などであれば、顔面前にあるコンピュータ画面も温放射熱源だ。

周壁平均温は以上のようなわけで、29〜32°Cになることが多い。そうすると、人体エクセルギー消費はさらに大きめになり、2.5〜2.7 W/m²となることがわかる。

図2.3.4は、図2.3.3と同様の関係を、室内空気温が30°Cで相対湿度が65 %の場合について示したものである[10)]。外気温湿度が33°C；60 %という条件下で、このような室内空気温湿度となるのは、自然通風を行なうとともに、壁や天井に放射冷却パネルが施されていたり、前日の夜間に換気が行なわれるなどして、壁・床・天井が蓄冷されたりしている場合である[11)]。

気流速が0.2 m/s以下の範囲で、人体エクセルギー消費が最小になるような周壁平均温をみると、27〜28°Cとなる。気流速が0.2 m/sを越えるところでは、周壁平均温度が28〜29°Cで、人体エクセルギー消費はさらに小さい2 W/m²ほどになっている。

窓を開放して通風を行なっている室内空間で自然に得られる「そよ風」は、不規則な揺らぎをもっていて、それがいわゆる「涼しさ」をもたらすと考えられる。この涼しさの知覚は、ほどよく揺らぐ自然の気流に加えて、壁・床・天井などが

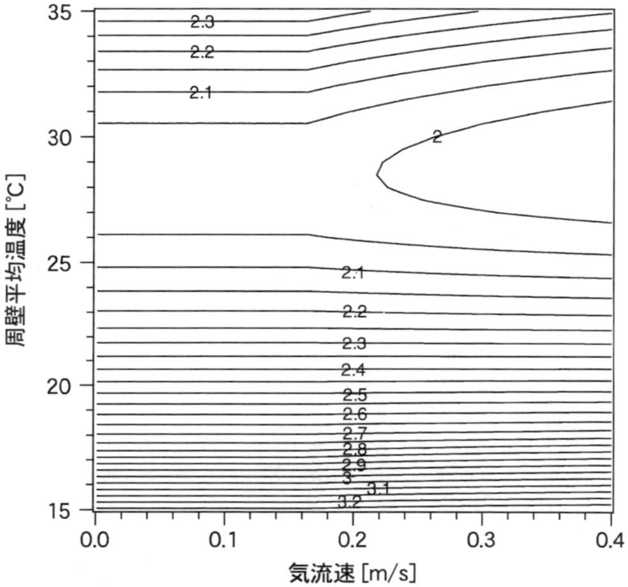

図 2.3.4　放射冷却と通風の組合せを想定した場合の人体エクセルギー消費と周壁平均温度・人体近傍気流速の関係（夏季：外気温 33°C、相対湿度 60 %）。室内空気温湿度は 30°C；65 %を想定している。最小の人体エクセルギー消費は、周壁平均温度が 28〜29°Cほどで気流速が 0.2 m/s を越えるところで生じている。

わずかに冷えていると際立ってくる。図 2.3.4 は、そのような条件における人体エクセルギー消費が 2 W/m²未満になることを示している。この値は、図 2.3.3 に示した対流式冷房の場合に比べてかなり小さい。

以上のことは、夏季には建築躯体の断熱に加えて、窓面に外付けの日除けを設け、室内の放射環境を調整することがまずは重要であることを示唆する。冬季の室内の壁表面温度の調整が重要であったのと同じように、夏季にも窓の室内側温度などの調整による放射の調整が重要なのである。そうすることではじめて、通風には十分な効果が期待できるようになるといえる[11)12)]。

木陰では、屋外の空気温湿度がさほど低くないにもかかわらず心地良さを感じることがある。これは、樹木の葉が、人体周囲の放射環境を整えてくれているところに、ほどよい揺らぎのある風が吹いて、人体からほどよく熱拡散が行なわれるからだといえる。このような屋外の熱環境に似た熱環境が、室内にも実現できるとよいと考えられる。放射の調整があってこその通風なのである。

以上は、省エクセルギー性と快適性の両立を満足させるシステム開発が何故重要なのかを理論的に示しているし、省エクセルギーが人に我慢を強いる（快適性を犠牲にする）ことではないことをも示唆している[13)]。

● 参 考 文 献 ●

1) Xia Yun and Hou Ji-Yao: Comprehensive Treatments on Loess Caves in China, Report on the International Symposium on Earth Architecture, Committee for the International Symposium on Earth Architecture, Architectural Institute of Japan(AIJ), March 1986, pp. 291-298
2) 斉藤雅也・宿谷昌則・篠原利光：人体のエクセルギー収支と温冷感、日本建築学会計画系論文集 第534号、2000年8月、pp.17-23
3) Masaya Saito and Masanori Shukuya: The Human Body Consumes Exergy for Thermal Comfort, International Energy Agency (IEA) Energy Conservation through Buildings and Community Systems (ECBCS) Annex 37, Low Ex News No.2, January 2001, pp.5-6
4) 斉藤雅也・伊澤康一・小溝隆裕・宿谷昌則：人体のエクセルギー消費と温冷感（その2．震え・有感蒸泄とエクセルギー消費)、日本建築学会大会学術講演梗概集、2002年8月、pp.573-574
5) 斉藤雅也・宿谷昌則：建築環境システム評価のための人体のエクセルギー解析、日本建築学会環境工学委員会、第29回熱シンポジウム論文集、1999年11月、pp.45-50
6) Koichi Isawa, Takahiro Komizo and Masanori Shukuya: Human-body Exergy Consumption and Thermal Comfort, International Energy Agency (IEA) Energy Conservation through Buildings and Community Systems (ECBCS) Annex 37, Low Ex News No.5, June 2002, pp. 5-6
7) 伊澤康一・小溝隆裕・宿谷昌則：室内空気温・周壁平均温の組み合わせと人体エクセルギー消費の関係、日本建築学会環境系論文集　第570号、2003年8月、pp.29-35
8) A.P.Gagge, Y.Nishi and R.R.Gonzalez: Standard Effective Temperature -A Single Temperature Index of Temperature Sensation and Thermal Discomfort, Proceedings of The CIB Commission W 45 Symposium, London 1972, HMSO, 1973, pp.229-250
9) 岩松俊哉・長沢俊・林慧・片岡えり・北村規明・宿谷昌則：集合住宅における放射冷却パネルを用いた採冷手法の可能性に関する研究(その3．人体エクセルギー収支に関する考察)、日本建築学会大会学術講演梗概集、2008年9月、pp.529-530
10) 岩松俊哉・星野佳子・片岡えり・宿谷昌則：開放空間における採冷手法の可能性に関する実験研究、日本建築学会環境系論文集第610号、2007年8月、pp.45-52
11) M.Shukuya, M.Saito, K.Isawa, T.Iwamatsu and H.Asada, "Human-body Exergy Balance and Thermal Comfort", Report for IEA/ECBCS/Annex 49- "Low-exergy systems for high-performance buildings and community systems, 2010
12) M. Shukuya, Thermal Radiant Exergy and Its Importance for Providing Low-Exergy Consumption Rate of Human Body in the Built Environment, CLIMA 2010, 9-12th May, Antalya Turkey, 2010
13) 宿谷昌則：エクセルギーの考え方－いわゆるエネルギーとは何だろうか？－、CEL(大阪ガスエネルギー文化研究所雑誌)、Vol. 64、2003年3月号、pp.3-9

建築環境システム

2・4 湿り空気

「湿り空気」という言葉を、本節のタイトルで初めて目にした読者がいるかもしれない。“湿った空気”だから梅雨のジメジメした空気のことだろうか。そう思われた読者の周りにある空気も「湿り空気」だ。「ちっとも湿っぽくないのに何故？」と思うかもしれない。たとえ、ジメジメした感じがまったくしない爽やかな室内空間でも、さらにはひどく乾いた感じだとしても「湿り空気」なのである。

どういうことかと言えば、大気中にはいくらかの水蒸気が必ず含まれていて、その多寡が私たちに“湿っぽい”“乾いている”などの感覚を引き起こすのである。空気の湿り具合は、ヒトの健康や快適さ、モノの生産や保存・維持などとも密接に関係している。水蒸気が完全に取り除かれた状態の空気を「乾き空気」*と呼び、それに対して、いくらかでも水蒸気を含む空気のことを「湿り空気」と呼ぶ。そして、空気の湿り具合は「湿度」†という量で表現される。

地域特有の気候風土のもとで、生活や生産活動に適した温湿度環境の空間をつくり出すために、昔から人々は建築の造り方に創意工夫を施してきたし、現代では冷暖房機器や換気扇・加湿器・除湿器といった設備機器が開発され使用されている。いずれにせよ、物質資源や化石燃料を少なからず消費してつくられた建築

* 乾き空気は、窒素と酸素を主成分とする数種類の気体から成る混合気体である。建築環境空間の湿度調整にかかわる議論では、空気中の水蒸気の多寡だけを問題にするので、乾き空気を構成する個々の物質には注目せずに、乾き空気という仮想の物質（相当分子量 28.97 g/mol）があると考える。

† 湿度には、相対湿度・混合比・水蒸気密度といった種々の表わし方がある[2)3)]。相対湿度とは、これ以上は含めないという限界まで水蒸気を含んだ湿り空気の水蒸気分圧（これを飽和水蒸気分圧という）に対して、いま問題にしている湿り空気の水蒸気分圧の比を百分率で表したものである。混合比とは、1 kg の乾き空気に対して相互拡散（混合）している水蒸気の質量 χ（g）のことで、単位は g/kg と表現する。水蒸気密度とは、単位体積当たりの湿り空気中の水蒸気量 σ(g/m³)をいい、すなわち水蒸気の濃度を表わす。建築環境工学や空気調和工学の分野では、混合比 χ（g/kg）のことを絶対湿度（重量単位絶対湿度）と呼び、σ（g/m³）を容積単位絶対湿度と呼んでいる[4)]。ここでは、前者の呼称が定義を忠実に表現していてわかりやすいので、χ（g/kg）を混合比と呼び、絶対湿度の呼び方は使わないことにする。

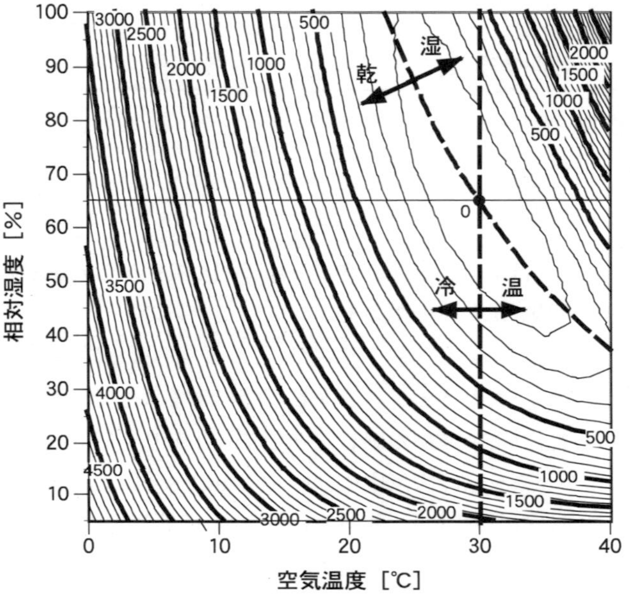

図2.4.1 湿り空気のエクセルギー。横軸を温度、縦軸を相対湿度として、温度と湿度の様々な組合せから成る湿り空気の単位体積（1 m³）当たりのエクセルギー（J/m³）を、屋外環境が気温30°C；相対湿度65 %の場合について、等エクセルギー線として表現してある。大気圧は101.3 kPaで一定である。

環境空間に存在している空気の温湿度は、屋外空気の温湿度とは一般に差があり、その差に応じた「資源性」があると考えられる。

温度と湿度のさまざまな組合せから成る湿り空気の資源性（拡散能力）の大小を測るためのモノサシとしても、エクセルギーの概念は有用である。

図2.4.1は、屋外環境にある空気の温湿度に対して、それとは異なる温湿度の組合せの湿り空気の塊1 m³が保有するエクセルギーを表わしたものである。屋外空気は盛夏を想定して、温度が30°C、相対湿度が65 %である。この屋外環境の湿り空気1 m³当たりには、乾き空気が約1.13 kgと水蒸気が約19.7 g含まれており、それらの分子群が飛び交い相互に拡散し合っている。この湿り空気の湿度を混合比で表わすと、17.4 g/kg（=19.7/1.13）である。

はじめに、図の読み方を説明しよう。この図は一見複雑そうだが、等高線地図と同じ方法で描かれている。等高線地図は、横座標が経度、縦座標が緯度で、標高の等しい点をつなげた曲線を描いたもので、私たちはそれを読み取ることで、地形の高低や傾斜の緩急の立体的なイメージを頭に思い描き、例えば、それによって高低差の少ない平坦な道を選択することができる。同様に、私たちが冷暖房や換気によって室内空気の状態（温度；湿度）を上げ下げする過程を地形を歩くことになぞらえて考えれば、この「等エクセルギー線図」は、湿り空気の世界をエクセルギーで表現した地図といえるだろう。この地図の見方に習熟して上手に使えば、無駄のない湿り空気の世界の歩き方 —— 合理的な温湿度調整のしかた —— を見つけることができるだろう。図2.4.1では、地図の経度に相当するのが空気の温度（°C）、緯度に相当するのが相対湿度（%）であり、標高に相当するのが湿り空気の単位体積（1 m³）当たりのエクセルギー（J/m³）である。

湿り空気のエクセルギーは、いま想定している屋外空気の温湿度（30°C；65%）を中心に複数の曲線群をかたちづくっている。本当の地図を読むように、温度と湿度とエクセルギーから成る立体的な世界をイメージすることが大切である。まずは、気温30°C、相対湿度65 %の地点に立ったと考えてみる。そのエクセルギーは大きさが0である。屋外空気と同じ状態の空気には、資源性はないわけである。

次に周囲を見回すことをイメージしてみる。どちらを向いても上り斜面である。いま立っている位置を底にして地形はすり鉢状になっていて、湿り空気の温度や湿度が高い方向に進んだとしても、その逆に低い方に向かったとしても、エクセルギーの値がマイナスとなる場所はない。これは、資源性を表わすエクセルギー概念の特徴である。

屋外空気の温湿度よりも温度・湿度ともに高い湿り空気は、それ自体が拡散することによって他の物体を温めたり湿らせたりできる。そうした拡散能力を「温・湿エクセルギー」と呼ぶことにしよう。その逆に、温湿度ともに低い場合には、その空気は他の物体がもつ熱や水蒸気を拡散させて、結果として他の物体を冷やしたり乾かしたりすることができる。この拡散能力を「冷・乾エクセルギー」と呼ぼう。同様にしてエクセルギーをさらに分類していくと、温度が高くて湿度が低い空気には「温・乾エクセルギー」が、温度が低く湿度が高い空気には「冷・湿エクセルギー」があるといえるだろう‡。

湿り空気の世界には〈温／冷〉、〈湿／乾〉という2つの軸があって、その組合せから成る4通りの領域が、屋外空気に等しい温度または湿度を境界にして存在

‡ 湿・乾エクセルギーを具体的に計算する方法は4.3に述べる。

していると考えることができる。図2.4.1では、温度30℃を表わす縦方向に真っ直ぐな破線と、それに30℃；65％の点を通って斜めに交差する曲がった破線を示している。この斜めの破線は、対象とする湿り空気の湿度（混合比）が屋外空気の湿度（混合比）と等しい状態を表わし、この破線を境界にして右側は混合比が高く（湿エクセルギーをもち）、破線の左側は混合比が低い（乾エクセルギーをもつ）。これら2本の破線で別けられた4つの領域の湿り空気は、エクセルギーの値が0である原点（30℃：65％）の右の領域から時計回りに、それぞれ「温・湿」、「温・乾」、「冷・乾」、「冷・湿」のエクセルギーをもつ。また、等エクセルギー線の間隔は等刻みではなく、例えば、原点から低温で相対湿度が高くなる左上の方向や、高温で相対湿度が低くなる右下の方向に向かう状態変化よりも、左下（除湿冷却）や右上（加湿昇温）の方がエクセルギーの変化が大きい。

具体的な温湿度調整のプロセスを考えてみよう。一例として、夏にクーラーを使って冷房している場合を想定して温湿度の数値を当てはめてみる。外気が30℃；65％で、室内の空気は28℃；60％になっていたとする。クーラーに吸い込まれていく空気は28℃；60％である。その空気は1㎥当たり約56Jの冷・乾エクセルギーをもっていることになる。一方、クーラーから吹き出される空気は20℃で90％だとすると、その湿り空気は1㎥当たり約298Jの冷・乾エクセルギーをもっている。クーラーの出入り前後における湿り空気に含まれる水蒸気量には、0.7 g/㎥の差がある。これは、クーラー内部に入った湿り空気中の水蒸気が分離されて凝縮水になり、クーラーの室外機から屋外環境へと排出されるからである。

エクセルギーの見方によれば、クーラーという冷房装置は、空気1㎥の出入りで242（＝298－56）Jの冷・乾エクセルギーを室内空間に供給し、その消費が、屋外よりも低温・低湿な室内空間をつくる。

クーラー内では、冷媒が通るコイル状の管の外表面が7〜12℃になっており、そこに室内から吸い込んだ空気が接触して露点温度以下まで冷やされて、コイル表面に結露が生じる。吸い込み空気中に拡がり散って存在していた水蒸気の一部が、凝縮水として分離されるのである。凝縮水は、吹き出し空気と同程度に低温であり、再び蒸発して空気中に拡散すれば空気を湿らせることになるから、冷・湿エクセルギーをもっている。凝縮水のもつ湿エクセルギーが、室内空気中で消費されると加湿になってしまうから、凝縮水はすみやかに屋外へと排水されるわけだ。

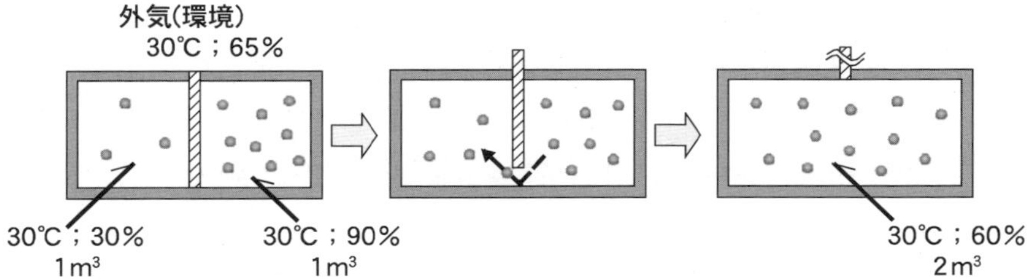

図 2.4.2　湿り空気の相互拡散。図中の粒々は水蒸気粒子である。隔壁が取り外されると、高湿度側から低湿度側の空間へと水蒸気粒子は拡がり散り、空間全体が均質な湿度となる。一方、図では描かれていない乾き空気の粒子の動きにも考えを巡らせれば、水蒸気とは逆に低湿度側から高湿度側の空間へと拡がり散る。すなわち、水蒸気と乾き空気の粒子は相互に拡散しあって、両物質ともに存在範囲を拡げる。

このように、エクセルギーの概念を用いると、湿り空気のもっている「温」または「冷」、そして「湿」または「乾」という資源性とその消費が明確になる。

今一つ別の例を示そう。例えば、図 2.4.2 に示すように、屋外環境が 30°Cで 65 %の場合に、30°Cで 30 %の空気が 1 m³と、30°Cで相対湿度 90 %の空気が 1 m³あったとしよう。この 2 つを相互に拡散させる (混ぜ合わせる) と†、30°Cで 60 %の空気が 2 m³になる。相互拡散する前の 2 種類の湿り空気のもつエネルギーの和と、相互拡散後の湿り空気のもつエネルギーは等しく、相互拡散の前後で増えも減りもしない。これは、「エネルギー保存の法則」による。また、空気と水の質量も、相互拡散の前後でまったく同じである。これは、「質量保存の法則」による。

エネルギーも質量も保存されることだけに則ればよいのなら、相互拡散の逆、すなわち分離が独りでに起きてもよいが、それはあり得ない。このことは、湿り空気のもつエクセルギーの大きさを相互拡散の前後で比較すると明解になる。

改めて図 2.4.1 を見て、30°Cで 30 %の空気は 1 m³当たり約 500 J (正確には 515 J) の乾エクセルギー、一方、30°Cで 90 %の方は 1 m³当たり約 200 J (正確には 194 J) の湿エクセルギーをもっていることが読み取れる。これらが相互拡散した後の

† このような異なる湿度の空気を均質に“混ぜ合わせる”という現象を分子レベルで考えると、水蒸気の粒子は高湿度の空間から低湿度の空間へと拡がり散っていき、その一方で、乾き空気の構成粒子が低湿度の空間から高湿度の空間へと拡がり散って、それぞれが存在範囲を拡げる。こうした拡散を起こす能力が「エクセルギー」である。混合でなく、相互拡散と呼ぶと、現象をより直接的に表現できて理解しやすくなる。

30°Cで60％の空気は、1㎥当たりでは10J程度の乾エクセルギーをもつだろうことがわかる(正確には8.5J)。相互拡散しあった空気は2㎥だから、17(=8.5×2)Jの乾エクセルギーをもっていることになる。湿り空気の温度は、相互拡散の前も後も屋外環境の気温と同じ30°Cだから、温エクセルギーも冷エクセルギーもない。

相互拡散の前後でエクセルギーを比較すると、次のようになる。

[相互拡散前のエクセルギー] ＞ [相互拡散後のエクセルギー]
515 ＋ 194 ＞ 17 J

この不等式を等式の形に書き直すと、

[相互拡散前のエクセルギー]－[消費されるエクセルギー]＝[相互拡散後のエクセルギー]
(515 ＋ 194) － 692 ＝ 17 J

相対湿度30％の空気がもっていた物体を乾かす資源性と相対湿度90％の空気がもっていた物体を湿らせる資源性とが相互拡散によって互いに「消費」し合い、その結果として相互拡散後の湿り空気には17Jの乾エクセルギーが残ったのである。30°C；60％になった空気を再び30°C；30％の空気と30°C；90％の空気とに分けるには、加湿や除湿というプロセスによって、692Jのエクセルギーを与えなくてはならない。加湿や除湿では、やはりエクセルギーが消費されるから、加湿システムや除湿システムでは、692よりもかなり大きなエクセルギーを投入しなければならない。

建築環境工学や空気調和工学の分野では、横軸を湿り空気の温度(°C)、縦軸を重量単位絶対湿度（混合比）として、湿り空気の状態（相対湿度や露点温度・湿球温度・エンタルピー）を表わす「湿り空気線図」がよく用いられている。そこで、図2.4.1に表現した内容を、湿り空気線図に対応させて表現した結果を参考までに**図2.4.3**に示しておく。この図では、横軸を温度、縦軸を重量単位絶対湿度（混合比）として、温度と湿度の様々な組合せから成る湿り空気の比エクセルギー（乾き空気1kg当たりのエクセルギー、単位はJ/kg(DA)）を、屋外環境が気温30°C；相対湿度65％（絶対湿度17.4g/kg(DA)）の場合について等エクセルギー線群として表現してある。大気圧は101.3kPaで一定である。図中の屋外環境と等しい30°Cの垂直線と17.4g/kg(DA)の水平線を境界にして、第1象限

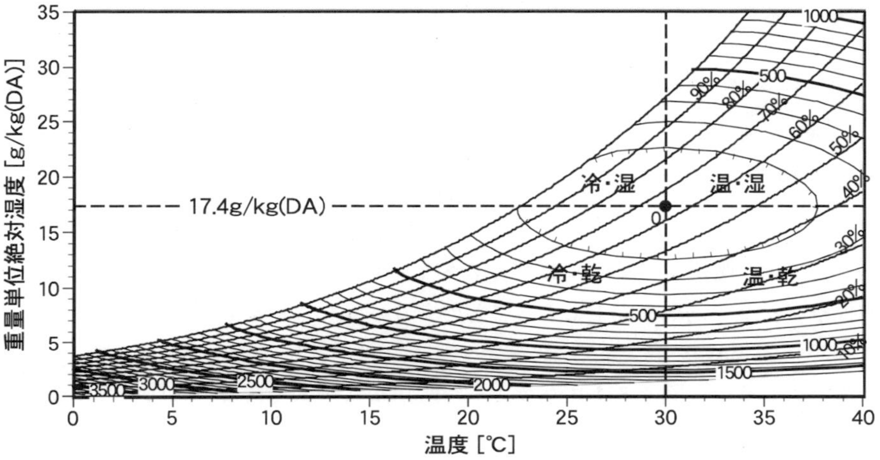

図2.4.3 湿り空気線図上に比エクセルギー（乾き空気1kg当たりのエクセルギー、単位はJ/kg(DA)）を示した例。比エクセルギーの値は、屋外環境が気温30°C；相対湿度65％（絶対湿度17.4 g/kg(DA)）の場合が表現してある。

が「温・湿」、第2象限が「冷・湿」、第3象限が「冷・乾」、第4象限が「温・乾」エクセルギーの領域である。

● 参 考 文 献 ●

1) 西川竜二・宿谷昌則・鈴木浩史：蒸発冷却のエクセルギー・エントロピー過程に関する試算、日本建築学会計画系論文集　第489号、1996年11月、pp.47-55
2) M. Shukuya, “Exergy concept and its application to the built environment”, *Building and Environment* 44, 2009, pp.1545-1550
3) 新田・野瀬・伊藤・住：気象ハンドブック（第3版)、朝倉書店、2005年
4) 新村出編：広辞苑（第5版)、岩波書店、1998年
5) 空気調和・衛生工学会編：空気調和・衛生用語辞典（第2版)、2006年

建築環境システム

2・5 暖房システム

ここでは、暖房システムにおけるエクセルギー消費パターンが、建築外皮の断熱性やボイラー効率の向上によってどのように異なるかを検討した事例を紹介しよう。

検討の対象は、図2.5.1に示すような暖房システムである。暖房を行なう部屋は、間口と奥行きがそれぞれ6 m、天井高が3 mである。外皮は一面で、他の五面は内壁である。外皮は、窓と外壁とからなる。窓は、高さ1.5 m、間口6 mである。

話を簡単にするために、外気温は0℃、室温は20℃で一定の条件を考える。隣室もすべて20℃で一定としよう。このような条件であれば、5つの内壁内部はすべて20℃に保たれる。窓ガラスと外壁の内部では、室内側から室外側へと温度が低くなるような分布が形成される。窓と外壁とでは分布が異なるが、それは窓と壁とで熱の伝わり方が異なるからである。しかし、外気温と室内空気温が一定に保たれていると仮定しているから、それぞれの分布は、時間が経過しても変わらない。

室温を20℃に維持するためには、温エクセルギーを絶えず部屋に供給する必要がある。窓と外壁には、温エクセルギーが絶えず流れ込んでいくからだ。この部

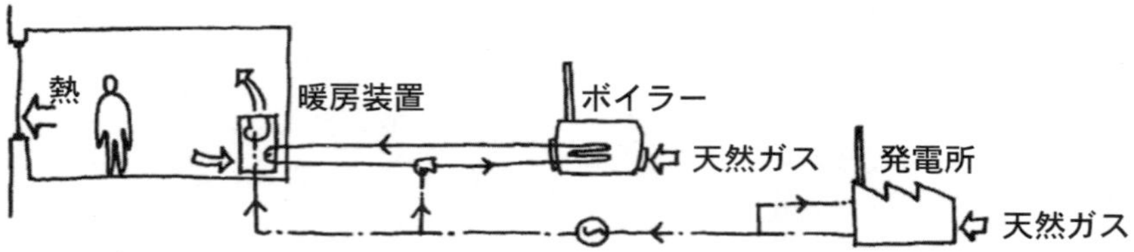

図2.5.1　エクセルギー消費パターンの計算対象とした対流式暖房システムの概要。温水がボイラーで生産され、ポンプで暖房装置に送られる。暖房装置内のファンによって吸い込まれた室内空気は温水との間で熱交換が行なわれ、室内にエクセルギーが供給される。ボイラーでは天然ガスの燃焼する炎の中に配管があって、その内部で温水が生産される。ファンとポンプへの投入電力は天然ガス焚きの発電所で生産される。

屋では、対流式の暖房装置があるとしよう。この暖房装置内部には、上部にファン(空気を移動させる羽根車)、下部に熱交換器がある。熱交換器とは、その内部を二つの流体（気体や液体）が熱伝導性の良い（金属などの）壁で隔てられた二つの空間をそれぞれ流れ、温度の高い方から低い方へと熱エクセルギーを移動させる装置である。ここでは一方が空気、他方が水である。

暖房装置は20°Cの室内空気を吸い込む。この吸い込まれた空気は、熱交換器に入る。熱交換器には温水の出入りがあり、空気との間で熱交換ができる。空気は熱交換器を出るときは、例えば30°Cまで上昇する。熱交換器は熱伝導を良くするために配管が入り組んでおり、また、配管の表面にはフィンと呼ばれる薄板が何枚も付いている。そのために、空気は流れにくい。すなわち空気の流れ抵抗が大きい。ファンは熱交換器の空気に対する流れ抵抗にうちかって、空気が流れるように空気を引っ張り上げるためのしかけである。ファンはモーターがつながっていて、電力が投入されて働く。発電所の中にある発電用タービンの回転が、モーターの回転となって現われるわけである。モーターとファンとでは、投入された電力の一部が電磁誘導現象や摩擦現象によって熱エネルギーに変化、すなわちエクセルギーが消費され、その際に熱エントロピーが生成される。

暖房装置内の熱交換器を通過する温水は､熱交換の結果として温度が低下する。例えば、70°Cで熱交換器に入って、60°Cで出る。温度低下してしまった温水は、再び温度上昇させ70°Cにしなくてはならない。そのために、ここではボイラーが用いられるとしよう。ボイラーはやはり熱交換器の一種である。暖房装置内に設けられた熱交換器では、空気と温水との間で熱交換があるのに対して、ボイラーでは、天然ガスの炎と温水との間で熱交換が行なわれる。ボイラー内部には、やはり温水の通る入り組んだ配管があって、その周囲空間で天然ガスが燃えるような構造になっている。したがって、ボイラーには、温水の出入りのほかに、天然ガスと燃焼用空気の入りと燃焼後の排ガスの出とがある。排ガスは煙突から排出される。

暖房装置とボイラーのそれぞれの内部とそれらを繋ぐ配管内部に満たされた温水は、ポンプによって循環される。ポンプが必要なのは、配管の内表面と温水との間で抵抗があるからだ。ポンプはファンと同様にモーターにつながれていて、電力が投入されて働く。ファンの場合と同様に、ポンプの場合にも、投入された電力の一部は電磁誘導現象や摩擦現象によってやはり熱エネルギーに変化、すな

表 2.5.1 暖房システムのエクセルギー消費パターン計算の条件

ケース	建築外皮の熱損失係数	ボイラー効率
①	108.7 W/K(3.0 W/m²K)	80 %
①′	108.7 W/K(3.0 W/m²K)	95 %
②	57.1 W/K(1.6 W/m²K)	80 %
③	57.1 W/K(1.6 W/m²K)	95 %

カッコ内の熱損失係数は単位床面積当たりの値。想定した部屋は、間口 6 m×奥行き 6 m×天井高 3 m。窓は高さ 1.5 m×間口 6 m。窓ガラスと外壁の熱貫流率は、ケース①①′で 6.2 W/m²K、2.67 W/m²K、ケース②③で 3.6 W/m²K、1.14 W/m²K、換気回数は、ケース①①′で 0.8 回/h、ケース②③で 0.4 回/h とした。

室温は 20°C (293 K)、外気温は 0°C (273 K)。暖房装置から出てくる空気の温度は 30°C (303 K)、温水の入口温度は 70°C (343 K)、出口温度は 60°C (333 K) とした。これらはすべてのケースで共通。

ファンとポンプへ投入される電力は、ケース①①′でそれぞれ 30 W、23 W、ケース②③で 16 W、12 W。ファンとポンプの効率(ファンやポンプに投入される電力に対する空気や水に与える仕事の割合) はそれぞれ 0.6、0.7 とした。

発電所に投入される天然ガスの高位発熱量に対するエクセルギーの比を 0.94、発電効率を 0.35 と仮定した。

わちエクセルギーが消費され、熱エントロピーが生成される。

検討するケースを説明しよう。ケース①は、建築外皮の断熱性が良くない場合である。壁には断熱材が施されておらず、窓は単板ガラス 1 枚で構成されている。隙間風も少なくはない。ボイラーの効率 (天然ガスが燃焼する際の発熱量のうち何割が温水に伝わるか) は 0.8 で、それほどよくない。ケース①′は、ボイラーの効率だけを 0.8 から 0.95 まで上昇できたと仮定した場合である。ケース②は、ボイラーの効率はケース①と同じく 0.8 のままであるが、建築外皮の断熱性・気密性をともに向上させた場合である。壁には断熱材が施され、窓は複層ガラスで構成されている。サッシは気密性の高いものが用いられて、隙間風は必要十分なだけ減らせている。ケース③は、建築外皮の断熱性・気密性向上とともに、ボイラー効率も向上させた場合である。

ケース①′はアクティブシステムだけを改良した場合、ケース②はパッシブシステムだけを改良した場合、ケース③はパッシブシステムの改良にアクティブシステムの改良を組み合わせた場合と考えればよい。ケース①〜③の計算条件の詳細は、**表 2.5.1** にまとめて示してある。

図 2.5.2 は、表 2.5.1 に示した条件にしたがってエクセルギーの計算を行なった結果を暖房システムの各部分における消費を明示的に表現したものである。横

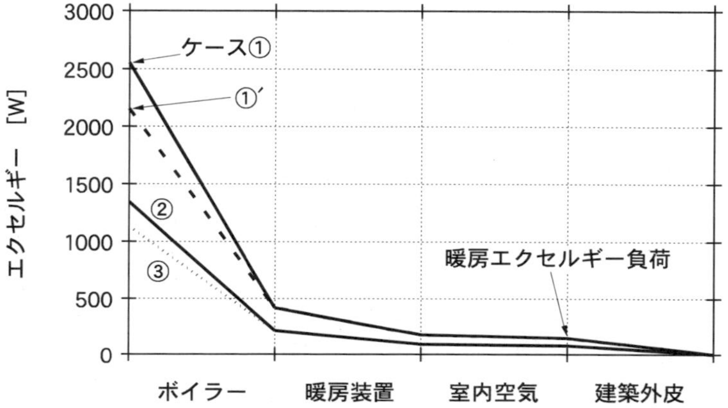

図 2.5.2　暖房システムのエクセルギー消費パターン。ケース①②③の内容は表 2.5.1 に示したとおり。建築外皮に流れ込んでいく温エクセルギーを暖房エクセルギー負荷という。ケース①とケース②の違いは、建築外皮の断熱性によっている。建築外皮の断熱性向上は、暖房エクセルギー消費パターンの全体を著しく変える。

軸は、左からボイラー・暖房装置・室内空気・建築外皮である。縦軸はエクセルギーである。

この図は次のように読む。例えば、ボイラーの部分をみよう。ケース①の場合、ボイラーには約 2500 W のエクセルギーが投入される。ボイラーを出て暖房装置に入るエクセルギーは約 450 W である。その差 2050 W（＝2500－450）は、ボイラー内部での消費と、煙突を出た排ガスが有する温エクセルギーの大気中での消費の和である。暖房装置・室内空気・建築外皮でも、エクセルギーの出入り・消費の関係は、ボイラーの場合とまったく同じである。

ボイラーから建築外皮までの全体を見ると、ボイラーでのエクセルギー消費が著しく大きいことに気づく。省エクセルギーのためには、この消費をなんとか減らしたい。そういうわけで、ボイラー効率を向上させたのがケース①′である。ボイラーへ投入されるエクセルギーは小さくなるが、効果はあまり大きいとは言えない。

天然ガスの燃焼で消費が大きいのは、天然ガスの燃焼が激しい拡散現象だからである。燃焼する前の天然ガスは、炭素原子と水素原子の（化学的な）配置によって大きなエクセルギーを蓄積している。そのエクセルギーを温水へと伝達するには、かなり大きな消費が必要なのである。ボイラー効率の向上は大切なことではあるが、効率の向上は、燃焼を止めることではないから、消費はあまり小さくならない。

ケース②は、ボイラー効率の改良はせずに、建築外皮だけを改良した場合である。ケース②のエクセルギー消費パターンは、ケース①①′と著しく異なっている。この違いは、建築外皮に入っていく熱エクセルギーの違いによっている。ケース①でも③でも、建築外皮に入っていく熱エクセルギーの値は、80〜150 W の範囲であり、ボイラーに投入されたり、ボイラーで消費されたりするエクセルギーに比べればはなはだ小さいが、この小さなエクセルギーの大小が重要なのである。

建築外皮に入っていく熱エクセルギーは、暖房の目的である室温の維持に必要となる最低限度のエクセルギーである。これを暖房エクセルギー負荷と呼ぶ。建築外皮に投入しなくてはならないエクセルギーを得るには、それよりも大きなエクセルギーを室内空気に投入しなくてはならない。室内空気のなかで消費が起きるからである。同様なことが暖房装置でも、また、ボイラーでもいえる。これらの連鎖が結局のところ、ケース①とケース③の消費パターンの違いになって現われている。建築外皮の断熱性・気密性向上は、ボイラー効率のみの向上よりも、エクセルギー消費を減らすのにはるかに効果がある。だからといって、ボイラー効率の向上が無意味なわけではもちろんない。ボイラー効率の向上は、建築外皮・気密性向上と相まって初めてその意味が現われるといえよう。それがケース③である。

忘れてならないのは、建築外皮の断熱性・気密性向上は、暖房システムのエクセルギー消費を減らすこともさることながら、冬季の室内熱環境を格段に向上させることである。建築外皮の断熱性・気密性向上は、むしろ良好な熱環境の形成のためにこそあって、そうすると、暖房システム全体のエクセルギー消費を減らすのにも効果があると考えるのが筋だろう。パッシブシステムとアクティブシステムの最適な組合せが必要な所以である。冬季における人体のエクセルギー消費は、2.3 に述べたように、周壁平均温度が室内空気温よりも高めの場合に最小になる。このことと、暖房システムのエクセルギー消費を小さくすることとは軌を一にすることである[1)2)3)]。

図 2.5.3 はファンにかかわるエクセルギー消費パターンを、図 2.5.2 と同様の表現で示したものである。やはりエクセルギー消費の連鎖によって、室内空気に投入されるエクセルギーが生み出されていることがわかる。ケース①で 18 W、ケ

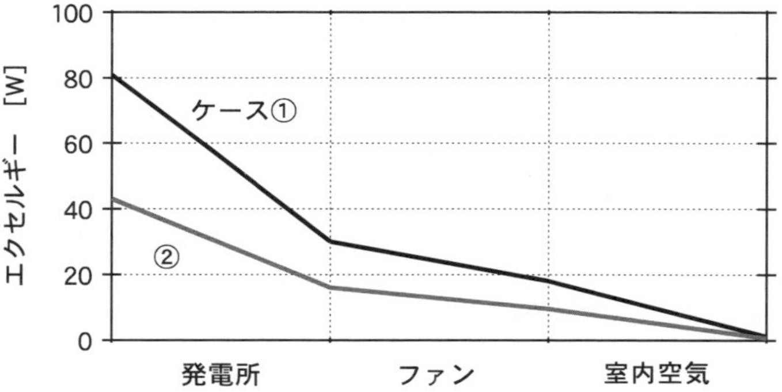

図 2.5.3 暖房装置内部に設けられたファンのエクセルギー消費パターン。建築外皮の断熱性向上はファンのエクセルギー消費パターンにも影響を与える。ファンから室内空気に投入されるエクセルギーは、吹出し空気の静圧と動圧のエクセルギーである。これらのエクセルギーは室内空間で消費され、残りが温エクセルギーとなって建築外皮に流れ込むが、その値ははなはだ小さい。静圧と動圧のエクセルギーは、そのほとんどすべてが室内空間で消費されきるといえよう。

ース②で 9.6 W である。これらは、暖房装置から吹き出される空気が室内空気よりもわずかに圧力が高くなることで保有されるエクセルギー(静圧エクセルギー)と、暖房装置と室内空間の間で循環する空気の運動エクセルギー（動圧エクセルギー）とになる。これら静圧と動圧のエクセルギーが、暖房装置から室内空気へと温エクセルギーを運んでいる。なお、静圧と動圧のエクセルギーはいずれも室内空間で消費され温エクセルギーになる。この温エクセルギーは、図 2.5.2 に示した建築外皮に流れ込んでいく温エクセルギーの一部になる。その値を計算すると、ケース①で 1.2 W（$=(1-273/293)\times18$)、ケース②で 0.66 W（$=(1-273/293)\times9.6$）となるが、これらはファンが室内空間に投入する静圧・動圧のエクセルギー(ケース①で 18 W、ケース②で 9.6 W) の 7 %弱ではなはだ小さい。静圧と動圧のエクセルギーは、そのほとんどが室内空間で消費されてしまう。なお、図 2.5.2 に示した温エクセルギーの計算では、ファンがもたらす温エクセルギーは無視して描いてある。

ファンを働かせるために発電所に投入されるエクセルギーは、ケース①で 81 W、ケース②で 43 W であるが、これらの数値は、建築外皮へ投入される温エクセルギー(ケース①で 148 W、ケース②で 78 W) とオーダーが同じである。空気や水の流れ抵抗を小さくして、しかも温エクセルギーの伝達が十分に行なえるようなしくみのデザインは、建築外皮のデザインとともに重要である。

● 参 考 文 献 ●

1) 宿谷昌則：エクセルギーの見方・考え方と自然共生建築、日本建築学会環境工学委員会 第32回熱シンポジウム「持続可能な社会における熱・光・空気のデザインと技術」―バイオクリマティックデザインの現在―、2002年11月、pp.51-57
2) 伊澤康一・小溝隆裕・宿谷昌則：室内空気温・周壁平均温の組み合わせと人体エクセルギー消費の関係、日本建築学会環境系論文報告集、第570号、2003年8月、pp.29-35
3) K. Isawa, T. Komizo, & M. Shukuya, Low Exergy Systems Will Provide Us with The Lowest Human-Body Exergy Consumption and Thermal Comfort, LOWEX News No.5, 2002, pp.5-6

建築環境システム

2・6 冷房システム

冷房システムにおけるエクセルギー消費パターンが、窓に設けられる日除けやヒートポンプ効率の向上によってどのように異なるかを、2.5 で議論した暖房システムと同様にして検討した事例を述べよう[1)]。

図 2.6.1 に検討の対象とした冷房システムの全体を示す。冷房を行なう部屋の形状・寸法は、2.5 に述べた暖房システムの場合と同様である。室温は 26°C、外気温は 33°Cで一定である。外壁面には日射が当たり、また窓ガラスを透過して日射が入ってくる。室内では人体からの放熱、蛍光灯からの放光・放熱がある。日射という電磁波は大きなエクセルギーを運び、人体も蛍光灯もエクセルギーの投入・消費、エントロピーの生成・排出の一連の過程を営んでいるが、ここでは議論が拡がり過ぎないようにするために冷房のエクセルギー消費だけに着目しよう。言い換えると、強い日射と高い外気温という気象条件のもとで、室温を 26°C に維持するための冷房エクセルギー負荷に直接関連するエクセルギー消費だけに注目する。

室温を 26°Cに維持するためには、部屋に冷エクセルギーを絶えず供給する必要がある。窓と外壁には冷エクセルギーが絶えず流れ込んでいくからだ。この部屋

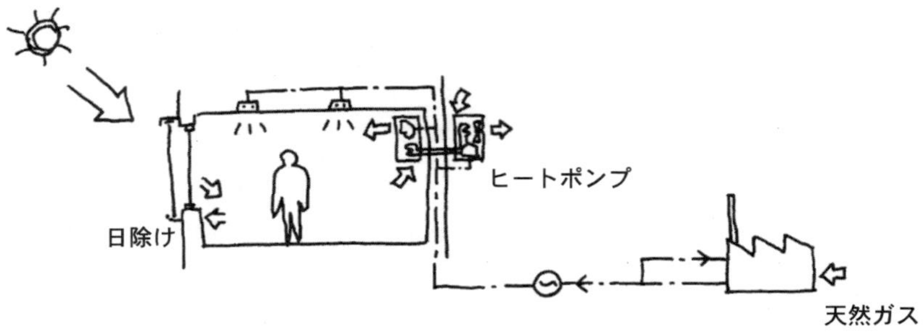

図 2.6.1　計算対象とした対流式冷房システム。ヒートポンプは、室内空間に冷風を供給し、その一方で、外気に温風を吹き出す。これらはヒートポンプ内の圧縮機・ファンに電力が投入されて行なわれる。

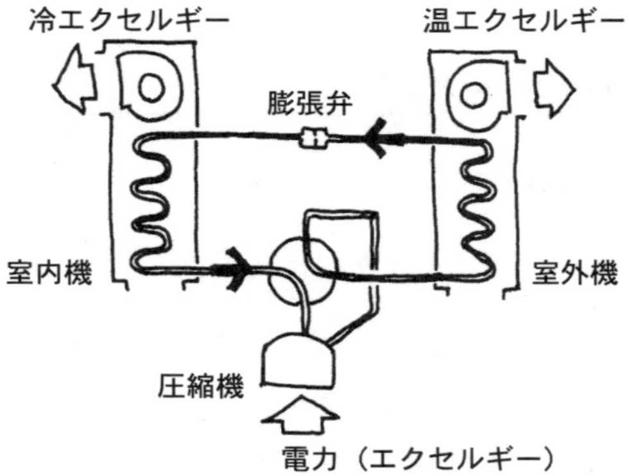

図2.6.2　ヒートポンプ冷房装置の詳細。室内機と室外機はそれぞれ、ファンと熱交換器から成る。二つの熱交換器と圧縮機・膨張弁が配管で繋げられ、配管内部には圧縮・膨張のしやすい物質（冷媒）が充填されている。

では、対流式の冷房装置があるとしよう。この冷房装置には、図2.6.2に示すように、ファンと熱交換器の組合せから成る室内機、同じくファンと熱交換器の組合せから成る室外機がある。熱交換器と熱交換器の間には、一方に圧縮機が、他方に膨張弁と呼ばれるしかけが設けられ、これらは金属製のチューブによってつながっている。チューブの内部には、冷媒と呼ばれる蒸発・膨張のしやすい物質が充填されている。圧縮機にはモーターがつながる。以上のしくみ全体をヒートポンプと呼ぶ。

圧縮機に室内側の熱交換器から冷媒が流れ込み、圧縮機はこの冷媒を押し潰して高温・高圧にする。高温・高圧になった冷媒は圧縮機から押し出されて室外機の熱交換器に流れ込み、外気と熱交換する。この熱交換で、冷媒は外気によって冷やされ、外気は冷媒によって暖められる。したがって、室外機から大気中に吹き出される空気は温エクセルギーをもつ。

冷媒はその後、室内側の熱交換器へと流れていくのであるが、その途中で膨張弁を通り抜ける。膨張弁は小さな穴のあいた衝立のようなもので、その前後で著しい圧力差が生じる。したがって、冷媒は膨張弁を通過後に著しく拡散して温度が急降下する。

低温の冷媒は、室内機の熱交換器を通るときに、ファンによって吸い込まれた室内空気から熱を受け取り、結果として空気は冷却され、また除湿されて、室内空間へと吹き出される。その後、冷媒は再び圧縮機へ向かう。室内機から室内空間中に吹き出される空気は冷エクセルギーをもち、除湿を伴えば、同時に乾エクセルギーをももつことになる。

冷媒を、押し潰すとともに、熱交換器・膨張弁・熱交換器の間を循環させるための装置が圧縮機である。圧縮は、ピストンの往復動やネジ形状の金属体のキリモミ回転などによって行なわれ、往復や回転の仕事はモーターによって与えられる。モーターには電力が供給される。電力はエクセルギーそのものである。

冷房に用いられるヒートポンプは、電力という形のエクセルギーを投入し、その一部を消費して、室内側に冷エクセルギーと乾エクセルギーを、室外側に温エクセルギーを供給する装置ということができる。ヒートポンプはエクセルギーの振り分け装置といってもよい。式で書けば、

[電力(エクセルギー)]－[エクセルギー消費]＝
[温エクセルギー]＋[冷エクセルギー]＋[乾エクセルギー]　(2.6.1)

ということになる。

さて検討するケースを説明しよう。ケース①は建築外皮の断熱性・日射遮へい性がともによくない場合である。壁には断熱材が施されておらず、窓は単板ガラス一枚、日除けは窓ガラスの室内側にある。隙間風も少なくはない。ヒートポンプの効率(室内空気から除去される熱エネルギーの供給電力に対する割合)は2.7であまりよくない。ケース①′はこのヒートポンプの効率(COP)だけを2.7から3.2まで向上できたとした場合である。

ケース②は、ヒートポンプの効率はケース①と同じく2.7であるが、建築外皮の断熱性・気密性とともに窓の日射遮へい性をも向上させた場合である。壁には断熱材が施され、窓は複層ガラスで構成され、窓ガラスの室外側にスクリーン状の日除けが設けられている。図2.6.1はこのケース②を描いたものである。ケース③は、室外側スクリーンのある窓から入ってくる昼光で照明が十分にできているため、電灯照明をケース②の1/3しか点灯せず、また、室内機の吹出し空気温を20°Cと高めにして、これらによってヒートポンプの効率を3.7にまで向上できたと仮定した場合である。なお、ケース①①′②における室内機の吹出し空気温度は16°Cである。

ケース①′は、アクティブシステムだけを改良した場合、ケース②はパッシブシステムだけを改良した場合、ケース③はパッシブシステムの改良とアクティブシ

表2.6.1　冷房システムのエクセルギー消費パターン計算の条件

ケース	建築外皮の熱損失係数 W/K(W/m²K)	窓の日射取得率	照明発熱 W	室内機吹出し温度 ℃	ヒートポンプ効率
①	108.7(3.0)	0.7	480	16	2.7
①′	108.7(3.0)	0.7	480	16	3.2
②	57.1(1.6)	0.35	480	16	2.7
③	57.1(1.6)	0.35	160	20	3.7

カッコ内の熱損失係数は単位床面積当たりの値。想定した部屋は、間口6 m×奥行き6 m×天井高3 m。窓は高さ1.5 m×間口6 m。窓ガラスと外壁の熱貫流率は、ケース①①′で6.2 W/m²K、2.67 W/m²K、ケース②③で3.6 W/m²K、1.14 W/m²K、換気回数は、ケース①①′で0.8回/h、ケース③④で0.4回/hとした。窓の日射取得率0.7は室内側ベネシャンブラインドの場合、0.35は室外側サンスクリーンの場合である。外壁の日射吸収率は0.8、外表面総合熱伝達率は20 W/m²Kとした。

窓面と外壁面に入射する日射エネルギーは晴天時を想定して500 W/m²、人体発熱は405 W（75 W/人として5.4人が在室）と仮定した。照明発熱は、①①′②では窓際・室奥の別なく電灯が点けられており、480 W（40 W 蛍光灯12本）、ケース③では昼光照明に応じた消灯があって、照明発熱が160 Wまで減らせたとする。

室温は26℃（299 K）、外気温は33℃（306 K）。冷房装置の室内機から出てくる空気温度はケース①①′②では16℃（289 K）、ケース③では20℃（293 K）とした。屋外機の出口空気温はすべてのケースで37℃（310 K）とした。

ケース③におけるヒートポンプの効率（COP）3.7は、室内への吹出し空気温を16℃から20℃に上げたこと、照明発熱が減ったことによって、3.2から0.5だけ上昇したとの仮定である。

発電所に投入される天然ガスの高位発熱量に対する化学エクセルギーの比を0.94、発電効率を0.35と仮定した。

ステムの改良を組み合わせた場合である。ケース①〜③の計算条件の詳細を表2.6.1に示す。

図2.6.3は、表2.6.1に示した条件にしたがってエクセルギーの計算を行なった結果を冷房システムの各部分における消費が明示的に表現できるようにしたものである。横軸は左から、発電所・ヒートポンプ・室内空気・建築外皮である。縦軸はエクセルギーである。図の読み方は、2.5で議論した暖房システムの場合とまったく同じである。例えば、ケース①の発電所を見よう。発電所には5200 Wが投入され、約2000 Wがヒートポンプに供給されている。その差3200 W（＝5200-2000）は、発電所内部での消費と発電所の煙突から出てくる排ガスのもつ温エクセルギーの大気中での消費の和である。

ヒートポンプには2000 W弱のエクセルギーが投入され、ヒートポンプから室内空気へ冷エクセルギー250 Wが供給されている。その差は、ヒートポンプ内部での冷媒の圧縮・膨張と伝熱に伴う消費と大気中へ放出される温エクセルギー消費

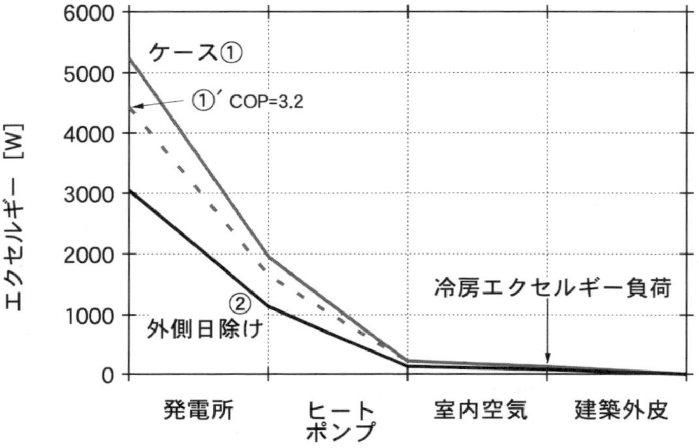

図2.6.3 冷房システムのエクセルギー消費パターン。ケース①①′②の内容は表2.6.1に示したとおり。建築外皮に流れ込んでいく冷エクセルギーを冷房エクセルギー負荷という。ケース①とケース②の違いは、主として窓の日射遮へい性の違いによる。日射遮へい性の向上は冷房エクセルギー消費パターンの全体を著しく変える。

の和に等しい。この点については改めて後述する。

発電所から建築外皮までの全体を見てみると、発電所とヒートポンプでの消費が著しく大きいことに気づく。そこで、ヒートポンプの効率（COP）を2.7から3.2まで向上したのがケース①′である。もし、ヒートポンプの効率はそのままで、発電所の効率を0.35から0.4まで向上できたとすると、発電所の投入エクセルギーは約4600 Wとなって、ケース①′とあまり違わない。もし、ヒートポンプと発電所の双方が改良されたとしても、発電所に投入されるエクセルギーは約3900 Wで、エクセルギー消費パターンの変化はそれほど大きくはない。

ケース②は、日射取得率0.7のベネシャンブラインドの代わりに、日射取得率0.35の屋外日除けを設けた場合である。屋外日除けの設置でまず変化するのは、建築外皮に流れ込む冷エクセルギーである。図2.6.3を見ると、この変化は著しく小さいが、ヒートポンプ・発電所でのエクセルギー消費の減少の程度に与える影響ははなはだ大きいことがわかる。

図2.6.4は、ケース②と③の比較である。十分な日射遮へいに加えて、昼光照明による電灯照明発熱の減少と吹出し空気温の上昇によって室内空気に投入される冷エクセルギーの減少、ひいてはヒートポンプの効率向上が組み合わさると、ヒートポンプと発電所のエクセルギー消費の減少の程度はかなり大きくなる。

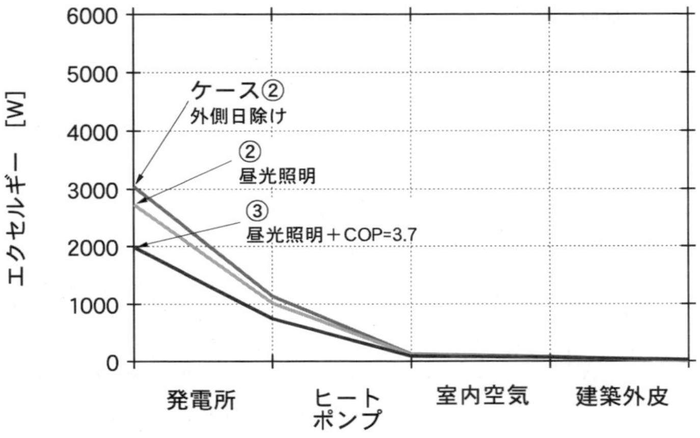

図 2.6.4 冷房システムのエクセルギー消費パターン。ケース③は日射熱取得の減少、電灯照明発熱の減少、吹出し空気温の上昇によってヒートポンプ効率を著しく向上させ得た場合。ケース③のエクセルギー消費パターンは、ケース②に比べてさらに大きく変化する。

図 2.6.5 は、ケース①②③について、式 (2.6.1) の内容を具体的な数値として示したものである。一つの棒グラフ全体は、ヒートポンプへの投入エクセルギー、すなわち式 (2.6.1) の第一項を示す。その内訳は、式 (2.6.1) を次のように変形して

$$[電力(エクセルギー)]=$$
$$[エクセルギー消費]+[温エクセルギー]+[冷エクセルギー] \qquad (2.6.2)$$

と表わせる。この式に乾エクセルギーが現れないのは、ケース①②③の計算では乾エクセルギーを無視したからである。

ヒートポンプに投入されるエクセルギーの 85〜88%が消費されることがわかる。冷エクセルギーは、温エクセルギーよりも 4〜5 倍大きい。冷エクセルギーは、室内空気温を 26°Cに維持するために消費され、その際に生成されるエントロピーは、ヒートポンプの室内機から室外機へと運ばれ、ヒートポンプ内部で冷媒の圧縮・膨張と伝熱に伴って生成されたエントロピーとともに大気中へと排出される。この排出のために温エクセルギーは大気中で消費される。

日射に起因する室内での発熱を屋外日除けの設置によって減らし、照明発熱なども減らすことの重要性が以上の検討でわかったが、このようなパッシブ型技術によって形成される暑くはない建築環境は「涼房」と呼ばれる。涼房を実現でき

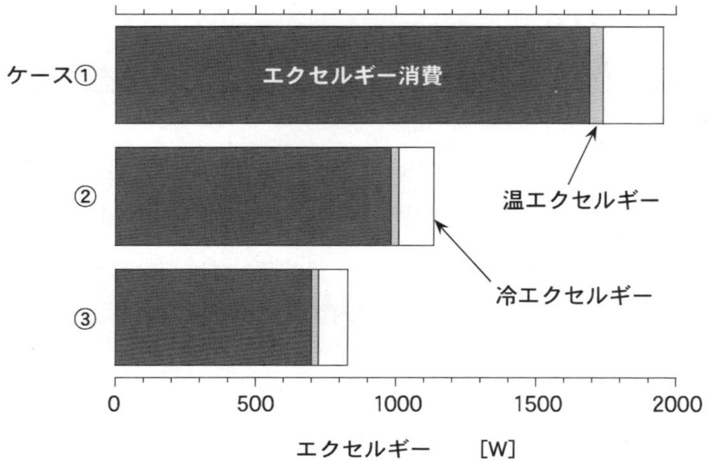

図2.6.5 ヒートポンプにおけるエクセルギーの投入と消費、温エクセルギー・冷エクセルギーの出力。エクセルギー消費と温・冷エクセルギーの合計がヒートポンプに投入される。85〜88％が消費される。冷エクセルギーは温エクセルギーの4〜5倍。ヒートポンプは電力という形式で得たエクセルギーを温エクセルギーと冷エクセルギーに振り分ける装置といえる。温エクセルギーは大気中で消費されるが、これは、室内空間とヒートポンプの内部で生成されたエントロピーを大気中に排出するためである。

るようなパッシブ型技術の工夫を施すと、それによく整合するようなアクティブ型技術の開発が必要になるだろう[2)]。

● 参 考 文 献 ●

1) IEA-ECBCS(International Energy Agency, Energy Conservation through Buildings and Community Systems)-Annex 37, Guidebook for Low-Exergy Heating and Cooling of Buildings, June 2004

2) 宿谷昌則：エクセルギーの見方・考え方と自然共生建築、日本建築学会環境工学委員会 第32回熱シンポジウム「持続可能な社会における熱・光・空気のデザインと技術」—バイオクリマティックデザインの現在—、2002年11月、pp.51-57

2.7 建築環境システム 涼房と採冷

冷水の流れる配管の周囲に室内空気の一部を通して冷却除湿し、低温低湿になったその空気を吹き出すことによって室内空間を冷却除湿することを一般に冷房という。これに対して「涼房」という考え方がある[1)2)3)]。

例えば、京都の町屋では、暑さの元凶となる日射を屋外に設けた葦簀《よしず》や簾《すだれ》によって遮り、室内でやむを得ず発生した暖気は、屋根裏の空間や生活空間ではない2階の部屋に自然に上昇していくようにして、また、その一方で中庭に打ち水をして蒸発冷却によってわずかに低温の地面や空気をつくり出す。打ち水をした中庭とその周辺にある室内空間にできる温湿度の差は、室内で気流のゆらぎを呼び起こし「涼しさ」を創り出す[4)]。これは涼房の古典的事例といってよいだろう。

涼房によって得られる涼しさの特徴は、時間的・空間的分布が形成されることである。これは、エアコンによるアクティブ型の冷房技術が時間的・空間的に均質さをつくり出せるように開発されてきたことと対置的である。古典的な涼房に加えて、涼房と整合するような微妙な冷たさをつくる方法を「採冷」あるいは「採涼」と呼ぶ。空気の動きを促進する、すなわち主に対流によるものが「採涼」、壁や天井を冷やして主に放射によるものが「採冷」である[2)]。

涼房や採冷・採涼では、暑さや冷たさが一体どのように現れては消え、また現れて、その結果として〈涼しさ〉が生み出されるだろうか。町屋に見られるような涼房の工夫と採冷の工夫を試みた現代住宅の一例について、特に放射エクセルギーに着目して調査した結果[5)]を述べよう。

その住宅は**写真** 2.7.1 のような外観の木造2階建で東京小金井市にある[6)]。図 2.7.1 は2階居間部分の断面である。居間の屋根は、中空層をはさんで二重になっており、上側の屋根（置き屋根）は、室内への日射熱の侵入を防ぐ。下側の屋根、すなわち天井は厚さ 0.5 mm の亜鉛合金板（99 %以上が亜鉛、残りが銅・チタン）であり、その上に厚さ 1 mm のガラス繊維が敷き詰めてあって、水が流せる。これは蒸発冷却によって天井表面温度を低下させる採冷のしくみである。亜鉛合金

写真 2.7.1　採冷を工夫した二重屋根の住宅（「涼の家」、黒岩哲彦設計、1999年東京都小金井市竣工、撮影・提供 石井雅義；協力 ニューハウス出版）

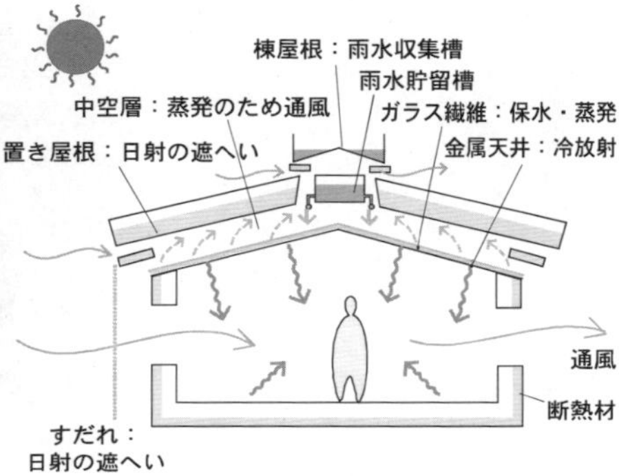

図 2.7.1　二重屋根による採冷システム。置き屋根は遮熱のためにある。天井は金属製で、その屋根裏側の面にはガラス繊維が敷き詰めてある。ガラス繊維は水で湿らせることができる。水の蒸発で天井表面は、外気温より常に数℃低くなる。南と東の窓は簾で日射遮へいが行なわれ、南北の窓を開放すると通風ができる。日射遮へい・通風による「涼房」と蒸発冷却を利用する「採冷」とによって涼しい部屋をつくる。

板は熱抵抗が小さく天井表面温度を一様にしやすいために、またガラス繊維は保水性の確保と蒸発面積を大きくするために用いている。

置き屋根の上にある棟屋根上面は雨水の収集に使われ、棟の下部には雨水貯留槽がある。貯留槽内の雨水は重力によって天井の裏面に点滴され、ガラス繊維で保水されながら、中空層を通り抜ける風によってさかんに蒸発する。その結果、天井の表面温度は、**写真** 2.7.2（**上**）に示すように外気温より常に2～5℃低くなる。

南や東の窓には屋外日除けとして簾が取り付けられている。北向きの窓もある。この地域の夏における主風向（南）を考えて、通風経路を確保するためだ。

この住宅の寝室部分の屋根は、二重屋根のうち置き屋根だけで構成されている。この寝室の写真と熱画像が**写真** 2.7.2（**下**）である。寝室の天井表面温度が外気温とあまり違わないことがわかる。

採冷の工夫を施した居間と施していない寝室について放射エクセルギーの分布を示そう。**写真** 2.7.3が居間、**写真** 2.7.4が寝室である。写真2.7.3、写真2.7.4のいずれも、a. が東の壁に向かって、b. が天井を見上げて魚眼レンズで撮ったも

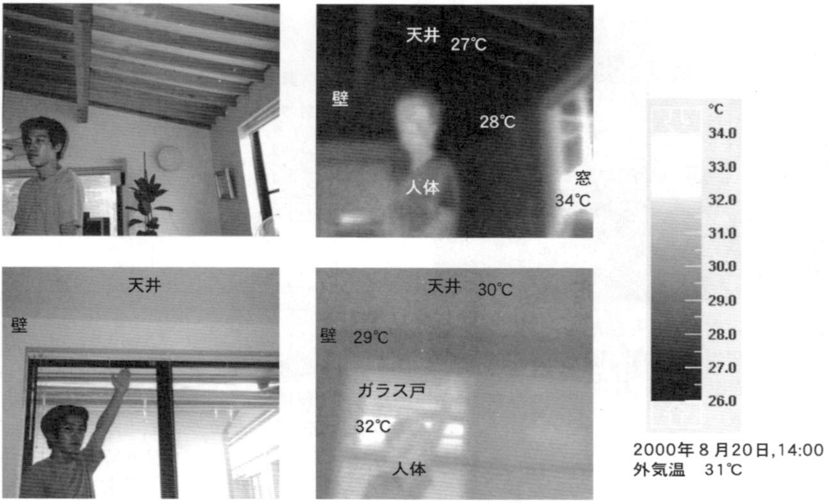

写真 2.7.2　居間（上）と寝室（下）の熱画像比較。居間天井からの冷放射による採冷の効果がわかる。

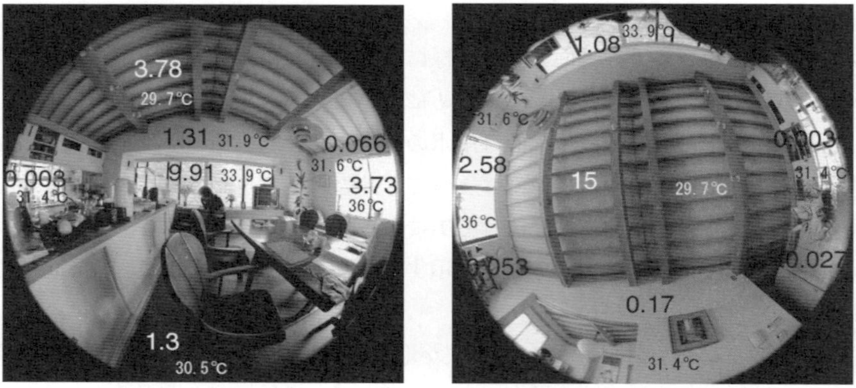

(a)　(b)

写真 2.7.3　居間の放射エクセルギー分布。単位は mW/m²。(a)は東向きに立った状態で、(b)は天井を見上げて撮影した魚眼写真。黒字が温エクセルギー、白字が冷エクセルギー。天井と床からは冷エクセルギーが放出されている。各表面の温度もあわせて記してある。

のである。写真中の放射エクセルギーの数値は、天井や壁・窓・床から放出された放射エクセルギーがレンズの中心点（微小面）に入る量を表しており、黒字は温エクセルギー、白字は冷エクセルギーを表している。単位は mW/m²(＝10^{-3}W/

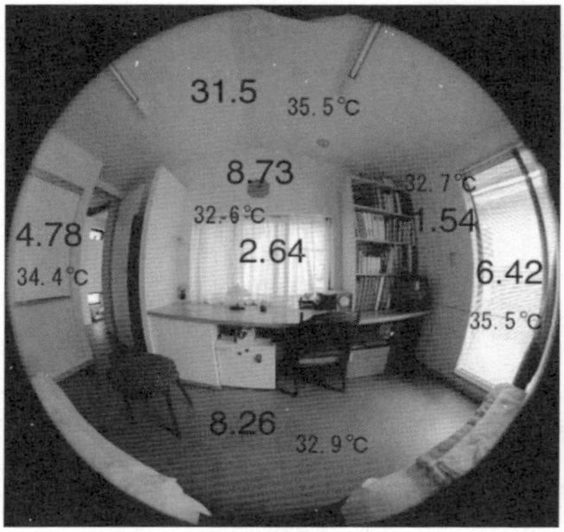

(a)

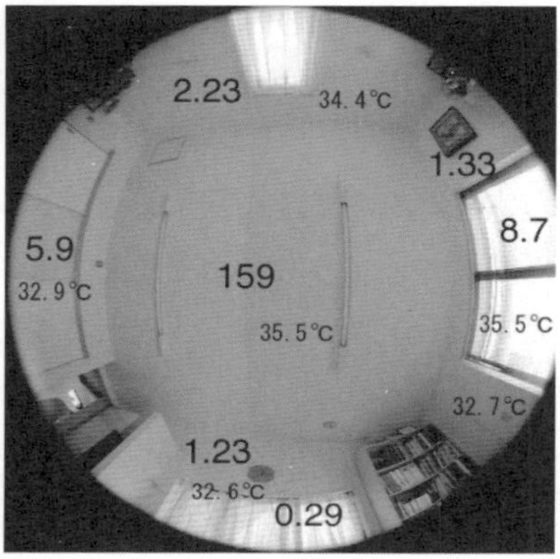

(b)

写真 2.7.4　寝室の放射エクセルギー分布。単位は mW/m²。(a)と(b)のどちらも温エクセルギーだけがあって冷エクセルギーはない。天井からの温エクセルギーはひときわ大きく、特に仰向けの状態で撮った写真（右）では 159 mW/m²で桁違いに大きい。

m²）である。

二重屋根のある居間では、天井と床から冷放射エクセルギーが出ている。天井からの冷放射エクセルギーは、立った状態だと 3.78 mW/m²、天井を見上げた状態だと 15 mW/m²である。床からの冷放射エクセルギーは立った状態で 1.3 mW/m²である。

筆者（高橋）がこの居間で写真を撮っているときに、肩から上がスッキリした感じで、天井からかすかな冷たさが来る感じがした。住まい手も常日頃そう感じているとのことであった。これはまさに天井からの冷放射エクセルギーを体感していたといえよう。

写真 2.7.3 の(a)と(b)のどちらにおいても、壁や窓からは温放射エクセルギーが出ているが、その値は、部位の表面温度と部位の見える割合（形態係数）に応じてかなり幅（0.003〜9.91 mW/m²）がある。

次に写真 2.7.4 に目を移して、寝室の放射エクセルギー分布を見よう。a.と b.のどちらも温放射エクセルギーだけがある。床・壁・天井・窓のすべてから温放射エクセルギーが放たれ、魚眼レンズの位置に入射している。立って撮った写真 a.では、壁や窓からの温放射エクセルギーが 2.64〜8.73 mW/m²となっており、居間に比べると、正面の窓を除いて全般に値が大きい。天井からは一桁大きい 31.5 mW/m²の温放射エクセルギーが入射している。

天井と向かい合う床は、天井からの温放射エクセルギーを直接吸収するので、床から出る温放射エクセルギーは 8.26 mW/m²で、やはり大きめの値になっている。

寝室で写真 2.7.4 を撮ったとき、住まい手も筆者も、肩から頭の頂にかけて、まとわりつくような暑さを感じたが、これは、仰向けに寝転がっている状態で撮った写真(b)に示されている天井からの温放射エクセルギー 159 mW/m²が主な原因と考えられる。159 mW/m²は他の放射エクセルギーに比べて著しく大きい。ちなみに、約 5700°Cの超高温熱源から地表にやってくる日射エクセルギーは、盛夏のよく晴れた日なら最高で 800 W/m² (80 万 mW/m²) ほどになる。これは 159 mW/m²の 5000 倍である。涼房には屋外日除けが必要不可欠な所以である。

住まい手は、寝室について「夜暑くて寝苦しく、エアコンを付けたい」と言っていたが、その原因は夜になっても温度が下がらない天井からの大きな温放射エクセルギーだったといえる。

放射エクセルギーは、以上で述べたように、放射によってもたらされる“暑さ”や“冷たさ”を体感と整合して定量的に表現できるように思われる。

エクセルギーは、身近に存在する自然のポテンシャルを活かす涼房や採冷といった環境調整のしかたを理解しやすくしてくれる。

● 参 考 文 献 ●

1) 宿谷昌則：自然共生建築を求めて、鹿島出版会、1999 年、pp.130-140
2) 宿谷昌則：エクセルギーの見方・考え方と自然共生建築、日本建築学会環境工学委員会 第 32 回熱シンポジウム「持続可能な社会における熱・光・空気のデザインと技術」―バイオクリマティックデザインの現在―、2002 年 11 月、pp.51-57
3) 斉藤雅也・宿谷昌則：「涼しさ」を感じる気流に関する屋外での実測とその解析、日本建築学会計画系論文集、第 523 号、1999 年 9 月、pp.39-44
4) 荒谷登：二つの庭―関西・町屋の涼しさの謎を解く、Solar Cat、No.36、1999 年 9 月、pp.46-49
5) 高橋達・黒岩哲彦：蒸発冷却を利用した二重屋根採冷システムの室内熱環境に関する実測と解析、空気調和・衛生工学会学術講演会講演論文集、2003 年 9 月、pp.1441-1444
6) 高橋達・黒岩哲彦：雨水の蒸発を利用した二重屋根採冷システムの開発と室内熱環境の実測、日本建築学会環境系論文集、第 573 号、2003 年 11 月、pp.55-61

建築環境システム

2・8 躯体蓄冷

昼間よりも温度の低くなる夜間の外気は、「躯体蓄冷」をうまく利用すれば、夏季の昼間に室内を涼しくするために利用できる。

図 2.8.1 に示すように、夏季の昼間は日射を室外で十分に遮へいし、窓はできるだけ閉じる。夜間には積極的に（パッシブ型もしくはアクティブ型の）換気を行なって外気を室内に採り込み、躯体から温エクセルギーを放出・消費させてしまい躯体を冷やす。翌日の昼間は、再び窓を閉めて躯体に蓄えられた冷エクセルギーを利用して「涼しさ」をつくる。

伝統的な民家で得られる「涼しさ」は、気流の効果に加えて、土間床や土壁が冷エクセルギーを蓄え、そのために昼間に周壁平均温が室内空気温よりわずかに低くなるからではないかと考えられる[1)]。夜間に窓を積極的に開けて躯体への蓄冷を行なって昼間に「涼しさ」を得ることは、「涼房」技術の一部として捉えることができる。

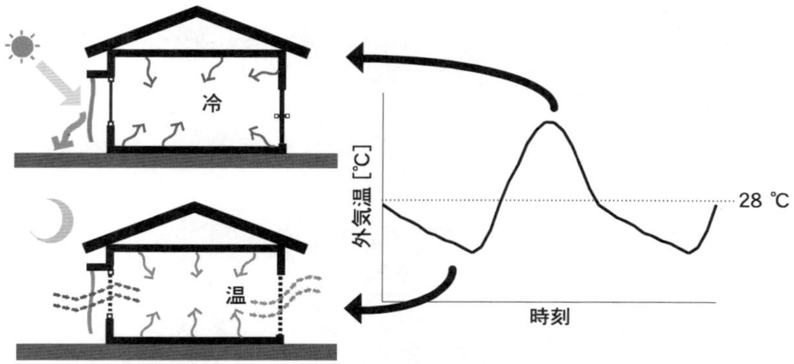

図 2.8.1　夏季における躯体蓄冷の利用。昼間には日射を窓ガラスの外側で十分に遮蔽し、窓はできるだけ閉じて、躯体に蓄えられた冷エクセルギーを利用して涼しい室内をつくる。夜間には換気を積極的に行なって外気を室内に採り込み、躯体から温エクセルギーを放出させて躯体を冷やし、翌日の昼間に冷エクセルギーが利用できるようにする。この一連のプロセスは、「涼房」技術の一つである。

躯体蓄冷を可能にするには、室外での日射遮へいのほかに、外壁・屋根の断熱を十分に行ない、ほどよい大きさの熱容量を建築躯体に施さなくてはならない。その上で、窓•扉などの開口部を、換気の抵抗が小さく、しかも害虫や人（泥棒）の侵入に対して抵抗が十分な大きさをもつようにしなくてはならない。また、簾などの日除けを開口部の外側に取り付けたり夜間に窓を開けたりするなどの建築環境に対する住まい手の積極的な働きかけが不可欠である。以上のことから、躯体蓄冷が活かせるか否かは、ハード（壁や窓への工夫）とソフト（人の行動を促す工夫）とが融合できるか否かによるといっても過言ではない。

ここでは、躯体蓄冷が比較的うまく行なわれている事例(東京 世田谷にある集合住宅F)[2]を取り上げて、躯体蓄冷のメカニズムをエクセルギーの観点から見てみよう[3)4)]。

写真 2.8.1 は、この集合住宅のある一棟の3階部分を地上から見上げて撮影したものである。バルコニーにはパーゴラと呼ばれる木製の日射遮へい装置が設けられ、また、住まい手が育てているツル性植物が日射を適度に遮るのに役立っている[5)]。開口部の配置や間取りは、この地域の（夏季には南から北へ吹く）風が室内へ導かれるようにデザインされている[5)]。住まい手は、夏にエアコンをまったく

写真 2.8.1 躯体蓄冷の効果が現われた集合住宅（コンクリート造）の3階南側概観。バルコニーには、パーゴラと呼ばれる木製の日射遮へい装置がある。住まい手が育てているツル性植物も日射遮へいに大きく寄与する。開口部の配置や間取りは、この地域の風が室内へ導かれるようにデザインされている。

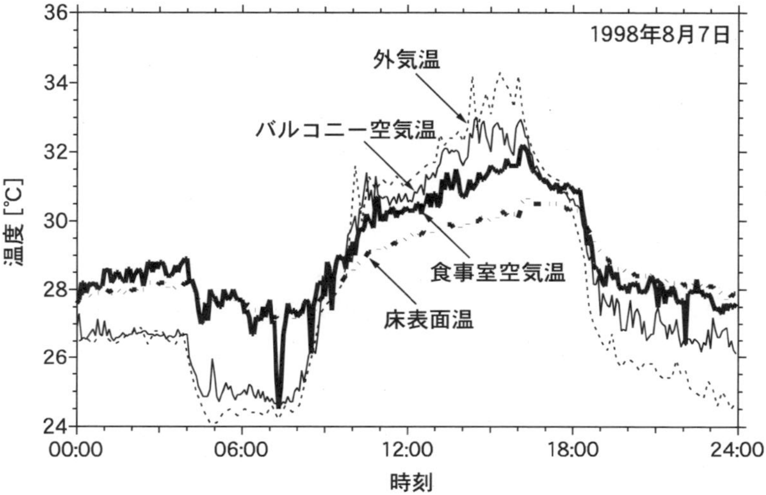

図 2.8.2　夏のある快晴日（1998 年 8 月 7 日）における外気温と室内温度の比較。10：00〜16：00 の時間帯を見ると、食事室の空気温は外気温より 1〜3℃低く、また床表面温は外気温より 2〜3℃低い。食事室は、床面積が 13.7 m²、窓面積が 4.3 m²、室容積が 52.2 m²である。

使用せずに涼しく過ごせているという。

この住戸における快晴日（1998 年 8 月 7 日）の外気温・バルコニー空気温・食事室空気温・床表面温を示したのが図 2.8.2 である。10：00〜16：00 の時間帯を見ると、バルコニー空気温は、外気温に比べて 0.5〜1.5℃低くなっている。また、食事室空気温は外気温より 1〜3℃低い。さらに、食事室の床（室内側）表面温は外気温より 2〜3℃低い。この日、住まい手は、夜は窓ガラスを開けて網戸とカーテンを閉めており、昼は窓ガラスとカーテンを開けて網戸を通して通風していた。

この住戸の内外で冷源となり得るのは、エアコンなどのアクティブ型冷却装置を除くと、夜間の外気と（3.8 に述べる）天空の冷放射だけである。

バルコニー手すり外側の鉛直面に入射する日射量に対して、窓ガラス外表面に入射する日射量の割合は約 35 %である[6)7)]。また、室内空気や壁・床表面などの温度測定値を室内空気のエネルギー収支式に代入して、この式が成り立つように換気回数を求めると、昼間に比べて換気回数が小さくなる夜間でも 1 時間当たり 10 回程度になることがわかっている[6)7)]。これらのことから、昼間に食事室空気温が外気温より低く、また、床表面温が食事室空気温よりもさらに低くなっていた理由は、バルコニーにおける十分な日射遮へいに加えて、夜間における 25〜27℃

の外気が効果的に室内へ流入して、躯体への蓄冷が行なわれたためと考えられる。夜間に床内部が冷やされると、翌日になって外気温が上昇し始めても直ちには床表面温は上がらず、外気温の上昇は冷エクセルギーをむしろ増大させる。この冷エクセルギーの消費が室内空気温を外気温よりも1〜3℃低く保たせることになる。

以上の定性的考察を定量的に確認するために行なったシミュレーション結果[4]を以下に示そう。夜間に換気を行なうか・行なわないかが、床表面と床コンクリートにおけるエクセルギー収支にどのような違いをもたらすかを明らかにするシミュレーションである。

2つのケースについて比較する。ケース①は、日中は開口部（窓）を開け放って換気を行ない、夜間（18：00〜翌6：00）は開口部を閉め切る場合、ケース②は、夜間も開口部を開け放って換気を行なう場合である。ケース②が実測した住戸の住まい方に対応する。いずれのケースでも、パーゴラ・バルコニー植栽によって日射遮へいが十分に行なわれていると仮定する。

図2.8.3は、8月16日のコンクリート床のエクセルギー蓄積速さの経時変化を示したものである*。上段がケース①、下段がケース②である。外気温と床コンクリート平均温（計算値）もあわせて示してある。

床コンクリート平均温・外気温・エクセルギーの3者の関係を見ると、床コンクリート平均温が外気温よりも低いときは、床コンクリートに冷エクセルギーが蓄えられており、逆に高いときは温エクセルギーが蓄えられていることがわかる。

ケース①では、深夜1：00頃から朝にかけて温エクセルギーの蓄積速さが負になっている。すなわち、床コンクリートは温エクセルギーを放出している。昼間になってわずかながら温エクセルギーを蓄積している。夕方になると、温エクセルギーを再び放出することになり、21：00以降になって今度は温エクセルギーを蓄積し始める。ケース②では、ケース①に比べて、深夜0：00〜4：00の温エクセルギー放出が大きい。昼間は床コンクリートが1〜2.5Wの速さで冷エクセルギーを放出している。以上は、夜間換気と躯体蓄冷の組合せ効果をよく表現している。

* シミュレーションに用いた気象データは、東京における1971〜1980年までの10年間の気象データに基づいて作成された平均的な年のものである。計算は、初期設定条件の影響が消えるように8月6日から始めて、10日後（8月16日）の結果を得た。

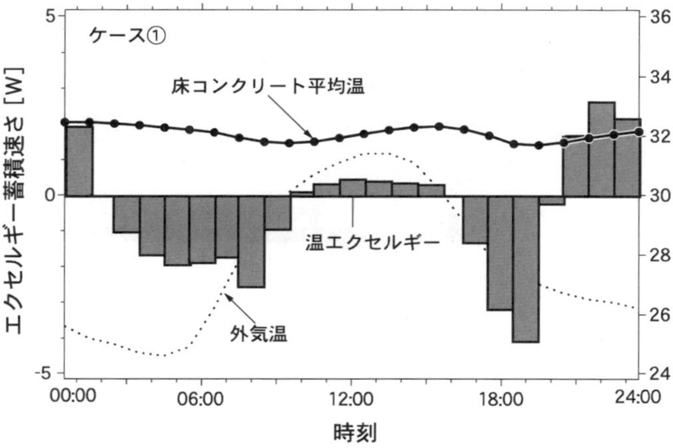

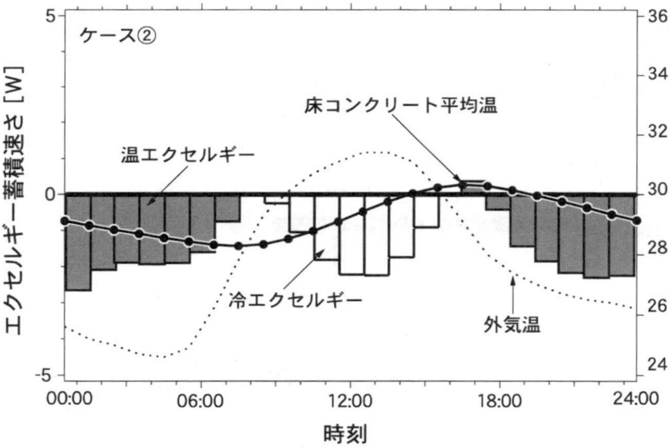

図2.8.3　床コンクリートのエクセルギー蓄積速さ(8/16、上がケース①、下がケース②)。ケース①の床コンクリートは、深夜の1：00頃から朝にかけて、温エクセルギーの蓄積速さが負になっている。これは温エクセルギーの室内側への放出である。昼間にはわずかながら温エクセルギーを蓄積している。ケース②において、昼間に冷エクセルギーの蓄積速さが負(絶対値は最大で2.5 W）であるのは、床コンクリートが冷エクセルギーを放出していることを意味する。

図2.8.4は、8月16日14：00の床におけるエクセルギー収支を示したものである。ケース①もケース②も、窓面を透過して床表面へ入射する日射エクセルギーは同じで約186 Wである。日射がまったく遮へいされていない場合の窓面透過日射エクセルギーを計算すると、680 Wになる。パーゴラ・バルコニー植栽は、透過日射エクセルギーを680 Wから186 Wにまで減らしている。

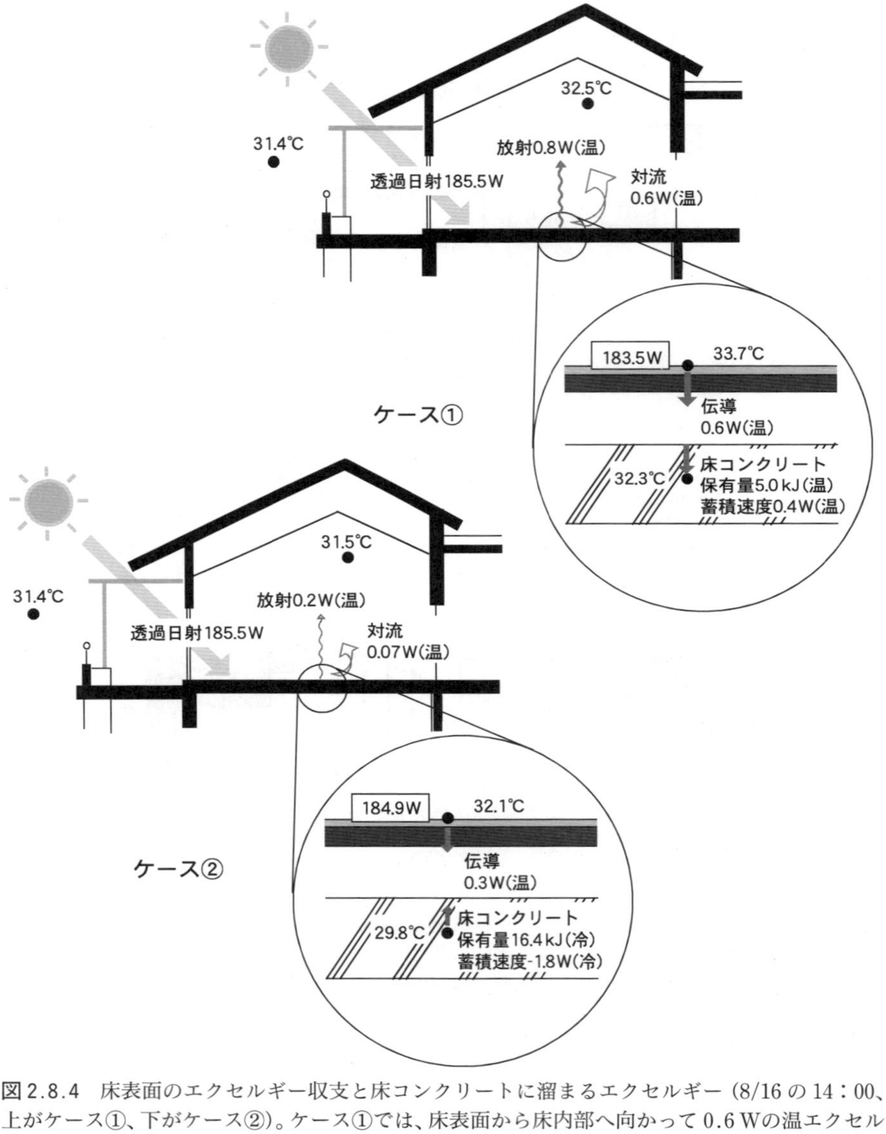

図2.8.4　床表面のエクセルギー収支と床コンクリートに溜まるエクセルギー（8/16の14：00、上がケース①、下がケース②）。ケース①では、床表面から床内部へ向かって0.6Wの温エクセルギーが出ている。ケース②ではそれが半分になっている。床コンクリートでは、ケース①は温エクセルギー5.0 kJを保有しており、ケース②は冷エクセルギー16.4kJを保有している。ケース②の方がケース①よりも床表面でのエクセルギー消費（白抜き四角）が大きい。

床表面でのエクセルギー消費（白抜き四角）を見ると、ケース①で183.5 W、ケース②で184.9 Wで、これらは透過日射エクセルギーとほぼ同等である。室内に向かうエクセルギーは、ケース①②のいずれも温エクセルギーである。この温エクセルギーは室内で消費され、室温を上昇させる。ケース①では対流・放射を合計して1.4 W、ケース②では0.27 Wで、ケース②の方がケース①よりかなり小さい。そのため、ケース②の方がケース①よりも室温が約1℃低い。

床内部を見ると、ケース①では床表面から伝導で0.6 Wの温エクセルギーが、ケース②では0.3 Wの温エクセルギーが下方に向かっている。床コンクリートは、ケース①では温エクセルギー5.0 kJを保有しているのに対し、ケース②では16.4 kJの「冷」エクセルギーを保有している。また、ケース②では、1.8 Wの速さで冷エクセルギーが室内側へ向けて放出されている。この冷エクセルギーは、前述のとおり、夜間換気による躯体蓄冷がもたらしたものである。ケース②の室温や床表面温がケース①よりも1〜1.5℃低く抑えられるのは、床コンクリートが放出する冷エクセルギーが、床表面から床内部へ伝わってくる温エクセルギーと消費し合い、ひいては、温エクセルギーを小さくしているからである。余分な温エクセルギーがうまく消費されていることは、ケース②の床表面でのエクセルギー消費が、ケース①よりわずかに大きいことにも現れている。

躯体蓄冷では、夜間に低温になった外気を室内に取り入れるわけであるが、換気で取り入れる外気は環境（屋外）に存在するものであるからエクセルギーをもたない。夜間に外気を積極的に取り込むことは、資源性をもたない外気を室内に取り込むことによって、躯体に蓄えられている余分な温エクセルギーを積極的に放出させて躯体の温度を下げることである。言い換えれば、温エクセルギーを敢えて消費させ、エントロピーを積極的に排出することである。

夜間換気による冷却効果が最大限に発揮されたとしても、躯体の温度は夜間の環境温度（外気温）までしか下がらない。しかしながら、昼間になって環境温度（外気温）の方がコンクリートの温度よりも早く上昇すると、コンクリート躯体は「冷エクセルギー」をもつことになる。そのためには、夜間の外気を上手に利用して、床などの温度をできるだけ下げておく必要がある。

エクセルギーは、変動する環境をも考慮して資源性を評価できる概念である。このような見方・考え方をもつと、例えば、冬季に資源性をもたない雪を夏季に利用[8)]してはどうか……といった発想が生まれてくる。これは、一般的な工業技術とは最も異なる点だと思われる。田畑で豊かな作物が得られるようにしようと思えば、土や水によく「手入れ」[9]をし、芽が出たら、また葉や茎（植物のからだ）に手入れをする。このような農業の営みと似ていないだろうか。

夜間換気で外気中に排出されたエントロピーのゆくえをさらに考えてみよう。1.3と1.4で述べたように、地球環境システムには、大気と水の循環によるエントロピー排出のしくみが備わっている。夜間換気で積極的に屋外へ排出されたエントロピーは、地球環境システムが宇宙空間へと排出してくれる。夜間換気による躯体蓄冷という建築環境システムは、「冷たさ」の根源（宇宙）を利用する工夫なのである。

● 参 考 文 献 ●

1) 木村建一編：民家の自然エネルギー技術、彰国社、1999年、pp.25-96
2) 環境共生住宅推進協議会編：環境共生住宅A-Z—新世紀の住まいづくりガイド—、(株)ビオシティ、1998年11月、pp.120-123
3) R. Nishikawa and M. Shukuya: Numerical Analysis on the Production of Cool Exergy by Making Use of Heat Capacity of Building Envelopes, Proceedings of the Sixth International IBPSA Conference (BS'99), 1999, pp.129-135
4) 西川竜二・宿谷昌則：冷エクセルギー概念による躯体熱容量を利用した自然冷房システムの計画に関する検討、日本建築学会環境工学委員会 第28回熱シンポジウム「最近の建築伝熱シミュレーションと設計ツール」、1998年12月、pp.25-31
5) 斉藤雅也：深沢環境共生住宅熱環境調査、SD(スペースデザイン)9901、鹿島出版会、1999年1月、pp.70-73
6) 伊澤康一・斉藤雅也・宿谷昌則・岩村和夫：深沢環境共生住宅における躯体蓄冷による涼房効果のエクセルギー解析、太陽／風力エネルギー学会講演論文集、1999年11月、pp.377-380
7) 伊澤康一・斉藤雅也・宿谷昌則・岩村和夫：深沢環境共生住宅の涼房手法の効果に関する実測、日本建築学会大会学術講演梗概集、1999年9月、pp.453-454
8) ㈶雪だるま財団：安塚町—雪・バイオマスエネルギー等ハイブリッドシステム導入可能性調査報告書、2002年3月
9) 養老孟司：手入れ文化と日本、白日社、2002年

2.9 建築環境システム 植物

私たち人を含めて地球上の生物が活動を展開する上で、植物の果たしている役割は大きい。人を含む動物は、呼吸によって酸素を取り入れる。植物も同じく呼吸によって酸素を取り入れるが、同時に二酸化炭素を酸素に変えており、酸素の出入りの差を求めると、正味としては酸素を周囲環境に排出している。これは、植物がその葉を構成する細胞内に葉緑体をもち「光合成」を行なうからである。

光合成の目的は、グルコース($C_6H_{12}O_6$)を生産することである。植物にとって二酸化炭素は、グルコース生産のための原材料「資源」で、酸素はグルコース生産の結果として葉から産み出される「廃物」である。例えば、日本の伝統建築は木材でつくられてきたが、木材は樹木の幹や枝が切り出されて加工されたものである。木の幹や枝は、葉における光合成で生産されたグルコースが鎖状に結合してできた高分子化合物（セルロースやリグニン）が架構状に積み重なったものである[1)]。木造建築の柱•梁は、加工処理のしかたにもよるが、遅かれ早かれ朽ちていく。これは光合成によって生産されたグルコースに蓄えられた化学エクセルギーが、次第に消費されていくことにほかならない。

私たち人は生きるために、一日のうち何度かに分けて意識的に食物と水分を摂取する。また絶えず、ほとんど無意識的に呼吸によって摂取するのが植物の出した廃物、すなわち酸素である。

野菜はもちろん光合成によってつくられるが、魚肉や鶏肉•豚肉などの食肉は、家畜が生きていたときは動物だったのだから、光合成でつくられるわけではない。しかし、餌がどのようにしてつくられたかをたどっていくと、食肉も結局のところは、光合成によってつくられていることがわかる。人と植物はつながっているわけである。エクセルギーで表現すれば、人は、植物が日射エクセルギーからグルコースという物質の化学的構造の中に蓄えたエクセルギーを消費することで、脳を働かせ筋肉を動かして生きているということができる。

私たち人は、食物に蓄えられた化学エクセルギーを消費して活動するが、その結果生じる熱エクセルギーは人体内部でそのほとんどが消費される。特に暑熱環境では、人体内部で湧きだす熱エクセルギーの90％以上を発汗によって消費する*。

植物で人の発汗に対応するのは、「蒸散」と呼ばれる現象である。夏季に私たちの身の回りは、日射の吸収によってさまざまな場所が熱源になっているが、よく観察するとその逆に冷源になっている所が少なからずある。例えば、木陰ではひんやりとした「冷たさ」や「涼しさ」を感じる。これらの知覚は、2.7に紹介した住宅内の採冷や採涼の方法がもたらす知覚と相通ずるところがある。公園の緑地や屋上緑化・壁面緑化・ビオトープなどは、都市の屋外空間における採冷・採涼手法といえるが、これらはすべて植物による「蒸散」の効果を利用している[2)3)4)]。

私たち人にとって、食物から建築材料、蒸散による夏季の採冷・採涼手法に到るまで、植物の恩恵はとても大きいわけであるが、エクセルギー概念を通じて植物のからだを改めて理解することは、私たち人がつくる建築や都市が、これらを含む生態系の中でどのような位置づけなのかをよりよく理解することになり、今後の建築・都市環境づくりに有用な知見を与えてくれるに違いない。本節では、樹木の葉におけるエクセルギー収支が、日射や風の強弱とどのような関係にあるかを議論して、植物の役割を改めて考えてみたい[5)~8)]。

図2.9.1に示すように、葉には日中、太陽と天空からの日射エクセルギーが入り、また天空から小さいながら実効放射の冷エクセルギーが入る。葉は葉緑体をもつ細胞群で主に構成されているが、これらの細胞群には細胞壁だけが連なった管が、枝や幹・根を貫いてつながっている。これは導管と呼ばれる。導管は水で満たされているが、その一部が葉面から周囲空間（葉にとっての環境空間）へと蒸発していき、葉に近い導管内の水圧が根を構成する細胞近くの導管内よりも低くなる。この水圧差が、根が取り込んだ窒素化合物やリン酸・カリウムの水溶液を葉へと輸送する[9)]。したがって、葉には、上方から日射エクセルギー、下方から液体水のもつ湿エクセルギー（とわずかな濃エクセルギー）が入る†。天空からは実効放射エクセルギーもやってくるが、光合成に果たす役割は極めて小さいと考

* このことについては、4.6に詳しく述べる。
† 「湿エクセルギー」は液体水の蒸発能力としてのエクセルギー、「濃エクセルギー」は窒素やリン酸・カリウム化合物の水溶液が、環境水に対してもつ化学エクセルギー。

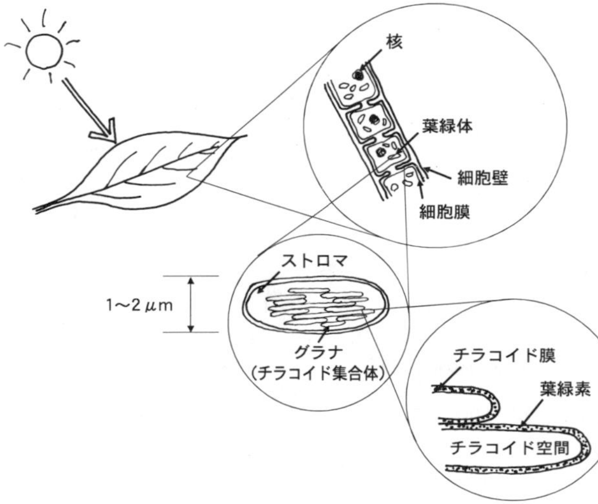

図 2.9.1 葉の構造。植物の細胞は細胞壁に囲まれている。細胞中に葉緑体があることが動物と異なる。葉緑体は、ストロマとグラナから成る。グラナはチラコイドの集合体である。チラコイド膜の上に葉緑素がある。葉緑素には、日射が当たると、水を分解して水素イオンをつくり、気体の酸素分子を排出する働きがある。葉緑素は一種の太陽電池である。

えられる。また、根が地中から吸い上げる液体水には、冷（または温）エクセルギーも含まれると思われるが、根から幹にかけて導管の中を吸い上げられていく間にそのほとんどは消費されてしまうと考えられる。

葉の細胞内にある葉緑体は、二酸化炭素を取り込み、細胞壁・細胞膜を透過してきた日射エクセルギーと液体水の湿エクセルギーを消費することによって光合成を行なう。その結果、グルコースと酸素を出力する。グルコースは化学式で $C_6H_{12}O_6$ と記されるが、C（炭素原子）と O（酸素原子）の間にある H（水素原子）は、液体水の分子（H_2O）のなかにある H である。切り離されて残る O（酸素原子）の方は分子（O_2）となって、葉の気孔から大気中へ拡散していく。

グルコースは、葉から根の方向へ連なった細胞壁が、導管と同様に特殊化した管—篩管—を通って植物のからだの中を輸送されていく。導管と篩管を併わせて維管束という。篩管はやはり水で満たされているが、葉とその付近の篩管内は、茎や根にある細胞に比べると「ショ糖」の濃度が高くなる。ショ糖（多糖）は、光合成でつくられたグルコース（単糖）が組み合わされた大きな分子で、グルコースに比べて反応性が低く、したがって篩管内の水中を安全に輸送することがで

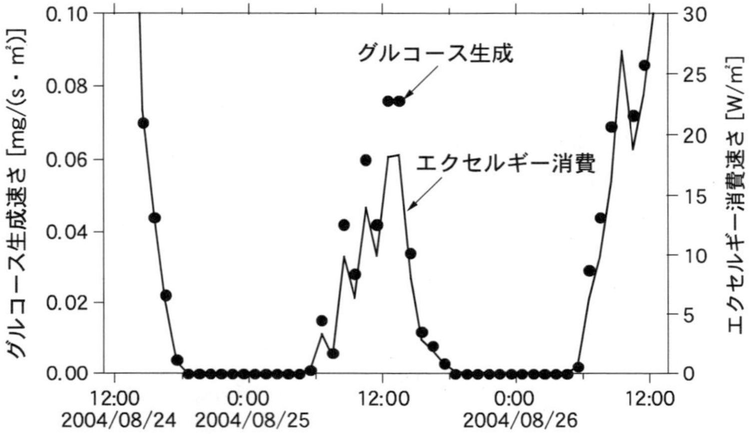

図2.9.2 葉(1 m²)でのグルコース生成速さとエクセルギー消費速さ。エクセルギー消費が大きくなる日中は、グルコースの生成速さも大きくなる。

きる。ショ糖の濃度が高いと周囲の水が篩管内に流れ込み、内部の水圧が高くなる。この水圧に比べると、茎や根の水圧は低い。篩管の上下に生じる圧力差に応じて水の流れが生じ、この流れがショ糖を茎や根に輸送する[9)]。

葉の多く繁った樹木で、地表に近い方にある葉面の温度は、外気温よりもわずかに低くなっていることが少なくない。これは、主として液体水の湿エクセルギーが消費されて、わずかに冷エクセルギーを生み出すからである[10)]。植物が根から吸い上げた液体水は、そのすべてが光合成に使われるわけではなく、かなり大きな量が葉の気孔から蒸発して、酸素とともに水蒸気となって大気中に放出される。これは、光合成のエクセルギー消費の結果として生成されるエントロピーを排出するためである。以上が植物のエクセルギー・エントロピー過程の概要である。

図2.9.2は、ある緑地空間における夏季の温熱物理量測定にもとづいて計算した、葉の単位面積（1 m²）当たりの「エクセルギー消費速さ」と「グルコースの生成速さ」の経時変化を示したものである[6)]。エクセルギー消費速さとグルコースの生成速さは、変動のしかたが互いに似ている。日射のある昼間にエクセルギー消費が大きくなり、グルコースの生成量も大きくなることがわかる。これらの変動は、葉が受ける日射量の変動とほぼ等しい。日陰にある葉が受ける日射エクセルギーは、平均すると15 W/m²程度である。この日射エクセルギーに加えて、葉には、液体水の熱エクセルギーと湿エクセルギーが入るが、これらの合計は2

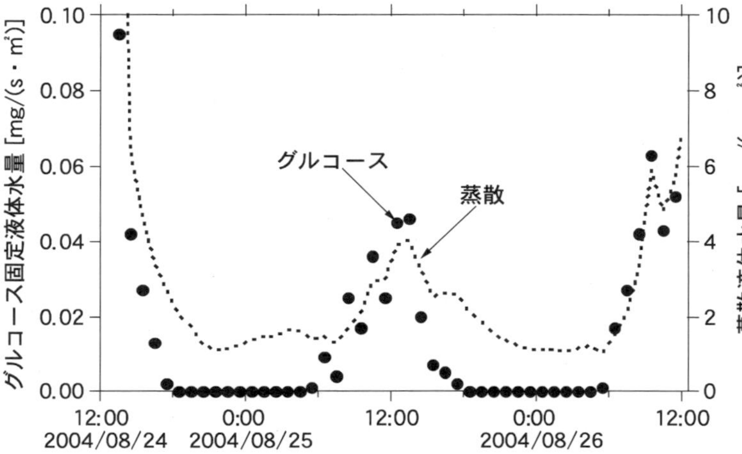

図 2.9.3　グルコースに固定される液体水量と蒸散に使われる液体水量。蒸散に使われる液体水量は、グルコースに固定される液体水量の約 100 倍である。

mW/m² (＝0.0021 W/m²) 程度でとても小さい。光合成によってグルコースとして固定されるエクセルギーは、1 W/m²ほどである。これは、投入エクセルギーの6〜7 %に相当する。残りの 93〜94 %は葉の内部で消費される。このエクセルギー消費の割合は、2.2 で示した照明システム、2.3 に示した人の体温調節システム、2.5 や 2.6 に示した暖冷房システムの場合とほとんど同じである。自然・人工を問わず何か目的を達成するためのシステムでは、投入エクセルギーの約 95 %が消費される。これは活動するシステムの普遍的な原理なのかもしれない。

図 2.9.3 は、光合成によってグルコースに固定されることになる液体水量 [mg/(s・m²)]（左の縦軸）と、蒸散に使われる液体水量 [mg/(s・m²)]（右の縦軸）の経時変化を示したものである[6)]。前者の変化のしかたは、図 2.9.2 に示したグルコース生成速さと同様である。後者は、前者と同様に昼間に大きな値になるが、夜間にも存在するところが前者とは異なる。蒸散に使われる液体水量は 2〜10 mg/(s・m²) で、グルコースに固定される液体水量の最大値 0.1 mg/(s・m²) の約 100 倍である。グルコースの生成には、日射エクセルギーの投入とその消費に加えて、エクセルギー消費の結果として生成されるエントロピーの蒸散による排出[11)]が重要な役割を果たしていることがわかる[12)]。

葉面から蒸発する前の液体水の湿エクセルギーは、日射エクセルギーに比べれば著しく小さいが、蒸発した後に周囲空間にある湿り空気の一部となる湿り空気がもつ湿エクセルギーは、液体水に比べると極めて小さい‡。言い換えると、湿エクセルギーの消費はかなり大きい。葉面とその周囲空気が冷やされるのは、この湿エクセルギーの消費による[12)]。この湿エクセルギー消費は、葉の内部におけるエクセルギー消費に比例して生成されるエントロピーを環境に排出するためである。したがって、植物は、人と同じように「汗をかいている」といってもよい。

仮に葉の近傍の湿度が高すぎて、水蒸気の湿エクセルギーが消費できないとすると、葉温は上昇することになる。これは葉で生成されたエントロピーが排出できずに蓄積されざるを得ないからだ。葉から水蒸気のエクセルギーが効率よく放出・消費されるためには、環境である外気の水蒸気圧が、葉の表面での飽和水蒸気圧よりも小さい、すなわち大気はほどほどに乾いていることもまた重要なのである。このことは1.4に述べたことと関係している。

図2.9.4は、葉面でつくられるグルコースが日射量・風速とどのように関係するかを計算によって求めた結果を示したものである[6)]。グルコースの生成速さが最も大きくなるのは、右端中段の風速2.2 m/s以上で、日射量350～400 W/m²の範囲である。この図中、左上の領域は日射量が大きく風速が小さい条件であるが、このような条件下ではグルコースの生成はできないことがわかる。これは、資源である日射エクセルギーは十分にあったとしても風速が小さいために、葉内部でのエクセルギー消費によって生成されるエントロピーの適切な排出が、風速が小さすぎるが故に不十分となって、葉温が上昇してしまうからである。一方、日射量が200 W/m²以下では、日射量が小さくなるにしたがって、グルコースの生成速さも小さくなる。これはエントロピーを排出するに十分な温熱環境は用意されているが、資源としての日射エクセルギーが小さすぎるのである。

葉面が「冷たさ」をつくれるのは、日射量と風速がどのような条件の場合かを検討した計算例も紹介しておこう[8)]。図2.9.5(a)は、葉面に入射する日射量と葉面近傍の風速の大小によって、葉からの蒸散速度がどのくらいになるかを示したものである。蒸散速度は、日射量・風速とともに大きくなることがわかる。

図2.9.5(b)は、(a)に示した蒸散速度に対応して葉面から出る熱エクセルギーを示したものである。葉から出る熱エクセルギーは、日射量が300～400 W/m²を境にして、それより大きい場合は温エクセルギー、小さい場合は冷エクセルギー

‡ 液体水や湿り空気がもつ湿・乾エクセルギーの大きさについては、4.3に詳しく述べる。

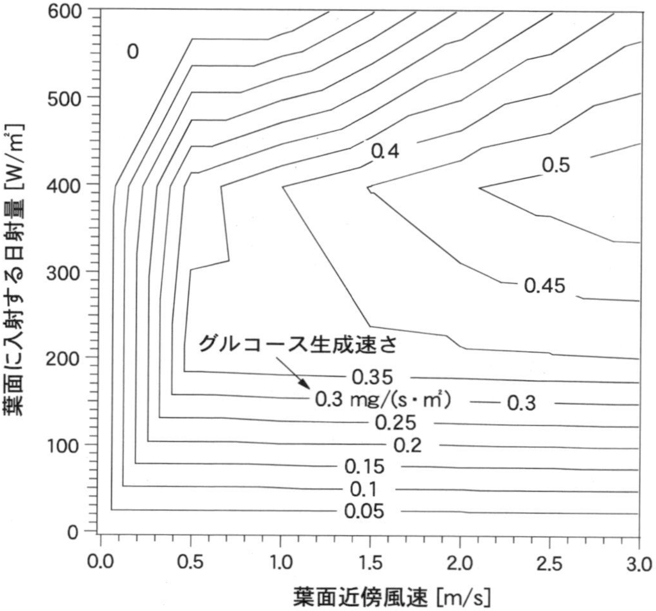

図 2.9.4　グルコース生成速さと日射・風速の関係。日射と実効放射が葉に直接入ると仮定し、外気温湿度を 30°C・75 %と想定している。

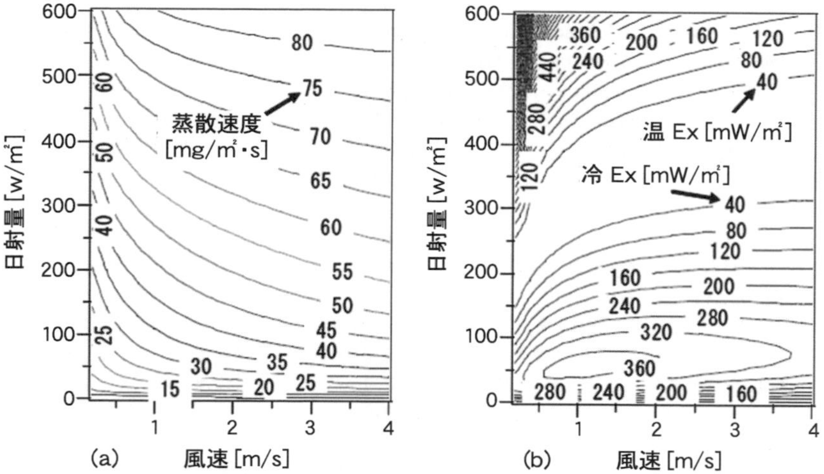

図 2.9.5　(a) 蒸散速度と日射・風速の関係と (b) 蒸散する水蒸気の熱エクセルギーと日射・風速の関係。外気温湿度が 30°C・60 %の場合の計算結果である。日射量・風速が大きくなると蒸散速度は大きくなるが、冷エクセルギーが得られるのは、ほどよい日射遮へいで日射量が少し小さめになり、またほどよい大きさの風速がある場合。

になっている。これは、蒸散速度が大きいほど冷エクセルギーが生成されるわけではなく、冷エクセルギーの生成にはほどよい日射遮へいが必要であることを示している。葉から出る冷エクセルギーが最も大きくなるのは、日射量が50 W/m²ほどで、風速が0.5〜2.0 m/sの範囲である。これは樹幹の下部で実現される条件と考えられる。夏季のよく晴れた日に樹木の下で得られる「涼しさ」は、葉面から放出される冷エクセルギーがあって、そこにそよ風が吹くことによると考えられる。

山々は、晩秋には紅葉でとても鮮やかな色に染まるが、落葉樹が晩秋になって葉を落とす理由は、葉緑素が低温のために壊れて光合成ができなくなるからだと考えられる。葉がその構造と機能を夏と同様に保っていると、水分が蒸発し過ぎるためとも考えられる。日射を吸収する葉がない冬季は、エクセルギー（グルコース）の生産は行なわれない。春先に新芽が息吹くまでの間、植物は、前年の春から秋にかけて生産されたグルコースが、根や幹に蓄えられた化学エクセルギーをゆっくりと消費しながら生きることになる。

● 参 考 文 献 ●

1) P. H. Raven and G. B.Johnson, “Vascular Plant Structure”, Biology, Times Mirror & Mosby College Publishing, 1989, pp.693-717
2) 足立匡俊・津村真理・伊澤康一・宿谷昌則：緑地空間がつくり出す「冷たさ」に関する実測研究（その1．実測概要と温湿度の測定結果)、日本建築学会大会学術講演梗概集、2005年9月、pp.627-628
3) 津村真理・足立匡俊・伊澤康一・宿谷昌則：緑地空間がつくり出す「冷たさ」に関する実測研究（その2．保全林内のモデル化とエクセルギー解析)、日本建築学会大会学術講演梗概集、2005年9月、pp.629-630
4) 斉藤雅也・山田雅仁・坪谷太郎・矢部和夫・佐直達夫・那須聖：札幌における降水灌養型ミズゴケ屋上緑化の熱収支に関する研究、太陽／風力エネルギー講演論文集、日本太陽エネルギー学会、2006年10月、pp.145-148
5) 斉藤雅也・高橋達・宿谷昌則：葉のエクセルギー収支に関する数値解析－涼房手法としての樹木の効果に関する基礎的研究－、日本建築学会計画系論文集 第505号、1998年3月、pp.51-58
6) 伊澤康一・津村真理・足立匡俊・宿谷昌則：緑地空間がつくり出す「冷たさ」に関する実測研究（その3．葉面のエクセルギー消費と光合成・蒸散の関係)、日本建築学会大会学術講演梗概集、2005年9月、pp.631-632
7) 徳永佳代・深井友樹・山口陽子・徳永佳代・掛上恭・西崎久・宿谷昌則：環境共生住宅における通風と緑化の組み合わせ効果に関する実験研究（その3．建築外皮の熱特性と取得できるエクセルギーの関係)、日本建築学会大会学術講演梗概集、2008年9月、pp.511-512
8) 井澤健輔・深井友樹・山口陽子・掛上恭・西崎久・徳永佳代・宿谷昌則：環境共生住宅における通風

と緑化の組み合わせ効果に関する実験研究（その4．樹木の熱環境調整効果に関するシミュレーション）、日本建築学会大会学術講演梗概集、2008年9月、pp.513-514
9) 団まりな：生物の複雑さを読む－階層性の生物学－、平凡社自然叢書30、1996年、pp.86-87
10) 西川竜二・鈴木浩史・宿谷昌則：蒸発冷却のエクセルギー・エントロピー過程に関する試算、日本建築学会計画系論文集 第489号、1996年12月、pp.47-55
11) 勝木渥：物理学に基づく環境の基礎理論―冷却・循環・エントロピー―、海鳴社、1999年、pp.95-114
12) 畑野健一：樹木の生長と環境　第4版、養賢堂、1998年8月、pp.289-291

建築環境システム

2・10 家庭生ごみ・排水の浄化と活用

家庭から出る生ごみや排水は、放っておけば腐敗して悪臭が出る。病原菌の温床にもなる。したがって、現代の都市に住む多くの人々には、それらが活用できるのではないかとの発想はもち難い。しかし、1.4.4 生態系の養分循環で述べたように、家庭の生ごみ・排水も、生態系が全体として自ら解毒し得ない毒性物質を含まなければ、人間以外の生物にとって養分（栄養物質）になり得るはずである。例えば、これらの養分で植物栽培を行なうことは可能である。そうであるなら、日頃まったくといってよいほどに価値を認められず、速やかに廃棄されている排水には、大きな資源性（エクセルギー）が潜在しているとみることができるのではないだろうか。

2.10.1 生ごみの堆肥化

ヒトが生きていくには、暑さ寒さを凌ぐための「住」のしくみとともに、安全・健康な「食」のしくみが必要である。食によって必然的に産み出される生ごみや糞尿を生態系に還《かえ》すしくみはその一例である。建築から排出される物質が循環するしかけやしくみもまた建築環境システムの一部と捉えたい。これは、建築にとっての環境、すなわち都市・農山漁村、そして地域環境が良好な状態を持続するために重要なことである。

生ごみなどの有機物の中を空気が十分流通するようにして発酵させる、すなわち有機物中の微生物がその好む成分を食い分解して、農地や緑地で必要となる（繊維質などの）有機成分と無機成分の混合物をつくることを「堆肥化」という。

あまり知られていないことだが、東京都は1985～1993年のあいだ、江東区などの下町の中層住宅群から回収した生ごみを、かなり大規模な機械化したプラントで堆肥化し、できあがった堆肥を足立区などの農地で小松菜の栽培に利用していた[1)]。生ごみから堆肥、堆肥から野菜へと物質が姿を変え、住宅・堆肥化施設・農

表 2.10.1　東京都の堆肥化事業の概要[1)]

・原料は江東区などの中層住宅からの生ごみ
・堆肥の供給先は足立区などの小松菜農地
・施設は当時の最新鋭で大規模
・生ごみと他のごみの混合ごみを機械で選別
・ストッキングなどのごみは選別不能で稼働率低下
・8 年('85〜'93)で操業停止

表 2.10.2　東京都の堆肥化事業の実績値[1)]

生ごみ処理量	3060 t/年
堆肥生産量	290 t/年
野菜生産量	280 t/年*
堆肥化施設の電力使用量	2450 GJ/年
生ごみ輸送によるエネルギー使用量	120 GJ 年*
堆肥輸送によるエネルギー使用量	10 GJ/年*

*は推定値。

地の順に循環して、植物・土壌動物・微生物・人間の生活を支える――そのような生ごみに関する物質循環の先駆的事業が大都市東京にもあったのである。**表 2.10.1** は、その堆肥化事業の概要で、**表 2.10.2** は 1989 年度の実績値である。

この堆肥化事業で入力となるごみは混合ごみであり、当時はその地域でごみの回収が分別回収ではなかった。そのため、生ごみに混入した他の家庭ごみは、堆肥化施設内部に設けられた電力稼働の選別装置によって選り分けられていた。分別回収していれば不要なはずの電力をわざわざ消費してごみを分けていたわけである。生ごみの分別排出というライフスタイルは、当時の住まい手が創出することは難しかったし、清掃行政の担い手が誘導することも難しかったのだろう。

選別装置はすべてのごみを選別できるわけではなく、例えば、ストッキングなどのごみがたびたび選別装置を閉塞・停止させ、ごみ処理量の減少と補修経費の増大を招くことになってしまい、事業は 8 年間で廃止になった。

堆肥を畑に撒くとミミズがよく育ち、化学肥料だけで栽培した場合よりも野菜の収穫量が増えたというから、せっかくの貴重な事業が短期間で廃止になってしまったのは残念である。

ごみ処理とは、人間にとってはもはや有効に使えない物質の量を減らすことである。そのためか、ごみ処理というと処理される物質の量ばかりに気を取られて、処理そのものに要するエネルギー資源の方はつい忘れてしまうことが少なくない。ごみは、例えば t/年、処理施設に投入される電力は GJ/年という具合に、両者の測る尺度が違うことも合理的な判断をさせにくくしているかもしれない。物質資源とエネルギー資源の双方を同一の物理量で測り、比較可能になるとよいわけだが、エクセルギーはそのような応用が効く。

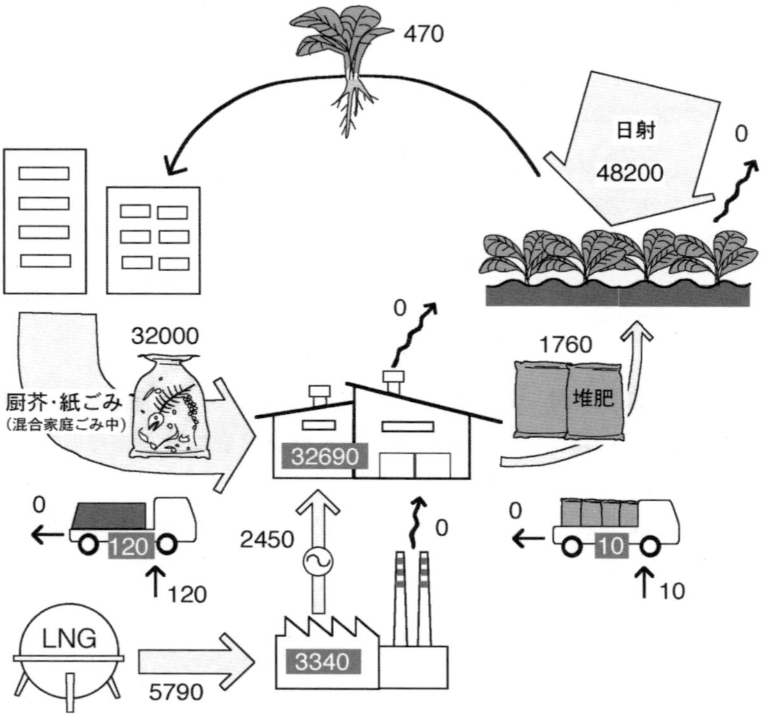

図 2.10.1　東京都の堆肥化事業におけるエクセルギーの投入・消費パターン。単位は GJ/年。網掛けされた□内の数値はエクセルギー消費。農地で生産される野菜のエクセルギーは 470 GJ/年。選別装置をはじめとする機械設備を稼働させるために発電所に投入される化石燃料エクセルギーは 5790 GJ/年。後者は前者の 10 倍以上である。

図 2.10.1 は、表 2.10.2 の実績値にもとづいて計算した堆肥化事業におけるエクセルギーの投入・消費パターンである[2)]。

エクセルギーの流れを図にそって追ってみよう。生ごみのエクセルギー 32000 GJ/年が、住宅群から堆肥化施設に運ばれる。これは他のごみも混入した家庭ごみのうち、厨芥と紙ごみについて計算したエクセルギーの値である。また、電力のエクセルギー 2450 GJ/年が、発電所から堆肥化施設へ投入される。ごみ選別装置や換気用ファンなどの設備を稼働させるためである。両者の和 34450 GJ/年のうち約 95 %の 32690 GJ/年が消費され、残りの約 5 %にあたる 1760 GJ/年が堆肥に蓄えられたエクセルギーとして取り出される。この堆肥の利用と、日射・水の作用によって、農地では 470 GJ/年のエクセルギーが野菜に蓄えられることにな

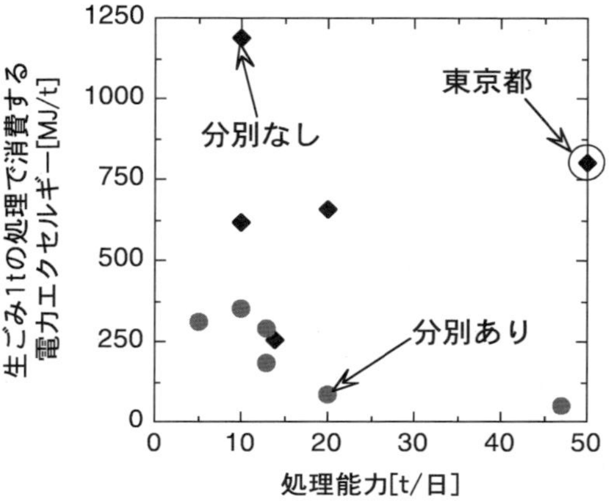

図 2.10.2　自治体の堆肥化施設における処理能力と生ごみ 1 t の処理で消費する電力エクセルギーの関係。生ごみ 1 t 当たりの電力エクセルギー消費は、分別ありの施設が、東京都などの生ごみ分別なしの施設よりも小さい。

る。

堆肥化施設へ投入される電力エクセルギー 2450 GJ/年は、発電所に化石燃料のエクセルギー 5790 GJ/年が投入されることで生産される。また、生ごみと堆肥の輸送のために、自動車が化石燃料のエクセルギーを合計で 130（＝120＋10）GJ/年消費する。

この事業では結局のところ、農地で生産されている野菜のエクセルギー 470 GJ/年を得るのに、選別装置などの機械を稼働させる化石燃料のエクセルギーを 5790 GJ/年必要としている。これは野菜のエクセルギーの約 12 倍である。一方、生ごみと堆肥の輸送で消費される化石燃料のエクセルギーは 130 GJ/年で、野菜のエクセルギーの 1/3 程度に抑えられている。輸送距離が 20 km という小さな地域内で物質を循環させているためである。これらのことから、選別装置による生ごみの分別は効率的ではなく、操業停止は必然だったことがわかる。

図 2.10.2 は、堆肥化を行なっている自治体において、生ごみ 1 t を処理するのに消費される電力エクセルギーと施設の処理能力の関係を示したものである。◆は、生ごみの分別を行なっていない施設、●は分別を行なっている施設である。分別ありの施設では、生ごみ 1 t 当たりに消費する電力エクセルギーが、分別なしの施設に比べてかなり小さい。ごみの分別回収は、余分なエクセルギー消費を回避するのに有効である。

生ごみの分別排出というライフスタイルが、地域内の住まい手たちにとって自然な生活文化として広まるとともに深まれば、選別装置を働かせるためにエクセルギーを浪費しないで済む。そうなれば、生ごみという物質資源だけでなく、化石燃料というエネルギー資源をも本当の意味で有効に利用できる堆肥化事業になり、事業は持続可能になると考えられる。

地域における循環を豊かにするライフスタイルが無理なく自然に創出される——そのような社会システムの構築がいかに重要かを以上のことはよく示唆している[3)]。こうした事柄が見えてくることも、エクセルギー研究の特徴の一つだろう。

2.10.2 家庭排水の浄化と活用

都市に住んでいれば下水道に、下水道・下水処理場が整備されていない地域に住んでいれば合併処理浄化槽に、私たちは家庭排水を流し入れる。これは、人が生きている限り必ず行なわなくてはならない日常的行為である。

便器で用をたした後に尿や糞便を水道水で洗い流すが、流す先にある生物界で、それらの排泄物がどのように振舞うかを想像できるだろうか。あまりにも日常的であるからこそ見落としていることがあるかもしれないので、あらためて考えてほしい。浴室の排水も同様だ。シャンプーや石鹸、ヒトの皮脂がまじった排水は、排出後どのように処理されるのだろうか。

家庭排水は、下水処理場や合併処理浄化槽で微生物による分解を経て、水質汚濁物質が除去された状態で河川や湖沼・海といった環境水に放流されている。処理された後の排水は、当然ながら放流先の環境水の中で、水質汚濁現象を引き起こさない程度にまで汚濁物質が除去されて放流されているはずである。

それでは、除去された汚濁物質はどこに行っているのだろうか。

下水処理場・合併処理浄化槽のいずれも、その内部では、微生物が排水中の有機物を中心とする汚濁原因物質を摂取して増殖し、それら微生物と有機物の残骸とが塊状の物体 —— 汚泥《おでい》という —— を形成する。下水処理場と合併処理浄化槽で発生する汚泥は、毒性物質を含まなければ養分循環構築のために土壌に還元すべきであるが、日本では現実にはごく少量しか還元されることはない。大半は焼却処理され、残りの灰が一部レンガブロックにされ、再利用されるが、その量はわずかである。排泄物は食物の残骸や消化物質であり、食物の多くは、もとはというと動植物なので、陸地由来の養分が水中で汚泥になり、汚泥が燃焼して大気

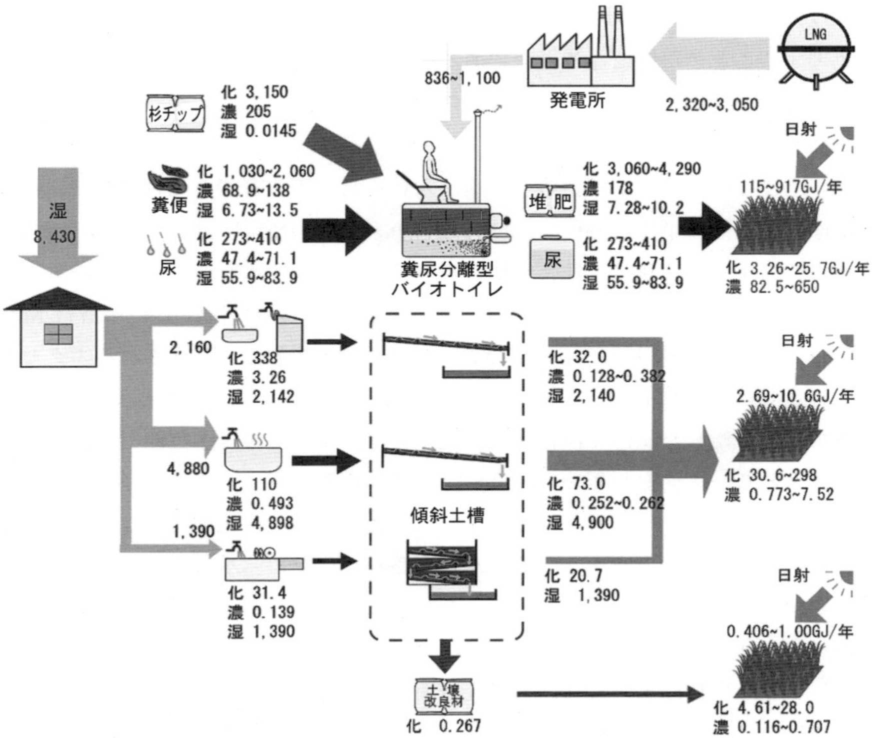

図2.10.3　糞尿分離型バイオトイレと傾斜土槽を用いた場合の家庭排水養分の浄化活用におけるエクセルギーの流れ［MJ/(世帯・年)］(化：化学エクセルギー、濃：濃エクセルギー、湿：湿エクセルギー)。バイオトイレについては、沖縄の竹富島における運転実績値[5]を用いている。温暖地のため内容物を加熱するためのヒーターは設置していないと仮定している。

へ放散されるとともに、一部が舗装材などに形を変えているわけである。

このような現代社会で一般的になっている下水道や合併処理浄化槽による排水処理とは異なって、陸地起源の養分を、水環境ではなく土壌への還元を伴って家庭排水を浄化し活用する試みが実は行なわれている[4)5)]。

例えば、糞尿分離型バイオトイレは、便器の洗浄水を一切使わず、糞便と尿を分離して回収し、糞便はオガクズなどの低含水率添加材に混ぜ込むことで堆肥化し、尿は分離貯蔵するようになっている[6)]。

家庭排水中の水質汚濁物質のうち、トイレの排水（汚水）は、有機物で35％、窒素で87%、リンで76%が占められているので、バイオトイレを導入すれば、ト

イレ以外の排水 —— 雑排水という —— を、合併浄化槽よりも簡易な装置によって処理することが可能になるはずである。図2.10.3は、そのような糞尿分離型バイオトイレと傾斜土槽による家庭排水の浄化活用について、エクセルギーの流れを試算した例である。

傾斜土槽とは、底板が傾斜し、土壌が入れられた箱状容器を複数重ねて、雑排水が傾斜土壌を流下する過程で、土壌表層近くでは易分解性有機物の好気分解を、底板近くの土壌では難分解性有機物の嫌気分解を行なう水質浄化装置である[7]。

バイオトイレに投入される糞便と尿のエクセルギーの合計は、1482〜2777 MJ/(世帯•年)になるのに対して、台所・浴室・洗面所・洗濯機に投入されるエクセルギーの合計は、490 MJ/(世帯•年)に留まる。高エクセルギーの糞尿は、バイオトイレで水と分離した状態で浄化され、低エクセルギーの雑排水は傾斜土槽によって浄化される。エクセルギーの高低に応じて、排水浄化（エクセルギー消費）の道筋が分けられているわけだ。こうすれば、雑排水の浄化処理を行なう傾斜土槽に、過大なエクセルギーをもつ糞尿が投入されないため、水質汚濁が回避され、さらに糞尿を肥料として活用することが容易になるのである。

バイトトイレに投入される糞尿のエクセルギー合計値1482〜2777 MJ/(世帯•年)は、トイレの稼動のために遡って発電所に投入される化石燃料の化学エクセルギー2320〜3050 MJ/(世帯•年)の49〜91 %になっているので、決して小さい値ではない。高エクセルギーの糞尿は、エネルギー・物質の拡散能力が大きい、すなわち、立派な資源としてとらえるべきなのである。

バイオトイレは、尿を回収して分離貯蔵を行なう。尿の中には、尿素という肥料になる物質が含まれている。尿を緑農地で肥料として活用することができれば、尿によって植物栽培が可能になるはずである。

図2.10.4は、尿素肥料1 kgの生産と運用におけるエクセルギーの投入•消費を示したものである。今、日本ではおもに中国とマレーシアで生産した尿素肥料を輸入して農地で使用している。尿素肥料1 kgの生産では、化石燃料などのエクセルギーが13.4 MJ消費されており、輸送では0.178 MJ消費されている。もし、バイオトイレで分離貯蔵した尿中の尿素が農地で使用できれば、尿素肥料の生産・輸送に伴うエクセルギー消費を回避することが可能になる。

尿素肥料の生産・輸送におけるエクセルギー消費の大部分が、原料アンモニアではなく工場に投入される化石燃料なので、尿素肥料は化石燃料が形を変えたも

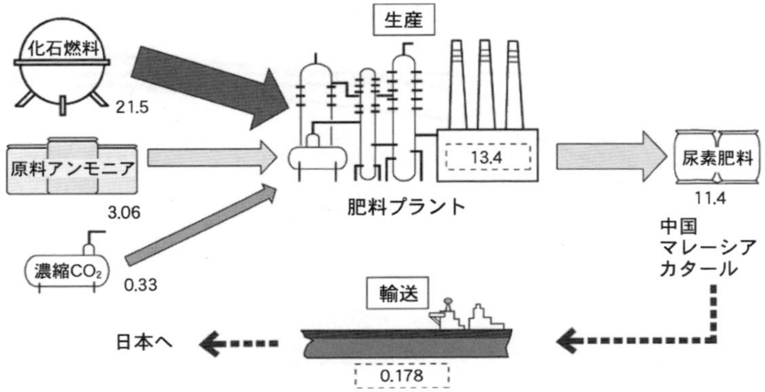

図 2.10.4　尿素肥料 1 kg の生産と運用におけるエクセルギーの投入・消費 [MJ/kg]。尿素肥料 1 kg の生産ではエクセルギーが 13.4 MJ、輸送では 0.178 MJ 消費されている。もし、バイオトイレで分離貯蔵した尿中の尿素が農地で使用できれば、尿素肥料の生産・輸送に伴うエクセルギー消費を回避することが可能になる。

のと考えてもおかしくないだろう。ちなみに、2008 年ごろは、原油価格高騰の影響を受けて尿素肥料の価格が 2 割近く上昇し、そのことが農家の経営をひどく圧迫したという[10)]。“循環型社会”という言葉がスローガンに掲げられてからかなりの年月が過ぎたが、糞尿を浄化処理した上で肥料として活用する循環型社会をつくることができれば、迂回生産によるエクセルギー消費を大きく減らすことにつながるだろう。トイレを通じた養分循環についてエクセルギー解析を行なってみると、肥料に関するグローバリズムが見えてくる。

図 2.10.5 は、糞尿分離型バイオトイレの稼動用一次エクセルギー投入量と植物生産による化学エクセルギー固定量の関係を表している。この図は、浄化処理水中の養分を用いて植物栽培を行なった場合に、糞尿分離型バイオトイレの稼動に投入される一次エクセルギーと同量のエクセルギーを、尿・糞便堆肥で栽培した植物の化学エクセルギーによって回収するとして、どの程度の面積が必要になるかを知るために作成したものである。

バイオトイレの稼動用一次エクセルギー投入量は、前述したように 2320〜3050 MJ/(世帯・年)であり、尿・堆肥を用いた植物栽培によってこれと同量のエクセルギーを回収しようと考えると、作物がクレソンの場合では植生地が 80〜200 ㎡必要になる。

バイオトイレは、回収した尿と生成した堆肥を肥料として用いることができる

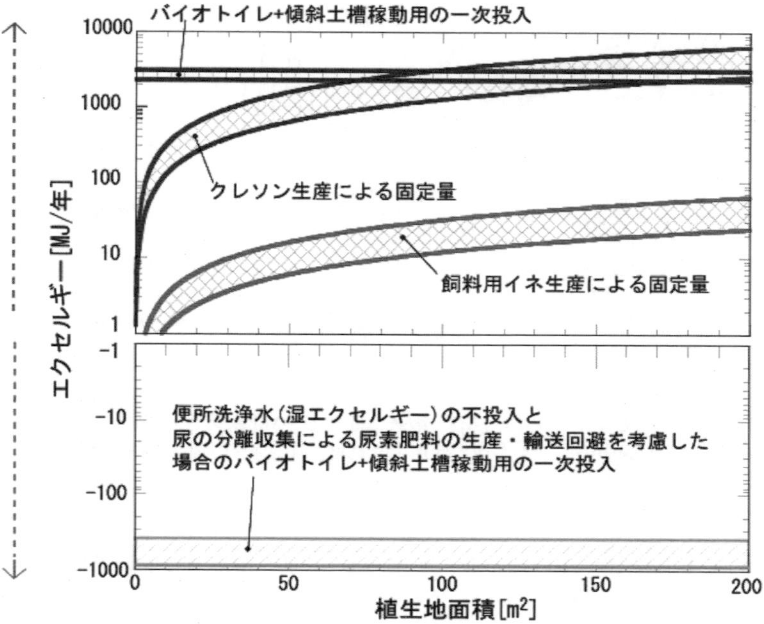

図 2.10.5　糞尿分離型バイオトイレと傾斜土槽の稼動用一次エクセルギー投入量と植物生産による化学エクセルギー固定量の関係。トイレ稼動用の一次エクセルギー投入量と同量のエクセルギーを回収するには、80〜200 m²の植生地でクレソンを栽培し、その化学エクセルギーを得る必要がある。

ので、肥料の生産によるエクセルギー消費を回避できる。また、便器の洗浄水をまったく使用しないので、洗浄水のエクセルギー投入・消費を回避することも可能である。尿素肥料の生産・輸送と洗浄水投入の双方を回避できるわけで、そのことによるエクセルギー消費の低減量をトイレ稼動用の一次エクセルギー投入量から減じると、むしろトイレ稼動用の一次エクセルギー投入量は負の値になる。すなわち、尿素肥料生産と洗浄水投入の回避によるエクセルギー消費の低減量は、トイレ稼動用の一次エクセルギー投入量を上回るのである。

もちろん、稼動用の一次エクセルギー投入量を低減するために、バイオトイレの技術改善をはかっていく必要はある。しかし、養分循環型であるバイオトイレが、これまで当然とされてきた水洗トイレによるエクセルギー消費の回避を可能にすることは、あるべき環境技術の考え方をよく示唆していると思う。私たち人間が、1.5 で述べた地球の養分循環に積極的に参加するような技術こそが重要だと考える。

● 参 考 文 献 ●

1) 大橋登：コンポストセンターの現状と課題、清掃技報、No.18、1993年、pp.137-145
2) 高橋達・宿谷昌則：都市における生ごみの堆肥化とその物質循環に関するエクセルギー解析、日本建築学会計画系論文集 第510号、1998年8月、pp.23-29
3) レインボープラン推進協議会著・大野和興編：台所と農業をつなぐ、創森社、2001年4月
4) 船水尚行：持続可能なサニテーションシステムの開発と水循環系への導入に関する研究、科学技術振興財団戦略的創造研究推進報告書、2007年、pp.51-67
5) (社)沖縄県環境整備協会：山岳し尿処理技術実証試験結果報告書、2008年
6) 石原衣梨・高橋達：住宅での利用を想定した屎尿分離型バイオトイレの性能評価（その1．連続式・回分式使用による実証実験)、日本建築学会大会学術講演梗概集 D-1、2010年（掲載予定）
7) 生地正人・末次綾：傾斜土槽法による台所排水の有機性汚濁と栄養塩類の同時浄化、水環境学会誌 第28巻 第5号、2005年、pp.347-352
8) 布施安隆・高橋達：エクセルギー概念を用いた家庭排水の養分活用計画に関する研究、日本建築学会環境系論文集 第74巻 第635号、2009年1月、pp.33-38
9) 高橋達・布施安隆：エクセルギー概念を用いた家庭排水の養分活用計画に関する研究（その4．下水処理場、コンポストトイレ＋傾斜土槽の場合のエクセルギー解析)、日本建築学会大会学術講演梗概集 D-2、2009年、pp.533-534
10) 現代農業、2008年10月号、pp.48-71

2・11 建築環境システム 鉄・コンクリートの生産と運用

都市空間にどれほど多くの鉄筋コンクリートが使われているだろうか。自動車に乗っているときなら高速道路の鉄筋コンクリート製の橋脚、電車に乗るときなら駅のプラットホーム、街を散歩しているときなら電信柱を見る。3階建以上の集合住宅に住んでいるのなら、1日の多くの時間を鉄筋コンクリートの壁に囲まれて過ごす。小学生が鉄筋コンクリートのことを「テッコンキンクリート」ともじって遊ぶ姿を見かけることがあるが、それほどに、鉄やコンクリートという建築素材は、私たちにとって身近な存在である。

打放し（剥きだし）の鉄筋コンクリート外壁は建築デザインの流行で、ときに“カッコイイ”とされることがある。しかし実のところ、そんな打放しのコンクリートは、鉄筋とコンクリートが朽ちていきやすい。

コンクリート中の水酸化カルシウム（$Ca(OH)_2$）は、空気中のわずかな炭酸ガス（CO_2）と反応して、炭酸カルシウム（$CaCO_3$）に変化する。そうすると、反応前はアルカリ度が高かったコンクリートの内部は、アルカリ度が低くなる。これを中性化という。鉄筋はアルカリ度の高いコンクリートに囲まれていれば、錆《さ》びることなく高い強度を保つが、周囲のコンクリートが中性化すると徐々に錆が生じてしまい、その体積が錆びる前の2.5倍ほどにまで膨張する。コンクリートの壁は膨れ上がった鉄筋に押されて破られやすくなり、例えば、**写真**2.11.1に示すような深いひびが生じる。

鉄筋を純鉄（Fe）と想定すると、これが酸素と反応して鉄錆（Fe_2O_3）に変化することは、化学反応による拡散現象の典型的一例である。**図**2.11.1において、●で示してある鉄筋の純鉄（Fe）分子は、●の酸素分子と反応して鉄錆（Fe_2O_3）に変化すると占有空間が増す。すなわち膨張する。コンクリート中の水酸化カルシウムと二酸化炭素が反応して炭酸カルシウムに変化するのもまた、これらを構成する分子群が拡散して占有空間を増す現象である。

拡散能力を定量的に表わすのはエクセルギー概念だから、鉄筋コンクリートの

写真 2.11.1　錆びて膨張した鉄筋によって、被覆していたコンクリートが砕かれ剝離した外壁の例。錆びて露出した鉄筋は、ヒトが裂傷を負って傷口から筋肉が、さらには骨までが見えるかのようだ。

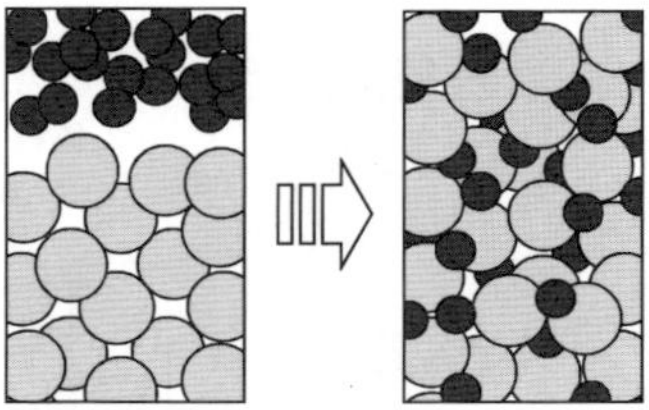

図2.11.1　鉄が錆びるという現象は、鉄分子群（●）と酸素分子群（●）が反応し合ってお互いの占有空間を拡げることである。鉄が錆びると膨張するのは、そのためだ。

壁がどのようにつくられ(エクセルギーを獲得し)、そしてどのように朽ちていく(拡散していく）のか、すなわちエクセルギーを消費していくのか —— その過程を見てみよう。

図2.11.2は、鉄筋コンクリート壁1 m²を生産し、次いで建物の一部として運用する過程で投入・消費されるエクセルギーを計算した例である[1)2)]。運用とは、外壁の物理的な耐用期間 —— 物理的に使用不能になるまでの時間、すなわち寿命 —— におけるエクセルギーの投入と消費のプロセスのことである。

まず、生産過程を見よう。建材工場には、化石燃料のエクセルギー631 MJ(＝10^6J、メガジュール）、水のエクセルギー6.3 MJ、鉄くずのエクセルギー38 MJが投入される。鉄鉱石•石灰石 のエクセルギーは0 MJである。これらの物質は大気環境中で拡散しきった状態にあり、化学反応を起こさないからである。環境と化学的に平衡になっている物質ということができる。これらは原料として建材工場に入る。

化石燃料や水・鉄くずなどのエクセルギーのうち、約70％にあたる487.5 MJが還元・焼成というプロセスで消費され、その結果として鉄筋のエクセルギー74.3 MJとセメントのエクセルギー53.5 MJが取り出される。化石燃料と水のエクセルギーの一部が、鉄筋とセメントという「かたち」を成すために固定されたといってもよいだろう。

鉄・セメントの生産は、環境中に拡散しきった状態で存在した鉄鉱石や石灰石を、化石燃料と水を大量に拡散させるという代償と引き換えに（無理やり）凝縮させることである。高い強度をもつ建材にするために、拡散した状態から、(拡散

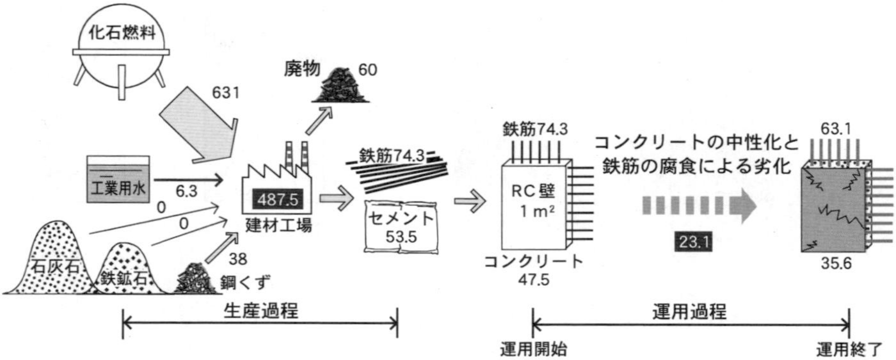

図2.11.2 鉄筋コンクリート壁1 m²当たりの生産と運用におけるエクセルギーの投入・消費。網掛けされた□内の数値がエクセルギー消費。単位はMJ。生産過程では化石燃料と水のエクセルギーが合計で約640 MJ投入され、その8割が消費されることで、残りの2割にあたる約130 MJの化学エクセルギーをもつ鉄筋・セメントが姿を現す。壁としての用をなさなくなるまでに、鉄筋・セメントのエクセルギーが消費される時間の長さは、外壁の仕上げが打ちっ放しかタイルかで著しく異なる。

していない）秩序ある濃密な状態をつくり出しているともいえる。

秩序ある状態は、エクセルギー密度の大きい建材として表現されたともいえる。私たちは、“製造”とか“生産”という言葉から、無から何かを生み出すようなイメージを抱いてしまいがちだが、エクセルギー概念によると「生産」とは、投入したエクセルギーのかなり大きな部分を消費して、残りを使えるかたちで取り出すことである。すなわち、生産は必ず消費を伴う。

生産過程で壁に固定されたエクセルギーは、運用過程で次第に消費されていく。鉄筋コンクリートの壁は、建物の一部として運用される過程で自然に劣化していき、壁にひびが入り、荷重を支えるだけの強さが期待できなくなれば、その寿命を終える。劣化は、コンクリートの中性化や鉄筋の腐食によって進む。これは鉄やコンクリートを構成する分子が拡散していくことであり、エクセルギーが消費されることである。

エクセルギー消費が進む期間は、外壁の仕上げによって異なる。壁に保存されているエクセルギーの合計121.8 MJ（=74.3+47.5）のうち23 MJが消費されるのに、タイル貼りだと230年かかる。これに対して、打放しだと90年しかかからない。打放しの場合の消費期間は、タイル貼りの半分未満である。20世紀の後半50年で建設されてきた日本の建物は、平均寿命が35年である。これは、壁に

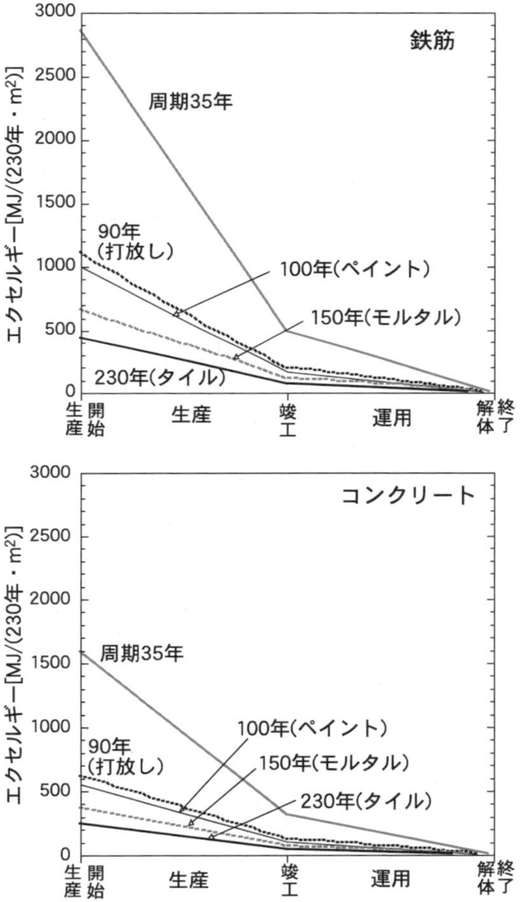

図2.11.3　外壁1 m²の生産•運用におけるエクセルギーの投入•消費の230年積算値。横軸右端の解体終了時とは、壁が野ざらしになり、鉄筋の腐食とコンクリートの中性化反応が進行しきって、それらのエクセルギーが0になった場合を想定している。鉄筋（上）にしても、コンクリート（下）にしても、外壁の仕上げを打放しからペイント・モルタル・タイルへと変更すれば、その順に運用段階から遡って生産段階のエクセルギーの投入消費量が減少する。

保存されているエクセルギーを消費しきらないうちに壁を廃棄することを意味する。まさにエクセルギー（資源）を浪費しているわけである。

建物の長寿命化とは、生産過程におけるエクセルギーの大量な消費と引き換えに、建材中に固定したエクセルギーを、壁の仕上げなどを工夫することによって建物がその構造と機能を維持する間、できるだけゆっくり消費が進むようにすることである。

図2.11.3は、図2.11.2に示した壁1 m^2当たりの生産・運用過程におけるエクセルギー消費の値を230年間の積算値として表現し直したものである。運用過程の物理的な耐用期間は、打放しで90年、ペイント仕上げで100年、モルタル仕上げで150年、タイル仕上げで230年である。また、現実の壁では使用期間は35年である。図2.11.3は、これらの期間をすべて230年間当たりに換算して表現してある。例えば、230年は35年の6.6倍だから、現実のコンクリート外壁に関するエクセルギーの投入と消費は、35年を周期として生産と運用が230年の間に6.6回繰り返されたとする。すなわち、タイル仕上げの場合の6.6倍にした値を示してある。

鉄筋にしても、コンクリートにしても、外壁の仕上げを、打放しからペイント・モルタル・タイルへと変更していくと、その順に運用過程でのエクセルギー消費が小さくなり、遡って生産過程におけるエクセルギーの投入・消費が著しく減少する。建築仕上げの工夫は、製造における資源消費を大きく抑えることに寄与する。また、図2.11.3は、現行の寿命35年の場合が、いかにエクセルギーを浪費しているかを確認させてくれる。

以上のことは、2.2で議論した電灯照明システム、2.5と2.6で議論した暖冷房システムについて得た結論とまったく同じである。建築の光環境や熱環境がどのように形成されるかは建築外皮の構成の仕方によるが、建築外皮そのものが長い期間運用しえるよう工夫することも同時に考えなくてはならないことだったのである。

● 参 考 文 献 ●

1) 高橋達・宿谷昌則：建築を出入りするエネルギー・物質とエクセルギー、日本建築学会環境工学委員会 第29回熱シンポジウム「建築の熱性能評価と伝熱シミュレーション」、1999年11月、pp.51-57
2) 森花朋弘・高橋達・宿谷昌則：鉄筋コンクリート壁の生産・運用におけるエクセルギー消費、日本建築学会計画系論文集 第520号、1999年6月、pp.99-105

2・12 建築環境システム 住まい手の行動と冷暖房

2.5で議論した暖房システムのエクセルギー消費パターンは、実のところ、住まい手の存在（人体発熱）を無視した計算結果に基づいていた。また、2.6で紹介した冷房のエクセルギー消費パターンでは、人体発熱は考慮してあったが、住まい手の行動は無視していた。

実際の室内空間では、住まい手は自らの温熱的な知覚にもとづいて暖冷房システム（例えば、エアコン）のスイッチを入れたり切ったりして、室温を好みの値になるように変えようとする。住宅ほか様々な建築におけるエネルギー使用量の調査によると、住まい手の行動しだいで200％もの違いが現われる[1)]。住まい手の行動を決める要因には、外気温のような外的な要因のほかに、エアコンを好むか否かというような個人的な要因もある[2)]。そこで、住まい手の行動が冷房や暖房のエクセルギー消費にどのような影響・効果を及ぼすかを検討した例を以下に示しておこう。

図2.12.1は、ここに示すエクセルギー消費の計算にあたって想定された4つのサブシステムを示す。サブシステムは、建物外皮・室内空気・エアコン（ヒートポンプ）・発電所の4つである。サブシステムの想定のしかたは、2.5と2.6に示した例と同じである。冷暖房を行なう部屋は、窓のある壁面だけが外気に面して、他の5面は内壁である。部屋の大きさは、間口が2.5 m、奥行きが6 m、天井高が2.5 mで、この部屋には住まい手が1人いる。

どんな技術もハードウェアとソフトウェアから成る。例えば、パソコンというハードウェアは、それだけでは役立たず、ソフトウェアが必要であるように、建築環境システムというハードウェアにも、対応すべきソフトウェアが必要である。それが住まい手の行動である。本節の議論では、ハードウェアの特性として建築外皮の断熱性を取り上げ、ソフトウェア（住まい手の行動）の一つとしてエアコン使用率を取り上げて議論を進める。

表2.12.1は、計算条件としたエアコン使用率と建築外皮の断熱性を示す。エア

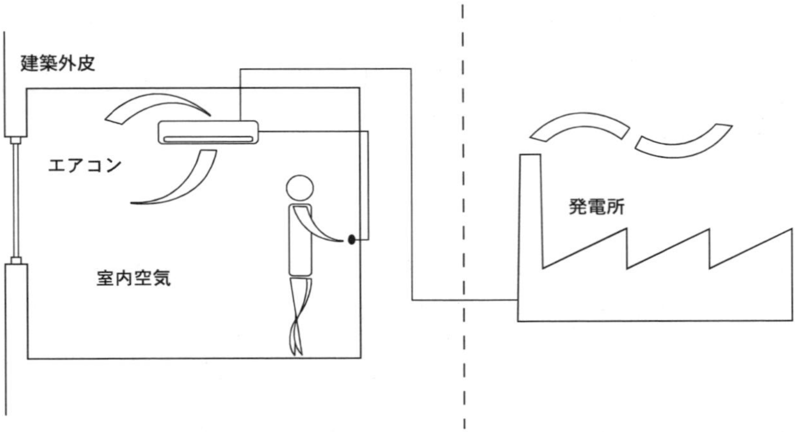

図 2.12.1 住まい手の行動（冷暖房装置の ON/OFF）を考慮したエクセルギー計算で仮定した 4 つのサブシステム。サブシステムは、建物外皮・室内空気・エアコン・発電所の 4 つ。

表 2.12.1 住まい手の行動（エアコン使用率）と建築外皮の断熱性

ケース	エアコン使用率*1	建築外皮
1	多	普通*2
2	少	普通
3	多	良好*3
4	少	良好

*1 エアコン使用率が「多」とは、図 2.12.2 に示すように、低めの外気温でも冷房を入れがちの人たちを指し、「少」とは、外気温がもっと高くならないと冷房を入れない人たちを指す。
*2 これは、窓ガラスと外壁の熱貫流率がそれぞれ 5.2 W/m² K、3.85 W/m² K とした場合。住まい手の行動調査を行なった建物の断熱材はこの程度であった。
*3 これは、窓ガラスと外壁の熱貫流率がそれぞれ 1.3 W/m² K、0.19 W/m² K とした場合。

コンは、よく使用する人たちとあまり使用しない人たちの 2 通り、建物外皮は、断熱性が普通（実は良くない）の場合と、断熱性が著しく改善された場合の 2 通りを想定している。これら 2 通りずつを組み合わせて 4 つのケースを計算する。

なお、断熱性が普通とは、窓の熱貫流率が 5.2 W/m² K、外壁の熱貫流率が 3.85 W/m² K、良好とは、窓が 1.3 W/m² K、外壁が 0.19 W/m² K である。断熱性の良い後者は、一般的な外壁材に断熱材 200 mm を付加し、窓ガラスを一重から二重に変更した場合に相当する。東京や横浜の気象条件では、断熱材（セルロースファイバーなど）の厚さを 100 mm 以上にしても大きな改善は望めないので、断熱

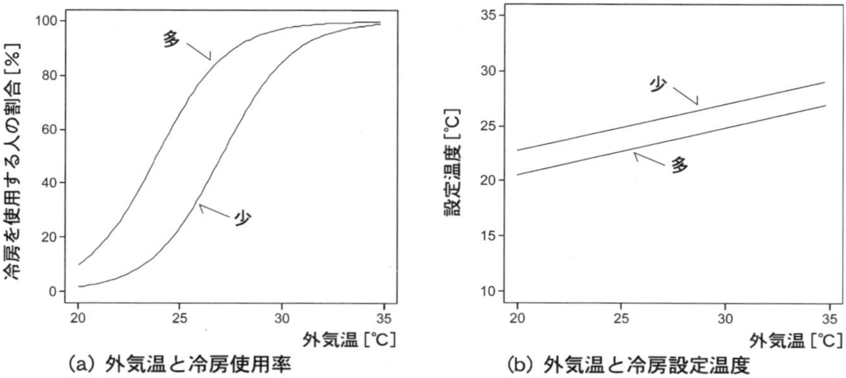

図 2.12.2 外気温と冷房使用率の関係 (a) と外気温と冷房設定温度の関係 (b)。「多」は冷房をよく使用する人、「少」はあまり使用しない人を示す。

材は 100 mm 程度で十分であるが、ここに述べる計算では、断熱性の効果を明確にするために以上のような想定としている。

住まい手の行動を考慮したエクセルギー解析では、各サブシステムにおけるエクセルギー収支式をつくることのほかに、エアコン使用率や設定温度を、例えば外気温と関係づけておく必要がある[3)]。ここでは、図 2.12.2 の (a) に示すようなエアコンを使用する人の外気温に応じた割合を、エアコン使用率とみなして利用する。これは、東京のある建物（留学生会館）において行なわれた住まい手の行動調査と室温測定の結果について、ロジスティック回帰分析を行なって得られたものである[2)]。なお、この建物の断熱性は、表 2.12.1 に示した断熱性が普通の場合に相当していた。

図 2.12.2 の (a) を見ると、次のことがわかる。例えば、外気温度が 25°C の場合、エアコンをよく使用する人が 100 人いるとすると、そのうちの 60 人は冷房のスイッチを入れるが、エアコンをあまり使用しない人が 100 人では、20 人だけが冷房のスイッチを入れる。

図 2.12.2 の (b) は、冷房をよく使用する人とあまり使用しない人とで、冷房の設定温度が外気温に応じてどのぐらい異なるかを示している。この関係も、(a) と同じ調査と測定結果についてロジスティック回帰分析を行なって得られたものである。外気温が高くても低くても、エアコンをよく使用する人は、あまり使用しない人に比べて、設定温度を 1°C ほど低めにすることがわかる。

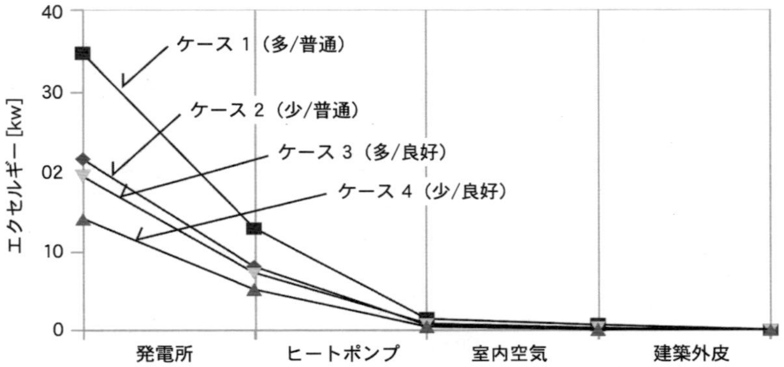

図 2.12.3　冷房の使用率・設定温度と建築外皮の断熱性の違いが、エクセルギー消費パターンに及ぼす影響（住まい手 100 人で、外気温 30°Cの場合）。

エアコンをよく使用する人が 100 人と、あまり使用しない人 100 人のそれぞれが、外気温が 30°Cの場合に、図 2.12.2 の関係にしたがって冷房(エアコン装置)を使用した場合に、エクセルギー消費パターンがどのようになるかを計算した結果が図 2.12.3 である。発電所に投入されるエクセルギーは、ケース 1 で最も大きく、ケース 4 で最も小さくなっている。ケース 2 とケース 3 の結果はほぼ同等であるが、これは、エアコンがあまり使用されず、使用されているときには設定温度を高めにすることが、建築外皮の断熱性改善と同等の結果をもたらすことを示唆している。

図 2.12.3 で明らかになったことが、異なる外気温の場合ではどのようになるかを検討した結果を図 2.12.4 に示そう。これは、図 2.12.3 を得るのと同様の計算を、外気温が 25〜35°Cの範囲で 0.1°Cごとに行なって、すべての計算結果を、発電所に投入されるエクセルギーを 100 %として正規化して示したものである。また、暖房についても外気温が−5〜15°Cの範囲で 0.1°Cごとに計算を行ない、冷房の場合と同様に表現した結果を図 2.12.5 に示しておく。なお、暖房の計算条件として採用すべきエアコン使用率と設定温度の外気温との関係は、やはり図 2.12.2 に示した冷房の場合と同様にして求めた結果によっている[2)3)]。

図 2.12.4 と図 2.12.15 に示すケース 2・3・4 の線はいずれも、ケース 1 における投入エクセルギーに対する各ケースの投入エクセルギーの割合を示す。ケース 2 は、住まい手の行動変化、ケース 3 は建築外皮の改善、ケース 4 は、ケース 2 とケース 3 を総合したものである。

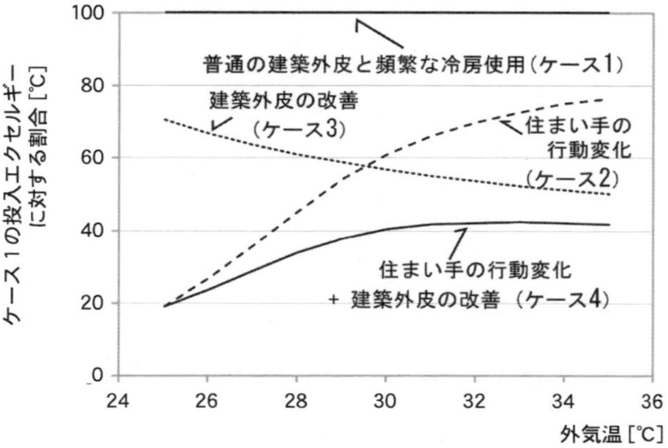

図 2.12.4　冷房のための発電所への投入エクセルギーと外気温の関係。すべて、ケース１における投入エクセルギーとの比率で表現してある。

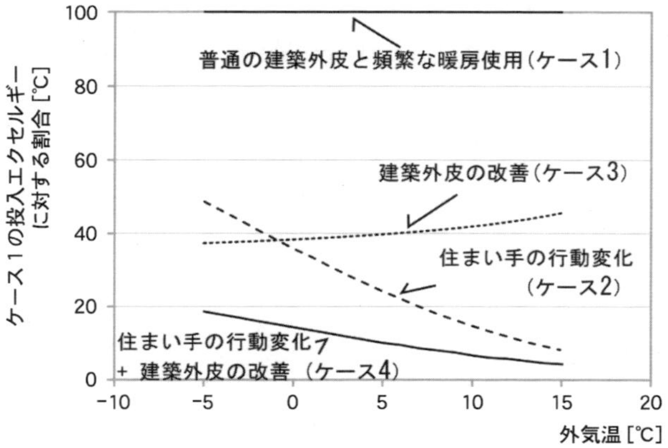

図 2.12.5　暖房のための発電所への投入エクセルギーと外気温の関係。すべて、ケース１における投入エクセルギーとの比率で表現してある。

例えば、図 2.12.4 で外気温が 34℃の場合を見ると、ケース 2（鎖線）は、ケース 1 の 75 ％である。これは、住まい手の行動変化（エアコン使用率が「多」から「少」になり、設定温度が 1℃ほど高めになること）で、発電所に投入されるエクセルギーが 25 ％減少することを意味する。ケース 3(細破線)では、それが約 50% になることがわかる。住まい手の行動変化と建築外皮の改善の双方を想定したケース4（実線）は、投入エクセルギーがケース1の40％に、すなわち60％の減少をもたらす。

図2.12.4と図2.12.5を見比べると、建物外皮の改善は、外気温の条件によらず投入エクセルギーの減少をもたらすことがわかる。一方、住まい手の行動変化（エアコン使用率）の影響は、外気温の条件に強く依存することがわかる。住まい手の行動変化と建築外皮の改善の総合による投入エクセルギーの減少は、夏季で60％～80％、冬季で80％～95％である。

住まい手の行動変化のエクセルギー消費パターンに及ぼす影響がかなり大きいことだけを考えると、住まい手にエアコンの使用を控えてもらうことが重要であるかに思えるかもしれないが、ただ単にエアコンの使用を控えてもらえば、住まい手は我慢を強いられることになる。それが長く続けば、「不快」の知覚と意識が住まい手の脳裏に刷り込まれてしまう。それでは意味がない。

冷暖房の技術は本来、住まい手の身体が温熱的に健康な状態を保てて、しかも「快」の知覚が十分に得られるようにすることが目的である。そのためには、建築外皮の断熱性や遮熱性・蓄熱性を十分に確保して、パッシブ型の冷暖房が十分に機能するようにする。その結果として、住まい手の行動がいわゆるアクティブ型の冷暖房を不要とする方向へと自然に変わっていき、「快」の現われやすい室内空間を住まい手自らが作っていけるようにする。そのようなハードウェアとソフトウェアの総合した技術が重要なのである。

● 参 考 文 献 ●

1) R.H. Socolow, "Saving Energy in the Home: Princeton's Experiments at Twin Rivers", *Ballinger*, 1978
2) M. Schweiker and M. Shukuya, "Comparison of Theoretical and Statistical Models of Air-Conditioning-Unit Usage Behaviour in a Residential Setting under Japanese Climatic Conditions", *Building and Environment* 44, 2009, pp. 2137-49
3) M. Schweiker and M. Shukuya, "Comparative Effects of Building Envelope Improvements and Occupant Behavioural Changes on the Exergy Consumption for Heating and Cooling", *Energy Policy* 38, 2010, pp. 2976-2986

第2部

エクセルギー を 見る・考える

第3章

熱拡散―閉鎖系の理論―

エクセルギーの概念は、発電所における電力の生産や化学工場における人工物質の生産などの工業プロセスにおいて、その目的とする出力をできるだけ大きくするにはどうしたらよいかを議論するのに専ら用いられてきた。工業プロセスは一般に、種々の異なる形態のエネルギーや異なる物質が出入りするので、それを統一的な尺度で表わそうとすると、エクセルギーという概念はとても都合がよいのである。実際には、エクセルギー出力のエクセルギー入力に対する比、すなわちエクセルギー効率の大小によって、電力や人工物質の生産を目的とする工業プロセスの良し悪しが評価される。エクセルギーの概念はこれまでのところ、このことに限定して研究され、また技術評価などの実務の場面で使用されてきた。

以上のことはもちろん誤りではないが、エクセルギーを、工業プロセスの評価だけに用いることのできる概念だと決めてかかっては、エクセルギー概念の本質を見損なうことになる。エクセルギーは、第1部に示した様々な応用事例からわかるように、資源とは何か、環境とは何か、消費とは何かを表わすのに不可欠な(……といって言い過ぎなら、少なくとも有用な)概念であり、エクセルギー効率に限定して使われるべき概念ではない。

本章では、建築外皮や建築環境空間を例として取り上げて、そこに現われる熱現象にかかわるエクセルギーの考え方を解説する。本章のタイトルに記した「閉鎖系」は、エネルギーの出入りとそれに伴うエクセルギーの出入りだけがあるような系（システム）を意味する。私たちの周囲に実際に存在する系は、私たちのからだを含めて、エネルギーだけが出入りするようなものは皆無といってもよく、そのほとんどは物質の出入りをも伴う「開放系」である。しかし、エネルギーとそれに伴うエクセルギーの出入りを考えれば、その系の性質をよく表現できる例は少なくない。そういうわけで、この章では閉鎖系に着目してエネルギーとエントロピー・エクセルギーの関係を議論する。開放系については、第4章で扱う。

3・1 熱拡散—閉鎖系の理論— 入る・溜まる・出る—エネルギー・エントロピー・エクセルギー

図3.1.1の(a)に示すような建築環境空間があるとして、その外壁(b)に着目して議論しよう。冬の場合を考える。

外気温は早朝の日の出直前に最も低くなり、午後2時頃に最も高くなる。そのような変化が毎日繰り返される。室内空気温度や床・天井・内壁の表面温度も変化する。日射が窓ガラスを透過して室内に入り床に当たれば、床表面温度は上昇する。日が陰れば、床表面温度も下降する。室内では人が生活するから、その身体から発熱があって、室内の空気温度は上昇する。また、電灯照明などの機器からの発熱があって、やはり室内の空気温度は上昇する。人体の表面温度や機器の表面は、壁などの表面温度より一般に高いから、これらの面からの長波長放射が壁表面の温度を上昇させることもある。一方、エアコンのスイッチを入れて冷房を行なえば、冷たい空気が吹き出されて室内の空気温度は下降していく。

以上のように、壁周辺では、様々な原因によって温度が変動し、結果として、壁内部の温度も変動することになる。

これらの現象をまとめて「熱現象」といい、「熱」の振る舞いを「伝熱」という。上述したような温度変動がある一般的な条件での伝熱を「非定常伝熱」という。一方、時間が経過しても、外気温度や室内空気温度が不変、すなわち一定に保たれるような仮想の条件における熱の振る舞いを「定常伝熱」という。定常伝熱の方が非定常伝熱よりも理解が容易である。考えなければならない事柄が少ないからだ。

図3.1.1のb.に示した外壁に描き込んである線は、定常状態における温度分布である。外気温も室内空気温度も一定であれば、壁の両側表面も内部も温度が一定に保たれる。

握りしめた茶碗やガラスコップの中に湯を注ぐと、指や手のひらに〈熱さ〉を

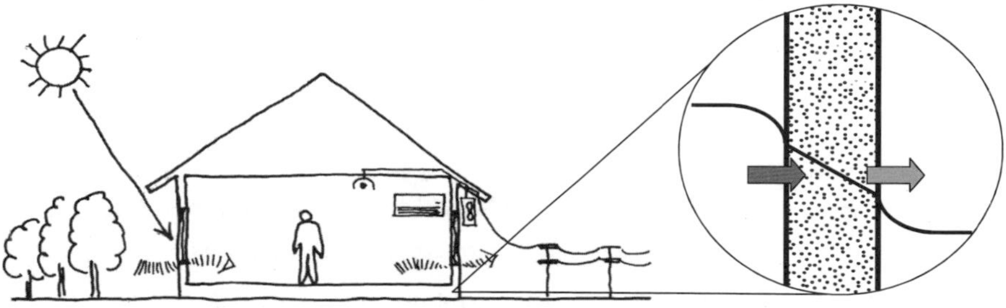

図 3.1.1　建築環境空間では、日射や風・雨、外気温湿度変動、ヒトの振る舞い（行動）に起因する熱の様々な振る舞いがあって、ある温湿度状態が実現される(a.)。外壁を挟む室内外空間の温度が一定に保たれ続けたとすれば、外壁を貫く温度分布は b.に示すように、ある一定の様相を現わす。このような熱の振る舞いを指して「定常伝熱」という。

感じる。これは、熱というしかたで、「エネルギー」と「エントロピー」が湯から茶碗やガラスコップの壁を貫いて指や手のひらに伝わるからである。伝熱とは、熱というしかたでのエネルギー・エントロピーの伝搬をいう。また、熱というしかたで伝わるエネルギーとエントロピーを特に「熱エネルギー」、「熱エントロピー」と呼ぶ。

熱とはどんな現象かは、茶碗に湯を入れる状況を想像すれば容易にわかるが、それを論理的に説明しようとすると、エネルギーとエントロピーの二つの概念がどうしても必要になる。まずエネルギーについて、ついでエントロピーについて考えてみよう。

3.1.1　エネルギーの流れと保存

図 3.1.1 の b. に示した定常状態の外壁において、壁を出入りするエネルギーには、次の関係が成り立つ。

$$[入るエネルギー]=[出るエネルギー] \tag{3.1.1}$$

式 (3.1.1) の等号は、入ってきたエネルギーはそのまま出ていってしまうことを示している。非定常の場合は、式 (3.1.1) は成り立たない。壁に入っていくエネルギーと壁から出ていくエネルギーとが一致するとは限らなくなるのである。

仮に入るエネルギーが出るエネルギーよりも大きいとすると、式(3.1.1)に対応する非定常の場合の式は次のようになる。

[入るエネルギー]=[溜まるエネルギー]+[出るエネルギー]　(3.1.2)

以上のことは、例えば貯金箱をイメージして考えるとわかりやすくなるだろう。2万円が蓄えられている貯金箱に、ある1日の間に5000円を入れて、その一方で3000円を引き出したとしよう。この1日の前後で貯金箱の金額を比較すれば、2000円増えている。お金が溜まったわけである。貯金箱を壁、お金をエネルギーに置き換えて考えれば、式(3.1.2)が成立することがよくわかるだろう。5000円を入れて、5000円を引き出すような場合は、貯金額が増えない。不変である。これは定常の場合に相当する。

式(3.1.1)と式(3.1.2)の表現は、「エネルギー保存の法則」に基づいている。エネルギーが独りでに湧き出したり消えてなくなったりはしないことに基づいている。エネルギーは「消費」されないわけである。貯金箱に出入りするお金が独りでに増えたり減ったりしないのと同じである。貯金箱でのお金の出入りは「お金保存の法則」に基づいているといえる。

ここで、後の議論のために熱力学用語をちょっと説明しておこう。壁に入るエネルギーや壁から出るエネルギー、貯金箱であれば、入るお金や出るお金を「移動量」と呼び、溜まっているエネルギーや溜まっているお金を「状態量」と呼ぶ*。定常の場合では、状態量が不変、非定常状態では、状態量が変化する。エントロピーについても同様に、「移動量」と「状態量」がある。

図3.1.2は、図3.1.1に示した温度分布に応じて生じる熱エネルギーの流れを太い矢印で描き示してみたものである。二種類の場合が描いてある。a.は温度の高い方から低い方へ流れる場合、b.は温度の低い方から高い方へ流れる場合を示している。a.は上述した茶碗やガラスコップを思い出せば、素直に受け入れることができるだろう。しかし、b.は何かおかしい。b.は実際には起こり得ない熱エネルギーの流れを敢えて描き示した一種の騙し絵である。

ところが、図3.1.2のb.に着目して、エネルギーの出入りの式をつくると、

* 数学用語では、状態量を「完全微分」、移動量を「不完全微分」と表現する。

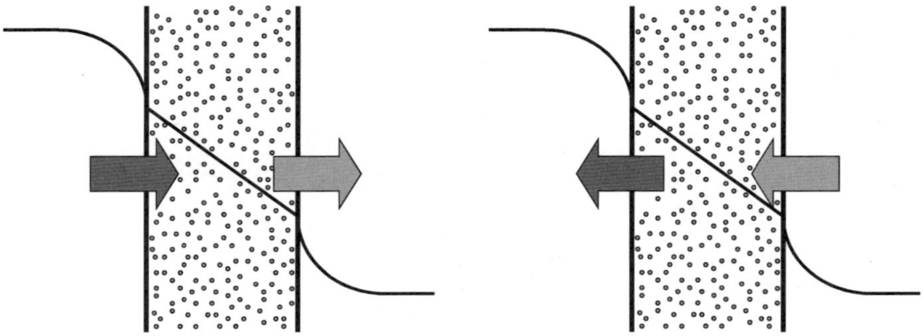

(a) 自然(可能)な伝熱
(b) 不自然(不可能)な伝熱

図3.1.2　定常状態にある外壁の伝熱。(a)は温度の高い方から低い方へ熱が伝わる場合、(b)は温度の低い方から高い方へ熱が伝わる場合。(a)は起き得るが、(b)は起き得ない。壁を貫く折れ線は温度分布。

$$[入るエネルギー]=[出るエネルギー] \tag{3.1.3}$$

となる。この式は、式（3.1.1）とまったく同じである。式（3.1.1）は定常の場合における壁を出入りする熱エネルギーの関係を正しく表現しているが、図3.1.2の(a)と(b)の違いを明示するには十分でないのである。

「熱が温度の高い方から温度の低い方へ流れる」のは、私たちの日常的な体験に照らしてごく当たり前のことであるが、それは、エネルギーという概念だけでは表現しきれない。本節のはじめに、伝熱とはエネルギーに加えてエントロピーの伝搬だと述べた所以である。

3.1.2　エントロピーの流れと生成

図3.1.2のa.とb.の違いを式（3.1.1）と並べ得る形式で何とか表現し、曖昧さを除きたい。そこで、壁内部の温度分布について微視的な観点から考えてみよう。

壁は、図3.1.3に示すように、物質粒子で構成されている。これらの粒子は多かれ少なかれ振動している。多数の粒子の集合体としての振動の激しさを表わす指標が「温度」である。温度が高いということは、振動が激しい。温度が低いということは、振動があまり激しくない。

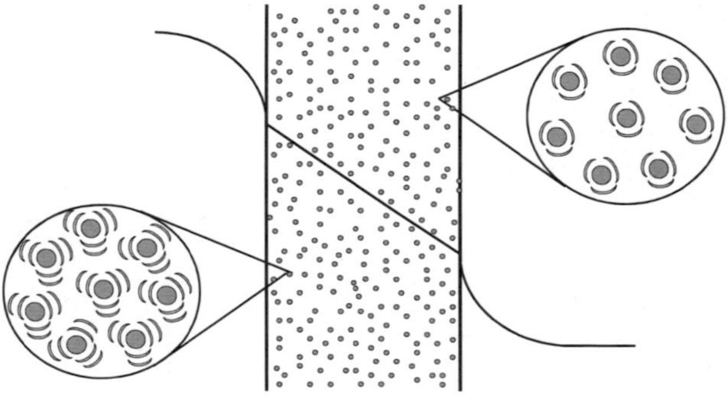

図 3.1.3　壁体は、微視的にイメージすると、多数の粒子が集合して構成されている。粒子はすべて多かれ少なかれ振動している。振動の激しさは「温度」が表わす。温度が高ければ振動が激しく、温度が低ければ振動は激しくない。壁を貫く折れ線は温度分布。

壁を構成する多数の粒子は、壁の外側の境界面から内側の境界面の間に、ひしめき合って並んでいる。室内側の方が温度が高く、室外側の方が温度が低いという分布の存在は、壁の中の、相対的に室内側に位置する粒子群が、室外側に位置する粒子群に比べて激しく振動していることを意味する。言い換えると、壁を構成する粒子群の振動は、その激しさの程度が室内側境界面から室外側境界面に向かって少しずつ小さくなっている。振動の激しさが異なる複数の粒子が隣り合って位置すれば、振動の激しさが、激しく振動する粒子群から激しく振動していない粒子群へと伝搬する。この伝搬が「熱」である。ここまで説明してくると、図 3.1.2 の a. は可能であるが、b. は可能でないことがわかるだろう。

振動の激しさが、壁の室内側から壁の室外側の方へと伝搬していくときに、伝搬の前後で保存される〈何か〉―――それが「エネルギー」という概念だといってもよい。熱エネルギーの保存を、式で表現したのが式 (3.1.1) である。このように、粒子群の振動の伝搬では、熱エネルギーという量が保存されるわけであるが、同時に何か変化が起きなくては熱エネルギーの流れが生じるはずがないとも考えられるだろう。この変化する〈何か〉を明示的に示すのが「エントロピー」の概念である。

エントロピーは、エネルギーや物質がどれほど拡散してしまっているか、すなわち「拡散の大きさ」を表わす概念である。ひしめき合って並んでいる粒子が互いにガチャガチャとぶつかり合っており、振動のより激しい粒子群から振動のあまり激しくない粒子群へと振動が拡がり散っていく様相をイメージしてほしい。

この振動の激しさの伝搬が「拡散」である。拡散は「散逸」といってもよい。英語では、dispersion とか diffusion という。図 3.1.2 の(a)では、熱エネルギーが出と入りとで保存されるが、同時に、振動の伝搬によってエネルギーの「拡散の大きさ」、すなわちエントロピーが増えていくということができる。これを、エネルギー保存の法則に対して、「エントロピー生成（増大）の法則」という。エネルギーは、振動の伝搬によって保存される〈何か〉につけられた名前、エントロピーは振動の伝搬によって生成する〈何か〉につけられた名前と考えればよい。

図 3.1.2 の(b)は現実にはあり得ない（仮想の）現象であったが、それは、拡散ではなく、粒子群の乱雑な振動が独りでに集中して激しさを増したり、振動が独りでに指向性をもったりすることを意味する。これがあり得そうにないことは直感的にわかる。絶対にあり得ないのかと問われるとちょっと不安になるが、図 3.1.2 の(b)のようなことが起こる確率は 10^{-22}程度であって確かにゼロではないが、これは絶対にあり得ないといってよいほどに小さい値である[1)]。

さて、拡散の大きさについて、式 (3.1.2) に示したエネルギーの出入りに対応づける形で式をつくると、次のようになる。

［入るエントロピー］＋［生成するエントロピー］＝
　　［溜まるエントロピー］＋［出るエントロピー］　(3.1.4)

壁内外の粒子群の振動は、室内空気の方から壁に伝わってくる。そのとき、エネルギーとともにエントロピーが壁の内表面に入ってくる。それが式 (3.1.4) の左辺第 1 項である。壁に入ってきた振動は、壁の内部で拡がり散っていき、拡がり散ると、壁の内部で拡散の大きさが増す。これをエントロピーの生成という。この生成エントロピーが左辺第 2 項である。

入ってきたエントロピーと壁内部で生成されるエントロピーを足したものは、一部が壁内部に溜まり、残りは壁外表面から出ていく。前者が式(3.1.4)の右辺第 1 項、後者が右辺第 2 項である。

式 (3.1.4) は非定常の場合の表現である。定常の場合には、溜まるエントロピーがなくなって、壁に入ってきたエントロピーに壁内部で生成されるエントロピーが加わって外気へと出ていく。

［入るエントロピー］＋［生成するエントロピー］＝［出るエントロピー］（3.1.5)

この式 (3.1.5) が図3.1.2のa.が起き得て、b.は起き得ないことを論理的に示す。

出るエントロピーが壁内部で生成されるエントロピーを伴って出ていくということは、式(3.1.5)の導き出しで論理的な必然として現われる何でもない当たり前のことではある。しかし、ある系がその状態を安定に保つ(図3.1.2のa.ならば定常的な温度分布が維持される)ことは、「エントロピー排出」があって初めて成立する。これはよく見落とされることだが、実のところ極めて重要だ。本書のサブタイトルに掲げた〈流れ〉を認識させてくれることでもある。

3.1.3 エクセルギーの流れと消費

壁体を構成する粒子群の振動の伝搬によって、エネルギーという量が保存されながら流れ、また同時に拡散の度合いを表わすエントロピーという量が生成されながら流れる。このようなエネルギーとエントロピーの性質を併わせて考えると、振動の伝搬によって拡散を起こす能力が消滅していく……というような表現が可能に思えてくる。この拡散を起こす能力が「エクセルギー」である。本節ではその粗い導き出しをしよう。

保存されるエネルギーという量が枠組みとしてあって、その中に拡散できる部分と拡散してしまっている部分とがあると考えてみよう。すなわち、エネルギーは次のように2つの部分から成ると考えてみる。

[エネルギー]=[拡散できるエネルギー]
+[すでに拡散してしまっているエネルギー] (3.1.6)

拡散の大きさを表わす量がエントロピーであるから、エントロピーは、エネルギーの中のすでに拡散してしまっている部分そのものを表わす……と言いたいところだが、次に述べるようにエネルギーとエントロピーとでは単位が異なるので、両者を直接足したり引いたりするわけにはいかない。これは、お金の足し算で12400円と50 Euroを直接足して12450円とすることができないのと同じである。円で表わしたいのなら、仮に124円/Euroとして12400+50×124=18600円、Euroで表わしたいのなら、12400/124+50=150 Euroとしなくてはならない。

本書では、エネルギーの単位をJ（ジュール）、エントロピーの単位をOns（オンネス）で表わす[2)]。エントロピーのことが書かれている熱力学の書物を見ても、オンネスなどという単位はまず出てこない。出てくるのは、J/K（あるいはcal/K）である。J/Kはジュールを絶対温度K（−273.15℃を原点とした温度）で割ったものである。KはKelvin（ケルビン）のイニシャルである。J/Kやcal/Kは物体の熱容量（物体温度を1℃（＝1K）上昇させるのにその物体に注入すべき熱エネルギーの量）の単位でもある。熱容量の方は、単位の意味するところが概念そのものに直接対応するからわかりやすい。しかし、エントロピーの単位がJ/K（あるいはcal/K）だといわれても、直ちにそれが「拡散の大きさ」を表わすとは思えない。

エントロピーとエネルギーは双方ともに等しく重要な概念なので、両者についてそれぞれ固有の単位を用いた方がよい。そこで、エネルギーをJで、エントロピーをOnsで統一的に表わすことにしよう。OnsはJ/Kである。これは、J/sをW（ワット）で表わすのと同じ発想である。ちなみにcal/KはCls（クラウジウス）と表わす[2)*]。

さて、本題に戻ろう。エネルギーの中ですでに拡散してしまっている部分とは、今考えている図3.1.2のa.に示した壁であれば、熱エネルギーと熱エントロピーの流れていく先である（壁にとっての）環境にあるエネルギーということになる。このことと、エントロピーの単位OnsがJとKの組合せ単位であることに着目すると、式（3.1.5）の左辺・右辺に「環境温度 T_o」をかければ、拡散してしまっているエネルギーについての収支式を得ることができるだろう。すなわち、

$$[\text{入るエントロピー}]\times T_o+[\text{生成するエントロピー}]\times T_o$$
$$=[\text{出るエントロピー}]\times T_o \qquad (3.1.7)$$

式（3.1.6）に示した［拡散できるエネルギー］は、［エネルギー］の全体から［すでに拡散してしまっているエネルギー］を差し引いた残りと読むことができ

* JとWがそれぞれジュール（J. P. Joule、19世紀中頃のイギリス人科学者）、ワット（J. Watt、18世紀後半のイギリス人技術者）にちなんでいるように、Onsは、カーメリングオンネス（H. Kamerlingh-Onnes、19世紀後半のオランダ人科学者）、Clsは、クラウジウス（R. Clausius、19世紀中頃のドイツ人科学者）にちなんでいる。単位OnsはOnnesの略記、ClsはClausiusの略記である。なお、これらの略記は、筆者らが本書での議論のために敢えて用いているもので、いずれかの学会で正式に決められたものではないことを断っておきたい。

る。そこで、式 (3.1.1) から式 (3.1.7) を差し引くことを考える。そうすれば、[拡散できるエネルギー]に関する収支式が得られるだろう。それは次のように書ける。

$$\{[\text{入るエネルギー}]-[\text{入るエントロピー}]\times T_o\}-[\text{生成するエントロピー}]\times T_o=\{[\text{出るエネルギー}]-[\text{出るエントロピー}]\times T_o\} \quad (3.1.8)$$

式 (3.1.8) を「エクセルギー」を使って書き換えれば、

$$[\text{入るエクセルギー}]-[\text{消費されるエクセルギー}]=[\text{出るエクセルギー}] \quad (3.1.9)$$

$$[\text{消費されるエクセルギー}]=[\text{生成されるエントロピー}]\times T_o \quad (3.1.10)$$

となる。式 (3.1.9) は、図3.1.2 の a. を参照しながら、次のように読むと、よくわかるだろう。壁に入るエクセルギーはその一部が壁内部で消費され、残りが壁外表面から出てくる。

式 (3.1.10) は、エクセルギー消費がエントロピー生成に比例することを表わしている。比例定数は環境温度 T_o である。これも重要な関係である。

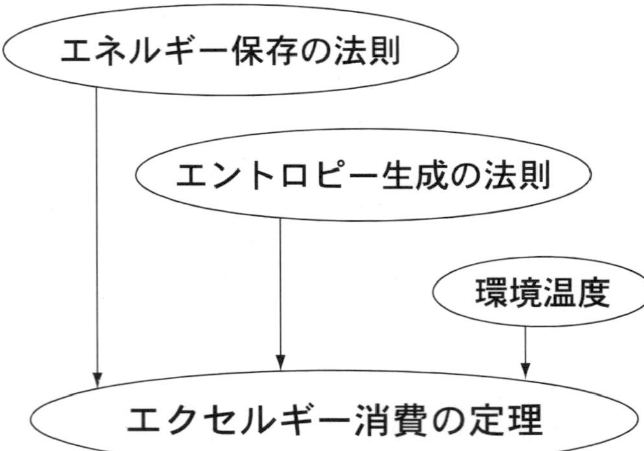

図3.1.4 エクセルギー消費の定理は、エネルギー保存則・エントロピー生成則・環境温度を組み合わせることで導かれる。

以上は要するに、エネルギー保存とエントロピー生成という二つの基本原理（公理法則）に環境温度という概念を組み合わせると「エクセルギー消費」という定理（法則）が導かれることを示している。視覚的に表現すれば、図3.1.4のようになる。このような大枠のイメージをもつことが肝要である。

● 参考文献 ●

1) 戸田盛和：マクスウェルの魔－古典物理の世界、岩波書店、1997年、pp.144-170
2) 押田勇雄：物理学の構成、培風館、1963年、p.52

3・2 熱拡散—閉鎖系の理論—
閉鎖系がもつエクセルギーの表現形式

この節では3.1で議論したことを踏まえて、エクセルギー収支式の精緻な表現形式（数理モデル）を導いていこう。

まず、図3.2.1のような容器を考えて、内部には気体（例えば空気）が入っているとしよう。容器の側壁と蓋はまったく熱を通さないような材質で、底板は熱を通しやすい材質でできているとする。蓋は、錘を載せたり下ろしたりすることで、上下方向に可動である。しかし、蓋を上下方向に動かしても、蓋と側壁の隙間を通じて内部の気体が容器の外部へと漏れ出たり、その逆に外部の空気が漏れ入ったりすることもないとする。すなわち「閉鎖系」である。なお、蓋は、鍵をかけて定位置に留めておくことができる。

まず、蓋を動かないようにしておいて、この容器の底板を気体よりも温度の高い物体（熱源）に接触させてしばらく放置する。そうすると、気体の温度は次第に高くなり、圧力もまた高くなるだろう。底板を通じて熱としてエネルギーとエントロピーが気体へと流れ込むからである。熱は気体と熱源の温度が等しくなる

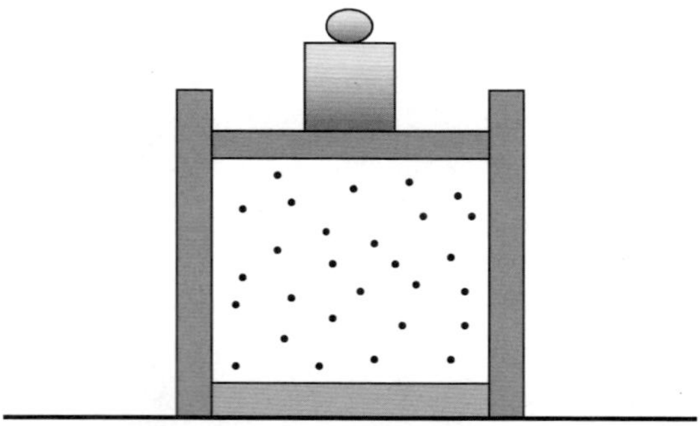

図3.2.1　気体の入っている「閉鎖系」としての容器。容器の側壁と蓋はまったく熱を通さない材質でできているとする（完全断熱）。底板は熱を極めて通しやすい材質でできており、容器を熱源（冷源）に載せると、瞬間的に定常伝熱の状態になると想定する。蓋が上下に動いても、蓋と側壁の隙間を通って内部の気体が外部へと漏れ出たり、その逆に外部の気体が内部へと漏れ入ったりすることはない（閉鎖系の条件）。

まで流れることができる。

さて、容器の底板を温度の低い物体(冷源)*に接触させてしばらく放置すると、気体の温度と圧力は次第に低くなる。底板を通じて熱としてエネルギーとエントロピーが、気体から冷源の方へと流れるからである。熱源や冷源と気体の間に温度差があることで、熱というしかたでエネルギーとエントロピーは流れる。そのことによって、気体の圧力や温度が高くなったり低くなったりする。

今度は、底板を、熱源・冷源ではなく容器の側壁と同様な断熱の完全な板の上に載せて、その代わりに蓋を動くようにする。図3.2.1に示すように、錘を蓋の上に載せて蓋を下方へ押し込めば、気体が蓋を押し返そうとする力（圧力）を感じるだろうし、逆に蓋を引き抜こうとすれば、気体が蓋を引っ張ろうとする力(張力）を感じるだろう。また、蓋を勢いよく押し込めば、気体の圧力が増すとともに温度も高くなるだろうし、逆に蓋を勢いよく引き抜こうとすれば、圧力が低くなるとともに温度も低くなるだろう。

底板を通じて熱が出入りした場合と同様なことが、蓋を押したり引いたりしても起きるわけである。そこで、気体に対して底板を通じたエネルギー・エントロピーの出入りを「熱」と呼んだように、蓋の押し引きによる気体への作用を「仕事」と呼ぶ。

周囲環境よりも温度が高かったり圧力が高かったりする気体は、環境に比べて大きなエネルギーをもっていると考えることにする。縮んだ状態のバネがものを押し返すことができるのを、バネの中にエネルギーが蓄えられているからだと考えるのと同じである。

そうすると、気体のエネルギーが増すのは、熱や仕事という作用が気体に対してなされたからだ――そのように考えを展開することができるだろう。このことを式として表現すると、

---

* 通常の熱力学では、熱源を高温熱源、冷源を低温熱源と呼ぶことが多い。本書において、熱源・冷源と敢えて呼び分ける理由は、熱源ということばが「エネルギーとエントロピーが熱として流れ出す源」を意味するとすれば、低温熱源は意味不明になってしまうからだ。低温熱源を冷源と呼べば、エネルギーとエントロピーが熱として流れ込んでいく先としての意味が明確になる。

熱源・冷源という表現は、3.4に述べる温・冷エクセルギーの数理モデルとも整合性がある。熱源は「温」エクセルギーの源、冷源は「冷」エクセルギーの源と考えればよいからである。

「入る熱」+「入る仕事」=「エネルギーの増加量」　(3.2.1)

入る熱と入る仕事の和が、気体のエネルギーの増加量と等しいとして表現した理由は、「熱」だけ、「仕事」だけでも、気体のエネルギーを増すことができるし、「熱」と「仕事」の両方によっても、気体のエネルギーを増すことができるからである。

式 (3.2.1) の左辺にある熱と仕事は、移動量としてのエネルギーであり、右辺は、圧力や温度など気体の状態が変化することで、気体のもつエネルギーがどれぐらい変化するかを表わすわけで、状態量としてのエネルギーということができる。状態量としてのエネルギーの変化は、移動してきたエネルギーの量とまったく同じだから、左辺と右辺を等号で結び付けることができるわけである。これは、エネルギーが3.1で述べたように「保存」される概念であることに基づいている。

一歩進めて、今度は数学記号の準備をしよう。底板を伝わって熱として気体に入る微小なエネルギーを δQ、蓋をほんのわずかに押し込むことによって気体がされる仕事を δW と表わそう。δ は微小な移動量であることを表わす。δQ が気体に入るのに微小な時間 $\mathrm{d}t$ を要するとしよう。t が時間、t の前につけた d はごく短い時間を表わす約束である。δQ を $\mathrm{d}t$ で割ったものを q $(=\delta Q/\mathrm{d}t)$ と表わせば、q は熱エネルギーの流れる「速さ」である。q という速さで、時刻 t_0から時刻 t_1まで熱エネルギーが流れれば、結果として容器内に流れ込む熱エネルギーの合計 Q は、次のように表現できる。

$$Q=\int_{t_0}^{t_1} q\mathrm{d}t=\int_{t_0}^{t_1}\frac{\delta Q}{\mathrm{d}t}\,\mathrm{d}t=\int_0^Q \delta Q \qquad (3.2.2)$$

W についても式 (3.2.2) と全く同様なことがいえる。

一方、状態量としてのエネルギーの微小な変化を $\mathrm{d}U$ と表そう。U は気体がもつエネルギーを、d は、微小時間 $\mathrm{d}t$ の d と同じである。d は状態量の微小な増分を表わす。時間 t も気体のエネルギー U も双方ともに状態量である。

δ も d も微小な量であることを表現するための記号であるが、両者の違いをよく認識しておくことが肝要だ。前者は移動量、後者は状態量である。δQ と δW の符号は、「+」が気体内部への方向、「−」が気体外部への方向を表わす。$\mathrm{d}U$ の符号は「+」が増加、「−」が減少としよう。これだけの準備をすると、式(3.2.1)に表現したことは、次のように書き直すことができる。

$$\delta Q + \delta W = \mathrm{d}U \tag{3.2.3}$$

気体が仕事をされると体積は縮む。δW という微小な仕事で、蓋が微小な距離 $\mathrm{d}x$（距離も状態量の一つだから d がつく）だけ下方に動いたとすると、容器の底板の表面積を A として、縮んだ気体の体積は、次のように表わせる。

$$-\mathrm{d}V = A \times (-\mathrm{d}x) \tag{3.2.4}$$

V は体積である。$-\mathrm{d}$ は微小な減少量を表わす。なぜ減少量かといえば、d が微小な増分を表わし、それに「−」がついているからだ。ある物体がされる仕事は、その物体にかかる力（単位時間に入り込む運動量）と、その物体が動いた距離の積として表わされる*。気体の圧力を P とすると、圧力は単位面積当たりの力だから、錘の載っている蓋に対して気体が及ぼす力は $P \times A$ で表わせる。したがって、

$$\delta W = (P \times A)(-\mathrm{d}x) \tag{3.2.5}$$

式（3.2.4）の関係があるから、式（3.2.5）は次のように書ける。

$$\delta W = (P \times A)(-\mathrm{d}x) = -P\mathrm{d}V \tag{3.2.6}$$

ここで、（熱力学用語である）「内包量」と「外延量」の考え方を説明しておこう。内包量とは、物体の属性を表わす変数のうち、物体の質量を増減しても不変であるようなものをいう。式(3.2.6)では、圧力 P が内包量である。例えば、容器内部の気体には圧力の分布がないと考えてよいとすれば、この気体の半分の質量を考えようが1/3の質量を考えようが、その圧力は同じである。内包量にはそういう性質がある。一方、外延量は、質量が増えたり減ったりすると、それに比例して増えたり減ったりする。式（3.2.6）では容積 V が外延量である。

以上のことを考慮して式(3.2.6)をもう一度眺め直してみると、仕事 δW は、気体の属性を表わす変数 P と V とで表現でき、内包量 P と外延量の微小変化

* 「力（単位時間に入り込む運動量）」=「運動量の微小な増分」/「微小時間」と表わせる運動方程式の両辺に微小距離 $\mathrm{d}x$ を掛けて積分すると、「力」×「距離」が物体のもつ運動エネルギーの変化と等しくなることが示せる。このことから、運動エネルギーの変化をもたらす「力」×「距離」という量は特別の意味をもつので、特に「仕事」と呼ばれる。

**内包量は示強変数、外延量は示量変数とも呼ぶ。

$(-\mathrm{d}V)$ の積で表わされていることがわかる。

δQ も、δW と同じように、容器内の気体の属性だけで表わすことを考えてみよう。熱という流れは、温度差のあるところに現われるから、気体の温度 T が関係することは直ちにわかるだろう。温度 T は圧力 P と同じく内包量である。なお、T は熱力学温度（絶対温度）である‡。

式 (3.2.6) と同様な形で、熱エネルギーの微小な移動量 δQ を表現しようとしたとき、内包量である温度 T に掛けられる相手が、実は「拡散の大きさ」を表わすエントロピーの微小変化である。エントロピーを S という記号で表わすことにすれば、その微小変化は $\mathrm{d}S$ である。したがって、δQ は次のように表わせる。

$$\delta Q = T\mathrm{d}S \tag{3.2.7}$$

式 (3.2.6) と式 (3.2.7) の関係を用いると、式 (3.2.3) は次のように表現できる。

$$T\mathrm{d}S - P\mathrm{d}V = \mathrm{d}U \tag{3.2.8}$$

これは閉鎖系のエネルギー収支式を状態量だけで表現したものである。

仕事 W、熱 Q、圧力 P、温度 T、容積 V、エントロピー S の対応関係は、**表 3.2.1** に示すとおりである。

エントロピーの微小変化 $\mathrm{d}S$ が意味するところは、式 (3.2.7) をただ眺めていても理解できないので、次のように変形して考えてみる。

$$\frac{\delta Q}{T} = \mathrm{d}S \tag{3.2.9}$$

---

‡ 温度の表わし方には摂氏や華氏などもある。しかし、エントロピーと熱・温度の関係を矛盾なく表わすには、温度に熱力学温度(絶対温度)を用いなくてはならない。

なぜそうなるかは、カルノーの原理による。カルノーの原理とは、「無限にゆっくりと働く可逆な（仮想的）サイクルが、あらゆる熱機関の中で最も高い効率を示し、しかも効率の値が熱源と冷源の温度だけで決まる」ことである。この原理は、カルノー（S. Carnot、19 世紀初め頃のフランスの科学者）によって見出されたため、「カルノーの原理」と言われる。

無限にゆっくりと働く可逆なサイクルでは、その効率が熱源と冷源の温度だけで決まるから、このサイクルによって温度の目盛りを定めれば、それは、物質によって異なる膨張や収縮のしかたに頼らない普遍的な目盛りが定まることをも意味する。このことは、W. Thomson (Kelvin) が見出した。そのことにちなんで、熱力学温度(絶対温度)の単位には K が用いられている。

詳しくは文献1） 2） 3）を参照してほしい。

表3.2.1 仕事 W、熱 Q、圧力 P、温度 T、体積 V、エントロピー S の対応関係

移動量	内包量	外延量
W	P	V
Q	T	S

微小な仕事 $\delta W=-P\mathrm{d}V$、微小な熱 $\delta Q=T\mathrm{d}S$ となる。微小な移動量が、内包量と外延量の微小変化との積で表わされていることに注意。

式 (3.2.9) を式 (3.2.3) に対応させて考えてみよう。式 (3.2.3) は、δQ もしくは δW が気体に入り込んで、そのエネルギー U が $\mathrm{d}U$ だけ増えることを表わしているのだった。式 (3.2.9) も同じような読み方をしてみよう。$\delta Q/T$ という量のエントロピーが、容器の底板上面を貫いて気体の中に入ってきて、そのために気体のエントロピー S が $\mathrm{d}S$ だけ増えた。$\delta Q/T$ は微小な移動量としてのエントロピー、$\mathrm{d}S$ は状態量としてのエントロピーの微小な変化ということができる。

容器の底板内部を熱エネルギーと熱エントロピーが流れるのは、底板の上面(気体のある側の面) と下面 (熱源に接している側の面) の間に温度差があるからだ。熱源から気体にエネルギーが流れ込むとすれば、熱源の温度を T_{H}として、$T<T_{\mathrm{H}}$である。この節の冒頭に述べたように、底板は熱を通しやすい軽い材料でできていると仮定しており、底板の下面を通過する熱は底板内部に溜まることなく直ちに上面を通過する。すなわち、底板の上面を流れる熱エネルギーと下面を流れる熱エネルギーは、ともに δQ で等しい。そうすると、次式が成り立つだろう。

$$\frac{\delta Q}{T_{\mathrm{H}}}<\frac{\delta Q}{T}=\mathrm{d}S \tag{3.2.10}$$

式 (3.2.10) の左辺 ($\delta Q/T_{\mathrm{H}}$) は、底板の下面を通過するエントロピーと考えることができる。

($\delta Q/T$) と ($\delta Q/T_{\mathrm{H}}$) の差は、底板内部の伝熱で生成されるエントロピーである。これを δS_{G}と表わすことにしよう。S_{G}はエントロピーの生成量で、その頭につけた δ は、微小な生成を意味する。δ が Q と W の前についている場合には微小な移動を、S_{G}の前についている場合は微小な生成を表わす約束である。

式 (3.2.10) を δS_{G}を使って書き換えると、

$$\frac{\delta Q}{T_{\mathrm{H}}}+\delta S_{\mathrm{G}}=\frac{\delta Q}{T}=\mathrm{d}S \tag{3.2.11}$$

式 (3.2.11) を改めて式 (3.2.3) と対応させて考えてみよう。式 (3.2.3) の左辺第一項 δQ に対応するものは、式 (3.2.11) の左辺第一項 ($\delta Q/T_H$) である。ところが、式 (3.2.3) の左辺第二項 δW に対応するものは、式 (3.2.11) にはない。これは、仕事 δW がエントロピーの移動を伴わないエネルギーの移動であることを意味する。言い換えると、熱エネルギーの移動量 δQ に対応する熱エントロピーの移動量は $\delta Q/T_H$で、仕事によるエネルギーの移動量 δW に対応するエントロピーの移動量はゼロである。

図3.2.2 に示すように、温度 T_Hの熱源を構成する物質粒子は、底板を構成する粒子や容器内部の気体を構成する粒子よりも激しく振動している。この振動は容器の底板内部の物質粒子に次第に伝播していく。この振動の伝播が熱としてのエネルギーの移動、すなわち「熱拡散」である。したがって、熱源から底板内部へと熱として伝播するエネルギーは、熱源の温度に応じた「拡散の大きさ」をもっている。それが式 (3.2.11) の左辺第一項 ($\delta Q/T_H$) である。式 (3.2.11) の左辺第二項で表現されているエントロピー生成 δS_Gは、容器の底板内部での熱拡散がもたらす「拡散の大きさ」の増加なのである。

容器の蓋が錘によって下方に動く現象は、蓋を構成する物質粒子がいっせいに

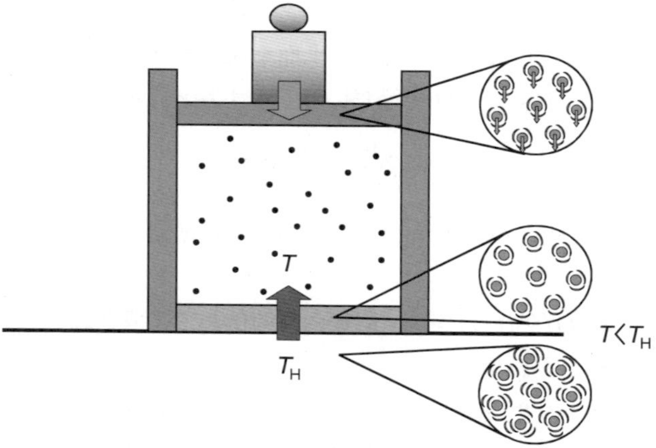

図3.2.2　蓋・底板・熱源を構成する物質粒子の動き。蓋も底板も熱源も固体だから、粒子それぞれの位置は定まっている。しかし、微視的に見ると、個々の粒子はそれぞれの平均的な位置を中心として振動している。「熱」とは振動が激しい粒子から激しくない粒子の方へとエネルギーが拡散的に伝わっていくこと。「仕事」とは振動している粒子がいっせいに同じ方向に移動することで伝わるエネルギーのこと。例えば、錘の載った蓋が下の方へ動けば、気体に対して仕事をする。

下方に動くことである。図2.1.1(p. 63)にも示したように、物質粒子が完全な指向性をもって移動するのだから、仕事としてのエネルギーの移動は拡散現象ではない。したがって、エントロピーの移動と生成とを伴わないのである。このことは次のようにも理解できる。微小な仕事 δW は、絶対温度が無限大での熱エネルギー δQ と等価である。すなわち、移動エントロピー（$\delta Q/T$）の分子 δQ を δW に、分母 T を∞に置き換えたのと等価なのである。

蓋がまったく動かない状態でわずかな熱が気体に入ったとすると、$\delta W=0$ だから、式（3.2.3）は次のように置き換えることができる。

$$\delta Q = \mathrm{d}U \qquad (3.2.12)$$

気体のわずかな温度上昇を $\mathrm{d}T$ と表わし、気体の定積熱容量（体積一定の気体の温度が 1°C上昇するのに加えられる熱エネルギー）を C_v とすれば、

$$\delta Q = C_v\,\mathrm{d}T \qquad (3.2.13)$$

式（3.2.13）を式（3.2.9）に代入すると、

$$\mathrm{d}S = \frac{C_v \mathrm{d}T}{T} \qquad (3.2.14)$$

気体の温度が T_i から T_f まで上昇したとして、その間に気体のエントロピーが S_i から S_f に増えたとしよう。このことは、式（3.2.14）を積分することで表現できる。

$$S_f - S_i = \int_{S_i}^{S_f} \mathrm{d}S = \int_{T_i}^{T_f} \frac{C_v \mathrm{d}T}{T} \qquad (3.2.15)$$

気体の定積熱容量が一定だとすれば、式（3.2.15）の最右辺の積分は容易に行なえて、以下のような自然対数 ln を用いた式によって表わせる§。

$$S_f - S_i = C_v \int_{T_i}^{T_f} \frac{\mathrm{d}T}{T} = C_v \ln \frac{T_f}{T_i} \qquad (3.2.16)$$

また、気体の温度が T_i から T_f まで上昇する間に、気体に流れ込む熱エネルギー

§ 自然対数は、$x=e^y$ を満足する y のこと。e はネイピア数と呼ばれる（円周率 π とともに）重要な無理数。$e=2.71828\cdots$。$y=\log_e x$ あるいは $y=\ln x$ と表現する約束である。$y=\ln x=\int_1^x \frac{\mathrm{d}v}{v}$ である。

の総量は、式（3.2.13）を積分して

$$Q=\int_0^Q \delta Q=\int_{T_i}^{T_f} C_v \mathrm{d}T=C_v(T_f-T_i) \qquad (3.2.17)$$

なお、気体の容積がたいへんに大きくて、いくら熱せられても（熱エネルギーが流れ込んでも）温度が変化しない場合、気体が受け取るエントロピーは、式(3.2.9)を積分して次のように表わせる。

$$\int_{S_i}^{S_f} \mathrm{d}S=\int_0^Q \frac{\delta Q}{T} \qquad (3.2.18)$$

気体の温度変化がないということは、T が一定ということだから、

$$S_f-S_i=\frac{1}{T}\int_0^Q \delta Q=\frac{Q}{T} \qquad (3.2.19)$$

気体への熱エネルギーの流れ込みによって温度が変化するか、それとも温度が変化しないかによって、式（3.2.16）と式（3.2.19）の違いが現われるわけである。

さて、3.1 で議論したエクセルギー収支式の粗い導き出しで行なったのに倣って、エクセルギー収支式を導いてみよう。まず、式（3.2.11）の各辺に環境温度 T_o を乗じておき、式（3.2.3）との差を求めると、次式が得られる。

$$\left(1-\frac{T_o}{T_H}\right)\delta Q+\delta W-\delta S_G\cdot T_o=\mathrm{d}U-\mathrm{d}S\cdot T_o \qquad (3.2.20)$$

仕事 δW は、大気圧 P_0 が蓋を介して気体にする仕事 δW_0 と、錘がする仕事 δW_{ex} との和と考えることができる。仕事 δW_0 は、式（3.2.6）と同様にして、次式のように表わせる。

$$\delta W_o=(P_o\times A)(-\mathrm{d}x)=-P_o\mathrm{d}V \qquad (3.2.21)$$

式（3.2.20）において、δW を（$\delta W_0+\delta W_{ex}$）に置き換え、式（3.2.21）の関係を考慮して整理すると、

$$\left(1-\frac{T_o}{T_H}\right)\delta Q+\delta W_{ex}-\delta X_c=\mathrm{d}U+\mathrm{d}V\cdot P_o-\mathrm{d}S\cdot T_o \qquad (3.2.22)$$

ここで、

$$\delta X_c=\delta S_G\cdot T_o$$

とおいた。X_c は「エクセルギー消費」である。δX_c の δ は微小な消費を表わす。

式（3.2.22）はエクセルギー収支式の微分表現である。この式の内容は、次の

ように読める。左辺の第1項で示される微小な温エクセルギー（温エクセルギーが何であるかは3.4で述べる）が熱源から容器内の気体に向かって、またエクセルギーそのものである微小な仕事（第2項）が錘から蓋を介して気体内に投入される。温エクセルギーは気体に入り込むまでに δX_cだけ消費され、結果として右辺で表わされる微小なエクセルギーが気体に蓄えられる。右辺は容器内の気体がもつエクセルギーである。式(3.2.22)で表わされる関係は、「エクセルギー消費の定理」の数理モデルということができる。

気体のもつエクセルギー、すなわち状態量のエクセルギーを X と表わすことにすれば、その微小な増加量 $\mathrm{d}X$ が、式（3.2.22）の右辺に他ならないから、

$$X = \int_0^X \mathrm{d}X = U - U_o + P_o(V - V_o) - T_o(S - S_o) \qquad (3.2.23)$$

式（3.2.23）は、閉鎖系の保有するエクセルギーの一般式である[4)5)]。

● 参 考 文 献 ●

1) 原島鮮：熱力学・統計力学（改訂版）、培風館、1978年、pp.41-43
2) 朝永振一郎：物理学とは何だろうか（上）、岩波新書、1979年、pp.186-200
3) 藤原邦男・兵頭俊夫：熱学入門−マクロからミクロへ−、東京大学出版会、1995年、pp.164-167
4) 押田勇雄：エクセルギー講義、太陽エネルギー研究所、1986年、pp.30-36
5) 宿谷昌則：自然共生建築を求めて、鹿島出版会、1999年、pp.181-189

熱拡散―閉鎖系の理論―

3・3 エクセルギー・エントロピー過程

前節では、閉鎖系についてエクセルギー収支の数理的な表現形式を示した。本節では、身近でしかも単純な熱現象を取りあげて熱エクセルギーと熱エントロピーを具体的に計算し、その結果を考察することで、ある系が環境とは異なったある状態を維持するためには「エクセルギー・エントロピー過程」が必要となることを示そう。以下では、まず、器の中の湯が冷めていく現象、すなわち湯がもっていた資源性が一方的に消費され、消費の結果として廃熱が生成され、それが周囲環境に排出されていく場合を取りあげる。次いで、温度を一定に保つ場合、すなわち、加熱という形式で絶えず資源の投入がある場合を取りあげる。

図3.3.1に示すような「エクセルギー・エントロピー計」を仮想して話を進めよう。これは、容器内の水が保有するエクセルギーとエントロピー、容器を出入りするエクセルギーとエントロピーが測れるものとする。もちろん、容器内の水が保有するエネルギーや容器を出入りするエネルギー、水温や周囲環境の空気温も測れる。このエクセルギー・エントロピー計を使って、湯の状態量としてのエクセルギーとエントロピーや、湯を出入りするエクセルギーとエントロピーが時々刻々どのように変化するかを測定し観察することから始める。本節は、ひと通り読んだ後に、今度は、本節末尾にある注1〜4に示したエクセルギーやエント

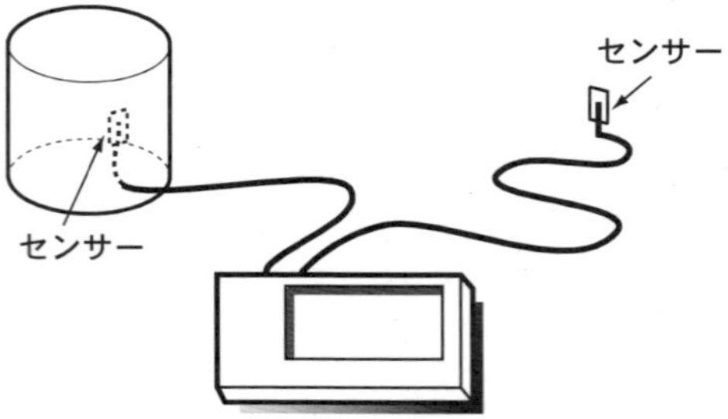

図3.3.1 エクセルギー・エントロピー計

ロピーの具体的な計算を読者自ら行ないながら読んでみてほしい。そうすると、イメージが明確になるに違いない。

3.3.1 湯が冷める過程

湯が入っているのは、図 3.3.2 に示すような密閉容器（閉鎖系）とする。容器の壁や底板・天板は、熱の伝わる普通の材料でできている。ここでは、話をできるだけ簡単にするために、湯の中には温度分布はなく、また容器の壁材は熱をまったく蓄えないと考える。

容器内の湯は、最初 80°Cとする。周囲環境の温度は、時間が経っても変化せず 20°C一定とする。この容器を放置すれば、容器の壁や底板・天板部分を貫いて熱が徐々に周囲空気に伝わる。言い換えると、容器内の水分子のランダムな振動が、容器の壁を構成する固体分子に伝播し、次いで周囲環境の空気分子へと伝播していく。すなわち熱拡散である。

図 3.3.3 は、はじめ 80°Cだった湯が徐々に冷めてゆく様子を描き示したものである。時刻 t_i は「初め」、t は「途中」、t_f は「終わり」を指す。「終わり」とは、湯の温度変化がもはや起きない時刻である。

以下にエクセルギー・エントロピー計で測った水温、湯のエネルギー・エクセルギー、容器壁の内表面と外表面を流れるエネルギー・エクセルギーを順次示していこう。

図 3.3.4 の上段は、水温の経時変化である（注１）。水温は、徐々に下がってい

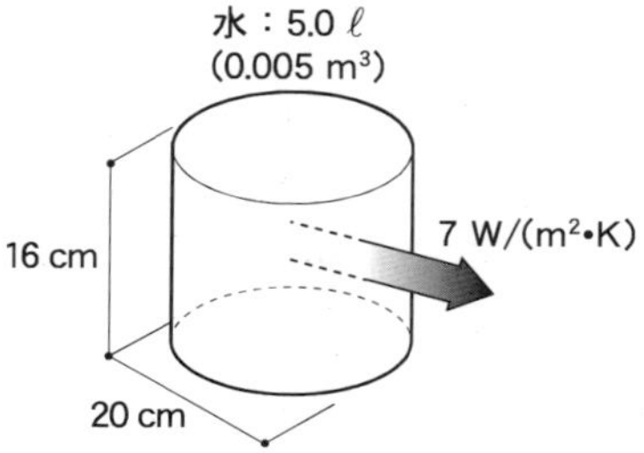

図 3.3.2　湯の入った密閉容器。この容器は底面が直径 20 cm で、高さ 16 cm の円柱とする。表面積は 0.163 m²。容器の側面・底・天井部分は、環境との温度差 1°C当たり、表面積 1 m²当たり 7 W/(m²•K) の速さで熱エネルギーが出ていくような材料でできている。内容積は 5.0 ℓ (0.005 m³)、また、容器壁には熱がまったく蓄積されないとする。

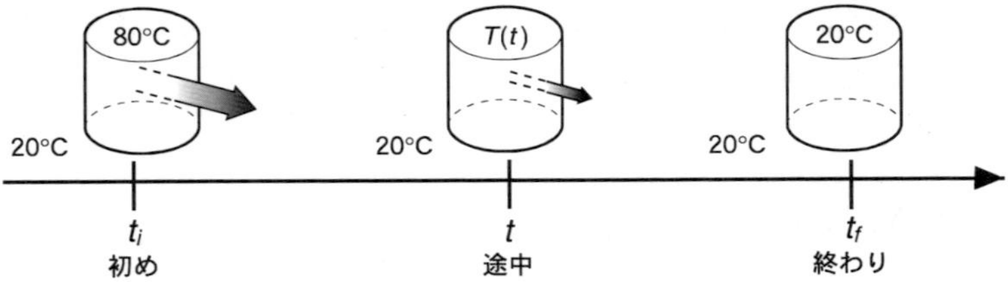

図 3.3.3 容器内の湯が冷める過程

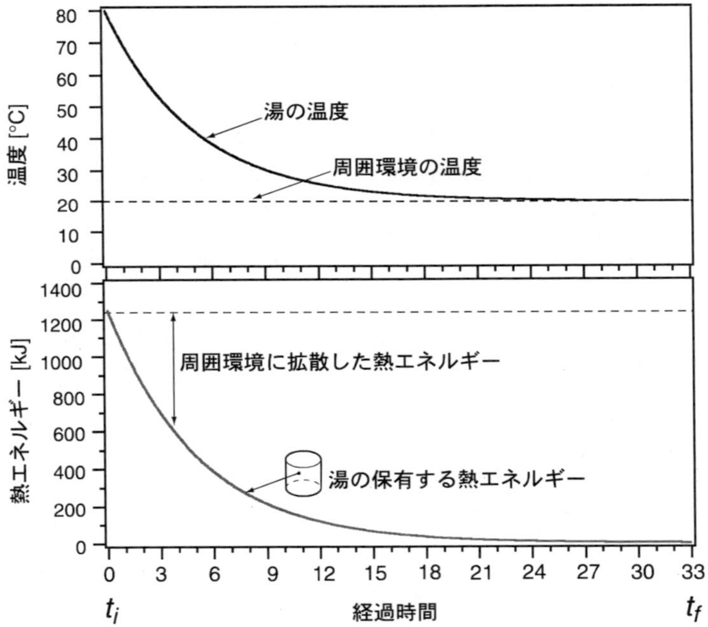

図 3.3.4 湯の温度と熱エネルギーの変化

き 33 時間後には周囲環境とほぼ同じ 20℃となっている。$t_i=0$ とすると、$t_f=118800$ 秒（$=33\times60\times60$）とみなせる。図 3.3.4 下段に示す湯のもつ熱エネルギーも、はじめに約 1260 kJ だったのが、徐々に小さくなり 33 時間後にはほぼゼロとなっている。エネルギーは保存される概念なので、点線で示すように、周囲環境に拡散していく熱エネルギーと、容器内部の熱エネルギーの合計は約 1260 kJ で一定である。

図 3.3.5 は、湯の保有する熱エクセルギーを熱エネルギーとともに示したものである（注 2）。

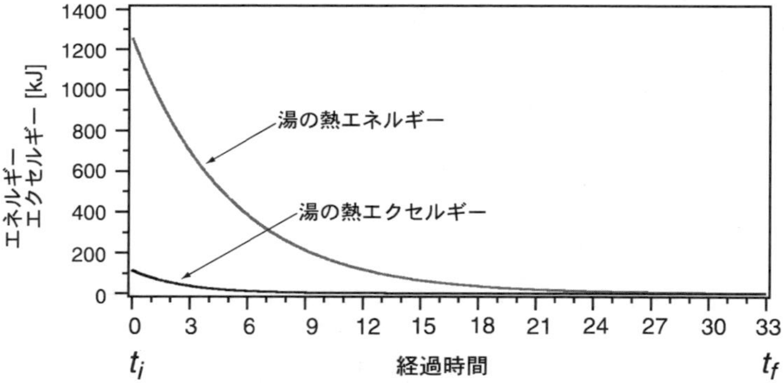

図 3.3.5　湯の保有する熱エネルギーと熱エクセルギーの変化

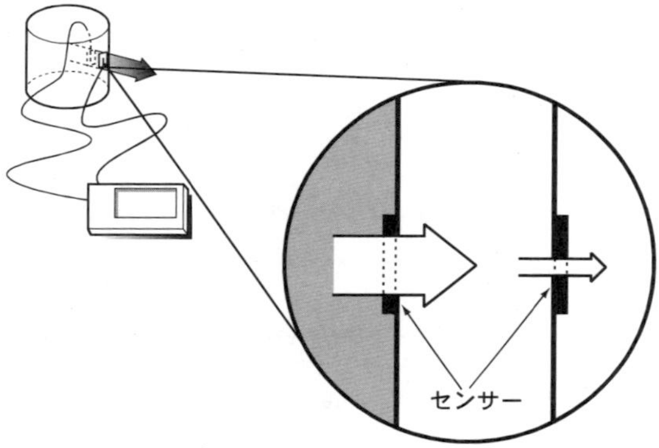

図 3.3.6　容器壁の内と外を流れる熱エクセルギーの測定

はじめ（時刻 t_i）に湯が保有しているエクセルギーは約 110 kJ で、時間の経過とともにエクセルギーは徐々に小さくなり、8 時間後ではほぼゼロになっている。これは、湯から周囲空間への熱エネルギー拡散に伴ってエクセルギーも湯から出ていったからである。

図 3.3.6 のようにして、容器内外表面にセンサーを貼り付けて、容器壁の内表面と外表面を流れるエクセルギーを測った結果を図 3.3.7 に示す（注 3）。例えば $t=3$ では内表面を出るのが 3.9 W、外表面を出るのが 3.5 W、両者の差 0.4 W は容器壁内で消費されるエクセルギーである。

容器壁外表面に貼り付けていたエクセルギー・エントロピー計のセンサーを周囲環境に置くと、エクセルギーの値はゼロになる。容器内の水を出た熱エクセル

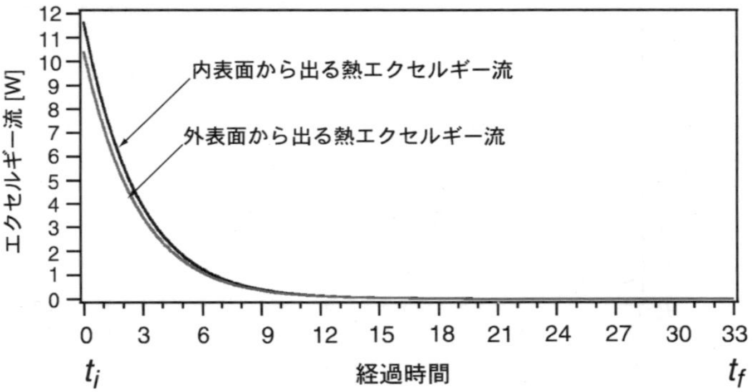

図 3.3.7　容器壁の内と外を流れる熱エクセルギーの経時変化

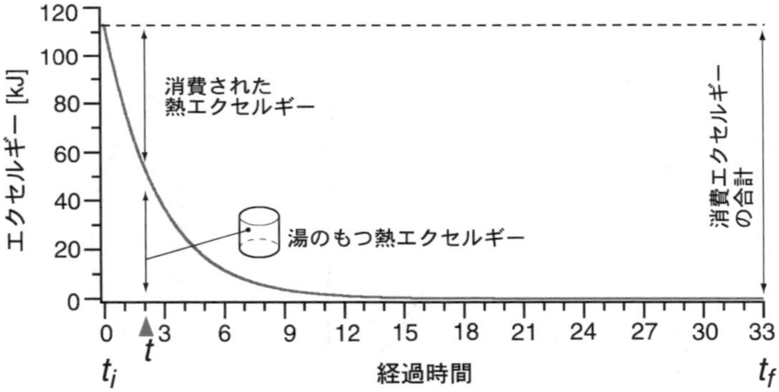

図 3.3.8　湯の保有する熱エクセルギーと消費されるエクセルギー

ギーは、容器の壁・天板・底板を貫き周囲環境に出ていくまでに、そのすべてが消費されるからだ。

図 3.3.5 に示した湯のもつエクセルギーをもう少し詳しく見るために、縦軸の 0〜120 kJ の部分を拡大したものを改めて図 3.3.8 に示す。曲線の時々刻々における接線（傾き）は、それぞれの時刻における湯のエクセルギーが減ってゆく速さを表わし、その絶対値は図 3.3.7 に示した容器内表面から出る（壁に入る）湯の熱エクセルギーに等しい。図 3.3.8 の水平な点線と曲線の間の部分は、例えば時刻 t では、時刻 t_i から t までの間に消費されたエクセルギーの合計値を表わす。図の右端に描いた上下方向の矢印は、初め t_i から終わり t_f までの間に消費されたエクセルギーの合計である。これは、初め t_i に、湯がもっていた熱エクセルギーと等しい。つまり、周囲と同じ温度になった容器内の水がはじめに保有して

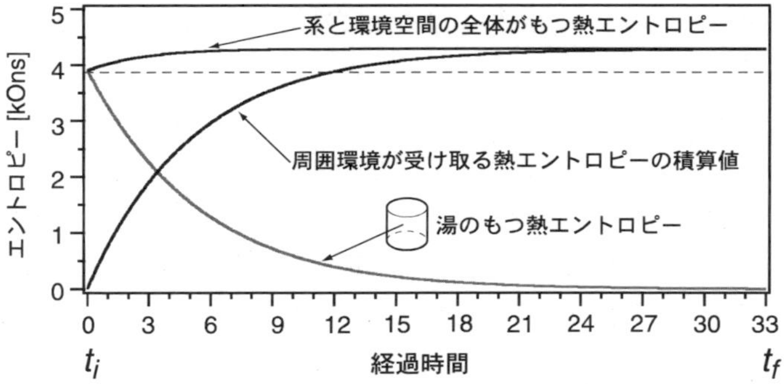

図 3.3.9 湯と周囲環境の全体におけるエントロピーの経時変化

いたエクセルギーは、消費され尽くしたのである。

今度は、エントロピーを測った結果を示した図 3.3.9 を見てみよう（注 4）。最初、湯がもつ熱エントロピーは約 4.0 kOns で、以後約 9 時間の間に急に小さくなり、33 時間後の時刻 t_fにはほぼゼロとなっている。“エントロピーは不可逆的に増大する” はずなのに、減っているのはなぜか…と思われるかもしれない。もしそうだとしたら、それは容器の中の湯だけに着目しているからである。エントロピーが増大する（生成される）のは、湯という系の内と外（周囲環境）を合わせた全体としてなのだ。

図 3.3.9 の中ほどに「周囲空間が受け取る熱エントロピーの積算値」と記した曲線は、容器内から周囲環境に流れ出した（もともとは容器内にあった）熱エントロピーの時刻 t_iからの積算値である。これに、湯がもつ熱エントロピーを加えたものは、最上部の「系と環境空間の全体がもつ熱エントロピー」と記した曲線である。これを見ると、エントロピーは確かに増大していることがわかる。

容器内の湯が冷めていくという現象は、湯がもつエクセルギーが容器内から周囲環境へ流れていく中で徐々に消費されていき、それに比例してエントロピーが生成され、生成されたエントロピーが周囲環境に流れ出していく現象ということができる。

3.3.2 湯温を一定に保つ過程

今度は、湯が冷めないようにする、すなわち湯の温度を一定に保つにはどうしたらよいかを考えてみよう。湯の温度を一定に保つために考えられる方法は二つある。一つは容器の壁・天板・底板で熱拡散がまったく起きないようにすること、今一つは湯が失う熱エクセルギーと同じ量の熱エクセルギーが絶えず獲得できるよう外部からエクセルギーを投入することである。

いわゆる魔法瓶は前者の原理に近く、例えば電気ポットは後者の原理による。まったく熱拡散が起きないような材料は、現実には存在し得ない。すなわち、温度を一定に保とうとすれば、多かれ少なかれ容器の外部からエクセルギーを投入しなくてはならない。

ここでは、3.3.1 で想定した容器にサーモスタット（水温制御センサー）と電熱線が付けられたとしよう。容器内の電熱線は、前後にある電位差に応じた電流によって発熱し、容器内の水を加熱する。電熱線へ投入される電力の大小は、サーモスタットが制御する。

湯の温度が一定に保たれれば、初め t_i 途中 t 終わり t_f のいずれの時刻でも、同様の熱拡散が起きることになる。したがって、どの時刻でもエクセルギーの出入りの様子は同じである。このような状況における伝熱を「定常伝熱」ということは、3.1 に述べた通りである。途中の時刻 t において、容器壁の内表面にエクセルギー・エントロピー計のセンサーを貼ってエクセルギーの値を読み取ってみると、図 3.3.10 に示すように 11.7 W となる。投入電力は電力計で測ると、68.6 W となる。

投入されるエクセルギー 68.6 W と、容器壁の内表面へと放出されるエクセルギー 11.7 W との差は 56.9 W である。これは、容器内の湯の温度を維持するために消費されるエクセルギーであり、投入エクセルギーの約 83%に相当する。ずいぶん大きなエクセルギーを消費し続けないと、水温を保つことはできないのである。

このエクセルギー消費によってどれだけのエントロピーが生成されているかを求めてみよう。まず、投入された電力は「電磁現象によって運ばれる動力」であって、動力はすなわち仕事だから、3.2 に述べたように、電力に伴うエントロピーはゼロである。一方、容器内表面から周囲環境に出ていく熱エントロピーは、容器壁の内表面に貼り付けたエクセルギー・エントロピー計によると 0.19 Ons/s である。出るエントロピー 0.19 Ons/s から、入るエントロピー 0 Ons/s を引いた差、すなわち 0.19 Ons/s がエントロピーが生成される速さである。これは、エクセルギー消費（56.9 W）を周囲環境の温度（293 K）で割った値と等しい（0.19=

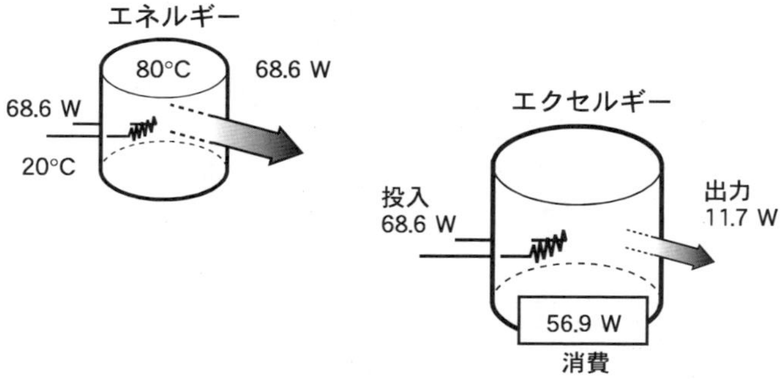

図3.3.10　湯の温度が一定に保たれる容器におけるエクセルギーの投入と消費・出力

56.9／293)。結局、容器内の水温を一定に保つには、エクセルギーを絶えず投入し、その大部分を消費し、その結果として生成されたエントロピーを周囲環境へと排出しなくてはならない。容器壁に入ったエクセルギー 11.7 W も周囲環境に到るまでにすべて消費され、周囲環境は結局 0.23 Ons/s（＝0.19＋11.7/293）のエントロピーを受け取る。

生成エントロピーの排出は、何かもったいないことのように思えるかもしれない。しかし、もし生成エントロピーを湯の中に溜めておくことにすると、水温はたちまち上昇せざるを得なくなる。物体の保有する熱エントロピーは、3.2 の式(3.2.16) に示したように、温度が上昇すると大きくなる性質があるからである。それでは、水温の維持ではなくなってしまう。

系を環境とは平衡にないような特異な状態に維持するためには、系の外部からエクセルギーを投入し続け、その一部を消費し、消費の結果として生成されるエントロピーを系の外部に排出し続ける必要がある。この一連のプロセスが「エクセルギー・エントロピー過程」である。図3.3.11 は、エクセルギー・エントロピー過程（サイクル）を描いたものである。系の特異な状態は、このサイクルによって保たれ、その中で系の目的を果たすことができる。

第2章で紹介した蛍光灯を用いた照明システムも、エクセルギー・エントロピー過程を営む一例である。例えば蛍光灯は、安定器を通じて電力(エクセルギー)が投入され、その約 70 %が消費されることで可視光が生み出される。エクセルギー消費に比例して生成されたエントロピーは、蛍光灯表面から放出される熱エクセルギーの消費によって周囲環境に捨て続けられる。このようにして蛍光灯は、持続的に“光を放つ”という仕事が行なえる。これは、図3.3.11 に示した繰り返

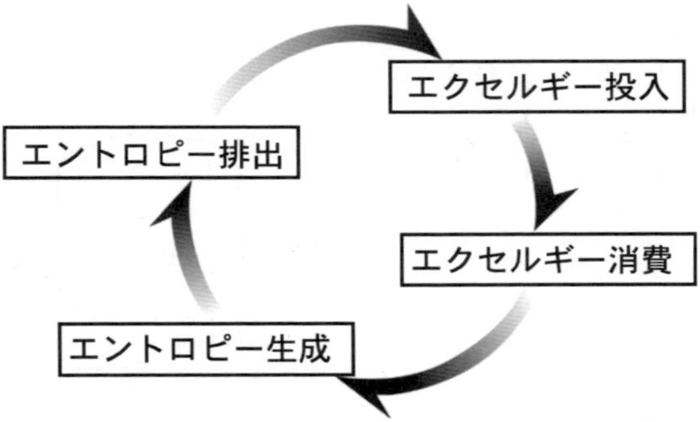

図3.3.11 エクセルギー・エントロピー過程

し過程（サイクル）にほかならない。

自動車やオートバイのエンジンは、エクセルギーをもつガソリンという資源を投入し、そのエクセルギーをエンジン内部で消費することで車輪を動かすという仕事を取り出している。エクセルギー消費の結果生じたエントロピーは、ラジエターを通じて廃熱エントロピーを、排気管を通じて主に廃物エントロピーを周囲環境に捨てている。その繰り返し過程（サイクル）が滞りなく行なわれるからこそ、自動車もオートバイも走り続けることができる。

パソコンは、CPUにおける演算やハードディスクの稼働、演算結果のディスプレイ上への表示などの仕事を行なうために、電力という形式で投入されたエクセルギーを消費している。このエクセルギー消費の結果生成される廃熱エントロピーは、やはり電力（エクセルギー）の消費によって働くファンによって周囲環境に捨てられる。ノートパソコンの裏面などが熱くなるのは、内部でエクセルギーが消費され、エントロピーが生成されている証である。ノートパソコンを室温の高い部屋などで使っていると、廃熱エントロピーがうまく排出できず誤動作の要因になる。生成エントロピーが内部に溜まりすぎる、すなわち異常過熱すれば、CPUは暴走する。最悪の場合は壊れる。

以上の例からわかるように、様々なシステムを「エクセルギー・エントロピー過程」という観点から捉えると、資源の投入に始まって、消費がどのように行なわれるのか、消費の結果として廃熱・廃物はどのように生成され、どのように排出（廃棄）されるのか、そして排出エントロピーの受け取り先、すなわち系にとっての周囲環境がいかに重要かにも気が付けるようになる。

注1●容器中の水温を与える式

温度 T の湯が、温度 T_O の環境に対してもつ熱エネルギー H は、水の比熱 C を用い、

$$H = C\rho_w V_w (T - T_O) \tag{3.3.A1}$$

C の単位は J/(kg•K)、T と T_O の単位は K である。ρ_wは水の密度[kg/m³]、V_wは容器の内容積[m³]。3.2 の議論では、$C\rho_w V_w$が C_vに対応することに注意。時間 Δt[s]の間に熱エネルギー $\Delta' Q$[J]が湯から周囲環境に向かって流れたとき、湯の温度が ΔT[K]だけ降下したとする。この場合のエネルギー収支式は $0 = \Delta H + \Delta' Q$ となって、これを変形すると $\Delta' Q = -\Delta H$、さらに $-\Delta H = C\rho_w V_w(-\Delta T)$ となる。Δ は微小な変化 d よりは大きい変化、Δ′は微小な移動 δ より大きい移動を表わす。容器内の湯から周囲環境へ流れ出る熱エネルギーの平均速さ q_{out}[W] は、次のように表わせる。

$$q_{out} = \frac{\Delta' Q}{\Delta t} = \frac{-\Delta H}{\Delta t} = C\rho_w V_w \frac{(-\Delta T)}{\Delta t} \tag{3.3.A2}$$

q_{out}は、容器内の水から周囲空気までの熱貫流率 K_T [W/(m²•K)]と、容器の表面積 A[m²]を用いて次のようにも表わせる。

$$q_{out} = K_T A (T - T_O) \tag{3.3.A3}$$

したがって、

$$q_{out} = C\rho_w V_w \frac{(-\Delta T)}{\Delta t} = \frac{-\Delta H}{\Delta t} = K_T A (T - T_O) \tag{3.3.A4}$$

式 (3.3.A4) の Δt と ΔT を、それぞれ微分 $\mathrm{d}t$ と $\mathrm{d}T$ に置き換えると、

$$-C\rho_w V_w \frac{\mathrm{d}T}{\mathrm{d}t} = K_T A (T - T_O) \tag{3.3.A5}$$

式 (3.3.A5) を水温 T を未知数とする方程式と考え、周囲環境の温度 T_Oを一定として解くと、次式が得られる。

$$T = T_O + (T_i - T_O) e^{-\frac{K_T A}{C\rho_w V_w} t} \tag{3.3.A6}$$

T_iは初め（時刻 t_i）の水温である。

水の比熱 C を 4186 J/(kg•K)、密度 ρ_wを 1000 kg/m³、容器の内容積 V_wと表面積 A をそれぞれ図 3.3.2 に示した 0.005 m³と 0.163 m²、熱貫流率 K_Tを 7 W/(m²•K)、初めの水温 T_iを 353 K(80°C)、周囲環境の温度 T_O を 293 K(20°C)として、時々刻々 T の値を求めれば、図 3.3.4 に示した湯の温度が得られる。開始より 3 時間後

(10800秒後)の水温を例題として求めてみる。$t=10800\ s$ を式（3.3.A6）に代入すると、

$$T_{3h}=293+(353-293)\,e^{-\frac{7\times 0.1634}{4186\times 1000\times 0.005}\times 10800}$$
$$=326.4\ \mathrm{K}(=53.4^{\circ}\mathrm{C})$$ となる。

注2 ●容器中の水がもつ熱エクセルギー

式（3.2.23）から、

$$X=U-U_O+P_O(V-V_O)-T_O(S-S_O)$$

容器内の水は体積変化しないとして、$V=V_O$ としてよい。また、式（3.2.17）、式（3.2.16）を参照して

$$U-U_O=C\rho_w V_w(T-T_O)$$

$$S-S_O=C\rho_w V_w \ln\frac{T}{T_O}$$

と表わせるから、

$$X=C\rho_w V_w(T-T_O)-C\rho_w V_w T_O \ln\frac{T}{T_O} \tag{3.3.A7}$$

初めから3時間後（10800 秒後）に容器内の湯がもつ熱エクセルギー X_{3h}[J]を求めてみる。注1より、3時間後の水温 $T_{3h}=326.4\ \mathrm{K}$ の結果を使う。

$$X_{3h}=4186\times 1000\times 0.005\times(326.4-293)-4186\times 1000\times 0.005\times 293\times \ln\frac{326.4}{293}$$
$$=37166\ \mathrm{J}=37.2\ \mathrm{kJ}$$

これは、図3.3.8に示した曲線の3時間後のエクセルギーの値そのものである。

注3 ●容器からエクセルギーが流れ出る速さ

初めから3 時間後（10800秒後）における「内表面から出る熱エクセルギー流」と「外表面から出る熱エクセルギー流」とを求めてみる。まず、容器壁の内表面から出る熱エクセルギー流を X_1[W]、外表面から出る熱エクセルギー流を X_2[W]とすると、X_1, X_2はそれぞれ次式から求められる。これらの式が何故このような形になるかは、3.6に詳しく述べてあるので参照してほしい。

$$X_1=q_{out}\left(1-\frac{T_O}{T_{wi}}\right) \tag{3.3.A8}$$

$$X_2 = q_{out}\left(1-\frac{T_O}{T_{wo}}\right) \tag{3.3.A9}$$

ここで、T_{wi}とT_{wo}は容器壁の内表面・外表面温度［K］である。T_{wi}は、水温に等しいと仮定しよう。T_{wo}は壁の伝熱を定常状態と考えているから、容器壁を貫く熱エネルギー流q_{out}と、容器外表面から周囲空気への熱エネルギー流が等しいとして、次式が成り立つ。

$$q_{out} = K_T A(T_{wi}-T_O) = h_o A(T_{wo}-T_O) \tag{3.3.A10}$$

ここで、h_oは容器壁外表面と周囲空気の間の総合熱伝達率［W/(m²・K)］である。

この式をT_{wo}について解いた次式の右辺に具体的な数値を代入すればT_{wo}の値が得られる。

$$T_{wo} = T_O + \frac{K_T(T_{wi}-T_O)}{h_o} \tag{3.3.A11}$$

h_oを 8 W/(m²・K)、注 1 で求めた 3 時間後の湯の温度T_{3h}=326.4 K を代入してT_{wo}を求めると、

$$T_{wo} = 293 + \frac{7\times 0.1634\times(326.4-293)}{8\times 0.1634} = 322.2\ \mathrm{K}\,(=49.2^{\circ}\mathrm{C})$$

X_1とX_2を計算する。まず、q_{out}を式（3.3.A10）から求めると 38.2 W。次いで、式（3.3.A8）、式(3.3.A9) より

$$X_1 = 38.2\times\left(1-\frac{293}{326.4}\right) = 3.9\ \mathrm{W}$$

$$X_2 = 38.2\times\left(1-\frac{293}{322.2}\right) = 3.5\ \mathrm{W}$$

両者の差 0.4 W(=3.9−3.5) が壁内の伝熱で消費されるエクセルギーである。

注 4 ●湯がもつ熱エントロピー

水温T[K] の湯が温度T_O[K] の周囲環境に対してもつエントロピーΔS[Ons] は、式(3.2.16) を参考にして、

$$\Delta S = C\rho_w V_w \ln\frac{T}{T_O} \tag{3.3.A12}$$

初めから 3 時間後（118800 秒後）に容器内の湯がもつ熱エントロピー$\Delta S_{3\mathrm{h}}$を求めよう。3 時間後の湯の温度Tは 326.4 K であることより、

$$\Delta S_{3\mathrm{h}} = 4186\times 1000\times 0.005\times\ln\frac{326.4}{293} = 2269\ \mathrm{Ons}\,(=2.27\ \mathrm{kOns})$$

これは、図 3.3.9 に示した湯のもつ熱エントロピーの 3 時間経過後の値である。

3・4 熱拡散—閉鎖系の理論——
温・冷エクセルギーの状態量

この節では、3.2で導いた「閉鎖系としての気体が保有するエクセルギーの一般式」を基にして、物体の保有する（状態量としての）熱エクセルギーの表現形式を示そう。これは、例えば、暖房や冷房が行なわれている室内空気のもっている温かさという資源性、あるいは冷たさという資源性を具体的に計算するのに必要となる。

図3.4.1のような部屋を想定しよう。外気温を T_o、室内空気の温度を T_rとする。添え字 o と r はそれぞれ外気と室内空気とを示す。外気と室内とを隔てている外壁の温度分布に注目すると、壁内部の温度分布は、室内外の温度の変動や壁の構成材料や厚さによって様々な様相を示すのだが、仮に壁が一種類の材料でつくられていて、室内外の温度が $T_r > T_o$の条件で十分に長い時間一定に保たれていたとしたら、図中のような温度分布になる。壁表面から離れた空気中は水平（等温）で、壁表面近傍では曲線（曲線の範囲を温度境界層という）となり、壁内部は室内外の表面温度を結んだ直線となる。他の内壁・床・天井についても同様の

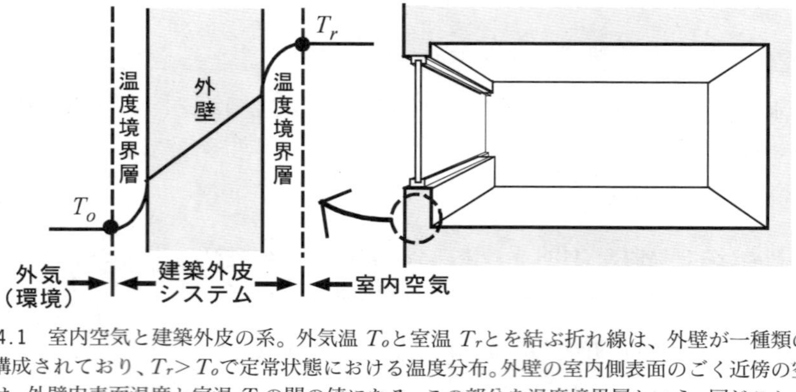

図3.4.1　室内空気と建築外皮の系。外気温 T_oと室温 T_rとを結ぶ折れ線は、外壁が一種類の材料で構成されており、$T_r > T_o$で定常状態における温度分布。外壁の室内側表面のごく近傍の空気温度は、外壁内表面温度と室温 T_rの間の値になる。この部分を温度境界層という。同じことが外気側についてもいえる。

温度分布が形成されている。

壁・床・天井の室内側にある温度境界層の室内側面よりも外側の領域を室内空気の系と考える。また、各壁体とその内外表面にある温度境界層とをひとまとまりとして、壁の系とする。このように考えると、外壁の室外側にある温度境界層の外側面から先が外気（環境）である。このように、エクセルギーの計算を具体的に行なうためには、まず初めに、系の領域（系と系との境界面）を明確にしておくことが重要である。なぜなら、先に3.1と3.2に示したように、系を出入りする熱エントロピーは、熱エネルギーを境界面の絶対温度で除したものとして与えられるからである。

なお、この節における議論では、窓サッシや外壁中のわずかな隙間を通って室内外の空気が自然に出入りする隙間風（漏気）はないものとする。室内空気を閉鎖系とみなすためである。

私たちが生活している地表における大気の圧力は、天気予報を見てもわかるように、気象状況（高気圧・低気圧の動き）に応じて時々刻々と変動しており一定ではない。また、室内空気の圧力は、室内空気の温度変化に応じていくらか変化するはずである。しかし、これらの圧力変化は一般に極めて小さいので、ここでは無視して話を進める。すなわち、外気（環境）と室内空気の系の圧力は、ともに P_o で一定と仮定する。

3.1と3.2で示したように、熱とはエネルギーの移動のしかたのことであり、エネルギーの移動のしかたには熱の他に仕事もあるから、ある状態の物体のもつエネルギー量＝物体のもつ熱とは必ずしもいえない。それと同様に、エクセルギーにも熱というしかたで伝わる熱エクセルギーと、仕事というしかたで伝わるエクセルギーとがある。したがって、ある状態の物体の保有するエクセルギー量＝物体のもつ熱エクセルギーとは必ずしもいえない。そこで、少し工夫する。

ひとまず3.2の式（3.2.1）に立ち戻ってみよう。

「入る熱」+「入る仕事」=「エネルギーの増加量」　(3.4.1)

これを数式で表現したものが、式（3.2.3）であった。

$$\delta Q + \delta W = dU \qquad (3.4.2)$$

式（3.2.21）から式（3.2.22）への操作のように、微小な仕事 δW を（ $\delta W_o +$

δW_{ex}）に置き換えると、

$$\delta Q+\delta W_o+\delta W_{ex}=\mathrm{d}U \tag{3.4.3}$$

となる。環境と系の圧力がともに P_o で一定と考えることにしたから、$\delta W_o=P_o(-\mathrm{d}V)$、$\delta W_{ex}=0$ となる。

$$\delta Q+P_o(-\mathrm{d}V)=\mathrm{d}U \tag{3.4.4}$$

δQ について表現すると、

$$\delta Q=\mathrm{d}U+P_o\mathrm{d}V=\mathrm{d}H \tag{3.4.5}$$

となる。この式で H は「エンタルピー」と呼ばれる量で、系の内も外（環境）も圧力が等しい条件で、系に入ってきた熱エネルギーの移動量を状態量として表わすのに用いられる熱力学概念の一つである[2)]。エンタルピー H は、系の内部エネルギー U に圧力 P と体積 V の積を加えたものとして定義される*。微小なエンタルピー変化 $\mathrm{d}H$ は、定圧比熱 C_p、密度 ρ、体積 V_r、微小な温度上昇 $\mathrm{d}T$ を用いて、

$$\mathrm{d}H=\mathrm{d}U+P_o\mathrm{d}V=C_p\rho V_r\mathrm{d}T \tag{3.4.6}$$

とも表わせる。式（3.4.6）を H_o から H_r まで積分することにして、H_o には U_o、P_o、V_o が対応し、H_r には U_r、P_o、V_r が対応することに注意すると、

$$H_r=U_r+P_oV_r \tag{3.4.7}$$

$$H_o=U_o+P_oV_o \tag{3.4.8}$$

が得られる。

室内空気のもつエクセルギー X_r は、3.2の式（3.2.23）に基づいて、次のように表現できる。

---

* エンタルピーの定義式が $H=U+PV$ となることは、3.2に述べた式（3.2.8）の内容を、U を縦軸、S と V を互いに直交する横軸にとって図化表現すると必然的に導き出せる。

$$X_r = U_r - U_o + P_o(V_r - V_o) - T_o(S_r - S_o)$$
$$= (U_r + P_oV_r) - (U_o + P_oV_o) - T_o(S_r - S_o) \qquad (3.4.9)$$

右辺の第一項と第二項は、エンタルピー H_rと H_oでそれぞれ書き換えられて、

$$X_r = (H_r - H_o) - T_o(S_r - S_o) \qquad (3.4.10)$$

となる。右辺の第一項は、室内空気と外気（環境）のもつエンタルピー差を表わしている。同様に、右辺第二項の括弧内は室内空気と外気（環境）のもつエントロピー差である。H_r、H_o、T_o、S_r、S_oはすべて状態量であるから、エクセルギー X_rも状態量である。定圧比熱 C_pを用いると、

$$H_r - H_o = C_p \rho V_r (T_r - T_o) \qquad (3.4.11)$$

$$S_r - S_o = C_p \rho V_r \ln \frac{T_r}{T_o} \qquad (3.4.12)$$

と表現できて、

$$X_r = C_p \rho V_r \left\{ (T_r - T_o) - T_o \ln \frac{T_r}{T_o} \right\} \qquad (3.4.13)$$

となる。なお、C_p、ρ、V_r の単位は、それぞれ J/(kg・K)、kg/m³、m³である。X_rは環境温度 T_oの関数でもあることが特徴である。式 (3.4.13) で表わされるエクセルギー X_rを、室内空気のもつ熱エクセルギーと呼ぶことにする。

式 (3.4.13) を用いて、室内空気のもつ熱エクセルギーを具体的に計算した例を図 3.4.2 に示そう。環境(外気)温度が 0℃、15℃、30℃の 3 条件について、$C_p=$ 1005 J/(kg・K)、$\rho = 1.2$ kg/m³で一定として、単位容積当たりの値を求めた結果である。

まず、熱エクセルギーの値は、$T_r = T_o$で 0 となり、$T_r > T_o$であっても $T_r < T_o$であっても必ず正になることがわかる。エクセルギーは資源性を明示できる概念であると何回か述べてきたが、建築の熱現象にかかわる資源性といえば、“温かさ”、あるいは“冷たさ”である。$T_r = T_o$であれば、室内空気は外気に対して温かさも冷たさももたない。$T_r > T_o$であれば、室内空気は外気に比べていくらかの温かさをもっている。その逆に $T_r < T_o$であれば、室内空気は外気に比べて冷たさをもっている。温かさと冷たさとは資源性の質は異なるけれど、いずれにしても資

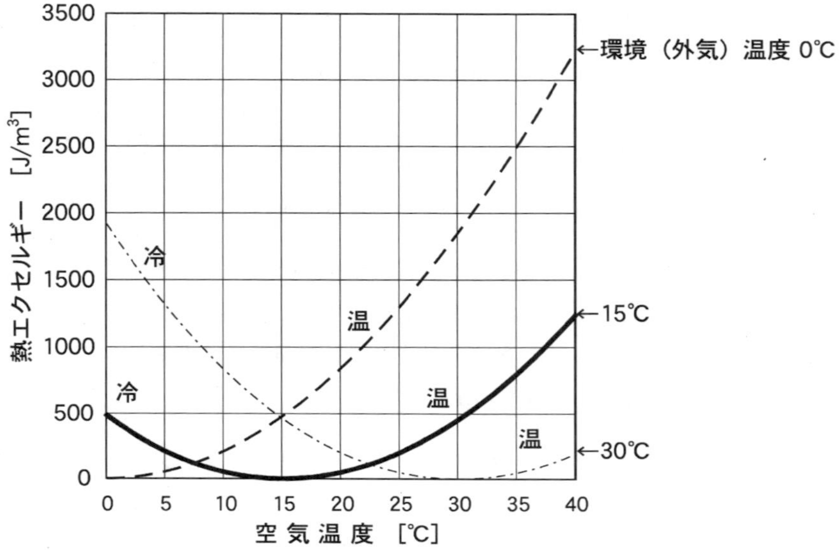

図3.4.2 室内空気1 m³のもつ熱エクセルギー。環境温度が0°C、15°C、30°Cの場合を示してある。室内空気の温度が環境温度よりも高ければ温エクセルギー、低ければ冷エクセルギーとなる。

源性がマイナスの量を取らないことは、私たちの温冷感覚の認識が「温かい←どちらでもない→冷たい」という尺度を取ることに整合する。$T_r > T_o$の場合に、物体（ここでは室内空気）のもつ熱エクセルギーを特に「温エクセルギー」といい、$T_r < T_o$の場合には「冷エクセルギー」と呼んで区別する。

熱エクセルギーの性質について理解を深めるために、微視的な考察を加えよう。熱拡散とは、粒子の振動の激しさが、より激しく振動する粒子群から、それよりも激しくは振動していない粒子群へと伝搬していく現象であった。気体の場合には、気体を構成する粒子が空間中をでたらめに飛び交っており、温度が高いほど気体の構成粒子の平均速度が大きい。そして、飛び交う粒子どうしの衝突により熱拡散が起きる。例えば、乾燥空気を構成する粒子の平均的な速度を計算すると、気温が5°Cでは490 m/s、30°Cでは510 m/s であり、5 °Cに比べて30°Cの場合は、空気の粒子の飛び交う速度が4 %程度大きい[3)]。

図3.4.1に示したような室内空気の温度が外気よりも高い場合は、室内を飛び交う空気の粒子が、外壁の近傍の温度境界層中の空気粒子に衝突して振動の激しさが伝えられ、その振動の激しさは温度境界層から外壁へ、外壁から外気(環境)

へと伝搬していく。反対に、室内空気の温度が外気よりも低かったならば、外気(環境)から室内空気に向かって、振動の激しさが伝搬されてくる。室内空気はその温度が外気温より高くても低くても、熱拡散を引き起こす能力、すなわち熱エクセルギーをもっているわけである。

図3.4.2から、物体（ここでは室内空気）の温度が同じでも、物体にとっての外気（環境）温度が異なった場合には、物体のもつ熱エクセルギーの性質も量も等しくはならないことがわかる。例えば、20°Cの室内空気は、冬季のように外気(環境) が0°Cの場合には、約840 J/m^{3}の「温」エクセルギーをもっており、夏季のように外気（環境）が30°Cの場合には、約200 J/m^{3}の「冷」エクセルギーをもっている。

積雪地域において、冬季にはじゃま者扱いされる雪を夏まで融けないように保存しておいて、冷房のために活用する試みがある。図3.4.2は空気について描いた図であるが、氷雪に触れて温湿度調節された空気を想定してみよう。例えば、図中の0°Cの部分を見ると、0°Cの物体は、0°Cの環境下では熱エクセルギーをもたないが、それを外気温が30°Cを上回るような夏季の環境下までもち越せれば、大きな冷エクセルギー源となることが理解できる。

また、図3.4.2で、室内空気の温度が1°C上昇（あるいは下降）した場合の熱エクセルギーの増加（あるいは減少）のしかたは2次曲線的であるが、これは、物体温度を1°C上昇させるのに物体に注入すべき熱エネルギー量（すなわち熱容量）が常温常圧域において一定であるのとは異なる。例えば、環境温度0°Cの条件では、20°Cの室内空気1 m^{3}の熱エクセルギーは842 J、21°Cでは926 J となって、その差は84 J/°Cである。それに対して、30°Cでは1852 J、31°Cでは1973 J となって、30°Cと31°Cとの差は121 J/°Cとなる。これは物体と環境との温度差が大きい方が、物体の保有している資源性が大きいこと、すなわち、物体の熱源あるいは冷源としてのポテンシャルが高いことを意味している。

室内空気を20°Cから21°Cに上昇させるには、21°Cよりも高温の熱源があればよいが、30°Cから31°Cに上昇させるのには、31°Cよりも高温な熱源が必要となる。これは当たり前のことであるが、0°Cの環境下で考えると、後者の方が環境との温度差が大きいから加熱は困難になる。言い換えると、環境との温度差が小さい熱源に着目することが重要になってくる。熱エクセルギーの概念は、このことを定量的に表現してくれる。

● 参 考 文 献 ●

1) 宿谷昌則：温エクセルギーと冷エクセルギーに関する考察、日本建築学会大会学術講演梗概集、D-II分冊、1996年、pp. 453-454

2) 押田勇雄・藤城敏幸：熱力学 基礎物理学選書7、裳華房、1970年、pp. 85-89

3) P. W. Atkins（千原秀昭・稲葉章 訳）：アトキンス物理化学要論 第2版、東京化学同人、1998年、pp.23-33

熱拡散―閉鎖系の理論―

3.5 日射―エクセルギーの移動量(1)

朝、目を覚ますと外が明るくなっている。外に出て日射を浴びると温かく感じる。これらは、日射のエクセルギーが消費されて起きている一連の物理的・生理的・心理的現象の例である。

太陽から地球上の私たちに向かってエネルギーとエントロピー・エクセルギーを運んでいる日射は、電磁波である。白熱電球や蛍光灯の表面から放たれる光も電磁波、熱した炭の表面に手をかざしたとき暖かく感じる原因も電磁波である。夏の浜辺で肌を焼く原因となる紫外線や、おいしい焼き鳥をつくる原因となる遠赤外線も電磁波である。また、2.7 に示したような赤外線放射画像として示される様々な物体の表面温度分布は、電磁波の強さがその電磁波を放射する物体の表面温度に応じて異なることを利用して得られている。

日射は、約 6000 K（5700°C）という高温の太陽表面から放たれ、真空の宇宙空間を飛来して地球に到達している。3.1 で、壁体内部の伝熱は、壁を構成する粒子の振動の激しさが、激しく振動する粒子群から激しくは振動していない粒子群へと伝搬していく現象であると述べた。日射は電磁波だから壁体内部にある「粒子」とは異なるが、壁体内部を構成する粒子群と整合性がとれるように、日射を電磁波ではなく「光子」と呼ばれる粒子群と考えると話がわかりやすくなる。紫外線や赤外線も、光子と呼ばれる光の粒子で構成されていると考える。

このような光子の考え方は、説明のためだけの便宜ではない。電磁波は実際に、「波」という側面と「粒」という側面とをもつことが量子力学の発展によって明らかにされてきた。通常は粒子と考えられる電子も、「粒」という側面に加えて「波」という側面をもつ。

粒子の考え方にしたがって、放射の流れを少し詳しく見てみよう。

太陽から放たれる光子は、図 3.5.1 に示すように、太陽を中心として四方八方に絶え間なく均等に放たれているが、そのうち、地球の直径が張る小さな角度内に放たれる光子群だけが地球に到達する。この図では、太陽と地球との関係を見やすくするために縮尺を無視して描いてある。実際の距離と大きさの関係は、例えば、地球の直径を底辺とし、太陽の中心を頂点とする二等辺三角形を考えると、底辺（直径）1 cm に対して高さが約 120 m となる。この三角形を実際に描くことを考えると、三角形の底辺の両端と、三角形の頂点とを結ぶ 2 本の線は、ほとんど平行に見えるだろう。太陽表面から放たれる光子のうち、地球に向かう光子の割合は約 22 億分の 1 となる†。これは、太陽と地球の間の距離が地球の直径に比べて十分に大きいからで、太陽が放つ光子のほとんど全部は、そのまま宇宙空間に飛び去ってしまうわけである。

ほぼ平行に飛んでくる光子群が地球の大気圏に突入すると、その一部は大気中の酸素分子・窒素分子、水分子や塵粒子に衝突して散乱または吸収され、残りは衝突してもあまり方向を変えずに大気をほとんどすり抜けるようにして地表に到達する。図 3.5.2 は、光子が大気中の様々な分子に衝突し、散乱または吸収され

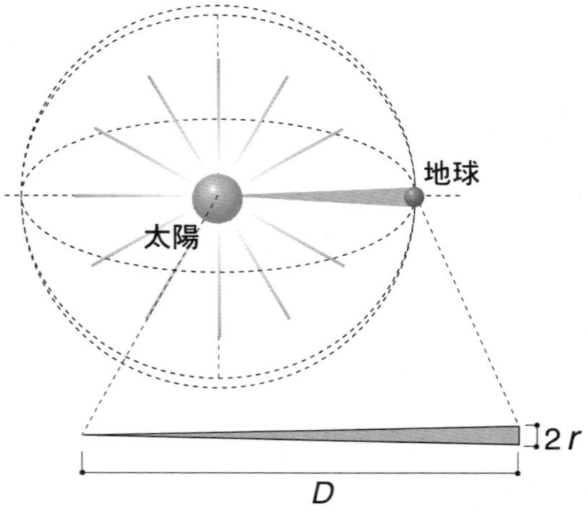

図 3.5.1　地球と太陽の関係。D は太陽と地球の平均距離（$=1.5\times10^{11}$m）、r は地球の半径（6.378×10^{6}m）。この図は、太陽と地球間の距離を相対的に短く、また、地球を大きく描いてある。底辺 2 r、高さ D の二等辺三角形の底辺と高さの関係は、底辺 1 cm、高さ 120 m の二等辺三角形と等しい。

---

† 太陽から放たれる全光子（全エネルギー）のうち、地球に向かう光子（エネルギー）の割合は、太陽を中心とした全立体角（4 π ステラジアン、sr と表記する）に対する地球の立体角（$=\pi r^2/D^2$）の割合（$=r^2/(4D^2)$）として計算できる[1]。ここで、D は太陽と地球の平均距離（$=1.5\times10^{11}$m）、r は地球の半径（6.378×10^{6}m）。

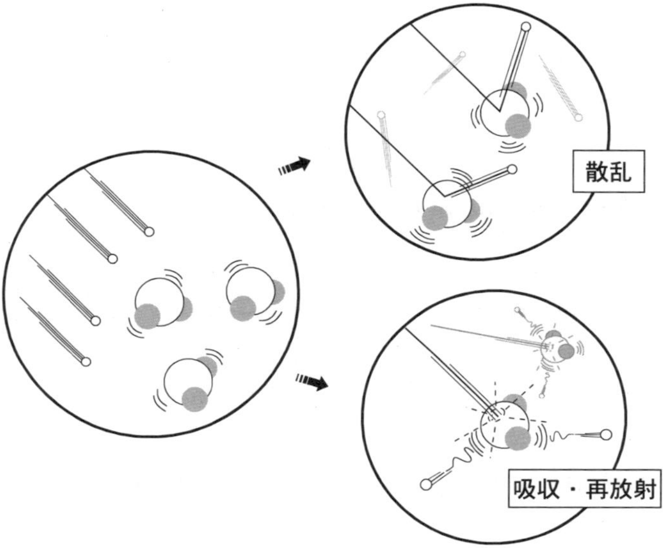

図 3.5.2　光子が大気中の分子に衝突して散乱・吸収・再放射する様子。再放射される光子の振動数は小さくなる。短い波長は、長い波長へと変化する。

る様子を模式的に示したものである。大気中の様々な分子に衝突し吸収される光子は、分子を激しく振動させ、自らの振動数は小さくなる（短い波長が長い波長へと変化する）。大気はこうして日射を吸収して暖まる。

散乱した光子群のうち、地表付近にいる私たちに向かってくる光子群に対して私たちは「光」を感じる。この「光」は空全体のあらゆる方向から来るように見える。昼間に空全体が明るいのは、このような光子の散乱による。太陽からやって来る光子が散乱して、空全体から地表に届くものを「天空日射」と呼ぶ。上述のように、私たちの棲む地表に届く光子群は、この天空日射の他に、大気中の水や塵の分子をすり抜けるようにしてほぼ直進して来るものがある。これは、ほぼ直進してくることから「直達日射」と呼ぶ。

ところで、光子が平行に直進（並進）している直達日射と拡散しながら地表にやって来る天空日射とで、光子が同じ数だけ飛んで来るとしたら、両者では何が違うのだろうか。虫眼鏡などの凸レンズを使って直達日射を黒い紙の一点に集めると煙が出て、やがて燃え始める。一方、太陽が雲で完全に隠れていて天空日射しかない場合では、レンズで光を一点に集めることができず、紙は燃えない。これらは、光子群が直進している直達日射には、紙を燃やせるような大きな資源性があること、光子群が散乱して指向性を失っている天空日射には、直達日射に比べると小さな資源性しかないことを示している。

3.5.1 光子群が運ぶエネルギーとエントロピー

日射は、以上のように、光子の飛来してくる現象と考えることできるが、光子のひとつひとつがその振動数に応じたエネルギーを運ぶ。光子1個当たりのエネルギーは、それぞれの光子の振動数に比例する。振動数が大きい（すなわち波長の短い）光子ほど、エネルギーが大きく、振動数が小さい（すなわち波長の長い）光子ほど、エネルギーは小さい。

例えば、紫外線は、赤外線に比べると振動数が大きい光子の集まりで、光子1個当たりのエネルギーが大きい。赤外線は、紫外線と比べると振動数の小さい光子の集まりで、光子1個当たりのエネルギーが小さい。海水浴に行って紫外線を長時間浴びると日焼けをするのに、電気ストーブから出る赤外線に長時間当たっても日焼けしない。これは、光子1個当たりのエネルギーが違うからで、紫外線を構成する光子は激しく振動しているために皮膚表面の細胞を破壊し、その結果がいわゆる日焼けとなって現われる。

日射は、様々な振動数をもつ光子の集まりである。直達日射エネルギーまたは天空日射エネルギーというときには、日射に含まれるすべての光子がもつエネルギーの合計を指す。直達日射が来る方向と垂直な面1 m^2（法線面）を仮想し、その面を1秒間に通過する光子群のもつエネルギーの合計を法線面直達日射エネルギー（法線面直達日射量）という。単位は W/m^2 である。地表面に水平に置いた1 m^2 の面を仮想し、その面に1秒間に天空から降り注ぐ光子群がもつエネルギー合計を水平面天空日射エネルギー（水平面天空日射量）という。単位はやはり W/m^2 である。

前述のように、日射が直達か天空かによって、光子群の散乱の程度は大きく異なる。光子群の散乱の大きさ、すなわち拡がり散りの大きさはエントロピーが表現し、これを日射エントロピーという。直達日射や天空日射のエントロピーは、日射エネルギーの合計値の大小、振動数ごとのエネルギーの大きさ、大気の清浄度などによって異なった値になる。日射エントロピーの計算方法は、文献2）3）

に示されるようにいくつか提案されているが、ここでは、使いやすい簡易式の形に整理されている文献 2）の式を示しておこう。

まず、直達日射の場合、法線面に入射する直達日射エントロピー s_{DN} は、

$$s_{DN} = 0.000462(I_{DN})^{0.9} \tag{3.5.1}$$

一方、水平面に入射する天空日射エントロピー s_{SH} は、

$$s_{SH} = 0.0014(I_{SH})^{0.9} \tag{3.5.2}$$

s_{DN} と s_{SH} の単位は、Ons/(m²•s)である。I_{DN} は法線面直達日射エネルギー、I_{SH} は水平面天空日射エネルギーである。I_{DN} と I_{SH} の単位は W/m² である。

図 3.5.3 は、法線面直達日射および水平面天空日射のエネルギーとエントロピーの関係を、式（3.5.1）と式（3.5.2）にしたがって描いたものである。横軸が日射エネルギー、縦軸が日射エントロピーである。図中の 2 本の線のうち、下の線が直達日射、上の線が天空日射である。直達日射および天空日射のいずれの場合も、日射エネルギーの値が大きくなるほどエントロピーの値も大きくなる。

例えば、日射エネルギー 400 W/m² が直達日射である場合の日射エントロピーは約 0.1 Ons/(m²•s) で、天空日射である場合の日射エントロピーはその約 3 倍の 0.3 Ons/(m²•s) である。すなわち、天空日射は直達日射よりも 3 倍ほど拡がっていると考えることができる。

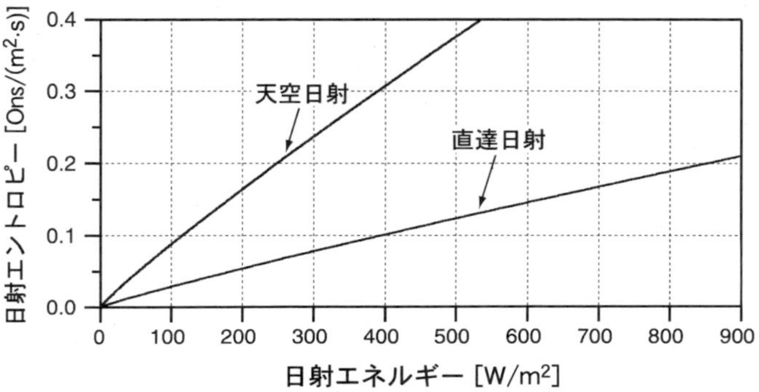

図 3.5.3　直達日射と天空日射のエネルギーとエントロピーの関係。横軸は直達日射または天空日射のエネルギー、縦軸は日射エントロピーである。日射エネルギーの値が同じであれば、天空日射の方が直達日射よりエントロピーが大きい、すなわち拡散している。

3.5.2 直達・天空日射のエクセルギー

直達日射と天空日射のエネルギーは、3.1 の式（3.1.6）に示したように次式で表現できる。

［日射エネルギー］=［日射エネルギーのうち拡散できる部分］
+［日射エネルギーのうち拡散している部分］ (3.5.3)

X_{DN} を法線面直達日射エクセルギー[W/m²]、I_{DN} を法線面直達日射エネルギー[W/m²]、s_{DN} を法線面直達日射エントロピー[Ons/(m²·s)]、T_O を環境温度[K]と表記することにすれば、式（3.5.3）は

$$I_{DN} = X_{DN} + T_O s_{DN} \quad (3.5.4)$$

となり、これを変形すれば

$$X_{DN} = I_{DN} - T_O s_{DN}$$

また、水平面天空日射エクセルギー X_{SH} [W/m²] も同様に、

$$X_{SH} = I_{SH} - T_O s_{SH} \quad (3.5.5)$$

図 3.5.4 は、直達日射と天空日射について、エネルギーとエクセルギーの関係を環境温度 T_O =288 K（15°C）の条件で求めたものである。横軸は直達日射または天空日射のエネルギー、縦軸はエクセルギーである。図中の 2 本の線のうち、上の線が直達日射、下の線が天空日射である。例えば、法線面の直達日射エネルギーが 400 W/m²とすると、直達日射エクセルギーの値は約 370 W/m²である。エクセルギーのエネルギーに対する割合は、約 90 %（=370/400×100）である。

よく曇った条件で、水平面で 400 W/m²の天空日射エネルギーが得られたとしよう。そうすると、天空日射エクセルギーは図 3.5.4 より約 300 W/m²である。天空日射エクセルギーのエネルギーに対する割合は、約 75 %（=300/400×100）である。

エクセルギーのエネルギーに対する割合は直達で 90 %、天空で 75 %だから、天空日射の方が拡散してしまっているわけである。大気圏に入射した日射が、大気中の様々な粒子によってどれほど散乱されたかがわかる。大気圏に入射した日

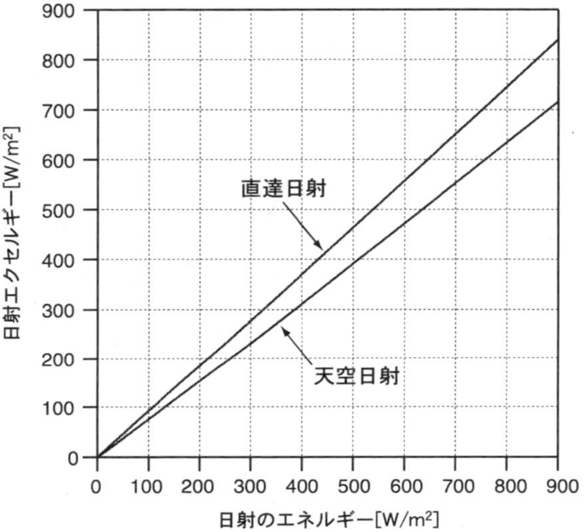

図3.5.4　直達日射と天空日射のエネルギーとエクセルギー。横軸は直達日射または天空日射のエネルギー、縦軸は日射エクセルギーである。直達日射の線の傾きは約0.93、天空日射の線の傾きは0.79で、直達日射の傾きの方が大きい。両者の傾きの差約0.1に相当する日射エクセルギーは、大気中における散乱により「消費」されたのである。

射エクセルギーの一部は、大気中で散乱により「消費」されて天空日射になるということができる。「散乱」という現象は、「エクセルギー消費」そのものである。曇った空の下で虫眼鏡で紙が燃やせないのは、直達日射に比べて天空日射のエクセルギーが小さいからである。

3.5.3　外壁の外表面におけるエクセルギー消費

直達日射と天空日射のエクセルギーは、外壁や地表面に入射するとどうなるだろうか。今度は、外壁の外表面におけるエクセルギー消費を見てみよう。

直達日射または天空日射が外壁の表面に入射すると、一部は表面で反射し、残りは壁に吸収される。この吸収を前述の光子のレベルで考えてみると、図3.5.5のようなイメージになる。

光子群の一部は、外壁を構成する分子群に衝突して、壁体分子を揺さぶり分子の振動を激しくする。光子がもっていたエネルギーは、壁を構成する分子の振動エネルギーに変わる。光子がもっていたエネルギーの合計と、分子の振動エネル

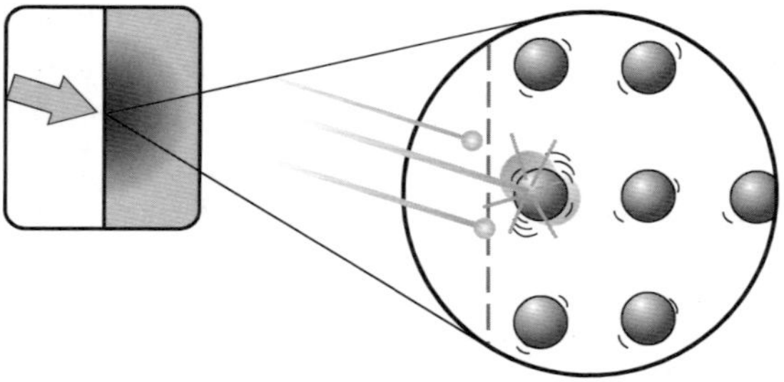

図 3.5.5　光子群が外壁表面を構成する分子群を振動させる。

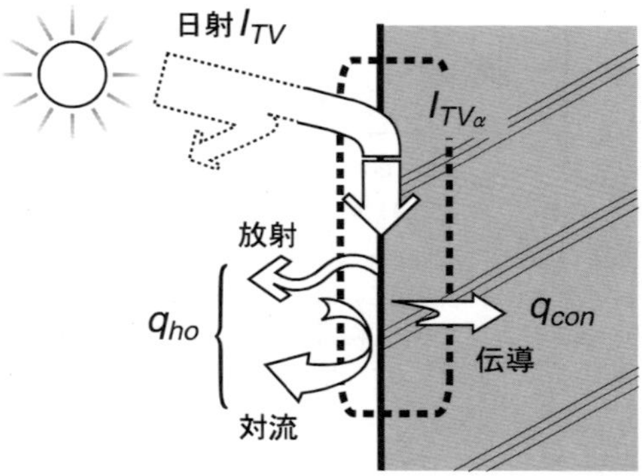

図 3.5.6　外壁外表面に日射が吸収される場合のエネルギーの流れ。話を簡単にするため、地表面や対向建物表面を反射してこの壁表面に入射する日射と、天空からの長波長実効放射は無視している。

ギーの合計とは等しい。現象の前後でエネルギーは保存されるからである。このことをエネルギー収支として表現しよう。図 3.5.6 は外壁表面に日射が当たるときのエネルギーの流れを模式的に示したものである。ただし、議論を単純化するため、地表面や対向建物表面を反射して外壁外表面に入射する日射と、天空からの長波長実効放射は含めない。天空の長波長実効放射を含めた場合については、3.8 で詳細に述べる。

点線で囲んだ部分をひとつの系と考えると、外壁外表面に入射する日射エネルギー I_{TV} のうち、$I_{TV\alpha}$ が表面に吸収され熱エネルギーになる。この熱エネルギーの一部は放射と対流により外気へ、残りは壁体内部へ伝導により移動する。このことを式として表わすと、次のようになる。

$$I_{TV\alpha} = q_{ho} + q_{con} \tag{3.5.6}$$

「等号」は日射の吸収から伝熱への現象で、エネルギーが保存されることを示す。$I_{TV\alpha}$、q_{ho}、q_{con}の単位はW/m²である。

次に、式(3.5.6)に対応するエントロピー収支式をつくる。図3.5.6中に示した系で$I_{TV\alpha}$の「吸収」という現象で生成されるエントロピーを$s_{g\alpha}$とすれば、$s_{g\alpha}$と系に入る日射エントロピー$s_{TV\alpha}$との和が系から出ていくエントロピーの合計と等しいと表現できる。系（外壁表面）の温度をT_{so}として、

$$s_{TV\alpha} + s_{g\alpha} = \frac{q_{ho}}{T_{so}} + \frac{q_{con}}{T_{so}} \tag{3.5.7}$$

右辺にある2つの項は、前者が系から外気側に向かう熱エントロピー、後者が壁体内部へ向かう熱エントロピーである。これら2項の形は、熱エントロピーの定義式そのものである。

$s_{TV\alpha}$は、式（3.5.1）と式（3.5.2）から求められるs_{DN}とs_{SH}を用いて、次式から計算できる。

$$s_{TV\alpha} = \alpha (s_{DN} \cos\theta_i + f_s s_{SH}) \tag{3.5.8}$$

αは外壁外表面の日射吸収率、θ_iは直達日射の入射角、f_sは天空日射が外壁表面に入射する割合である。式（3.5.8）の形式は、$I_{TV\alpha}$を求めるための式とまったく同じである。$I_{TV\alpha}$は、式（3.5.8）の$s_{TV\alpha}$を$I_{TV\alpha}$、s_{DN}をI_{DN}、s_{SH}をI_{SH}に置き換えればよい。

式(3.5.8)の両辺に環境温度T_Oを乗じておいて、その左辺・右辺を式（3.5.6）の左辺・右辺から引くと、エクセルギー収支式が得られる。

$$X_{TV\alpha} - X_{c\alpha} = X_{ho} + X_{con} \tag{3.5.9}$$

ここで、

$$X_{TV\alpha} = \alpha \{(I_{DN} - T_O s_{DN}) \cos\theta_i + f_s (I_{SH} - T_O s_{SH})\} \tag{3.5.10}$$

$$X_{c\alpha} = s_{g\alpha} T_O \tag{3.5.11}$$

$$X_{ho}=\left(1-\frac{T_O}{T_{so}}\right)q_{ho} \tag{3.5.12}$$

$$X_{con}=\left(1-\frac{T_O}{T_{so}}\right)q_{con} \tag{3.5.13}$$

式 (3.5.9) は次のように読むことができる。外壁外表面に入射する日射エクセルギーのうち、割合 α が吸収されると $X_{c\alpha}$ が消費され、熱エクセルギー X_{ho} と X_{con} が生み出される。熱エクセルギー X_{ho} は外気側に向かって、熱エクセルギー X_{con} は壁体内部へと流れていく[*1]。

図 3.5.7 は、以上のことをイメージとして表現したものである。図中の矢印はエクセルギー流、□で囲んだ部分はエクセルギー消費を表わしている。

外壁外表面のエクセルギー収支を具体的に求めてみよう。晴れた日を想定する。法線面直達日射エネルギーを 600 W/m²、水平面天空日射エネルギーを 100 W/m²、外壁面に対する直達日射の入射角 θ_i を 30°、天空日射が外壁表面に入射する割合 f_s を 0.5、外気温 T_O を 288 K（15°C）、外表面総合熱伝達率 h_o を 23 W/(m²・K)、外表面の直達日射および天空日射に対する吸収率 α を 0.9、外壁はコンクリートで厚さ 120 mm とし、この壁の熱伝導を定常状態として考えることに

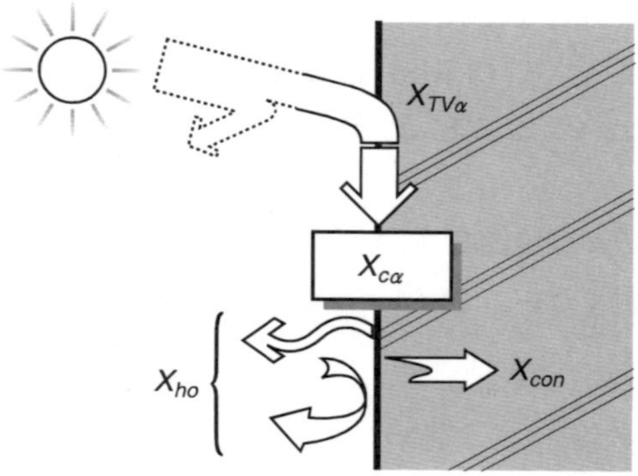

図 3.5.7 壁体表面におけるエクセルギー投入・消費。図中の□は、日射吸収によるエクセルギー消費、白抜きの矢印は、エクセルギー流である。日射エクセルギー $X_{TV\alpha}$ のうち $X_{c\alpha}$ が消費され、熱エクセルギーの流れ X_{ho} と X_{con} が生み出される。

*1 対流と長波長放射による熱エクセルギーの移動、伝導による熱エクセルギーの移動の計算式とその意味するところは、3.6 と 3.7 で改めて述べる。

する[*2]。壁の室内側表面から外気までの熱の伝わりやすさ、すなわち熱コンダクタンス C_w は 13 W/(m²·K)である。壁の内表面温度 T_{si} は、285 K (22℃) で一定に保たれているとしよう。

まず、式 (3.5.6) の左辺第1項 $I_{TV\alpha}$ を求める。

$$I_{TV\alpha}=0.9\times(600\times\cos 30^\circ+0.5\times 100)=512.6\ \mathrm{W/m^2}$$

式 (3.5.6) の右辺にある q_{ho} と q_{con} は、次のように表わせる。

$$q_{ho}=h_o(T_{so}-T_o)$$
$$q_{con}=C_w(T_{so}-T_{si})$$

これらの式の変数に対応する数値を代入して、

$$q_{ho}=23\times(T_{so}-288)$$
$$q_{con}=13\times(T_{so}-295)$$

$I_{TV\alpha}=512.6$ と、q_{ho} と q_{con} の和が等しいとおけば、T_{so} が求められる。その結果は、$T_{so}=304.8$ K(31.8℃)となる。得られた T_{so} の値を使って、$q_{ho}=385.6$ W/m²、$q_{con}=127$ W/m² が得られる。

次に、式 (3.5.8) 中に現れる s_{DN} と s_{SH} を、図3.5.3 または式 (3.5.1)、式 (3.5.2) を使って求める。

$$s_{DN}=0.000462\times 600^{0.9}=0.146\ \mathrm{Ons/(m^2\cdot s)}$$
$$s_{SH}=0.0014\times 100^{0.9}=0.088\ \mathrm{Ons/(m^2\cdot s)}$$

$s_{TV\alpha}$ は式 (3.5.8) より、

$$s_{TV\alpha}=0.9\times 0.146\times\cos 30^\circ+0.9\times 0.5\times 0.088=0.154\ \mathrm{Ons/(m^2\cdot s)}$$

式 (3.5.7) を $s_{g\alpha}$ について整理して、外壁外表面における日射吸収によるエントロピー生成 $s_{g\alpha}$ を求める。

$$s_{g\alpha}=\frac{q_{ho}}{T_{so}}+\frac{q_{con}}{T_{so}}-s_{TV\alpha}$$

---

*2 非定常熱伝導にかかわるエクセルギーについては、3.9 に述べる。

$$=\frac{385.6}{304.8}+\frac{127.0}{304.8}-0.154=1.528\ \mathrm{Ons/(m^2 \cdot s)}$$

最後に、式（3.5.9）に示したエクセルギー収支式の各項の値を求める。まず、式（3.5.10）から $X_{TV\alpha}$ を求める。

$$X_{TV\alpha}=0.9\times(600-288\times0.14)\times\cos 30^\circ+0.9\times0.5\times(100-288\times0.088)=468.4\ \mathrm{W/m^2}$$

外壁外表面における日射吸収によるエクセルギー消費 $X_{c\alpha}$ は、式（3.5.9）を $X_{c\alpha}$ について整理して、

$$X_{c\alpha}=X_{TV\alpha}-X_{ho}-X_{con}$$

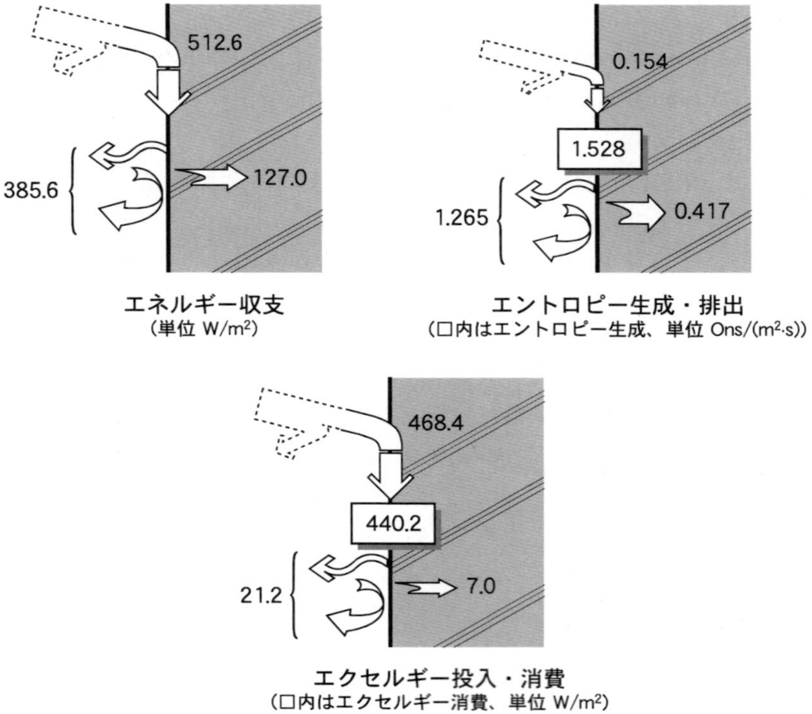

図3.5.8 外壁外表面におけるエネルギー・エントロピー・エクセルギー収支の計算例

$$= X_{TV\alpha} - \left(1 - \frac{T_O}{T_{SO}}\right) q_{ho} - \left(1 - \frac{T_O}{T_{SO}}\right) q_{con}$$

$$= 468.4 - \left(1 - \frac{288}{204.8}\right) \times 385.6 - \left(1 - \frac{288}{204.8}\right) \times 127.0 = 440.2 \ \mathrm{W/m^2}$$

となる。図3.5.8は、以上の結果をまとめて示したものである。

● 参 考 文 献 ●

1) 押田勇雄：太陽エネルギー、NHKブックス、1981年12月（第1版)、p. 36
2) Kabelac, A., Drake, F.-D., The Entropy of Terrestrial Solar Radiation, Solar energy Vol. 48. No. 4, 1992, pp. 239-248
3) 押田勇雄：エクセルギー講義、太陽エネルギー研究所、1986年9月 、pp. 95-106

3・6 熱拡散—閉鎖系の理論— 伝導と対流—エクセルギーの移動量(2)

暖冷房システムを運転していて、室内空気の温度が外気温よりも何度か高温または低温に保たれている部屋があったとしよう。その室内空気には、温または冷エクセルギーが保有されている。その量は式（3.4.13）で求められることがわかった。暖冷房システムの運転を停止すると、室内空気の温度は外気温に近づくように、下降または上昇し始める。これは、室内空気に保有されていた温・冷エクセルギーが、熱というしかたで空気から外壁を貫いて外気へと消費されながら伝わり出ていくからである。

本節では、熱というしかたでのエクセルギーの伝搬、言い換えると「移動量としての熱エクセルギー」の表現方法を、外壁を例にして示そう。

本題に入る前に用語の使い方を明確にしておこう。本節では、移動量としての熱エネルギーを、「熱エネルギー流」と呼ぶ。それと同様に、移動量としての熱エントロピーのことを「熱エントロピー流」と呼び、移動量としての熱エクセルギーのことを「熱エクセルギー流」と呼んで、状態量のエネルギー・エントロピー・エクセルギーとの違いを明瞭にして議論を進めたい。

3.6.1 伝熱の型

3.1で述べたように、「熱」とは微視的に見れば、物質を構成する粒子群の振動が伝播するしかたである。物質粒子間での振動の伝わり方には、伝導・対流・放射と呼ばれる3種類の型がある。建築空間でみられる熱現象は、これら3種類が同時に関与することが特徴である。ヒトの皮膚表面から汗が蒸発して室内空気が加湿され湿潤になったり、窓ガラス面などで結露が起きて室内空気が除湿され乾燥したりする場合にも、それに伴った伝熱が起きるから、伝導・対流・放射に加え、水の蒸発と凝縮も広義には熱の伝わり方に含まれる。

まずは、伝導と対流による伝熱が拡散現象であるというイメージをもつために、室内空気から外気へと外壁を貫く熱が何であるかを、微視的な観点から考えてみよう。温度分布は、図 3.4.1 に示したように、室内空気が最も高く、外壁の室内側表面から室外側に向かって次第に下降しているとする。

室内空間では、図 3.6.1 に示すように、空気の粒子が不規則に飛び交っている。その速さは毎秒数百メートルで、速さが大きいほど気体の温度は高い。おびただしい数の空気粒子が各々まったくバラバラの向きに飛び交っているため、空気粒子は互いに衝突を繰り返し、そのたびに方向を変えるので、空気粒子がある一定方向に移動できる距離は非常に小さい。例えば、1 気圧で常温の酸素分子が 1 回衝突してから次に衝突するまでに直進できる距離は、平均 70 nm（＝0.00007 mm）程度に過ぎない[1)]。

したがって、壁の表面のごく近く（境界層）に存在する空気粒子は、絶えず壁に衝突を繰り返していると考えられる。空気の温度の方が壁の温度よりも高いと想定しているので、ぶつかった空気粒子群の方から、ぶつかられた壁表面の粒子群へと振動が伝えられる。壁表面近くにある空気粒子群の飛行速さは、壁表面から離れた位置の空気に比べて遅くなるので、一定容積中に存在する空気粒子群の数が多くなる。すなわち、空気（粒子群）の密度が大きくなる。このことにより、低温になり重くなった壁際の空気は下降し、その後に室内の方から軽い温かい空気が入り込む。そうすると、室内空気の粒子群が塊として流れを起こす。このように、高温の部分と低温の部分があったときに、その間にある流体（空気や水など）中に流れが発達して伝熱が促進される現象を、一般に「対流（自然対流）」という。

壁内部の方に注目すると、空気粒子群から伝えられた振動が、壁の室内側表面に並ぶ粒子群から壁体内部の粒子群へと隣り合う粒子づたいに伝搬されていく。このように、物質は移動せずに、粒子の振動だけが隣接する粒子の間で伝播する現象を「熱伝導」という。空気のような流体でも、空気の粒子群が塊として動かないような狭い密閉された空間であれば、空気粒子が壁の粒子に衝突したり、空気粒子どうしが衝突して振動が伝わるから、伝熱のしかたは熱伝導となる。

液体の水 1 cm^3 が気体の水（水蒸気）になると、体積が約 1700 倍になる。したがって、気体では液体に比べて粒子間の距離が大きく、空気粒子どうしが衝突する機会は、液体（や固体）と比べて著しく少ない。そのため、気体の伝導による熱の伝わりやすさ（熱伝導率）は一般に小さい。建物で断熱材として用いられる

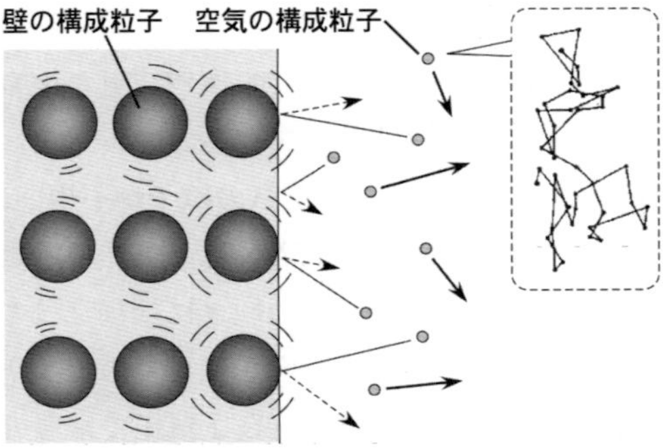

図3.6.1 壁表面と空気の間に起きる熱現象を微視的に見る。空気温度＞壁体温度とする。空気を構成する粒子がそれぞれ不規則に飛び交っている。低温の壁表面に高温の気体粒子がぶつかると、壁に振動を伝えた結果、壁近くの空気粒子群の動きは全体的に遅くなるので、空間中の分子密度が高まり、気体が重くなるため、壁際の空気は降下し、そこに温かく軽い空気が入り込むという空気粒子群の循環流が起こる（熱対流）。対流の発達により熱拡散が促進される。飛び交う気体粒子どうしが衝突し合い振動が伝播するのは固体や液体と全く同様である（熱伝導）。ただし、気体粒子間の距離は固体や液体に比べて大きいため、気体中の熱伝導は小さい。

フォームポリスチレンは、ポリスチレンの膜でつくられたたくさんの小さな気泡でできている。複層ガラスでは、二枚のガラスで構成された縦長の空間に空気が閉じ込められるので、対流現象が起こりにくくなる。これらはいずれも、静止していれば熱伝導が起きにくいという空気の特性を引き出す工夫である。

放射による伝熱は、室内空間であれば壁・床・天井、家具類や人体などの対面し合うあらゆる物質の表面間で生じている。放射伝熱は、ある物質表面と空間を隔てて対面している他の物質表面との間で、相互に電磁波の放出と吸収とによって行なわれる熱現象である。すなわち、伝導と対流による伝熱が起こらない真空中でも、放射による熱現象だけは存在する。放射による伝熱は、以上に述べた熱伝導と対流熱伝達のような物質粒子どうしの直接的な接触による振動の伝播とは異なるので、次節（3.7　長波長放射）で改めて詳しく述べる。

3.6.2 伝導と対流のエクセルギー

図3.6.2に示すような壁を考える。a.は室内側が外気側よりも温度が高い場合、その逆がb.である。ここでは、定常状態を想定する。まず、この壁の室内側表面（温度 T_{sr}）と室内空気（温度 T_r）の間にある空間（温度境界層と呼ぶ）に

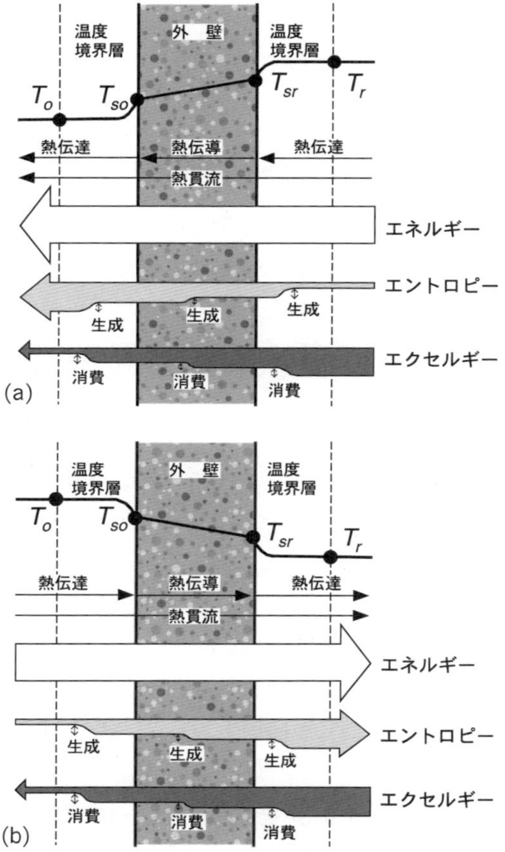

図3.6.2　壁を貫く熱（定常状態）。熱によってエネルギー・エントロピー・エクセルギーが流れる。(a) は、室内空気の方が外気温（環境温度）よりも高温の場合（$T_o < T_r$）。この場合は「温」エクセルギーが壁内部を流れながら消費される。(b) は、室内空気の方が外気温（環境温度）よりも低温の場合（$T_o > T_r$）。この場合は「冷」エクセルギーが壁内部を流れながら消費される。$T_o < T_r$と $T_o > T_r$のいずれの場合にも、熱エクセルギーは必ず環境側に向かって流れる。

注目すると、出入りするエネルギー・エントロピーには次の関係が成り立つ。

$$[入るエネルギー]=[出るエネルギー] \tag{3.6.1}$$

$$[入るエントロピー]+[生成エントロピー]=[出るエントロピー] \tag{3.6.2}$$

式（3.6.1）と式（3.6.2）を伝導・対流・放射の成分別に書き表わすと、外壁

表面の1 m²当たりについて、

$$q_{cv}+q_{rin}=q_{rout}+q_{cond} \tag{3.6.3}$$

$$\frac{q_{cv}}{T_r}+s_{rin}+s_{gwsr}=s_{rout}+\frac{q_{cond}}{T_{sr}} \tag{3.6.4}$$

となる。式 (3.6.3) と式 (3.6.4) の左辺第1項は、室内空気から対流熱伝達により壁の表面に入る熱エネルギー・熱エントロピーである。左辺第2項は、室内の他の各面から出た放射が、この壁に吸収される熱エネルギー・熱エントロピーである。式 (3.6.4) の左辺第3項に現れる s_{gwsr}は、壁の室内表面における対流・放射現象によって生成されるエントロピー速さである。

出る方の右辺を見よう。式 (3.6.3) と式 (3.6.4) の右辺第1項は、この壁表面から室内各面に向けて放射される熱エネルギー・熱エントロピーである。右辺第2項は、伝導により壁内部へ向かう熱エネルギー・熱エントロピーである。

対流と伝導による熱エントロピーはともに、対象とする系を出入りする熱エネルギー q を q が通過する境界面の絶対温度 T で除して、すなわち q/T の形で表わせる。温度 T_r の室内空気から出て温度境界層に入るときには、温度 T_r の境界面を通過するから、式(3.6.4)の左辺第1項の分母は T_r、壁内部へと出ていくときには温度 T_{sr}の境界面 (壁表面) を通過するから、式 (3.6.4) の右辺第2項の分母は T_{sr}である。

エクセルギー収支式は、式 (3.6.3) と式 (3.6.4) を組み合わせて、式 (3.6.5) のようになる。

$$\left(1-\frac{T_o}{T_r}\right)q_{cv}+e_{rin}-s_{gwsr}T_O=e_{rout}+\left(1-\frac{T_o}{T_{sr}}\right)q_{cond} \tag{3.6.5}$$

e_{rin}と e_{rout}は、放射エクセルギー流だが、これらの詳細は、3.6.1のおわりで断ったように、3.7で説明する。

ここでは、室内空気から壁内表面への対流による熱エクセルギー流 (左辺第1項) の特徴についてさらに考えよう。対流による熱エネルギー流は、温度差に比例するとして、次のように表現できる。

$$q_{cv}=h_c(T_r-T_{sr}) \tag{3.6.6}$$

比例定数 h_cを対流熱伝達率と呼ぶ。単位は W/(m²·K) である。

表 3.6.1 熱伝導と対流熱伝達における熱エントロピー・エクセルギー流[2)]

温度条件	熱	エントロピー	エクセルギー
$T_o < T_r$	$0 < q_{cv}$	$0 < \dfrac{q_{cv}}{T_r}$	$0 < \left(1 - \dfrac{T_o}{T_r}\right) q_{cv}$ …「温」エクセルギー流
$T_o > T_r$	$q_{cv} < 0$	$\dfrac{q_{cv}}{T_r} < 0$	$0 < \left(1 - \dfrac{T_o}{T_r}\right) q_{cv}$ …「冷」エクセルギー流

これを、式 (3.6.5) の左辺第1項に代入すると、

$$\left(1-\frac{T_o}{T_r}\right)q_{cv}=\frac{h_c(T_r-T_o)(T_r-T_{sr})}{T_r} \tag{3.6.7}$$

定常状態を想定しているから、$T_o < T_r$の場合には必ず $T_{sr} < T_r$となる。また、$T_r < T_o$の場合には必ず $T_r < T_{sr}$となる。したがって、式(3.6.7)の値は必ず「正」である。これは、状態量としての熱エクセルギーの場合に、$T_o < T_r$と$T_o > T_r$のいずれであっても、エクセルギーは必ず正の値になったのと同じである。

$T_o < T_r$の場合には、室内空気は状態量としての「温」エクセルギーを保有しているから、室内空気から壁内表面へと対流で伝わっていく熱エクセルギー流も、壁の室内表面から壁内部へと伝導していく熱エクセルギー流も「温」エクセルギー流である。その逆に、$T_o > T_r$の場合には、室内空気は状態量としての「冷」エクセルギーを保有しており、室内側から外気（環境）へと向かう移動量としての熱エクセルギーは「冷」エクセルギー流である。

壁の室内側表面から伝導により壁内部へ向かう熱エクセルギー流、すなわち式(3.6.5) の右辺第2項についても同様のことがいえる。

表 3.6.1 に、温度の高低と熱エネルギー流・エントロピー流・エクセルギー流の関係をまとめて示しておこう。

● 参 考 文 献 ●

1) P. W. Atkins（千原秀昭・稲葉章 訳）：物理化学要論　第2版、東京化学同人、1998年、pp.23-33
2) 宿谷昌則：温エクセルギーと冷エクセルギーに関する考察、日本建築学会学術講演梗概集、1996年、pp.453-454

熱拡散―閉鎖系の理論―

3.7 長波長放射―エクセルギーの移動量(3)

3.5で述べたように、放射は電磁「波」であると同時に「粒」子である。波としてみる場合、その性質は波のうねり方によって変わってくる。波のうねり方は、うねり一つの長さで表わす約束である。これを波長という。私たちの目を働かせる(可視) 光の波長は0.4〜0.8μm (=10^{-6}m、マイクロメートル) である。日射は様々な波長の波から成る合成波であるが、その約半分が可視光で占められ、残りの半分は0.8〜2.5μmの光である。この波長範囲を「近赤外域」という。

壁や窓・天井・床で囲まれた建築環境空間では、私たちの目を働かせることはできないが、皮膚に温かさや冷たさを感じさせる「遠赤外域」の光が飛び交っている。この波長範囲は2.5〜100μmである。遠赤外域と近赤外域を併わせて赤外域という。

日射を構成する可視域と近赤外域の光を併せて「短波長放射」と呼び、これに対応させて遠赤外域の光を「長波長放射」と呼ぶ。本節のタイトルはこの呼称による。

壁があって、その表面より内部の伝熱は伝導、外側の伝熱は対流と長波長放射とによる。対流による伝熱を対流熱伝達、長波長放射による伝熱を放射熱伝達という。

放射熱伝達は、壁表面どうしや壁表面とヒトの体表面との間における遠赤外域の光の出入りによる。壁表面も人の体表面も空気と接しており、その空気の向こう側には壁や窓・天井・床がある。壁表面や体表面は、それらを囲む他の表面と長波長放射をやり取りする。このような長波長放射によるエクセルギーの出入りをどのようにして求めるかが本節の主題である。

3.7.1 放射エネルギーと放射エントロピー

図3.7.1は、放射に含まれるエネルギーを振動数ごとに示したものである。振

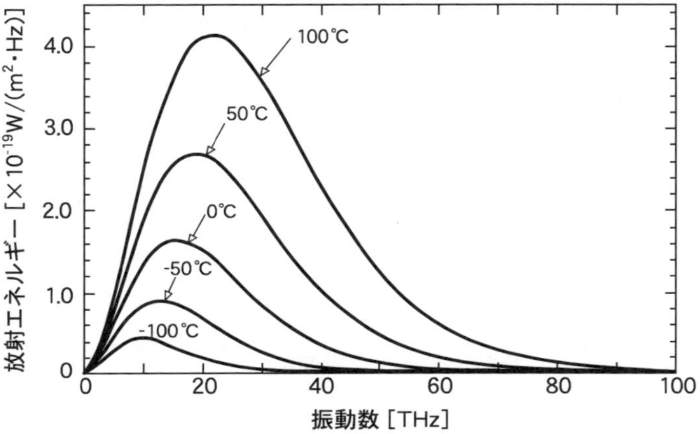

図3.7.1　放射に含まれるエネルギーの振動数ごとの大きさ。物体の温度が高くなるほどエネルギーの量(曲線の山の高さと曲線下部の面積)は大きくなり、振動数の大きい成分が増えてくる。

動数とは、波の一うねり（波長）が１秒間に何回現われるかを示す。周波数ともいう。放射（光）の速さは、波長が長かろうが短かろうが、真空中では3×10^8m/sで一定である。建築内外の空間は真空ではないが、3×10^8m/sと考えてよい。光速を波長で割ったものが振動数である。図の横軸の単位THzは「テラヘルツ」と読む。T（テラ）は10^{12}、Hz（ヘルツ）は振動数の単位で、１秒当たりの振動回数を示す。

図中の五つの曲線を左下から右上に向かって追って見ると、物体の温度が高くなるほど、放射に含まれるエネルギー（曲線と横軸の間の面積）が大きくなることがわかる。また、物体の温度が高くなるほど、振動数の大きい放射エネルギー成分が増えることが読み取れる。

図3.7.2のa.に示すような向かい合う壁を考える。話を簡単にするために、対流を考えないで済むよう、壁と壁の間は真空と仮定する。左側の壁の方が右側の壁よりも高温だとすると、左側の壁の方が右側よりも放射によるエネルギーの放出が大きい。これは、正味の量だけに着目すれば、左の壁から右の壁へ一方的に放射によってエネルギーが流れていると考えることもできる。そのイメージが図3.7.2のb.である。このように考えれば、伝導や対流の場合と同じである。

次に、図3.7.3を見ながら、左の壁から右の壁の方向へ飛んで来る放射(光子)の行方を順に追ってみよう。

右側の壁に正味吸収された放射は、伝導で壁内部へ伝わる。

振動数の大きい放射が高温の左壁から放出され、低温の右壁に吸収されると、右壁表面近くにある壁を構成する粒子の振動が激しくなる。放射の振動が壁を構成する粒子の振動へと、すがたを変えて伝わっていく。

結局、放射の吸収から伝導へのプロセスは、エネルギーの拡散による移動である。壁表面における放射の「吸収」では、エントロピーが生成される。放射から伝導へのエネルギーの形態変化を伴うからである。左壁から出る正味の放射は、エネルギーとともにエントロピーを右壁へと移動させ、右壁の表面における吸収によってエントロピーが生成され、その生成エントロピーは伝導によって壁内部へと伝わっていく。

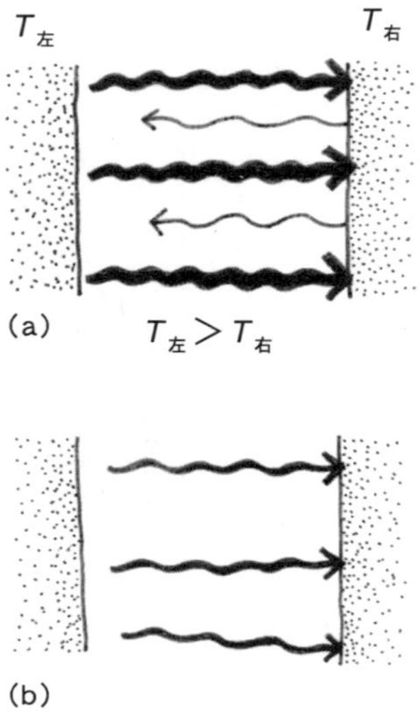

図3.7.2 向かい合う壁。左壁の温度 $T_{左}$ は右の壁の温度 $T_{右}$ より高い。双方の表面から放射がある(a)。右壁が吸収する放射エネルギーは放出する放射エネルギーより多いので、放射エネルギーは正味として左壁から右壁に伝達するとみなせる(b)。放射エントロピーについても同じ。

3.7.2 長波長放射エクセルギー

壁表面の単位面積から放出される放射エネルギーと放射エントロピーは、次式で表わせることがわかっている[1)2)3)]。

$$[放射エネルギー]=\bar{\varepsilon}\sigma T^4 \tag{3.7.1}$$

$$[放射エントロピー]=\bar{\varepsilon}\left(\frac{4}{3}\sigma T^3\right) \tag{3.7.2}$$

ここで、$\bar{\varepsilon}$ は長波長放射率といって、物体表面がどれほど放射を出しやすいかを表わす係数で、0～1の値をとる。長波長放射率は、凸凹が極めて少ないように磨き抜かれた金属表面では小さい値になるが、建築材料の多く、特に室内外を構成する壁の表面では、0.8～0.95の値である。σ はシュテファン・ボルツマン定数と呼ばれる定数で、その値は 5.67×10^{-8}W/(m^2・K^4)、T は壁表面の絶対温度である。

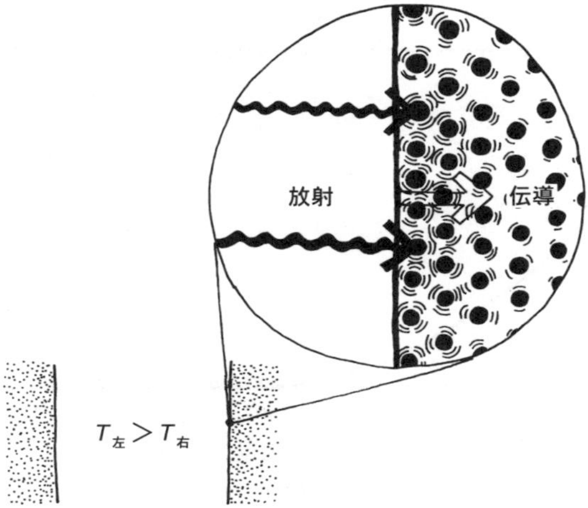

図 3.7.3 真空中で向かい合う壁の間における放射と伝導。左壁を構成する粒子の激しい振動は、振動数の大きな放射（波形矢印）によって右壁に伝わる。壁の表面付近にある粒子群は、放射を受け取ることによって、振動が大きくなり、その振動は右壁内部へと拡散していく。

放射のエクセルギーは、その放射を出す物体の温度が環境温度と異なる場合に存在するはずだから、その計算では環境と熱平衡にある物体を仮想して、その物体が放出する放射のエネルギーとエントロピーを考える必要がある。すなわち、

$$[環境の放射エネルギー] = \bar{\varepsilon}\sigma T_o^4 \qquad (3.7.3)$$

$$[環境の放射エントロピー] = \bar{\varepsilon}\left(\frac{4}{3}\,\sigma T_o^3\right) \qquad (3.7.4)$$

問題としている物体と環境との間で、放射エネルギーについて差をとり、エントロピーについても差をとる。このエントロピー差に環境温度を乗じたものは、物体から出る放射エネルギーのうちのすでに拡散してしまっているエネルギーである。そこで、この値を放射エネルギー差から差し引くと、放射エクセルギーの式が得られる。

$$[放射エクセルギー] = \bar{\varepsilon}\sigma\left\{(T^4 - T_o^4) - \frac{4}{3}\,T_o(T^3 - T_o^3)\right\} \qquad (3.7.5)$$

式 (3.7.5) は物体の単位表面積から放出される長波長放射のエクセルギーである。

図 3.7.4 は、環境温度が 20°C の場合に、放射率 1 の物体表面から放たれる放射

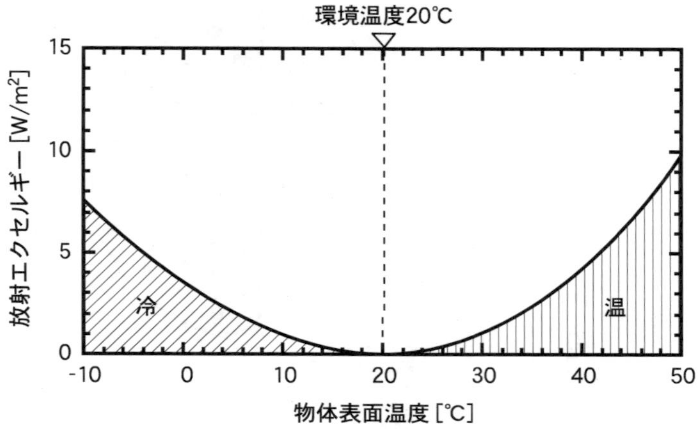

図3.7.4 長波長放射エクセルギー。環境温度が 20°Cの場合、物体表面温度が 40°Cなら約 4 W/m²の温エクセルギーが放出され、逆に 0°Cの場合では約 3 W/m² の冷エクセルギーが放たれる。

エクセルギーを、式（3.7.5）にしたがって求めた結果を示したものである。

放射エクセルギーは、物体表面温度が環境温度より高い場合でも、また、低い場合でも必ず正の値になっている。例えば日射を浴びて 40°Cになっている屋根からは、約 4 W/m²の「温」エクセルギーが放出され、 0 °Cの氷柱からは約 3 W/m² の「冷」エクセルギーが放出される。放射にも温エクセルギーと冷エクセルギーが存在することは、伝導と対流の場合と同じである。

放射エクセルギーを考える場合、図3.7.5のようなイメージをもつとわかりやすくなるかもしれない。a）は、対象とする物体がその環境を構成する壁面より高温の場合で、物体からは環境に向かって正の放射エネルギーが正味放出される。この場合、放射エクセルギーは温エクセルギーとなる。放射の温エクセルギーは、放射によってものを温《あたた》める能力を表わす。ストーブや炬燵に手の平をかざして温《ぬく》もりを感じるのは、手の平が温エクセルギーを吸収しているからだ。

b）は、物体表面温度が環境より低い場合である。物体から放出される正味のエネルギーは負の値になる。つまり環境からの吸熱を意味する。吸熱は、いま考えている物体が環境にある熱エネルギーを拡散させる能力があることを意味する。この場合、放射エクセルギーは冷エクセルギーとして正の値をとる。放射の冷エクセルギーは、「冷」放射によってものを冷やす能力を表わすのである。

氷柱のそばで何となく冷たさを感じたり、夏の暑い日に鍾乳洞に入るとヒヤッ

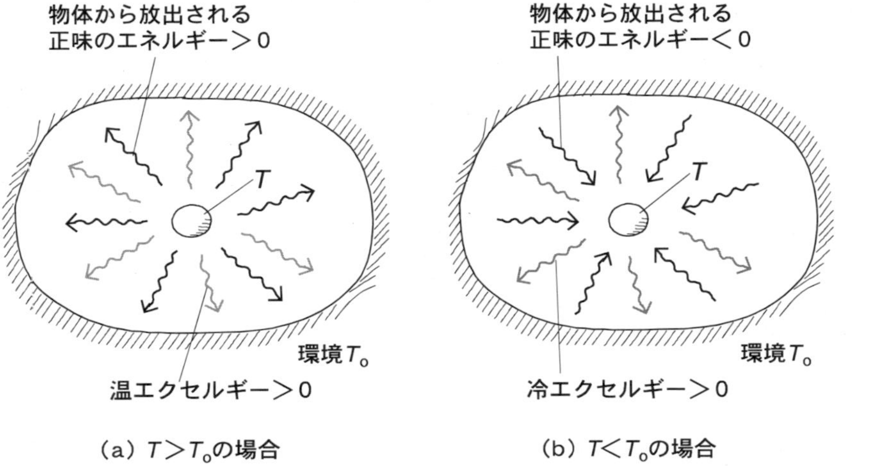

図3.7.5　放射のエネルギーとエクセルギー。(a) のように物体表面温度が環境温度より高い場合、放出される正味の放射エネルギーは、エクセルギーと同じ向きになる。(b) のように環境温度より低い場合、放出される正味の放射エネルギーは負の値になる。しかしエクセルギーは正であることに注意。温エクセルギーは物体温度が環境温度より高い場合に現れて、温放射でものを温める能力を表わし、冷エクセルギーはその逆に、環境温度より低い場合に現れて、冷放射でものを冷やす能力を表わす。

と感じたりするが、これらは氷柱や鍾乳洞の壁面から冷エクセルギーが放射されているためと考えることができる。

物体表面温度が環境温度より低いと、放射エネルギーの正味の移動量は負になるが、これは、「放射」ということばが示す方向とエネルギーの移動する方向とは逆になることを意味する。冷エクセルギーの概念を使うことで、放射ということばの示す方向と数理的に表現される物理量の方向がはじめて一致する。これは重要なことである。「冷放射」を直截的に表わすことが可能になるからである。

放射率1の物体（黒体）表面における放射熱伝達率 h_{rb}[W/(m²·K)] を用いることができるように式（3.7.5）を整理すると*、次のように変形できる。

[放射エクセルギー]＝

$$\bar{\varepsilon}h_{rb}\frac{(T-T_o)(T_m-T_o)}{T_m}=\bar{\varepsilon}h_{rb}\frac{(T-T_o)^2}{T+T_o}>0 \qquad (3.7.6)$$

* 放射熱伝達率を用いて絶対温度の4乗の式を1次式に整理する方法は、3.8の脚注にある。

ここで、$h_{rb}=4\sigma T_m^3$、$T_m=(T+T_o)/2$ である。

式 (3.7.6) は、$\Delta T=(T-T_o)/2$ が T に比べて十分小さい場合における放射エクセルギーの近似式であるが、建築環境の内部空間について長波長放射を議論する場合には、式 (3.7.5) の代わりに式 (3.7.6) を用いても十分な精度の計算が行なえる。式 (3.7.6) の最右辺は、放射エクセルギーが必ず正の値をとることを表現していることに注意してほしい。

● 参 考 文 献 ●

1) 高橋達・近藤大翼・伊澤康一・宿谷昌則：放射エクセルギーの計算方法、日本建築学会大会学術講演梗概集、2000 年 9 月、pp. 487-488

2) M.Planck : The Theory of Heat Radiation(English Translation of “Vorlesungen über die Theorie der Wärmestrahlung” by M. Masius in 1914), Dover Books, 1991, pp. 97-98

3) A.Bejan : Advanced Engineering Thermodynamics, Wiley Interscience, 1988, pp. 483-487

4) 藤原邦男・兵藤俊夫：熱学入門―マクロからミクロへ、東京大学出版会、2002 年、pp.164-167

5) M. Shukuya, “Thermal Radiant Exergy and Its Importance for Proniding Low-Exergy Consumption Rate of Human Body in the Built Environment”, Proceedings of 10th REHVA International Congress—CLIMA 2010—"Sustainahle Energy Use in Buildings”, Antalya, Turkey, 9-12th May, 2010

熱拡散―閉鎖系の理論―

3.8 実効放射―エクセルギーの移動量(4)

3.7で述べたように、長波長放射のエクセルギーは環境温度より温度の高い物体ばかりでなく、低い物体の表面からも出てくる。前者が温放射エクセルギー、後者が冷放射エクセルギーであった。晩秋から冬季にかけてテレビの天気予報を見ていると、「明日の朝は放射冷却のために冷え込みが厳しいでしょう……」といった表現を聞くことがある。これは、冷放射エクセルギーの吸収とその消費を暗に意味している一例である。

大気上層の温度は、夏冬を問わず地表付近の温度に比べて低い。したがって、大気上層は地表に向かって冷放射エクセルギーを放っている。その量が地域によってどれほど違うか、あるいは同一の地域においても季節によってどれほど違うかを知ることは、科学的な興味に加えて自然に存在する冷エクセルギーの有効消費技術を見出すためにも重要なことである。

図3.8.1に示すような建築外壁面を考える。まず、この壁の外表面に着目して、外表面を鉛直な広がりだけがあって厚さがない閉鎖系とみなすことにする。この閉鎖系を出入りするエネルギーとエントロピーは、次のように分類できる。

入る方は、日射(短波長放射)、大気からの長波長放射、地表面からの長波長放射である。出る方は、大気と地表に向かう長波長放射、外気に向かう対流、そして壁内部への伝導である。厚さのない外表面を系として考えているので、エネルギー・エントロピー・エクセルギーの蓄積はない。したがって、

$$[\text{入るエネルギー}]=[\text{出るエネルギー}] \tag{3.8.1}$$

$$[\text{入るエントロピー}]+[\text{生成エントロピー}]=[\text{出るエントロピー}] \tag{3.8.2}$$

が成り立つ。

式 (3.8.1) と式 (3.8.2) を具体的に計算できるように、**表3.8.1**に示す記号を使って書き下すと、外壁外表面の1㎡当たりについて、

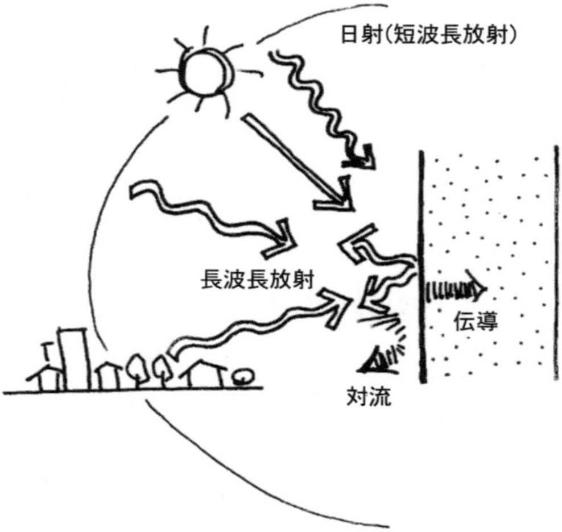

図3.8.1 外壁の外表面におけるエネルギーとエントロピーの出入り。外表面を鉛直方向の広がりだけがあって厚みのない（閉鎖）系と考える。入る方は直達•天空日射（短波長放射）、大気と地表からの長波長放射、出る方は大気と地表に向かう長波長放射、外気に向かう対流、壁内に向かう伝導である。

$$a_w I_{TV} + \varepsilon_w f_s q_{rs} + \varepsilon_w (1 - f_s) q_{re} = q_{rw} + q_{cv} + q_{cd} \tag{3.8.3}$$

$$a_w s_{TV} + \varepsilon_w f_s s_{rs} + \varepsilon_w (1 - f_s) s_{re} + s_g = s_{rw} + \frac{q_{cv}}{T_w} + \frac{q_{cd}}{T_w} \tag{3.8.4}$$

となる。

式（3.8.4）の右辺第2項•第3項の分母に外表面温度 T_wが現われているのは、これらの項がいま考えている系（その温度は T_w）から出ていく熱エントロピー流だからである。

式（3.8.3）と式（3.8.4）を組み合わせると、エクセルギー収支式は以下のように表現できる。

$$\begin{aligned} & a_w (I_{TV} - s_{TV} T_o) + \varepsilon_w f_s (q_{rs} - s_{rs} T_o) + \varepsilon_w (1 - f_s)(q_{re} - s_{re} T_o) - s_g T_o \\ & = (q_{rw} - s_{rw} T_o) + \left(1 - \frac{T_o}{T_w}\right) q_{cv} + \left(1 - \frac{T_o}{T_w}\right) q_{cd} \end{aligned} \tag{3.8.5}$$

この式で注意しなくてはならないのは、日射と対流・伝導についてはエクセルギーの表現形式になっているが、左辺第2項と第3項、そして右辺の第1項の長波長放射はまだエクセルギーにはなっていないことである。言い換えると、放射

表 3.8.1 式 (3.8.3)～式 (3.8.5) に現われる記号の内容と単位

記号	内容
a_w	日射（直達日射と天空日射の和）に対する外壁表面の吸収率
I_{TV}	壁に入射する日射のエネルギー ［W/㎡］
ε_w	長波長放射に対する外壁表面の吸収率（放射率）
f_s	外壁面が臨む天空の割合（外壁面に対する天空の形態係数）
q_{rs}	大気の長波長放射エネルギー発散度 ［W/㎡］
q_{re}	地物の長波長放射エネルギー発散度 ［W/㎡］
q_{rw}	外壁表面の長波長放射エネルギー発散度 ［W/㎡］
q_{cv}	外壁表面から大気へ対流で移動する熱エネルギー ［W/㎡］
q_{cd}	外壁表面から壁内部へ向かう伝導熱エネルギー ［W/㎡］
s_{TV}	壁に入射する日射のエントロピー ［Ons/(㎡・s)］
s_{rs}	大気の長波長放射エントロピー発散度 ［Ons/(㎡・s)］
s_g	外壁表面における日射と長波長放射の吸収によるエントロピー生成速さ ［Ons/(㎡・s)］
s_{re}	地物の長波長放射エントロピー発散度 ［Ons/(㎡・s)］
s_{rw}	外壁表面の長波長放射エントロピー発散度 ［Ons/(㎡・s)］
s_{cv}	外壁表面から大気へ対流で移動する熱エントロピー ［Ons/(㎡・s)］
s_{cd}	外壁表面から壁内部へ向かう伝導熱エントロピー ［Ons/(㎡・s)］
T_w	外表面温度 ［K］

［ ］内は単位を表わす。

エネルギー q_{rs}、q_{re}、q_{rw}は、絶対零度を基準にした値のままであって、環境の放射エネルギーとの差にはなっていないし、放射エントロピー s_{rs}、s_{re}、s_{rw}も環境の放射エントロピーとの差にはなっていない。

そこで、長波長放射についてもエクセルギーの表現形式とするために、3.7.2 に述べたのと同様に、式 (3.8.5) の両辺から$(\varepsilon_w \sigma T_o{}^4)$と $(\varepsilon_w 4\sigma T_o{}^4/3)$ を差し引いて整理すると、左辺の第 2 項は大気長波長放射エクセルギー、第 3 項は地物長波長放射エクセルギー、右辺第 1 項は外表面が大気と地物に向かって放つ長波長放射エクセルギーとなる。大気長波長放射エクセルギー x_{es}について具体的に書き下せば、次のとおりである。

$$x_{es} = (q_{rs} - \sigma T_o{}^4) - T_o \left(s_{rs} - \frac{4}{3}\sigma T_o{}^3 \right) \qquad (3.8.6)$$

式(3.8.6)の q_{rs}と s_{rs}が具体的に計算できれば、x_{es}の値を求めることができる。大気が地表に向けて発散する長波長放射エネルギー q_{rs}が、地表付近の温度や湿度によってどのように変化するかはこれまで気象学や建築環境工学の研究者によってよく調べられており、地表付近の大気温湿度との関係が次のような式にまと

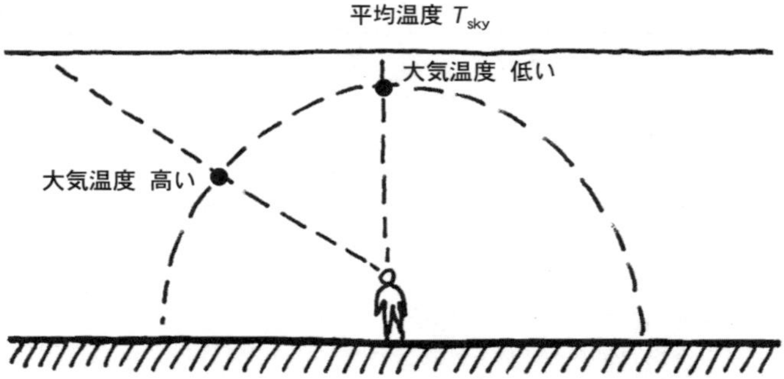

図3.8.2 大気の温度は地表からの高さによって異なる。天空を無限に広がる天井板とみなすと、この天井板には温度分布がある。その平均温度が T_{sky} である。

められている。

$$q_{rs}=\bar{\varepsilon}_s\sigma T_o{}^4 \quad (3.8.7)$$

$\bar{\varepsilon}_s$ は大気の実効放射率とでもいうべき概念である。バーダール (P.Berdahl) らによると、晴天時の $\bar{\varepsilon}_s$ は次のように表わせる[3)]。

$$\bar{\varepsilon}_s=0.711+0.56\times10^{-2}t_{dp}+0.73\times10^{-4}t_{dp}^2 \quad (3.8.8)$$

---

* 露点温度は、水蒸気を含んだ空気の温度を下げていって、露が生じ始める温度。湿度(水蒸気濃度)が低ければ、露点温度は低く、その逆に湿度が高ければ、露点温度は高くなる。露点温度 t_{dp} は、次式から求めることができる。

$$t_{dp}=\frac{5319}{\dfrac{5319}{t+273.15}-\ln\left(\dfrac{\varphi}{100}\right)}-273.15$$

ここで、t は外気温 [°C]、φ は相対湿度 [%]。

† 大気は、上下方向に温度分布がある。空を仮に無限に広がる天井板のように考えても、その表面温度は一様ではない。地表に立っている私たちの頭上(天頂方向)は温度が低く、水平に近くなればなるほど、温度は高くなる。水平に近くなる方向からは、地表に近い大気から放射がやってくるからだ。頭上方向からは上層大気からの放射がより多くやってくる。T_{sky} は、上下温度分布のある実際の大気から受け取る放射と同じ量の放射が受け取れるような仮想大気(天空)の平均温度である。

天空を見上げる角度によって、仮想大気(天空)の温度が異なるのは、大気の厚みによって放射が通過する(大気の)透過率が異なるからといってもよい。大気は、波長 8～13 μm (振動数 23～38 THz) の放射をよく透過する。この波長(振動数)範囲を「大気の窓」という。透過率は、大気の厚みが増すと、著しく減少する。したがって、天頂方向の温度が低いという結果になる。

ここで、t_{dp}は地表付近大気の露点温度*（単位は℃）である。

地表から天空を仰ぎ見たときに、**図 3.8.2** に示すように、水平方向に無限に広がる黒体の天井板があると考える。この天井板の平均温度が T_{sky}だとすれば†、

$$q_{rs} = \sigma T_{sky}^{4} \tag{3.8.9}$$

式（3.8.9）で表わされる放射のエネルギーに対応するエントロピーは、3.7 に述べたように、

$$s_{rs} = \frac{4}{3}\sigma T_{sky}^{3} \tag{3.8.10}$$

と表わせる。

式（3.8.7）と式（3.8.9）を等しいとおいて、T_{sky}について解くと、

$$T_{sky} = \bar{\varepsilon}^{1/4} T_o \tag{3.8.11}$$

式（3.8.9）と式（3.8.10）を式（3.8.6）に代入し、さらに T_{tky} に式（3.8.11）の関係を代入すると、x_{es} は外気温 T_o の関数として次のように表わせる。

$$x_{es} = -(1-\bar{\varepsilon}_s)\sigma T_o^{4} + T_o\left(1-\bar{\varepsilon}_s^{3/4}\right)\frac{4}{3}\sigma T_o^{3} \tag{3.8.12}$$

この式の第 1 項は、実効放射（エネルギー）量、あるいは夜間放射（エネルギー）量と呼ばれている量である[4]。$\bar{\varepsilon}_s$ の値は 0 から 1 の間にあるので、実効放射(エネルギー）量は必ず負の値になる。これは、実効放射のエネルギーは日射のエネルギーとは流れの向きが逆であることを意味する。すなわち、地表は大気(天空)によって冷やされる。

さらに式を整理すると、

$$x_{es} = \left(\frac{1}{3} + \bar{\varepsilon}_s - \frac{4}{3}\,\bar{\varepsilon}_s^{3/4}\right)\sigma T_o^{4} \tag{3.8.13}$$

が得られる。σT_o^4は必ず正の値になり、また（　）内の値も $0 < \bar{\varepsilon}_s < 1$ に対して必ず正の値をとるので‡、式(3.8.13)は必ず正の値になる。すなわち、x_{es} は「冷」

---

‡ $\zeta = \frac{1}{3} + \bar{\varepsilon}_s - \frac{4}{3}\,\bar{\varepsilon}_s^{3/4}$とおくと、$\bar{\varepsilon}_s = 0$ で $\zeta = \frac{1}{3}$、$\bar{\varepsilon}_s = 1$ で $\zeta = 0$。ζ を$\bar{\varepsilon}_s$について微分すると、$\frac{d\zeta}{d\bar{\varepsilon}_s} = 1 - \bar{\varepsilon}_s^{-1/4}$、$\frac{d^2\zeta}{d\bar{\varepsilon}_s^2} = \frac{1}{4}\,\bar{\varepsilon}_s^{-5/4}$を得る。$\bar{\varepsilon}_s$が 0 から 1 まで変化するとき、$\zeta$ の一階微分、すなわち傾きは$-\infty$から 0 に変化する。ζ の二階微分は常に正、すなわち下に凸である。以上から $0 < \zeta$。

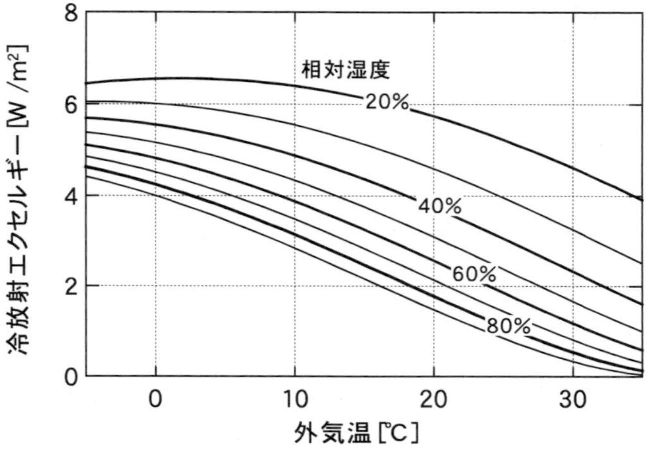

図3.8.3 実効放射エクセルギー。実効放射は冷放射エクセルギーである。空からは地表に向かって「冷たさ」が放射されていると考えればよい。その値は、外気温が低いほど、また外気湿度が低いほど大きい。冬の晴れた日の夜間に放射冷却が厳しいわけである。気温が高くても乾燥した地域では、実効放射エクセルギーは大きい。蒸暑地域の実効放射エクセルギーは1 W/m²程度であるが、この値は涼しさを得るのに必ずしも小さくはない。2.7を参照してほしい。

放射エクセルギーである。放射冷却は、この冷放射エクセルギーが地物で吸収・消費されることで起きるわけである。

実効（冷）放射エクセルギーを具体的に計算した例を図3.8.3に示そう。実効放射エクセルギーは、外気相対湿度が低いほど、また外気温が低いほど大きくなる。外気が0 °C；40 %のとき5.5 W/m²、32°C；60 %のとき1 W/m²となる。冬の方が夏に比べて冷放射エクセルギーはかなり大きいことがわかる。夏でも乾燥した地域であれば、2〜3 W/m²の冷放射エクセルギーが得られる。

蒸し暑くなる季節の冷放射エクセルギーは1 W/m²程度で、乾燥した暑い地域に比べると相対的に小さい。しかし、これは人が涼しさを得るための量としては必ずしも小さくはないことに注意したい。例えば、2.7で紹介した採冷で天井面から得られる冷放射エクセルギーは4〜15 mW/m²である。1 W/m²（=1000 mW/m²）はその60倍以上である。

地物長波長放射エクセルギー x_{ee} についても式(3.8.6)と同様の表現形式で書き下すと、以下のとおりとなる。

$$x_{ee}=(q_{re}-\sigma T_o^4)-T_o\left(s_{re}-\frac{4}{3}\sigma T_o^3\right) \qquad (3.8.14)$$

地物の温度が外気温よりも高ければ、外壁外表面は「温」放射エクセルギーを受けることになる。地物がアスファルト道路やコンクリートで覆われ、蒸発の起きにくい面が増え、そこに日射エクセルギーが吸収・消費されて暖められると、温放射エクセルギーが放たれる。これは、特に夏季における窓際やバルコニー空間・街路空間の暑さ、熱帯夜の寝苦しさなどの原因になっていると考えられる[5)~8)]。

外壁外表面からの長波長放射エクセルギー x_{ew} についても、x_{es}、x_{ee} と同様に表わせば、次のとおりである。

$$x_{ew}=(q_{rw}-\varepsilon_w\sigma T_o{}^4)-T_o\left(s_{rw}-\varepsilon_w\frac{4}{3}\sigma T_o{}^3\right) \tag{3.8.15}$$

外壁外表面の放射エネルギーと放射エントロピーは、それぞれ次のように表わされる。

$$q_{rw}=\varepsilon_w\sigma T_w{}^4 \tag{3.8.16}$$

$$s_{rw}=\varepsilon_w\frac{4}{3}\sigma T_w{}^3 \tag{3.8.17}$$

式（3.8.16）と式（3.8.17）を式（3.8.15）に代入して、四乗式と三乗式について線形近似[§]を施すと、環境温度 T_o の仮想物体との間でやり取りされる放射熱エクセルギー伝達 x_{ew} について、対流・伝導と同様の形式で表現できるようになる。

$$x_{ew}=\left(1-\frac{T_o}{T_m}\right)\varepsilon_w h_{rb}(T_w-T_o)=\varepsilon_w h_{rb}\frac{(T_w-T_o)^2}{T_w+T_o} \tag{3.8.18}$$

ここで、$h_{rb}=4\,\sigma T_m{}^3$、$T_m=(T_w+T_o)/2$ である。

$T_o<T_w$ ならば、外壁から大気に向かって温放射エクセルギーが出ることになり、その逆に $T_w<T_o$ ならば、冷放射エクセルギーが出ることになる。式(3.8.18)は式（3.7.6）と同じである。

---

§　$T_m=(T_w+T_o)/2$、$\Delta T=T_w-T_o$ とおくと、$T_w=T_m+\Delta T/2$、$T_o=T_m-\Delta T/2$ となる。これらの関係を使って、$T_w{}^4-T_o{}^4=(T_m+\Delta T/2)^4-(T_m-\Delta T/2)^4\approx 4T_m{}^3(T_w-T_o)$、また、$T_w{}^3-T_o{}^3=(T_m+\Delta T/2)^3-(T_m-\Delta T/2)^3\approx 3T_m{}^2(T_w-T_o)=3T_m{}^3(T_w-T_o)/T_m$ を得る。

● 参 考 文 献 ●

1) 宿谷昌則：外壁外表面のエントロピー・エクセルギー収支、日本建築学会大会学術講演梗概集、1994年、pp. 429-430
2) M. Planck, The Theory of Heat Radiation (English translation of "Verlesungen uber die Theorie der Warmestrahlung" by M. Masius in 1914), Dover Books, 1991, pp. 97-98
3) P. Berdahl and M. Martin, Emissivity of Clear Skies, *Solar Energy*, Vol.32, 1984, pp.663-664
4) 宿谷昌則：光と熱の建築環境学、丸善、1993年、pp. 100-105
5) M. Shukuya, M. Nishiuchi, and M. Tsumura, "Cool Radiant Exergy Available from the Sky -A Low Exergy Source for Low Exergy Cooling Systems-, LOWEX NEWS, IEA-ECBCS-Annex 37：Low Exergy Systems for Heating and Cooling of Buildings, July 2003, pp. 2-3
6) 津村真理・西内正人・宿谷昌則：夏季の市街地と緑地における放射エクセルギーの比較（その1．実測概要と天空温度の推定）、日本建築学会大会学術講演梗概集、2003年9月、pp. 559-560
7) 西内正人・津村真理・伊澤康一・宿谷昌則：夏季の市街地と緑地の放射エクセルギーによる比較（その2．実測結果と放射エクセルギーの計算）、日本建築学会大会学術講演梗概集、2003年9月、pp. 561-562
8) 大西正紘・若月貴訓・高成田恵介・伊澤康一・宿谷昌則：夏季における屋外放射環境の違いが室内熱環境に与える影響に関する実測、日本建築学会大会学術講演梗概集、2003年9月、pp. 563-564

コラム

放射エクセルギー理論の基礎ができるまで

2.2に述べた照明システムのエクセルギー評価では、光源から放たれる可視光と長波長放射の双方について、エネルギーとエントロピーの値を知る必要がある。ある振動数（あるいは周波数）付近の狭い幅にあるエントロピーの値は、その狭い幅にある放射エネルギーと放射輝度温度と呼ばれる温度との比に等しい、という熱力学と光学の理論を組み合わせて得られる関係に基づいて求められる。3.5に紹介した日射のエントロピーを与える近似式も、その元になる計算値はといえば、この関係に基づいて得られている。

3.7や3.8で述べた長波長放射のエクセルギーの計算式の導出では、放射エネルギーが、シュテファン・ボルツマン定数と呼ばれる値を比例定数として、絶対温度の4乗に比例する量であること、また、これに対応する放射エントロピーは、この定数値の4/3を比例定数として、絶対温度の3乗に比例する量であることを基本とした。

建築環境学に関連する教科書では、放射エネルギーの四乗則を記述しているものは少なくないが、なぜ4乗になるかは記されていない。エントロピーに関する記述は皆無である。放射に関して記述してある熱力学の文献をみても、その多くは四乗則や三乗則、そして係数4/3に関して天下り的に示しているだけで、どのような道筋でこれらが導かれるかを系統立てて記してはいない。例外はプランクの書（1914年、3.8に示した文献2)）だが、相当に難解である。

以上のような不明を背景として放射エクセルギーを導出しても、その結果はやはり天下り的なままだから、理解は深まらないし、したがって放射エクセルギーによる熱環境の説明も不十分なままに留まらざるを得ない。

そう思った宿谷は、放射に関するエネルギー・エントロピーの導出の基本を、本書の初版が出た後の4年ほどをかけて、関連する科学史を（素人なりに）紐解きながら整理した。以下はその概要である。

1．閉鎖系のエネルギー収支式

仕事もしくは熱によるエネルギーの出入りだけがあって、物質の出入りはない系、すなわち閉鎖系について、系への微小な仕事の入りと微小な熱の入りとが、系の内部エネルギーの微小な増加をもたらすという関係を、エネルギー収支式として数理表現する。次いで、熱の微小な流入をエントロピーの微小な増分と温度の積で、また熱の微小な流入を体積の微小な増分と圧力の積で置き換えると、エネルギー収支式は、系の状態量だけで表現されることになる（式(3.2.8)）。

圧力が（大気圧程度の）かなり低く、また温度も常温範囲（0〜40°C）にあるような気体（理想気体）の圧力・体積・温度の関係は、温度が一定なら圧力と体積の積が一定（ボイル・フックの法則）で、その定数値は温度の一次関数（ゲイリュサックの法則）として表わされる。

この関係を、先に述べた状態量だけで表現したエネルギー収支式に代入して整理すると、エントロピーの状態量が系の温度に関わる項と体積（あるいは圧力）に関わる項の和として表現できる。こうして得られた式は、系のもつエントロピー（の状態量）の増加が、温度上昇もしくは体積増加（圧力減小）を必然とすることを示唆する。ある系の動的平衡のためには、エントロピー排出が不可欠であるが、それはこのことを基本として理解できる。

以上のようにして導かれたエントロピーとエネルギーの関係式は、湿り空気のエクセルギー導出（第4章4.3）のほか、3.7と3.8で用いた放射エネルギーの四乗則や放射エントロピーの三乗則の導出にあたっても、したがって放射エクセルギーの導出にあたっても重要な役割を演じる。

2．真空の閉鎖系

閉鎖系内部が真空であれば、上述のエネルギー収支式は意味をなさないかのように思えるが、そうではない。エルステッドやファラデーによって発見された電磁現象（1820年ごろ）を説明する理論として、マクスウェルが確立するに至った電磁波の方程式（1865年）は真空中でも成り立つが、この方程式は本質的にエネルギーの他に運動量の保存を示すものなので、真空な閉鎖系の内部であっても、内壁面には電磁波による圧力が働く。そこで、内壁面の反射率が100％(完全断熱的）として、壁面での運動量の出入りと立体角・光速・放射輝度の関係を整理していくと、圧力が閉鎖系内の放射エネルギー密度の1/3に等しいことがわかる。

この結果を、先に述べた状態量だけで表現された閉鎖系のエネルギー収支式に代入して、式を改めて整理していくと、放射エネルギーは絶対温度の4乗に比例し、放射エントロピーは絶対温度の3乗に比例することがわかる。放射エネルギーの方にかかわる比例定数をσとすれば、放射エントロピーの方のそれは4/3 σとなることも必然的に導き出される。

高温の炉から出る放射のエネルギーが絶対温度の4乗に比例することは、シュテファンらが行なった放射熱量の測定（1879年）によって明らかになっていたが、そのことが、以上のようにしてボルツマンが理論的に説明したのだった（1884年）。比例定数σの値は、当時の測定結果に基づいてσ＝5.2～5.5 W/(㎡・K^4)と同定された。

放射に関する測定は、その後詳細になっていき、ウェーバー（1888年）ほかが行なった放射エネルギーのスペクトル分布の測定は次のことを明らかにした。それは、物体の絶対温度が上昇すると、その放射エネルギーのスペクトル最大値に対応する波長は短くなり、しかもその絶対温度と波長の比が一定になることだった。この測定事実の説明を目指したヴィーンは、真空な閉鎖系を構成する壁の一つが可動で、その壁がわずかに動いたときに生じる空間内部にある放射の波長の変化と、放射エネルギーのスペクトル分布の変化の関係を理論的に導き出した。その結果、放射の波長ごとのエネルギーを表す関数は、放射を出す物体の絶対温度と放射の波長の比を変数とし、絶対温度の3乗を含む形で表現されるはずであることが明らかになった。この理論展開に因んで、放射を出す物体の絶対温度が上昇すると、放射エネルギーのスペクトル最大値に対応する波長が短くなり、絶対温度と波長の比が常に一定になる関係を、ヴィーンの変位則（1893年）と呼ぶ。

以上は電磁気学と熱力学とを組み合わせた考察から得られた結果であるが、当時は放射（電磁波）に対して熱力学的な考察を行なうことについて懐疑的に思う研究者が、例えばケルビンのような著名な学者を含めてたいへんに多かった。放射（電磁波）だけが入っている真空な閉鎖系は想像しにくい系だからに違いない。しかしながら、放射エネルギーの四乗則について測定事実を確かに説明でき、また、変位則の理論的説明が可能になりつつあったことは、電磁気学と熱力学の組合せの妥当性が次第に明らかになってきたことを意味した。後述のように、このことはアインシュタインの考察が確実にする。

3．プランクの式とシュテファン・ボルツマン定数

放射エネルギーのスペクトル分布を再現する実験式を、理論的にも納得できる形で求めようとする試みは、その後も続けられた。ヴィーンは、気体の熱容量（という巨視的な性質）と分子運動（という微視的な性質）とを関係づけるマックスェルに始まりボルツマンが編み出した方法を、閉鎖系内にある様々な波長から成る放射の定常波に当てはめて式を導いた。一方、レイリーとジーンズは、ボルツマンの方法は（その当時としては）根拠が未だ希薄だとみて、定常波の一つ一つにエネルギーが等しく分配されると考えて式を導出した。

ヴィーンの式とレイリー・ジーンズの式は、スペクトル分布の測定結果の一部を再現したのだったが、スペクトル分布の全体については満足できる結果を与えることはなかった。しかし、(奇妙なことに)両者が再現できる波長と温度の範囲は互いに異なっていた。その点に着目したプランクは、両者を繋げる理論的な工夫に取り組み、1900年に到ってスペクトル分布の全体をよく再現する式を導き出した。プランクが導出した式は、放射を電磁「波」と想定するならば、連続的とみなさざるを得なかった放射エネルギーの値が実

のところ、微視的には分離的（粒子的）であることを示唆していた。

プランクの式をすべての振動数について積分すると、先に述べた比例定数 σ を与える式が得られる。σ は、円周率 π、ボルツマン定数 k、光速 c、プランク定数 h で表現される。ヴィーンの変位則と放射エネルギーの四乗則に現われる定数を高温の炉から出る放射の精密な測定により求めておき、変位則と四乗則の式を k と h を未知数とする連立方程式とみなして、これらの解を求めると、k と h の値が決まる。現在までに行なわれてきた精密な測定結果に基づくと、ボルツマン定数 $k=6.626\times10^{-34}$Js、プランク定数 $h=1.381\times10^{-23}$J/K である。これらを使って、前述の比例定数 σ、すなわちシュテファン・ボルツマン定数を求めると、5.67×10^{-8}W/(m²•K⁴)となる。これは伝熱計算に現われる放射熱伝達率の計算で用いられる値そのものである。

後にアインシュタインは、閉鎖系内の放射エントロピー増加と系の微小な膨張との関係を考察して、プランク定数と振動数の積を単位の量とする粒子が、放射エネルギーを構成していることを示し、また放射エネルギーの単位量を想定すると、対応する運動量の単位量が求められ、ひいては壁面の圧力が先述と同じく、放射エネルギー密度の 1/3 となることを示した。放射に関する熱力学の妥当性と、いわゆる光の粒子性はこうして確実になった。

なお、ボルツマン定数 k は、ガス定数 R とアボガドロ数 N_Aの比として表現される。ガス定数 R は、常圧下にある気体の体積と温度には線形の関係があることから、その傾きを計算することによって求められ、$R=8.314$ J/(mol•K)となることがわかっている。したがって、上述のように、ヴィーンの変位則と放射エネルギーの四乗則とから k の値を求めることは、実のところアボガドロ数 N_Aの値を計算することをも意味する。アボガドロ数 $N_A=6.02\times10^{23}$はこうして得られる。これはまた、液体表面に浮遊する（花粉のような）微粒子の運動の性質から求められる値ともよく一致する。これらのことから、分子や原子は、思考のための仮想の概念ではなく、実在であることが明らかになった。20 世紀初頭のことである。

5．放射エクセルギーの導出

短波長放射の場合は、微小な波長幅ごとにエネルギーの測定値が得られれば、プランクの式から、対応する絶対温度を求めることができる。これを放射輝度温度という。上述した放射の熱力学的考察によると、微小な波長（振動数）幅にあるエントロピーとエネルギーの比は、絶対温度の逆数に等しくなることが証明でき、その関係に基づくと、微小な波長幅ごとのエントロピーの値が、エネルギーの測定値と対応する放射輝度温度から求められる。これらの結果と環境温度から、短波長放射のエクセルギーは計算できる。

長波長放射については、対象とする壁面について、エネルギー四乗則とエントロピー三乗則を適用した収支式を導き、それぞれの式にその面にとっての環境空間について成り立つ四乗則と三乗則を組み入れて式を整理すると、長波長放射のエクセルギーが対象とする壁面と環境の温度差の２乗に比例する式として導かれ、対象面の温度が環境より高いと「温」放射エクセルギー、環境より低いと「冷」放射エクセルギーの放出となることが示される。

3.9 熱拡散—閉鎖系の理論— 蓄温・蓄冷

3.4では「状態量」としての温・冷エクセルギーの表現形式を、3. 6では伝導と対流にともなう「移動量」としての温・冷エクセルギーの表現形式を示した。これらにより、室内空気が保有する温･冷エクセルギーの値、室内空気から外気へと外壁を貫いて伝わりながら消費される温･冷エクセルギーの値が具体的に計算できるようになった。ただし、3.4と3.6はいずれも、室内外の温度が十分に長い時間一定に保たれた定常状態を仮定して議論を進めた。定常状態を想定して行なう検討でも、建築環境システムについてかなり多くの知見は得られるが、現実の建築環境空間はすべて非定常状態にある。したがって、定常状態という思考の制約条件を外すことで、はじめて見えてくる問題は少なくない。

屋外の気温や日射・実効放射などの気象要素は、時々刻々変化する。この変化は、建築外皮を構成する材料の断熱性・蓄熱性（蓄温性・蓄冷性）に応じて室内に影響する。これらの性質を建築環境調整に活かすのが、例えば、パッシブ型の暖房である。冬季に躯体の蓄温性を利用すれば、昼間の日射を活かして夜間の室内を温かく保つことが可能になる。図3.9.1に示すように、パッシブ型の暖房は、日射エクセルギーを消費して温エクセルギーを躯体に蓄積し、その温エクセルギーを少しずつ暖房のために消費していくことである[1]。夏季には建築外皮の蓄冷性が利用可能であれば、外気温が下がる夜間に換気を行なうことで、建築外皮に蓄えた冷エクセルギーが翌日の昼間に利用できるようになる。その検討例を2.8に紹介した。

本節では、異なる環境温度に対して求められたエクセルギーの値どうしが、比較したり積算したりできることを確認したうえで、壁体の非定常伝熱に伴う熱エクセルギーの流れと消費、温エクセルギー・冷エクセルギーの蓄積速さやその積算のしかたについて述べる。

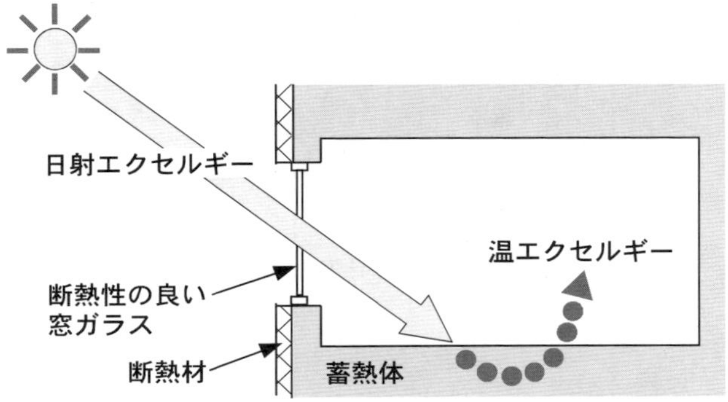

図 3.9.1 パッシブ型の暖房。昼間に窓を透過して室内に入ってくる日射エクセルギーを適度に消費して温エクセルギーを生産し、それを、ほどよい熱容量と断熱性の組合せによって得られる蓄温性のある床や壁に蓄える。そうすると、日没後に外気温が下降し始めても床や壁の温度は直ちには下がらず、外気温が下降するほどに躯体が保有する温エクセルギーの量は大きくなり、その温エクセルギーが室内空間へと徐々に消費されながら放出される。

3.9.1 平衡・非平衡で決まる量[2)]

エクセルギー概念は、これまで主に化学工学・機械工学の分野において研究され利用されてきた。工業熱力学の諸文献[3)~9)]における環境温度の扱い方を見ると、例えば、298 K(25°C)で一定とするとあり、環境圧力についても同様で、例えば、101.3 kPa (1 気圧) で一定とするとある。これは、化学工学や機械工学で扱われる対象の多くが高温・高圧で化学反応を起こすような系であるからだ。このような系では、外気温の値が日較差あるいは年較差の範囲で異なったとしてもエクセルギーの計算値にほとんど影響しない。本書で主たる対象としてきたのは建築環境空間であるが、これは、高温・高圧な系と違って外気温湿度の日変化や季節変化、すなわち、環境温度・環境圧力の変化そのものが重要な系である。

エクセルギーを求めるのに必要となる内部エネルギー・エンタルピー・エントロピーなどの概念が見い出されたのは平衡熱力学[10)~12)]と呼ばれる学問分野であるが、そこでは、次のような前提で議論が展開される。系の内部に温度や圧力の分布はない（すなわち系の内部は平衡に達している）とし、互いに接触し合う物体を対象にして議論する場合は、それらの物体の温度や圧力がみな等しいか、温度差・圧力差があったとしても差の大きさは微小とするのである。したがって、平衡熱力学では、物体の（マクロな）状態を表現する物理量が、対象とする物体

表3.9.1 熱力学的物理量の分類

	移動量	状態量
非平衡	・仕　事 ・熱 } エネルギー ・エントロピー ・エクセルギー	・エクセルギー
平衡	・微小（無限小）な仕事 ・微小（無限小）な熱	・温　度 ・圧　力 ・内部エネルギー ・エンタルピー ・エントロピー ・自由エネルギー

対象とする系の温度・圧力・化学ポテンシャルが T、P、μ、環境では T_o、P_o、μ_oとすれば、非平衡では $T\neq T_o$、$P\neq P_o$、$\mu\neq\mu_o$、平衡では $T=T_o$、$P=P_o$、$\mu=\mu_o$である。

化学ポテンシャルは開放系について現われる量。詳しくは4.2を参照してほしい。$T=T_o$を熱（学的）平衡、$P=P_o$を力学的平衡、$\mu=\mu_o$を化学（的）平衡という。

だけで決まる。すなわち、エクセルギーの概念を導くのに鍵となる、対象とする系と環境との間にある有限な温度差・圧力差（・濃度差）はもともと議論の対象外である。

平衡な状態を想定して導き出されたエンタルピーやエントロピーなどの物理量を非平衡な問題を考えるのに使うには、ある基準の状態を定めて、その状態との差が求められる。基準状態からの差として求める値は相対値であるから、正の値にも負の値にもなり得る。例えば、氷のエンタルピーは、0°Cの水を基準とすれば負の値となる。これは、氷のエンタルピーが0°Cの水のエンタルピーより小さいことを意味する。製氷はヒートポンプ（冷凍機）に電力（エネルギー）が投入されて行なわれるが、産み出されるのはエンタルピー（エネルギー）が液体よりも小さい氷というのは、よくよく考えてみると、不思議な感じがする。“氷蓄熱”ということばは、この不思議さをよく表現している。氷には「冷たさ」が蓄えられているのに“蓄熱”というのだからである。

エクセルギーは、これまでにも度々述べたように、対象とする系と環境との間に状態の差がある場合に必ず正の値となるところが最も特徴的である。エクセルギーは、対象とする系と環境が非平衡である場合を表現する概念なので、エンタルピーやエントロピーなどの平衡熱力学の概念とは異なることをよく認識しておく必要がある。

表3.9.1は、熱力学に現われる主な量を、移動量と状態量、非平衡と平衡で分類して示したものである。エクセルギーには移動量と状態量がある。状態量としてのエクセルギーは、エンタルピー・エントロピーなどの平衡熱力学の状態量と区別して、「非平衡熱力学の状態量」として位置づけられる。仕事•熱はエネルギーの移動量である。

3.9.2 壁体の非定常熱伝導[2)13)]

ここでは、非定常熱伝導モデルの一つとして熱容量質点系[14)]を取り上げ、そのエネルギー収支式を後退差分によって解く方法に対応させて、エクセルギー収支の計算方法を示そう。

壁体内部を1〜M層に分け、図3.9.2のように、各層の全質量がその中心部分に集中していると考えて、それを質点と呼ぶ。各質点には、各層の熱容量（各層の質量と比熱の積）が集中していると考える。このようにモデル化した壁体全体を、熱容量のある質点の集まりという意味で熱容量質点系と呼ぶ。隣り合う各質

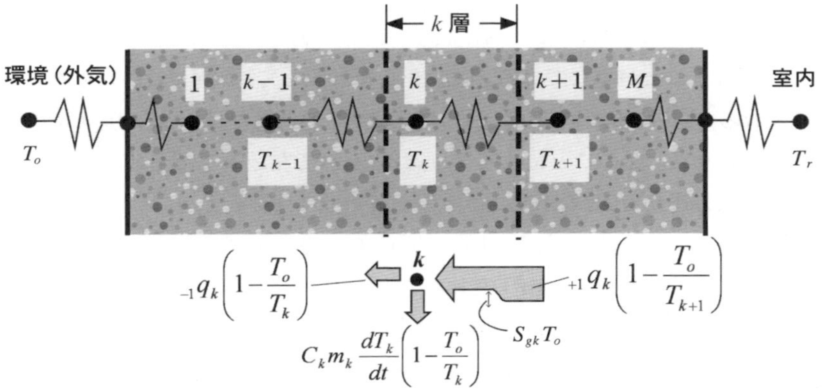

図3.9.2 壁体の熱容量質点系モデル。壁体を複数の質点が連なった系と考える。質点に質量が集中し、また、熱容量が集中しているとみなす。質点と質点の間は熱抵抗でつながる。質点間の熱伝導では、エネルギーが保存され、エントロピーが生成され、エクセルギーが消費される。熱エネルギー・エントロピー・エクセルギーの蓄積は質点で生じる。k層の境界面の位置に注意してほしい。k層は（k+1)〜k間の抵抗を含み、k〜(k−1）間は含まない。

点どうしは熱抵抗で結ばれている。熱抵抗は、質点間の距離と材料の熱伝導比抵抗*との積で表わされる。

ある一時刻において、壁体内部の k 層のエネルギー収支式は、室内側から室外側へ向かう熱の流れを正として、次のように表現できる。

$$_{+1}q_k = C_k m_k \frac{\mathrm{d}T_k}{\mathrm{d}t} + {}_{-1}q_k \tag{3.9.1}$$

式 (3.9.1) は式 (3.1.2) を数学記号で表現したものに他ならない。左辺の $_{+1}q_k$ は質点 $k+1$ を出て質点 k に向かう熱エネルギーの流れる速さを意味し、右辺第2項の $_{-1}q_k$ は質点 k を出て質点 k-1 へ向かう熱エネルギーの流れる速さである†。右辺第1項は質点 k における蓄熱速さである。C_k は質点 k の比熱、m_k は質点 k の質量である。単位は、C_k が J/(kg•K)、m_k が kg/m²である。m_k の単位を kg/m²としているのは、式(3.9.1)を壁の表面積 1 m²当たりについて導いているからである。式としての単位は W/m²である。$_{+1}q_k > {}_{-1}q_k$ であれば、その差は質点 k に蓄えられ、質点 k の蓄熱速さが正となる。その逆に、$_{+1}q_k < {}_{-1}q_k$ であれば、その差は質点 k から放出されることを意味し、質点 k の蓄熱速さは負となる。

式 (3.9.1) に対応するエントロピー収支式は、次式 (3.9.2) のようになる。

$$\frac{_{+1}q_k}{T_{k+1}} + s_{gk} = C_k m_k \frac{\mathrm{d}T_k}{\mathrm{d}t} \cdot \frac{1}{T_k} + \frac{_{-1}q_k}{T_k} \tag{3.9.2}$$

この式を導く際に、質点 k と $k+1$、$k-1$ の境界面をどこに想定しているかを明確にしておくことが重要である。図 3.9.2 を参照して、k 層には、もちろん質点 k が含まれる。しかし抵抗の方は($k+1$)と k の間の抵抗だけが含まれ、k と(k-1)の方は含まれない。このことによって、式(3.9.2)で左辺第1項分母が T_{k+1} となり、右辺第2項分母が T_k となる。

左辺第2項の s_{gk} は、質点 $k+1$ から質点 k への熱伝導で生成されるエントロピー速さで、単位は Ons/(s•m²)である‡。

式 (3.9.2) に環境 (外気) 温度 T_o を乗じておき、式 (3.9.1) から差し引いて整理すると、質点 k におけるエクセルギー収支式が得られる。

---

* 厚さ 1 m の材料の熱抵抗。熱伝導比抵抗の逆数が熱伝導率。熱伝導率は、断面積 1 m²、厚さ 1 m の材料で両側表面の温度差が 1 K（1°C）の場合の熱エネルギーの流れやすさを表わす。

† $_{+1}q_k$、$_{-1}q_k$ は、微小な時間 dt の間に流れる微小な熱エネルギーを δq とすれば、$\delta q/\mathrm{d}t$ のこと。

‡ s_{gk} は、微小な時間 dt の間に生成される微小なエントロピーを δs_{gk} とすれば、$\delta s_{gk}/\mathrm{d}t$ のこと。

$${}_{+1}q_k\left(1-\frac{T_o}{T_{k+1}}\right)-s_{gk}T_o=C_k m_k\frac{\mathrm{d}T_k}{\mathrm{d}t}\left(1-\frac{T_o}{T_k}\right)+{}_{-1}q_k\left(1-\frac{T_o}{T_k}\right) \qquad (3.9.3)$$

質点 $k+1$ を出て質点 k に向かう熱エクセルギー流が左辺第1項で、その一部 $s_{gk}T_o$が伝導による熱拡散で消費される。その残りは、一部が質点 k に蓄えられ(右辺第1項)、一部が質点 k から出て質点 $k-1$ へ向う（右辺第2項)。式 (3.9.3) の左辺の第1項と右辺の2つの項に現われた（　）内は、カルノー効率§と呼ばれる。

化学工学や機械工学における定義では、エクセルギーは「熱から理論上取り出し得る力学的仕事の最大値」とされ、エクセルギーの値は高温熱源から熱機関へと流れ込む熱エネルギーにカルノー効率を乗じればよいとだけ説明されていることが多い。式 (3.9.3) の左辺第1項と右辺の2つの項についても、それぞれ質点に流れ込む熱エネルギーや質点に蓄積される熱エネルギーにカルノー効率を乗じた形となっていることがわかる。しかし、化学工学や機械工学の定義に倣って、これらが壁内部の熱伝導で取り出し得る力学的仕事の最大値といってみても、何

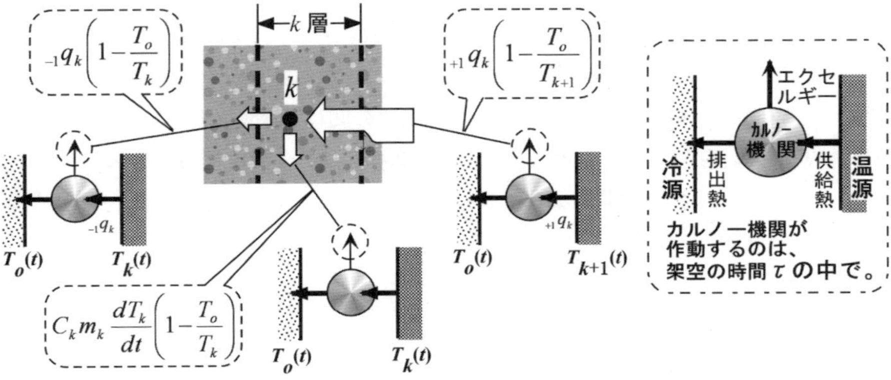

図3.9.3　時刻 t において質点 k に入るエクセルギーと出るエクセルギー・蓄えられるエクセルギー。入るエクセルギーの一部が消費される。T_{k+1}、T_k、T_oは、現実の時間 t の関数。カルノー機関が作動するのは架空の時間 τ の世界で、カルノー機関のサイクルには $\Delta\tau=\infty$ を要する。

§　カルノー効率は無限にゆっくり作動する（言い換えると働かない可逆な）熱機関の効率である。現実に存在するあらゆる熱機関はある速さで働くから不可逆であり、その効率は可逆な熱機関よりも小さい。このことをカルノーが初めて考え出し記述したため、「カルノー効率」の名称がある。カルノーの可逆熱機関は、無限に小さい温度差に応じた熱移動があり、無限に長い時間をかけて運転される装置である。装置は無限にゆっくりと作動するのだから、仕事を取り出す速さ（勢い）は無限小となる。

のことだかよくわからない。

式 (3.9.3) は、質点 k やその前後の質点 $k-1$ と $k+1$ に保有されていた「力学的仕事の潜在能力」が、熱拡散に伴って絶えず伝わり流れ、その過程で一部が消費されていくとイメージすると、自然現象との対応がついて理解しやすくなる。エクセルギーは、熱や物質の拡散によって起こる「消費」を明示できるところが重要で、「力学的仕事の最大値」と理解するよりも、むしろ熱や物質の「拡散能力」として理解した方がよい。

図 3.9.3 では、現実世界の時間 t と、カルノー機関の作動を思考するための架空の時間 τ とを区別して記述している。ここで注意すべきことは、質点や環境の温度は現実の時間 t の関数であって、τ の関数ではないという点である。「拡散能力」は，架空の時間との世界でひとまずは考えて求めておき，それが現実世界の時間の中では「消費」されざるを得ないのである。エクセルギーは環境温度（冷源の温度）が一定の条件でなければ計算できないといわれたことがあったが、それは τ を t と混同することによって生じたと考えられる。

架空時間 τ と現実時間 t の違いに気づけば、現実のある期間にわたってエクセルギー収支を計算することが可能であることがわかる。式 (3.9.3) に示したエクセルギーの微分方程式を時間積分してみよう。まず、図 3.9.4 のように、現実の時間 t を有限な時間間隔 Δt の連続とする。Δt の間は、環境温度 T_o も質点の温度 T_{k-1}、T_k、T_{k+1} も一定とみなせるとしよう。時刻 $n\Delta t$ の温度を $T(n)$ のように表わすことにすれば、時間間隔 Δt について式 (3.9.3) の積分は、近似的に次式のように表わせる。

$$
\begin{aligned}
&{}_{+1}q_k(n)\left\{1-\frac{T_o(n)}{T_{k+1}(n)}\right\}\int_{n\Delta t}^{(n+1)\Delta t}\mathrm{d}t-\left\{s_{gk}(n)\cdot T_o(n)\right\}\int_{n\Delta t}^{(n+1)\Delta t}\mathrm{d}t=\\
&C_k m_k\left[\int_{T_k(n)}^{T_k(n+1)}\mathrm{d}T_k-T_o(n)\int_{T_k(n)}^{T_k(n+1)}\frac{1}{T_k}\,\mathrm{d}T_k\right]+{}_{-1}q_k(n)\left\{1-\frac{T_o(n)}{T_k(n)}\right\}\int_{n\Delta t}^{(n+1)\Delta t}\mathrm{d}t
\end{aligned}
\qquad (3.9.4)
$$

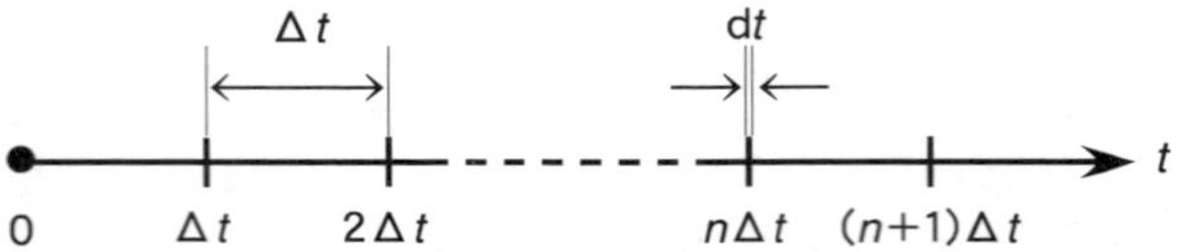

図 3.9.4　時間 t を有限な時間間隔 Δt のつながりと考える。

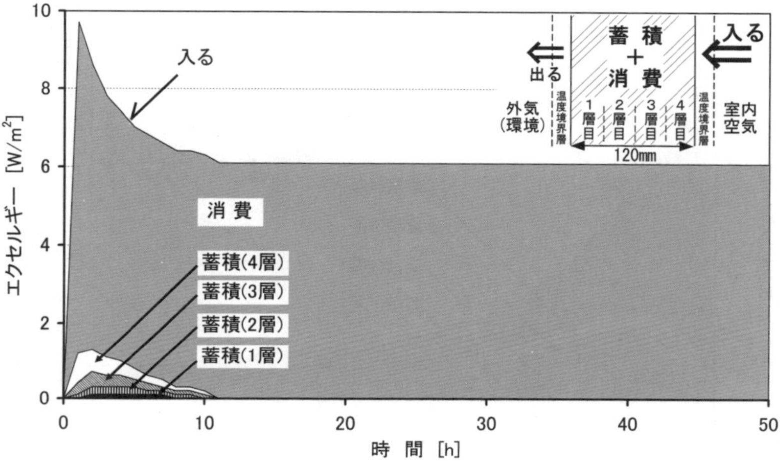

図 3.9.5　コンクリート壁の非定常伝熱によるエクセルギーの蓄積と消費・貫流。はじめに壁内外の温度がすべて 273 K（0℃）として、$t=0$〜1 で室温が 293 K（20℃）になり、その後室温が 293 K で一定に保たれた場合を想定している。エクセルギーの数値は壁体の単位表面積当たり。蓄積と消費の合計値は、室内空気から壁に流れ込むエクセルギー流に等しい。

ここで、対象とする計算期間が Δt よりも長い場合には、その期間について式 (3.9.4) を積算する。$\Delta t=3600$ 秒（すなわち、Δt が 1 時間）とし、計算期間が 1 日とすれば、そのエクセルギー収支式は、次のように表わせる。

$$3600\sum_{n=1}^{24}\left[{}_{+1}q_k(n)\left\{1-\frac{T_o(n)}{T_{k+1}(n)}\right\}\right]-3600\sum_{n=1}^{24}\left\{s_{gk}(n)\cdot T_o(n)\right\}=$$
$$3600C_k m_k\sum_{n=1}^{24}\left[\{T_k(n+1)-T_k(n)\}-T_o(n)\ln\frac{T_k(n+1)}{T_k(n)}\right]+$$
$$3600\sum_{n=1}^{24}\left[{}_{-1}q_k(n)\left\{1-\frac{T_o(n)}{T_k(n)}\right\}\right] \qquad (3.9.5)$$

図 3.9.5 は、厚さ 120 mm のコンクリート壁の熱エクセルギー収支を、式 (3.9.3) を用いて計算した例である。図中の右上に示すように、コンクリート壁体（質点数 $M=4$）とその室内側・室外側の温度境界層を合わせて計算対象の系としている。室内側の境界面温度は T_r、室外側の境界面温度は T_oである。はじめに壁内外の温度がすべて 273 K(0℃) で、$t=0$ から $t=1$ 時間（3600 秒）にかけて室温が 293 K(20℃) になり、その後室温が 293 K で一定に保たれた場合を想定して

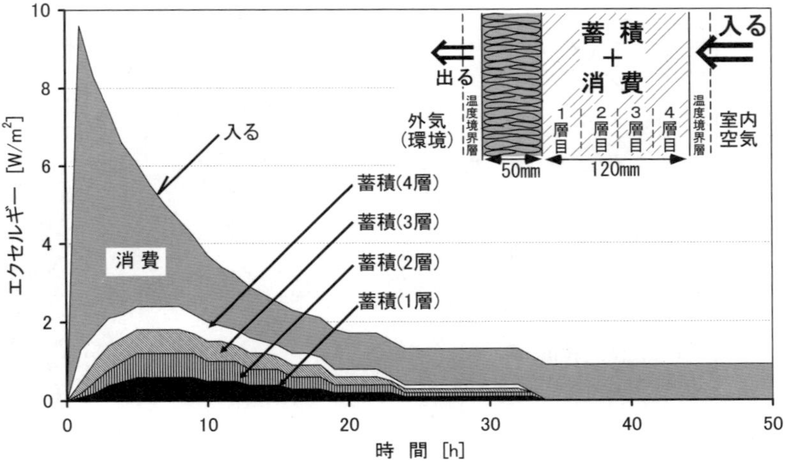

図3.9.6 外断熱を施したコンクリート壁の非定常伝熱によるエクセルギーの蓄積と消費・貫流。計算条件は図3.9.5に同じ。図3.9.5に示した断熱なしの場合と比べて、貫流が小さく、また消費が小さくなっている。一方、エクセルギー蓄積がかなり大きくなっていることに注意。

計算を行なった結果である。

$t=0\sim1$ で急上昇し、その後減衰していく線は、この壁に入るエクセルギーを示す。この線の下に5種類に塗り分けられた面部分の正味の高さは、室内空気から環境（外気）までの熱貫流に伴うエクセルギー消費と、各層に蓄積されるエクセルギーを表わしている。

図3.9.5では、室温上昇の1時間後に、室内空気から壁体に流れ込む温エクセルギー流が最大値9.6 W/m²となり、そのうちの1.1 W/m²が壁に蓄積され（第1層目から第4層目までの合計）、残り8.5 W/m²が熱貫流に伴い消費される。その後、$t=2$ 時間までは壁体への蓄積速さが増えるが、$t=3$ 時間以降は次第に減っていき、11時間後には壁体への蓄積が完全に見られなくなる。これ以降は定常状態に入ったといえる。定常状態における室内空気から壁体へ入っていく温エクセルギーの速さは6.1 W/m²であり、そのすべてが室外側の境界面に到るまでに消費される。

図3.9.6は、同様の計算をコンクリート壁の外表面に厚さ50 mmの断熱材を施した場合について行なった結果である。$t=1$ 時間における壁体に流れ込む温エクセルギー流は9.6 W/m²で、断熱なしの場合と変わらないが、壁体への蓄積速さが1.3 W/m²と若干大きく（第1層目から第4層目までの合計）、その分だけ熱貫

流に伴う消費が小さくなり、8.3 W/m²となっている。8時間後には、室内から外壁へ流入する温エクセルギーが4.5 W/m²であるのに対して、壁体への蓄温が2.3 W/m²で、熱貫流に伴う消費が2.2 W/m²になっている。断熱材を施したことによってコンクリートの蓄熱（この場合は温エクセルギーの蓄積）性が活かされているのである。その後も壁体への蓄熱が継続し、蓄熱が完全になくなって定常熱伝導の状態に到るまでには、断熱のない場合に比べて3倍以上の時間を要している。定常状態になって、室内空気から外気へと向かう温エクセルギーの速さは0.9 W/m²で、断熱なしの場合の約1/7にまで抑えられている。

エクセルギーの蓄積・消費・貫流について、式（3.9.4）を用いて50時間の積算値を求めると、断熱なしでは、室内から外気に向かって流出した温エクセルギーの合計が1141 kJ/m²、うち消費が1115 kJ/m²で、壁体への蓄積は26 kJ/m²となる。外断熱の場合には、流出した温エクセルギーの合計が429 kJ/m²で断熱なしの約1/3に抑えられ、うち消費が283 kJ/m²で断熱なしの約1/4となる。壁体への蓄熱は147 kJ/m²で、断熱なしの5.7倍に達する。

● 参 考 文 献 ●

1) 小室大輔・宿谷昌則：外壁の断熱性が自然暖房のエクセルギー・エントロピー過程に与える影響、空気調和・衛生工学会学術講演会講演論文集、1995年10月、pp.1357-1360
2) 西川竜二・高橋達・宿谷昌則・浅田秀男：エクセルギーの計算における環境温度に関する考察、日本建築学会大会学術講演梗概集、1997年9月、pp.495-496
3) 谷下市松：工学基礎熱力学(SI単位による全訂版)、裳華房、1982年4月、pp.108-118、pp.136-145、pp.215-230
4) 吉田邦夫編：エクセルギー工学　理論と実践、共立出版、1999年、p.27
5) 信澤寅男：エネルギー工学のためのエクセルギー入門、オーム社、1980年、pp.3-5
6) 高橋秀俊・太田時男：現代エネルギー基礎論、オーム社、1994年、p.155
7) 甲藤好郎：工学技術者のための熱力学、養賢堂、1985年、pp.203-204
8) 一色尚次・内田秀雄・芝山信三・谷下市松：応用熱力学、1975年、コロナ社、p.61
9) 石谷清幹編著：熱管理士教本——エクセルギーによるエネルギーの評価と管理、共立出版、1977年、pp.22-31
10) 白鳥紀一・中山正敏：環境理解のための熱物理学、朝倉書店、1995年、pp.90-92
11) 押田勇雄・藤城敏幸：熱力学　基礎物理学選書7、裳華房、1970年
12) 押田勇雄：エクセルギー講義、太陽エネルギー研究所、1986年、pp.2-152
13) 宿谷昌則・松縄堅・前川哲也：建築環境システムのエクセルギー評価（その9．壁体の非定常熱伝導とエクセルギー）、日本建築学会大会学術講演梗概集、1992年8月、pp.803-804
14) 宿谷昌則：光と熱の建築環境学、丸善、1993年、pp.105-116

15) 小室大輔・宿谷昌則：建築環境システムとエントロピー・エクセルギー（その3．室温変動のメカニズム）、日本建築学会大会学術講演梗概集、1993年9月、pp.53-54
16) 西川竜二・宿谷昌則：冷エクセルギー概念による躯体熱容量を利用した自然冷房システムの計画に関する検討、日本建築学会環境工学委員会 第28回熱WGシンポジウム「最近の建築伝熱シミュレーションと設計ツール」、1998年12月、pp.25-31

第4章

物拡散・熱拡散―開放系の理論―

第3章では、エネルギーだけが出入りして、物質の出入りはないような系――閉鎖系――を対象にして議論した。例えば、住宅の居間で、冬の晴れている日の昼間なら、日射エクセルギーが窓を透過して室内に入ってきて、その一部が消費され、残りが熱エクセルギーになる。この熱エクセルギーは、室内外の温度差に応じて室内空間から壁体内を消費されながら外気へと出ていく。以上のことに伴って、熱エネルギーの移動と熱エントロピーの生成・移動がある。ここまでの扱いが、閉鎖系の考え方である。

私たちヒトの身体を取り囲む建築環境空間、さらに都市環境空間は、エネルギーだけが出入りして成り立ってはいない。ちょっと観察すれば物質も出入りしていることがわかる。物質の出入りも扱うのが開放系の考え方である。

例えば、窓サッシの隙間を通って外気の一部が漏入したり、温まった室内空気が壁と扉の隙間などを通って周囲空気中へと漏出したりすることを考慮する。

いま考えている建築環境空間は、ヒトを含まない系と定義したとすると、ヒトの身体の表面にある鼻の穴、口、皮膚はみな、建築環境空間との境界面を構成することになる。ヒトの呼吸を建築環境空間という系から考えれば、酸素を多めに含む空気が（ヒトの身体との）境界面を貫いて（ヒトという系へと）出ていき、その一方で、二酸化炭素を多めに含む空気が建築環境空間へと入ってくる。また、皮膚表面からは、汗水を感じようが感じまいが、絶えず水分が蒸発するから、建築環境空間へは水蒸気の入りがあるわけである。空気・水蒸気は、改めていうまでもなく「物質」である。

ヒトの身体は、約60兆個の細胞群から成るといわれる。細胞の構造と機能は、どのような器官や組織の構成単位になっているかで異なるが、共通する最も基本的な性質は、60兆個のすべてが開放系だということである。開放系が60兆個集まった全体は、やはり開放系である。開放系であるヒトは、1日24時間の大半を、上述のような開放系である建築環境空間で生活する。開放系である建築環境空間は、都市や農村・漁村・山村の環境空間の内側にある。これらの空間も、適当な境界面を設定して考えると、日射の入り、熱の出入り、水の出入り、空気の出入りの他、様々な物質の出入りがある開放系だ。

第1章に述べた地球環境システムは、人・建築環境・都市環境などを包む存在であるが、これは閉鎖系と考えてよい。日射の入りと長波長放射の出入りはあるが、水と空気の出入りはないとみなせるからである*。人を含む生きものの体内環境空間、建築環境空間、都市環境空間、……はすべて開放系で、「入れ子構造」の関係にある。図4.0.1はこの関係をイメージとして描いたものである。閉鎖系

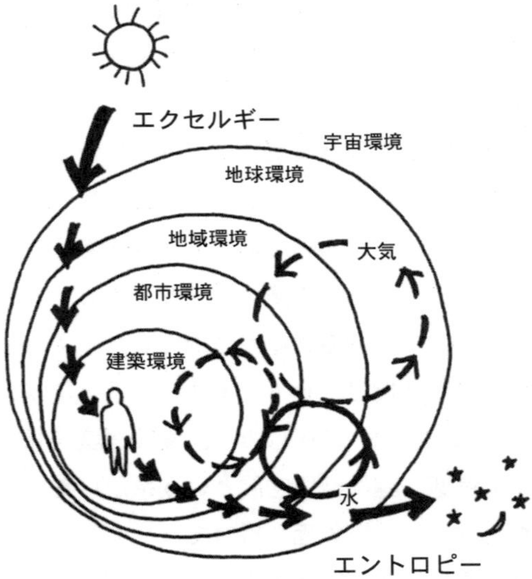

図4.0.1　様々な大きさの開放系が地球環境システムという閉鎖系の内側にあって入れ子構造を成す。地球環境システムのエクセルギー・エントロピー過程の中に大気・水の循環が形成され、その中にヒトを含む様々な開放系が形成される。

* 17万光年離れた超新星爆発で放出されたニュートリノという素粒子が地球に到達したことが1987年2月に岐阜県神岡町にあるカミオカンデと呼ばれる装置で観測された。このようなニュートリノの出入りを地球環境システムにおける物質の出入りと見れば、地球もまた開放系ということになるが、ここでは、このような素粒子レベルでの物質の出入りは考えない。

である地球環境システムは、様々な大きさの互いに関連し合う開放系をその内側に包み込む複雑系である。

本章では、エネルギーに加えて物質の出入りがある系——開放系——にかかわるエントロピーとエクセルギーについて議論する。第3章では、「熱拡散」をイメージすることが鍵となったように、第4章では熱拡散に加えて、「物（質）拡散」をイメージできるようにすることが鍵となる。すなわち、水の蒸発では、水が水蒸気となって空気と相互に拡散し合ったり、化石燃料の燃焼では、気体状の燃料物質と気体状の酸素が相互に拡散し合ったり····というイメージをもつことである。また、例えば水蒸気の凝縮のような物拡散の逆の現象が起きる場合は、それを補償するに十分な熱拡散が必ず伴うことをイメージできるようにもしたい。

物拡散・熱拡散—開放系の理論—

4・1 入る・溜まる・出る・戻る—流れと循環

熱力学は18世紀の後半から19世紀の中頃にかけて、イギリス・フランス・ドイツを舞台として始まった。もっぱら採暖と調理にだけ利用されていた石炭の燃焼を、動力を得るのにも利用する技術が発達し、それに伴い熱・動力の性質、熱と動力の関係を明らかにしようとする科学（熱力学）が発達した。

石炭を燃焼させ、高温・高圧の水蒸気をつくり、その一方で、水蒸気を低温・低圧にし得るようにして、高温・高圧の水蒸気から低温・低圧の水蒸気（あるいは液体の水）への流れ、すなわち物質の流れをつくって、そこから動力を取り出すしくみを「熱機関」という。動力を供給して温度の低い方から高い方へと伝熱を強制的に行なわせる装置（ヒートポンプ）も熱機関の一種である。石炭や石油・天然ガスなどの燃焼（化学反応）を伴う熱機関は、特に「熱化学機関」ともいう。

ここでは、ガスコンロとヤカン・ハネグルマ・センメンキを繋げて成り立つ仮想の熱化学機関について思考実験*を試み、動力の生産とは何かを考える。また、閉鎖系と見なせるプラスチック容器内に入れた水飲み鳥‡と呼ばれるオモチャを

「開放系」に見立てて、その活動が持続するのはどのような場合かを考える。これらの考察から、開放系とは何か、開放系と閉鎖系の関係は何かを明らかにし、エクセルギー・エントロピー過程と、その中に形成される循環について理解していく。ガスコンロ・ヤカン・ハネグルマ・センメンキを想定した思考実験を4.1.1に、水飲み鳥を使った実験とその考察を4.1.2に述べる。

4.1.1 動力発生の思考実験——ガスコンロとヤカン・ハネグルマ・センメンキ

図4.1.1に示すようなヤカンが、ガスコンロの上に載せてあるとしよう。このヤカンには十分な量の水が入っている。蓋はよく閉まっている。ヤカンの蓋にはふつう息抜きと呼ばれる小さな穴が開いているが、それも閉じられている。また、湯の注ぎ口は普通のものに比べて十分に小さくしてある。ガスコンロのスイッチを入れて火をつけたとしよう。当然のことながら、時間の経過とともに、水温は上昇し、やがて沸騰する。沸騰すれば、湯の注ぎ口から水蒸気が勢いよく出るだろう。

この実験は、大気圧1013 hPa(＝101.3 kPa)の空間で行なっている。したがって、沸騰水面の圧力は1013 hPaであり、沸騰しているヤカンの中の水は100°Cである。ヤカンにとっての環境空間はいくらかの水蒸気を含むが、圧力はせいぜい10〜15 hPaだから、沸騰水面との間に大きな差がある。この大きな圧力差のため

図4.1.1　水の入ったヤカンがガスコンロに載っている。蓋はよく閉まっており、湯の注ぎ口は十分に小さい。まだ火はついていない。

---

* 基本的な自然現象を起こさせる一連の操作を仮想し、そこから自然の原理（法則）を見出すこと。

‡ 平和鳥とも呼ばれる。

図 4.1.2　火のついているガスコンロの上でヤカンの水は沸騰して、勢いよく噴出する。水蒸気はハネグルマを回転させる。

に、水蒸気は平衡になろうとして「流れ」が生じる。そこで、図 4.1.2 に示すように、勢いよく噴出している水蒸気の流れの中にハネグルマを置く。水蒸気の勢いがハネグルマに伝わって、ハネグルマは回転し始める。

微視的に見れば、水蒸気を構成する水の分子群がハネグルマのハネ板を激しく叩くのである。ヤカンを一つの系として考えると、底板を伝わってガスコンロの火から水への伝熱があり、また、注ぎ口から水蒸気が出るので、ヤカンは開放系である。

図 4.1.2 の状況を続けたとすると、ハネグルマの回転はしばらくのあいだ続くが、いずれ止まる。その原因には二つのことがあり得る。一つは火が消えて水温が下がり水蒸気の発生がとまった場合、今一つは、火は消えていないが水が蒸発しきってしまう場合である。

ここでは、後者を想定しよう。もしハネグルマを回転し続けたいのなら、水を供給し続けたらよい。ところが、そのためにはコンロの火力を相当強くしないと、ハネグルマの回転は遅くなるか、止まってしまう。なぜなら、水を注ぐとヤカン内の水蒸気圧力が下がろうとし、沸騰が止んでしまうからである。そばやうどんを煮ているとき、煮立ってくると、泡が吹きこぼれそうになる。吹きこぼれないようにするには、火力を弱めるか、またはわずかな水差しをする。水差しをすると、泡はたちまちにして縮む。そのことを想像すればよくわかるだろう。圧力の減小が起きないようにするには、火力を相当強くしなくてはならない。しかも、水はどんどん供給し続けなければならない。これでは、ガスのもつエクセルギー

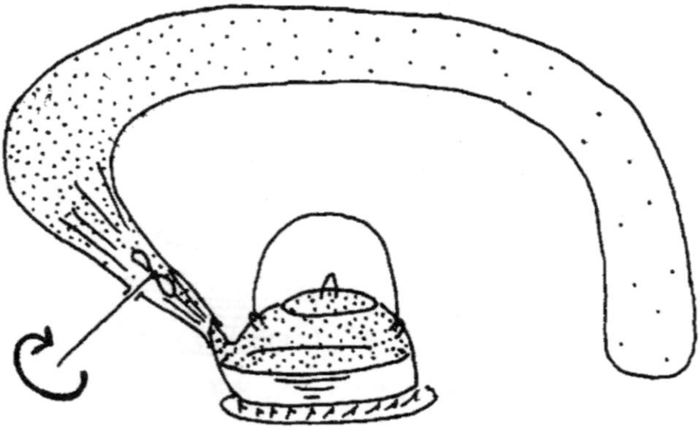

図 4.1.3　湯の注ぎ口の先に囲いを設けて、水蒸気が拡がり散り過ぎないようにする。

の浪費だし、また、水という物質の浪費でもある。何か別の方法を考えるべきである。

水の使い捨てをやめることから考えよう。それには、ヤカンの周囲空間に拡散してしまった水蒸気を何とか回収して使い回すようにしなくてはならない。あまり広い空間に水蒸気が拡散してしまったのでは収拾がつかないので、図 4.1.3 に示すように、何か囲いを設けて収拾がつく大きさの空間に水蒸気を封じ込めることを考える。このようにして、再び水を沸かすところから始めたとする。ハネグルマは回転する。ところが今度は、図 4.1.2 の場合よりも短い時間しか回転が続かない。水蒸気の拡散していける空間が狭くなって、ハネグルマの入った囲い内部とヤカン内部の間で、水蒸気圧力の差がすぐなくなってしまうからである。

囲いの占める体積を大きくするのでは、図 4.1.2 と同じことになってしまうので、その代わりに図 4.1.4 に示すように、囲いの一部を冷たい水の入ったセンメンキで十分に冷やしてみよう。そうすると、冷水に触れた囲い付近の水蒸気は液体の水に戻る。液体水は、水蒸気に比べて体積が約 1/1700 である。したがって、囲い内部の体積は実質的に増したことになり、ハネグルマの回転は図 4.1.3 の場合よりも持続するようになる。しかし、これでも必要にして十分というわけにはいかない。なぜなら、ヤカン内部の水がすべてセンメンキの冷水に触れている囲い部分に移動してしまったら、ハネグルマの回転は停止せざるを得ないからだ。

ハネグルマの回転が遅かれ早かれ止まらざるを得ないのは、水から水蒸気、水蒸気から水への流れが一方通行だからである。そこで、センメンキの冷水に触れ

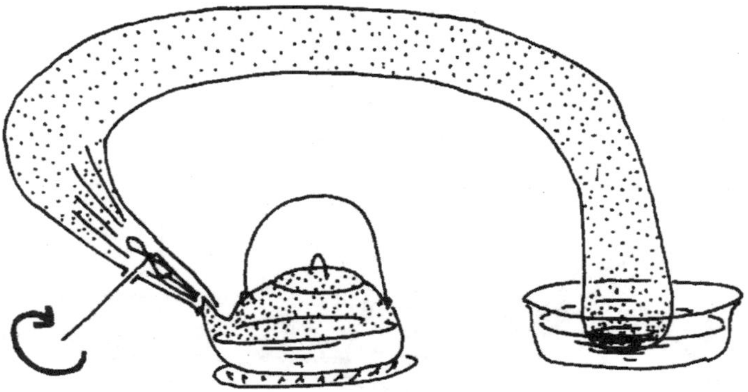

図 4.1.4　水蒸気を封じ込めた囲いの一部を冷水の入ったセンメンキに浸す。そうすると、水蒸気は凝縮して液体の水に戻る。

ている囲い部分とヤカンを繋ぐ配管を設けて、水をヤカンの方へ戻すことを考える。ヤカン内部の圧力は、センメンキ側の囲い内部の圧力よりも高いから、配管をただ設けたのでは、熱水がヤカンからセンメンキの方へ流れていくだろう。そうなっては、ヤカン内部の水蒸気圧力は低下してしまい、ハネグルマを勢いよく回転させることはできない。したがって、図 4.1.5 に示すように、配管の途中には熱水の逆流を防止し、しかもセンメンキ側からヤカンへと水の流れが保たれるようなポンプを設ける。このポンプはやはりハネグルマの一種であるから、動力を供給しなくては働かない。そこで、ヤカンの先で回転するハネグルマにギヤを繋げて、ポンプへ動力を供給できるようにする。こうして、一方通行だった水の流れは「循環」になった。

ハネグルマで得られる動力がポンプの必要とする動力と等しければ、ヤカン・囲い・ハネグルマ・センメンキ・配管・ポンプで構成された熱化学機関の全体は見て楽しい〈しかけ〉かもしれないが、実用性はない。幸いにして、熱化学機関の全体を上手に設計すれば、ハネグルマで産み出される動力のわずかを使ってポンプを回転させることができ、残りの動力はすべて熱化学機関の外部へ取り出すことができる。

こうした熱化学機関の実用化や効率向上が、18 世紀の初めから 19 世紀半ばへかけてイギリスに始まりフランス・ドイツへと拡がっていき、このことが産業革命の推進を実現したのだった。最初の実用的な熱化学機関は、ニューコメン（Thomas Newcomen、18 世紀初頭のイギリス人技術者）によって製作され、そ

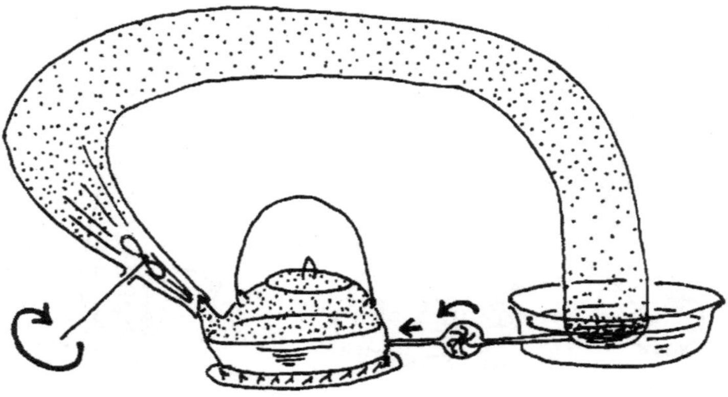

図4.1.5 センメンキの冷水に浸された囲い部分とヤカンとを、途中にポンプを設けた配管でつなぐ。ポンプは水蒸気圧力の高いヤカンのなかに液体の水を循環させるため。ポンプには、ハネグルマで得られる動力の一部を配分し、その動力とする。

の画期的な改良§がワット（James Watt、18世紀後半のイギリス人技術者）によって行なわれた。そのことにちなんでワットの名は、エネルギーの移動や変化の速さ(勢い)*を表わす単位として今日用いられていることは周知のとおりである。以上のような技術の発展は、その後のカルノー（Sadi Carnot、18世紀初め頃のフランス人科学者）に始まる熱力学の形成へとつながった。熱化学機関の発明やその改良が、本書の主題であるエネルギーやエントロピー・エクセルギー概念を生み出すことにもなっていったのである。

ファラデー（Michael Faraday、19世紀前半のイギリス人科学者）の電磁誘導現象の発見に端を発して、その後のエジソン（Thomas Edison、19世紀後半のアメリカ人技術者）やテスラ（Nikola Tesla、19世紀後半のクロアチア人技術者）らによる発電機とモーターの発明は、動力の生産と消費とを互いに離れたところで行なうことを可能にして、動力は〈電力〉になった。今日の私たちの生活にお

§ ニューコメンの熱機関では、高温・高圧の水蒸気が流れ込みピストンを動かして仕事を取り出す容器に液体水が流れ込んで使用済みの水蒸気を液体に戻していた。そのため、再び高温・高圧の水蒸気が流れ込むときには容器が冷えており、水蒸気を浪費することになっていた。ワットは、容器を二つに分離して取り出せる仕事を飛躍的に大きくし、また、石炭の浪費を抑えることに成功した。

* ワット(W)は、通常の物理の教科書では「仕事率」の単位と記されている。仕事率の「率」は、速さ（勢い）を意味する。

いてほとんど不可欠ともいえる電力は、そもそも「〈電〉磁気現象に乗せて運ばれる動〈力〉」の略称であることを銘記しておきたい。

本題にもどろう。図 4.1.5 を見ながら、ハネグルマの持続的な回転にとって重要なことをまとめる。

まず第一は、ガスがもともと保持していた資源性、すなわちエクセルギーのうち、燃焼とヤカン底板の伝熱とによって消費された残りをできるだけ多くヤカンの水に伝え続けること。要するに「熱源」を設けること。

第二は、ヤカン内の水を使い捨てとならないように、閉じた空間の内側に封じ込めること。

第三は、液体と気体という水の状態の違いに起因する圧力差をつくり続け「流れ」を維持すること。これは水が封じ込められている空間の一部を冷やし続けることで実現する。冷やすことは、熱化学機関の内部でのエクセルギー消費の結果として生成された熱エントロピーを外部へ排出することである。要するに「冷源*」を設けること。

第四は、ポンプによって水を強制的に「循環」させることである。

これら四条件は、一つとして欠かすことができない。熱源・冷源・流れ・循環の概念は、熱機関ばかりでなく、ヒトを含む様々な生きものや建築環境システムを理解する場合の鍵となる概念である。

ヤカンを一つの系と見れば、これは前述のようにエネルギーも物質も出入りするから開放系である。ハネグルマを一つの系と見れば、ハネグルマの回転がエネルギーの入りで、軸の回転がエネルギーの出であって、物質の出入りはないので閉鎖系である。上に述べた条件の二・三番目でわかるように、液体から気体、そして再び液体へと変化を繰り返す水は閉鎖系である。ガスコンロからヤカン・囲い・センメンキ・配管・ポンプの全体は開放系である。ガスとその燃焼に必要な空気の入りがあり、絶えず燃焼排気の出がなくてはならないからである。この系の持続的な活動には、大きなガスだまり（ガスタンク）と酸素が豊富な空気だまり（大気）が必要である。また、センメンキの冷水は暖まって水蒸気の凝縮が不可能になってしまっては使いものにならないから、冷水を絶えず供給してくれる大きな冷水だまり（海や川）が不可欠である。

---

* 3.2 の脚注（p.166）を参照のこと。

現代都市文明を支えている発電所は主として火力発電所、次いで原子力発電所であるが、これらの働きはもちろん以上述べた四条件を備えてはじめて成り立っている。火力発電所でも原子力発電所でも働きの原理は同じである。違うのは、発電の結果として生成される廃物の種類とその性質である。火力発電所から出る主たる廃物は、炭酸ガスや窒素酸化物・硫黄酸化物であり、原子力発電所から出る廃物は、原子核崩壊で産み出される放射性物質である。火力発電所は炭酸ガスなどを大気に排出することで成り立っているので、まさに開放系である。原子力発電所は、放射性廃物が生物にとって極めて毒性が高く、しかもその毒性がなかなか消失しないために、外部に漏れぬよう長期にわたって徹底管理する必要がある。原子力発電所は、閉鎖系とせざるを得ない系なのである。先に述べたように、地球環境システムは最も外側を閉鎖系として、その内側に様々な開放系が互いに関係しあって生きる複雑系（生命系）だと述べたが、この性質に照らして原子力発電所は、はなはだ具合の悪い性質をもっていると言わざるを得ない。

4.1.2 水飲み鳥と持続可能性

今度は、仮想のヤカンやセンメンキではなくて、図4.1.6に示す「水飲み鳥」と呼ばれる実在するオモチャの活動について議論しよう。この鳥の身体はガラス製で、頭部と胴体下部が球状になっており、それらを筒が繋いでいる。頭と嘴・首にあたるガラスの外表面には薄いフェルト生地が貼ってある。フェルトで覆われた首の下端からはじまる筒状の胴体は尻の中央部まで入り込んでおり、筒の下部は開いていて、球状胴体内の空間とつながっている。

球状の下部胴体には、青または赤・黄などの着色されたエーテル液が入っている。頭を起こした状態では、尻内部に入り込んだガラス筒先端にある開口部がエーテル液に十分つかっている。この体位で水飲み鳥の重心は、尻内部の中心辺りにある。液面の上部空間は、筒状の胴体から首・頭にかけても、また、筒外側の球状胴体上部もエーテル蒸気で飽和している。筒状の胴体なかほどには支持金具があって、二本の足につながっている。支持金具と足とはピン接合† になっていて、鳥の頭・胴体・尻は前後に振れることが可能である。

† 柱や梁の接合部が、回転可能なつながり方になっていることを指す。

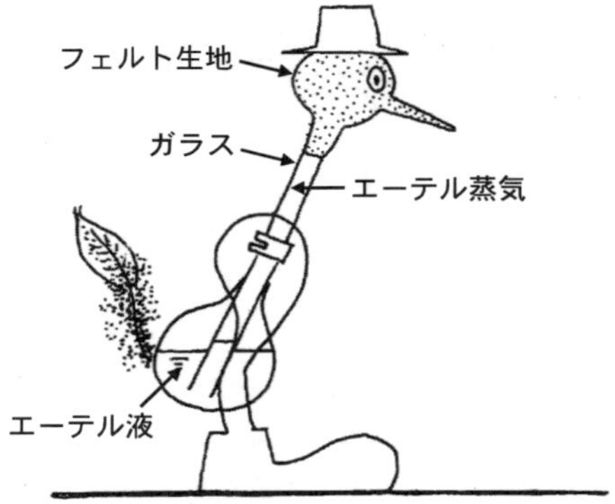

図 4.1.6 水飲み鳥。身体は頭から胴・尻までのすべてがガラス製。ガラスの内側は閉鎖空間でエーテル液とエーテル蒸気が入っている。頭と嘴・首にあたるガラスの外表面に薄いフェルト生地が貼ってある。筒状のガラス胴体は、球状の胴体下部（尻）に入り込んでいる。筒の最下部は開いており、水飲み鳥が立位にあるとき、筒の内外はエーテル液で充填される。

フェルトで覆われた頭と嘴を水に浸けてから放置すると、フェルト生地の首から頭までが湿った状態になる。そうなるかならないうちに、筒内部のエーテル液面は上昇し始め、それとともに筒外部の液面は下降し始める。両液面の差はどんどん大きくなり、やがて筒状胴体内部の液面が首の下端を越え、頭の中に入ってくるまで上昇してくる。そうなると、水飲み鳥の重心位置も頭が前に倒れるに十分なまでに上昇し、水飲み鳥は支持金具を回転軸としてお辞儀をする。頭の下がった水飲み鳥は、図 4.1.7 に示すように頭から胴体上部空間と尻部分の筒外側空間とがつながり合って、両空間のエーテル蒸気圧に差がなくなる。エーテル液は重力によってすべて落下して、図 4.1.6 に示した元の体位に再び戻る。これで一回の循環が終わる。

液面の上昇・下降をもたらす原因を詳しく考えてみよう。原因の一つは、頭部外側のフェルト生地が水の蒸発によって冷やされ、頭内部のエーテル蒸気から頭のガラスを貫いて濡れたフェルト生地への熱の流れが生じ、結果としてエーテル蒸気圧が下がり（また、一部のエーテル蒸気は液化しガラスの内表面を伝わって流れ落ち）、筒状胴体内部のエーテル液面が吸い上げられることである。今一つの原因は、尻内部に入り込んだ筒の内と外とで連続しているエーテル液は、筒外側のエーテル蒸気圧が筒内側にあるエーテル液上部の蒸気圧より高くなるために、筒内側の頭方向に押し込まれ、その際に筒外側のエーテル蒸気は膨張によって温

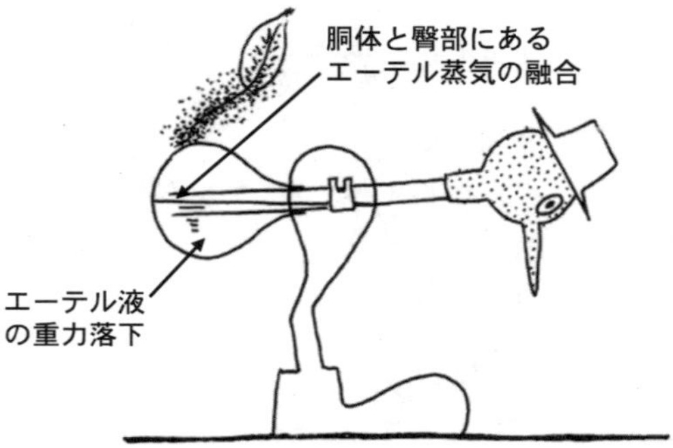

図 4.1.7　頭の下がった状態の水飲み鳥。立位にある水飲み鳥の頭部を水で濡らすと、水の蒸発により頭部が冷やされてエーテル蒸気圧が低下する。その結果、エーテル液が筒状胴体の内部を吸い上げられ、からだの重心が上昇する。そうすると、支持金具まわりの回転が起きて、頭が下がる。

度がわずかに下がり、それに伴って、胴体周囲の空気、すなわち水飲み鳥にとって最も身近かな環境から熱が流れてくることである。

熱の流れは、水飲み鳥の環境空間から球状胴体内部へと、頭部内側エーテル蒸気から頭・嘴・首の外表面への二つである。これらの流れの中に、水飲み鳥のお辞儀という動きが実現される。熱源と冷源の間に作り出された流れの中に、動力が産み出されるのである。この場合、熱源は環境そのものだから、エクセルギーの供給源にはなっていない。水の蒸発している頭・嘴・首は環境よりも温度が低くなるので、冷源となっている。これは、水の液体から水蒸気への拡散能力（エクセルギー）が消費された結果、冷源が産み出されたということができ、この冷源にある冷エクセルギーの一部が、水飲み鳥の動力として取り出されたと見ることができる。

水飲み鳥のエクセルギー収支は、次のような二つの式で表現できるだろう。

[水の湿エクセルギー]－[エクセルギー消費①]
＝[（頭部の）冷エクセルギー]

[（頭部の）冷エクセルギー]－[エクセルギー消費②]
＝[（お辞儀という仕事の）エクセルギー]＋[（お尻から出る）冷エクセルギー]

水の湿エクセルギーが具体的にどのように求められるかは、4.3 に詳しく述べる。

なお、水飲み鳥のお辞儀という仕事（エクセルギー）に水の湿エクセルギーをどれほど消費するかを計算してみると、面白いことに第2章に述べた様々なシステムの場合と同様で、投入されるエクセルギーの95～96％が消費され、残りがお辞儀のために取り出されることがわかる[1)]。

頭部分を水で濡らすことは、液体状の水が嘴や頭・首のフェルト生地の部分に入ることである。そこから水が蒸発することは、嘴や頭・首の部分から気体状の水が環境空間中に出ることである。すなわち、水飲み鳥の全体は開放系である。ガラス内部のエーテル液・蒸気は閉鎖系である。

さて、この水飲み鳥を、**写真**4.1.1に示すような密閉プラスチック容器（熱帯魚飼育用の水槽）の内側に入れ、お辞儀をしたときにちょうど嘴がコップに入れてある水面に入るようにする。嘴と頭のフェルト生地を最初に少しだけ濡らしておき、後はプラスチック容器に蓋をして放置する。30秒が経ち、1分が経つと、水飲み鳥は盛んにお辞儀を繰り返すようになる。お辞儀の繰り返し速さは3～4分経つと最も大きくなる。ところが、5分ほどが経つと、お辞儀の繰り返し速さは次第に小さくなり、7分も経つとお辞儀を止めてしまう。これは、プラスチック容器が閉鎖系であるために、容器中の空気、すなわち水飲み鳥にとっての環境空間の相対湿度が100％になると、もはや頭を冷やすことができなくなり、ひいてはエーテル液面が上昇できず、また、球状胴体部分も環境空間から熱を伝えられなく

写真4.1.1　透明プラスチック容器内に置いた水飲み鳥。水飲み鳥がお辞儀をしたときに、フェルト生地で覆われた嘴がコップ内の水にちょうど浸るようにする。

なるからである。この状態では、プラスチック容器内部の空間と水飲み鳥の頭付近の湿度はすべて同一、すなわち水蒸気圧力が一様であり、また、水飲み鳥の身体と周囲環境空間の温度も一様である。このような状態を平衡状態‡という。平衡状態とは、流れのない状態のことである。言い換えれば、非平衡でなければ動き（活動）は生まれ得ないということである。活動は「流れ」の中に実現される。

プラスチック容器の蓋を取って、内部空間の水蒸気が外部へと拡散していくと、水飲み鳥はお辞儀を再び繰り返すようになるが、プラスチック容器の蓋を取らずに水飲み鳥のお辞儀を再開させる方法がある。

それは、**写真** 4.1.2 の(a)に示すように、プラスチック容器の蓋に十分に冷やした保冷材を載せることである。プラスチック容器内空間の水蒸気圧と水飲み鳥頭部の液体水（飽和水蒸気）が平衡になっている状態で、蓋の上に保冷材を置いてしばらくすると、水飲み鳥の筒状胴体のエーテル液面は再び少しずつ上昇し始め、お辞儀をするようになる。しばらくお辞儀が続いた後、保冷材が置いてある蓋の内側面を見ると、そこには(b)に示すように、水滴が付着していることがわかる。水飲み鳥の嘴・頭・首、そしてコップ内の水面で気化した水が液体に戻って、その分だけ空間内部の湿度が低く保たれ、水飲み鳥とその環境空間との間に非平衡

(a)　(b)

写真 4.1.2　プラスチック容器に上蓋をのせ、その上にさらに保冷材を載せたところ(a)。水飲み鳥がお辞儀の繰り返し運動をしばらく続けた後で保冷材を取り除くと、透明プラスチック蓋の下側面には結露していることがわかる(b)。

‡ 二つの互いに接し合っている物体があって、両者の温度がまったく等しくなっている場合を「熱（学）平衡」という。両者の圧力がまったく等しくなっている場合を「力学（的）平衡」という。両者の濃度（厳密には 4.2 で述べるように化学ポテンシャル）がまったく等しくなっている場合を「化学平衡」という。3.9.1 も参照してほしい。

な状態が再び確保されたのである。

蓋の内側面に凝縮した水がコップの中に落下するようなところに保冷材を置けば、プラスチック容器内部で雨が降ることになる。「水循環」の誕生である。保冷材の冷却能力を持続させることができれば、水循環は保たれ、水飲み鳥のお辞儀は持続することになる。プラスチック容器の外側にランプ（卓上用電灯）を置いて水飲み鳥を照射すれば、保冷材との温度差が大きくなるから、お辞儀の繰り返し速さは増すだろう。卓上電灯は太陽、蓋をしたプラスチック容器は地球、水飲み鳥は植物・動物・微生物から成る生命系、コップの水は海、プラスチック蓋上の保冷材は宇宙としてみれば、水飲み鳥と水の入ったコップを入れたプラスチック容器は、地球環境システムの最も単純な模型と見ることができる。

以上の実験と、4.1.1 に述べた思考実験を併わせて考えると、1.3 と 1.4 に述べた熱機関（エクセルギー・エントロピー過程）として働く地球環境システムのイメージがより明確になってくるのではないだろうか。

● 参 考 文 献 ●

1) 宿谷昌則：地球環境システムの最単純模型 —建築環境教育のための教材開発—、日本建築学会大会学術講演梗概集、2003 年 9 月、pp.669-670

4・2 物拡散・熱拡散―開放系の理論―
開放系がもつエクセルギーの表現形式

3.2 で述べた閉鎖系の場合と同様に、図 4.2.1 に示すような容器 A に気体が入っているとする。底板は伝熱が起き得る材料で、側壁は伝熱がまったく起きないような材料でできている。また、錘の載った蓋も伝熱がまったく起きない材料でできている。蓋の質量は無視できるとする。蓋は上下に移動可能であるが、移動するときに側壁との間では摩擦は起きず、しかも容器内に封じ込められた気体が漏れ出たり、その逆に、容器の環境中にある気体が漏れ入ったりということもない。側壁には穴が一箇所あいているが、蓋が固くしてあって、上蓋と同じく伝熱はまったく起こらず、また、気体の漏出・漏入はない。以上の条件では、容器内部の気体は「閉鎖系」である。出入りできるのは、エネルギーとそれに伴うエントロピー・エクセルギーだけだからである。

閉鎖系としての容器 A がもつエクセルギーの表現形式は、3.2 で議論したとおりで、

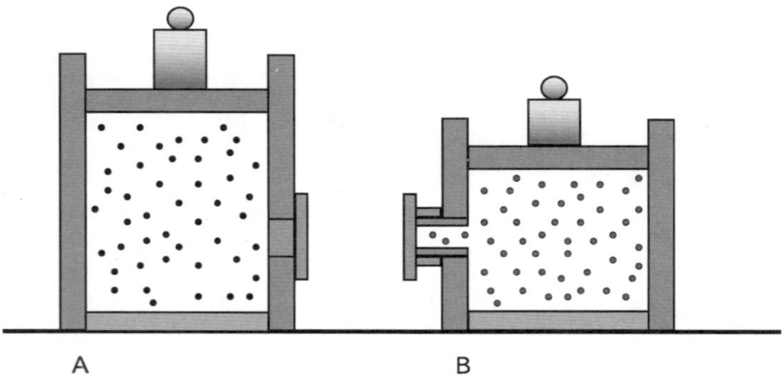

図 4.2.1 気体の入っている「閉鎖系」としての容器 A と B。蓋と側壁は完全断熱。底板は熱をよく伝える材質でできている。蓋は上下に移動可能。側壁には穴が一箇所開いているが、蓋が固くしてある。A にも B にも r 種類の物質が混ざり合って入っている。ただし、種類 i の粒子数の総粒子数に対する比は、A と B とで異なる。

$$dX = dU - dS \cdot T_o + P_o dV \tag{4.2.1}$$

また、

$$X = \int_0^X dX = U - U_o - T_o(S - S_o) + P_o(V - V_o) \tag{4.2.2}$$

容器 A の中にある気体の温度を T_A、圧力を P_Aとしよう。また、気体を構成する粒子の個数(物質量)を N_Tと表わそう。単位は温度が K、圧力が Pa (=N/m²)、物質量が mol*である。この気体は実は、r 種類の物質が混じり合ったもので、物質の種類を 1 、 2 、 3 ‥‥、i、‥‥、r と番号で表わすことにして、容器 A の中にある気体 i の物質量(粒子数)を N_iと表わすことにする。数学語で表現すると、

$$N_T = \sum_{i=1}^{r} N_i$$

再び図 4.2.1 を見て、今度は容器 B を考える。容器 B の中にある気体の温度は T_B、圧力はP_Bである。

容器 B には、容器 A とまったく同じように r 種類の気体が入っているとしよう。ところが、種類ごとの粒子数が粒子の総数に占める割合は、容器 A と B では異なる。すなわち、容器 B では全物質量を n_T、気体 i の物質量を n_iと表わして、

$$\frac{N_i}{N_T} \neq \frac{n_i}{n_T}$$

容器 A と B に入っている気体は、いずれも理想気体†とみなせるとすれば、容器 A 内の気体全圧力は r 種類の物質がそれぞれ受け持つ圧力（分圧）の和として表わすことができ、種類 i の気体が受け持つ圧力は（N_i/N_T）P_Aで表わせる（ダルトンの分圧の法則)。小さな容器 B 内部にある種類 i の物質が受け持つ圧力は、（n_i/n_T） P_B ということになる。

図 4.2.2 に示すように、容器 B を容器 A の側壁にある穴に接続する。このよう

---

* 物質量 mol は、物質粒子の数え方。6.023×10^{23}個をまとめて 1 単位とする。これを 1 mol と称する約束。鉛筆 12 本をまとめて 1 単位とし、それを 1 ダースと呼ぶのと考え方は同じ。鉛筆 60 本は 5 ダース。水分子 30×10^{23}個は 5 mol。

† 理想気体とは、その圧力と体積の積がその絶対温度に比例する仮想の気体。実在する気体は多かれ少なかれ理想気体とは異なるが、圧力が大気圧とあまり違わず、また、温度が常温（−20〜60°C）であれば、実在の気体の振る舞いは理想気体と見なせる。

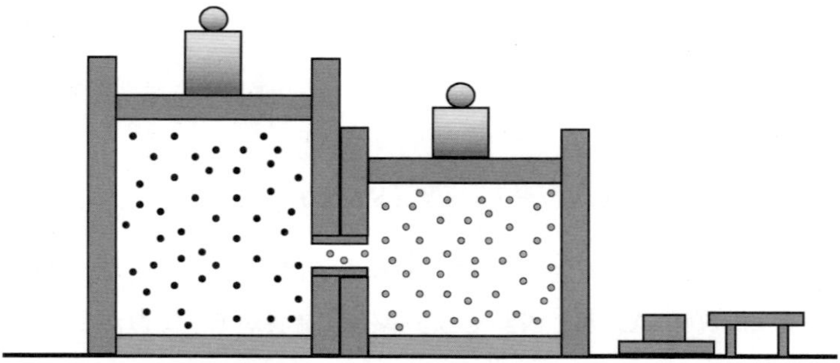

図4.2.2　容器Aに容器Bを接続する。このようにすれば、エネルギーの出入りに加えて物質の出入りが生じるから、容器Aの中にある気体は、もはや閉鎖系ではなく「開放系」である。

にすると、容器Aの気体は、閉鎖系ではなく「開放系」ということになる。エネルギーの出入りに加えて、物質の出入りが生じるからである。

そこで、小さな容器Bから容器Aの内部へ r 種類の物質が微小な量 $\delta m_i (i=1、2、3、\cdots、r)$ ずつ入ってくると考えよう。これによって、大きな容器A内の質量が種類ごとに dM_i ずつ、全体として dM_T だけ増したとする。そうすると、質量保存の法則にしたがって、物質収支式は次のように表現できる。

$$\sum_{i=1}^{r} \delta m_i = \sum_{i=1}^{r} dM_i = dM_T \tag{4.2.3}$$

物質 i の単位質量当たりのエンタルピー(比エンタルピー、単位はJ/g)を h_{mi}、単位質量当たりのエントロピー(比エントロピー、単位はOns/g)を s_{mi} と表わすことにすると‡、物質 i が容器Aに入ってくることに伴うエネルギーとエントロピーは、それぞれ、

$$h_{mi}\delta m_i、s_{mi}\delta m_i$$

と表わせる。以上の表現方法を使って閉鎖系のエネルギー収支式（3.2の式(3.2.3)）に対応する開放系のエネルギー収支式を書き下すと、

‡ エンタルピーの考え方は3.4に述べた。単位質量あたりのエンタルピーを比エンタルピーという。比重といえば、重量を単位体積当たりで表わす。比熱といえば、ある物質の熱容量を単位質量当たりで表わす。「比」という接頭語の使い方は、総量ではなくて、〈密集の度合い〉を表わしていると考えればよい。「比」がつく量は内包量（示強変数）。

$$\delta Q+\delta W+\sum_{i=1}^{r} h_{mi}\,\delta m_i=\mathrm{d}U \tag{4.2.4}$$

同様にして、エントロピー収支式は、

$$\frac{\delta Q}{T_\mathrm{H}}+\sum_{i=1}^{r} s_{mi}\,\delta m_i+\delta S_g=\mathrm{d}S \tag{4.2.5}$$

式 (4.2.5) の両辺に環境温度 T_oを乗じて得られる式を、式 (4.2.4) から引くと、

$$\begin{aligned}(1-\frac{T_o}{T_H})\,\delta Q+\delta W+\sum_{i=1}^{r}(h_{mi}-s_{mi}T_o)\,\delta m_i\\ -\delta S_g T_o=\mathrm{d}U-\mathrm{d}S\cdot T_o\end{aligned} \tag{4.2.6}$$

3.2 で述べた閉鎖系の議論で、δWを($\delta W_\mathrm{o}+\delta W_{ex}$) の和として表現し、$\delta W_\mathrm{o}=-P_\mathrm{o}\mathrm{d}V$と表現したことを式 (4.2.6) に反映させると、

$$\begin{aligned}(1-\frac{T_o}{T_H})\,\delta Q+\delta W_{ex}+\sum_{i=1}^{r}(h_{mi}-s_{mi}T_o)\,\delta m_i\\ -\delta S_g T_o=\mathrm{d}U-\mathrm{d}S\cdot T_o+P_o\mathrm{d}V\end{aligned} \tag{4.2.7}$$

式 (4.2.7) の左辺第 3 項に着目して、比エンタルピーと比エントロピーの双方を、環境における比エンタルピー h_{moi}との差、環境における比エントロピー s_{moi}との差として書き直すことを考える。

$$\begin{aligned}\sum_{i=1}^{r}(h_{mi}-s_{mi}T_o)\,\delta m_i=\sum_{i=1}^{r}(h_{mi}-h_{moi}+h_{moi}\\ -s_{mi}T_o+s_{moi}T_o-s_{moi}T_o)\,\delta m_i\end{aligned} \tag{4.2.8}$$

式 (4.2.8) 右辺のカッコ内に余計に現われた ($+h_{moi}$) と ($-s_{moi}T_o$)を追い出してさらに式を整理すると、

$$\begin{aligned}\sum_{i=1}^{r}(h_{mi}-s_{mi}T_o)\,\delta m_i=\sum_{i=1}^{r}\left[(h_{mi}-h_{moi})-(s_{mi}-s_{moi})T_o\right]\delta m_i\\ +\sum_{i=1}^{r}(h_{moi}-s_{moi}T_o)\,\delta m_i\end{aligned} \tag{4.2.9}$$

式 (4.2.9) の関係を式 (4.2.7) に代入すると、次式が得られる。

$$\left(1-\frac{T_o}{T_H}\right)\delta Q+\delta W_{ex}+\sum_{i=1}^{r}\left[(h_{mi}-h_{moi})-(s_{mi}-s_{moi})T_o\right]\delta m_i$$
$$-\delta S_g T_o=\mathrm{d}U-\mathrm{d}S\cdot T_o+P_o\mathrm{d}V-\sum_{i=1}^{r}(h_{moi}-s_{moi}T_o)\,\delta m_i \tag{4.2.10}$$

この式の左辺第3項目にある[　]内は、物質 i の保有する比エクセルギーと呼んだらよい量である。

$$x_i=(h_{mi}-h_{moi})-(s_{mi}-s_{moi})T_o$$

図4.2.1に示した容器Bには、比エクセルギーが x_i の物質が r 種類(i=1、2、3、・・・・、r)混ざり合って存在し、δm_i ずつ容器Aに入ってくる。

式(4.2.10)の右辺第4項目にある(　)内は、物質 i が環境中にある場合の比ギブス自由エネルギーと呼ばれる量である。単位はJ/gである。ギブス自由エネルギーは、エンタルピーからエントロピーと絶対温度の積を引いたものとして定義される[§]。

$$G=H-TS \tag{4.2.11}$$

比ギブス自由エネルギーと質量の積で表わされる量を、「何か」と物質量molの値との積で表わせるようにしたとする。そのとき、この「何か」を「化学ポテンシャル」という。化学ポテンシャルは、化学反応を含む物質拡散に関係する概念である。温度差は伝熱を、圧力差は仕事を、化学ポテンシャル差は(気体や液体の相互拡散のほか化学反応を含む)物質拡散を引き起こす。このような対応関係があると考えればよい。化学ポテンシャルは大雑把に言えば濃度を表わすと思ってもよい。また、化学ポテンシャルは、物質拡散に関係するから、開放系において重要な物理量ともいえる。

自由エネルギーや化学ポテンシャルの性質を用いると、式(4.2.10)はさらに展開可能で、開放系のエクセルギーと閉鎖系のエクセルギーの違いが明確になる。これらのことは本節の最後に到る議論で次第に明らかになる。まずは、自由エネ

---

§ この概念は最初Josiah Willard Gibbs(1839〜1903年、アメリカ人科学者)によって導かれた。それに因んで、ギブス自由エネルギーを G、比ギブス自由エネルギーを g と表わすことが多い。ギブス自由エネルギーの定義式が、$G=H-TS$ となることは、3.2に述べた式(3.2.8)の内容を、U を縦軸、S と V を互いに直交する横軸にとって図化表現すると必然的に導き出せる。

ルギーと化学ポテンシャルの性質を説明して、その結果として得られる式を式(4.2.10)に代入することを考えよう。

ある物質のギブス自由エネルギー G は、その物質を構成する r 種類の物質それぞれのギブス自由エネルギーの総和であり、それはまた、それぞれの質量 M_i と比自由エネルギー g_i の積和として、あるいは、それぞれの物質量 N_i と化学ポテンシャル μ_i の積和として表わせる。比自由エネルギーの単位は J/g、化学ポテンシャルの単位は J/mol である。

$$G=\sum_{i=1}^{r}G_i=\sum_{i=1}^{r}g_iM_i=\sum_{i=1}^{r}\mu_iN_i \qquad (4.2.12)$$

r 種類の物質のうち、i 番目の物質量だけがわずかに増し、他は一定という場合を考えると、式 (4.2.12) の微分は次のように表わせる。

$$\mathrm{d}G=0+0+\cdots+\mathrm{d}G_i+\cdots+0=0+0+\cdots+\mu_i\mathrm{d}N_i+\cdots+0 \qquad (4.2.13)$$

これを、物質 i の化学ポテンシャルを定義する式として、次のように表現し直す。

$$\mu_i=\left(\frac{\partial G_i}{\partial N_i}\right)_{P,T,N_j(N_i\neq N_j)} \qquad (4.2.14)^*$$

( ) の外側右下にある $P, T, N_j(N_i\neq N_j)$ は、圧力 P が一定、温度 T が一定、物質 i を除く他の物質量は一定ということを意味する表現形式である。同様にして比自由エネルギーは、

$$g_i=\left(\frac{\partial G_i}{\partial M_i}\right)_{P,T,M_j(M_i\neq M_j)} \qquad (4.2.15)$$

ギブス自由エネルギーは、式 (4.2.11) に示したように、エンタルピーから温度とエントロピーの積を引いたものであり、また、エンタルピーは、3.4 の式(3.4.7)に示したように、内部エネルギーに圧力と体積の積を加えたものだから、

* 熱力学における数学表現では、d や δ や ∂ が出てきて訳がわからなくなることがある。あまり気にせずに読み進み、また戻っては理解しようと試みる…といった反復が重要である。d は状態量を表わす物理量の微小変化を表現する。δ は、微小な移動量あるいは微小な生成量を表現することは第 3 章で述べた。∂ は d と基本的に同じ意味だが、式 (4.2.12) で示すように、微小変化を考える物理量が複数の物理量の関数になっていて、問題とする物理量以外は一定として考える場合に、そのことを注意して(うっかり忘れないように) d ではなく ∂ と表現する。微小変化 d を微分と呼び、∂ を偏微分と呼ぶ習慣である。

以下のように表現できる。

$$G = H - TS = U + PV - TS \tag{4.2.16}$$

式（4.2.16）の微分は、次のように表わせる。

$$\mathrm{d}G = \mathrm{d}U + \mathrm{d}P \cdot V + P\mathrm{d}V - \mathrm{d}T \cdot S - T\mathrm{d}S \tag{4.2.17}$$

ところで、「閉鎖系」のエネルギー収支は、3.2 に示した式（3.2.8）から、

$$T\mathrm{d}S - P\mathrm{d}V = \mathrm{d}U \tag{4.2.18}$$

式（4.2.17）に式（4.2.18）の関係を代入して整理すると、

$$\mathrm{d}G = V\mathrm{d}P - \mathrm{S}\mathrm{d}T \tag{4.2.19}$$

この式は、閉鎖系におけるギブス自由エネルギーの微小変化を表わす。

式 (4.2.12) にもどって、dG を求めることを考える。式 (4.2.12) を微分すると、

$$\mathrm{d}G = \sum_{i=1}^{r} \mathrm{d}\mu_i \cdot N_i + \sum_{i=1}^{r} \mu_i \mathrm{d}N_i \tag{4.2.20}$$

この式の右辺を見ると、第 1 項は物質量 N_iが一定、第 2 項は物質量の微小変化 dN_iを含む。閉鎖系であれば、dN_i=0 だから、第 1 項は閉鎖系のギブス自由エネルギーの変化に等しいはずである。すなわち、式 (4.2.19) に等しい‡。したがって、式（4.2.20）は次のように表現し直せる。

$$\mathrm{d}G = V\mathrm{d}P - \mathrm{S}\mathrm{d}T + \sum_{i=1}^{r} \mu_i \mathrm{d}N_i \tag{4.2.21}$$

式（4.2.21）を式（4.2.17）の左辺に代入して整理すると、次式が得られる。

$$T\mathrm{d}S - P\mathrm{d}V + \sum_{i=1}^{r} \mu_i \mathrm{d}N_i = \mathrm{d}U \tag{4.2.22}$$

---

‡ $\sum_{i=1}^{r} \mathrm{d}\mu_i \cdot N_i = V\mathrm{d}P - S\mathrm{d}T$ を変形すると、$-S\mathrm{d}T + V\mathrm{d}P - \sum_{i=1}^{r} d\mu_i \cdot N_i = 0$ となる。この式は Gibbs-Duhem の関係式と呼ばれる。

この式を、閉鎖系のエネルギー収支式（4.2.18）と見比べると、$\sum_{i=1}^{r}\mu_i \mathrm{d}N_i$が加わっていることに気づく。式（4.2.22）は「開放系」のエネルギー収支式に他ならない。左辺の第1項は熱、第2項は仕事を、系それ自体の物理量だけで表現していた。第3項も同様に、物質拡散による系へのエネルギーの移動を、系それ自体の物理量で表わしている。化学ポテンシャル μ_iは、温度 T、圧力 P と同様の位置付けにあり、また、物質量 N_iがエントロピー S、体積 V と等価な位置付けにあることがわかる。

式 (4.2.20)～式 (4.2.22) の操作で行なったのと同じ操作を、化学ポテンシャルの代わりに比ギブス自由エネルギーが現われるように行なうと、次式が得られる。

$$T\mathrm{d}S - P\mathrm{d}V + \sum_{i=1}^{r} g_i \mathrm{d}M_i = \mathrm{d}U \tag{4.2.23}$$

比ギブス自由エネルギーは化学ポテンシャルと同様に、やはり温度・圧力と同様な位置付けにある。また、式（4.2.22）と式（4.2.23）を見比べれば、次式が成り立つことがわかる。

$$\sum_{i=1}^{r}\mu_i \mathrm{d}N_i = \sum_{i=1}^{r} g_i \mathrm{d}M_i \tag{4.2.24}$$

開放系の物質収支式は式 (4.2.3) で表現したが、これは質量保存の法則にしたがって表現したものであった。いま問題にしている開放系では、質量の保存に加えて粒子数も保存されるとすれば§、小さな容器 B から物質が微小な量 $\delta n_i (i=1$、2、・・・・、$r)$ ずつ入ってくる。このことによって、大きな容器 A 内の粒子数が、種類 i について $\mathrm{d}N_i$ずつ、系の全体としては $\mathrm{d}N_\mathrm{T}$だけ増す。そうすると、容器 A の物質収支式は次のように表現できる。

$$\sum_{i=1}^{r} \delta n_i = \sum_{i=1}^{r} \mathrm{d}N_i = \mathrm{d}N_\mathrm{T} \tag{4.2.25}$$

§ 化学反応がある場合には、反応前後における粒子の数は保存されない場合がある。例えば、水素 2 mol と酸素 1 mol が反応し合えば、水 2 mol ができる。反応前は粒子数 3 mol、反応後は 2 mol である。しかし、原子の数については保存される。化学反応は原子の組み合わさり方が変わることだからである。核分裂反応になれば、原子の数が保存されなくなる。しかし、エネルギーと質量の双方について見れば、アインシュタインの式 $E=mc^2$を介して、保存が成り立つ。

さて、式（4.2.10）にもどって、その右辺の第4項を、比ギブス自由エネルギーを g_{oi} と表わして書き直すと、

$$\sum_{i=1}^{r}(h_{moi}-s_{moi}T_o)\,\delta m_i=\sum_{i=1}^{r}g_{oi}\,\delta m_i \qquad (4.2.26)$$

環境中に存在する物質 i の化学ポテンシャルを μ_{oi} と表わすことにすると、式（4.2.24）の関係から、また、式（4.2.25）の関係に注意して、

$$\sum_{i=1}^{r}\mu_{oi}\mathrm{d}N_i=\sum_{i=1}^{r}g_{oi}\mathrm{d}M_i=\sum_{i=1}^{r}\mu_{oi}\,\delta n_i=\sum_{i=1}^{r}g_{oi}\,\delta m_i \qquad (4.2.27)$$

かなり長々と数式の操作を行なってきたが、式（4.2.27）に到って得られた関係を、式（4.2.10）のエクセルギー収支式に代入すれば、

$$\begin{aligned}(1-\frac{T_o}{T_H})\,\delta Q+\,\delta W_{ex}+\sum_{i=1}^{r}\Bigl[(h_{mi}-h_{moi})-(s_{mi}-s_{moi})T_o\Bigr]\,\delta m_i\\ -\,\delta S_gT_o=\mathrm{d}U-\mathrm{d}S\cdot T_o+P_o\mathrm{d}V-\sum_{i=1}^{r}\mu_{oi}\mathrm{d}N_i\end{aligned} \qquad (4.2.28)$$

「開放系」がもつエクセルギーの微分 $\mathrm{d}X$ は、式(4.2.28)の右辺に他ならない。

$$\mathrm{d}X=\mathrm{d}U-\mathrm{d}S\cdot T_o+P_o\mathrm{d}V-\sum_{i=1}^{r}\mu_{oi}\mathrm{d}N_i \qquad (4.2.29)$$

式（4.2.29）と式（4.2.1）を比べると、開放系と閉鎖系とでは、何が異なるかよくわかる。開放系では $\left(-\sum_{i=1}^{r}\mu_{oi}\mathrm{d}N_i\right)$ が加わっている。

開放系のエクセルギーは、式（4.2.29）を積分して、

$$\begin{aligned}X=\int_0^X\mathrm{d}X=U-U_o-T_o(S-S_o)+P_o(V-V_o)\\ -\sum_{i=1}^{r}\mu_{oi}(N_i-N_{oi})\end{aligned} \qquad (4.2.30)$$

この表現形式は、押田や三宅によって与えられた式[1)2)]と同じである。

数式の操作が続いたので、エクセルギー収支に到るまでの道筋が見え難くなっているかもしれない。確認のために式（4.2.28）が導かれた大よその道筋を、視覚的なイメージとして図4.2.3に表現しておく。

開放系のエクセルギーとは何かについて理解を深めるために、式（4.2.30）をさらに整理してみよう。

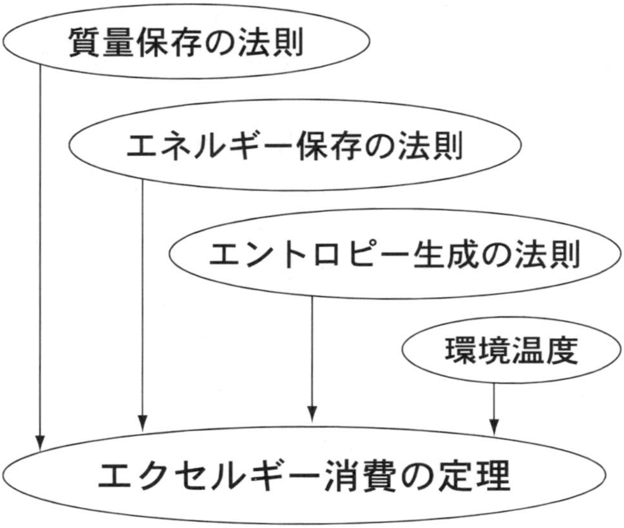

図 4.2.3　開放系におけるエクセルギー消費の定理は、質量保存則・エネルギー保存則・エントロピー生成則・環境温度を組み合わせることによって導かれる。図 3.1.4 に示した閉鎖系の場合との違いに注意。

$$X = U - T_o S + P_o V - \sum_{i=1}^{r} \mu_{oi} N_i - \left(U_o - T_o S_o + P_o V_o - \sum_{i=1}^{r} \mu_{oi} N_{oi}\right) \quad (4.2.31)$$

式 (4.2.31) の右辺第 5 項の（　）内は、添え字を見れば明らかなように、すべて環境にかかわる物理量で構成されている。環境を構成している物質のギブス自由エネルギーを G_o と表わせば、式 (4.2.16) と式 (4.2.12) に示した関係を思い出して、

$$G_o = \sum_{i=1}^{r} \mu_{oi} N_{oi} = U_o + P_o V_o - T_o S_o \quad (4.2.32)$$

この関係を式 (4.2.31) に代入すると、第 5 項が消えて、

$$X = U - T_o S + P_o V - \sum_{i=1}^{r} \mu_{oi} N_i \quad (4.2.33)$$

さて、式 (4.2.33) で表現されたエクセルギーをもつ開放系（容器 A）を、閉じた状態にしておいて、$T_A = T_o$、$P_A = P_o$ になるまで変化させることを考える。

すなわち、熱拡散が起き、また蓋が動いて大気に対して仕事をして、$T_A = T_o$、$P_A = P_o$になったとする。そうすると、この系は、閉鎖系としてのエクセルギー、すなわち「熱エクセルギー」と「圧力エクセルギー」を失ったが、まだエクセルギーが残った状態にある。環境に対してまだ開いていないからである。この残留エクセルギーを「化学エクセルギー」と呼ぶ。化学エクセルギーと呼ぶ理由を以下に説明しよう。

化学エクセルギーだけが残っている状態における系内のギブス自由エネルギーを G^* と表現すると、

$$G^* = \sum_{i=1}^{r} \mu_i^* N_i^* = U^* + P^* V^* - T^* S^* \tag{4.2.34}$$

開放系について、上述のように閉鎖系として操作した後は、$T^* = T_o$、$P^* = P_o$ になっており、$N_i^* = N_i$だから、

$$G^* = \sum_{i=1}^{r} \mu_i^* N_i = U^* + P_o V^* - T_o S^* \tag{4.2.35}$$

式 (4.2.35) は次のように書き換えることができる。

$$0 = U^* + P_o V^* - T_o S^* - \sum_{i=1}^{r} \mu_i^* N_i$$

これを式 (4.2.33) に付け加えると、

$$X = U - T_o S + P_o V - \sum_{i=1}^{r} \mu_{oi} N_i - \left(U^* - T_o S^* + P_o V^* - \sum_{i=1}^{r} \mu_i^* N_i \right)$$

さらに整理して、

$$X = (U - U^*) - T_o (S - S^*) + P_o (V - V^*) + \sum_{i=1}^{r} (\mu_i^* - \mu_{oi}) N_i \tag{4.2.36}$$

式 (4.2.36) で、右辺の第1項から第3項までは、式 (4.2.2) と見比べればわかるように、閉鎖系としてのエクセルギーである。したがって、第4項目が開放系として初めて現われるエクセルギーである。よく見ると、これは、開放系を構成する物質と環境との間にある化学ポテンシャルの差に開放系を構成する物質量(粒子数)を掛け合わせたものとなっている。化学エクセルギーと呼ぶ所以である。

● 参 考 文 献 ●

1) 押田勇雄：エクセルギー講義、太陽エネルギー研究所、1986 年、p.55
2) 三宅哲：熱力学　第 6 版、裳華房、1994 年、p.115
3) A. Bejan, Advanced Engineering Thermodynamics, Wiley Interscience, 1988, p.218

物拡散・熱拡散—開放系の理論—

4・3 湿と乾—湿り空気・水の分離エクセルギー

前節では、開放系として存在する物質がもつエクセルギーの一般的な表現形式を示した。本節ではそれを受けて、私たちの身近なところで絶えず起きている水と空気の相互拡散について、エクセルギーの計算式あるいは収支式を具体的に示して、そこから読み解けることを述べよう。

まず、水と空気（乾き空気）の拡散現象を定性的に説明し、次いで、湿り空気や液体水がもつエクセルギーの計算式[1)]について述べ、私たち人の皮膚における発汗・蒸泄や樹木の葉における蒸散の議論で重要になる濡れた面のエクセルギー収支について述べる。

4.3.1 水と空気の相互拡散

エアコンから吹き出される冷風と室内空気との混合、室内空気の外気への漏出や外気の室内への漏入など、開放系における空気の出入りでは、湿り具合の異なる空気どうしの相互拡散が生じる。

図4.3.1に示すような室空間中に置かれた容器を想定しよう。容器中には室空間よりも湿った空気が入っている。物質拡散に焦点を当てるため、相対湿度（混合比）*だけが異なって温度は等しい場合を想定する。蓋を取り外した後の空間中を飛び交う水蒸気の粒子に注目すると、水蒸気の粒子群は高湿側から低湿側の空間へと拡がり散っていく。また、それと同時に、乾き空気の粒子群は低湿側から高湿側の空間へと拡がり散っていく。すなわち、水蒸気分子群と乾き空気分子群とが拡散しあい、両物質ともに存在範囲を拡げあう。

水蒸気と乾き空気の相互拡散の前後では、これら物質の「拡がり散りの大きさ（エントロピー）」は増し、それに比例して物質の「拡散能力（エクセルギー）」が

* 相対湿度や混合比の定義は2.4の脚注に述べてある。

消費されると考えることができるだろう。物質の拡散能力（エクセルギー）は、湿度の異なった湿り空気どうしが相互拡散してしまう前の分離された状態にあるときに保有されているといってもよい。そこで、このような物質の拡散能力を「分離エクセルギー」と呼んで、熱拡散の能力である熱エクセルギーと区別する。湿り空気の分離エクセルギーは、環境よりも混合比（水蒸気濃度）が大きい湿り空気の場合には、環境中の物質を湿らせる能力をもつことから、「湿」エクセルギーと呼び、その反対に、環境よりも混合比（水蒸気濃度）が小さい湿り空気の場合には、乾かす能力をもつことから、「乾」エクセルギーと呼ぶ。

図 4.3.1 では、温度は等しく湿度だけが異なる二つの湿り空気が相互拡散する場合が描いてあるが、相互拡散する湿り空気の温度も湿度も異なっていて、熱拡散と物質拡散の双方が同時に起こる方がより一般的である。その場合、開放系として存在する湿り空気のもつエクセルギーは、温・冷エクセルギーと湿・乾エクセルギーの和として表現する。

[湿り空気のエクセルギー]＝[温または冷エクセルギー]
＋[湿または乾エクセルギー] (4.3.1)

水の蒸発が物質拡散の一つであることは、水が液体として存在する空間の大きさと水蒸気として存在する空間の大きさを比べてみると納得がいく。例えば、水蒸気がこれ以上は入り込むことのできない（飽和した）状態における湿り空気 1 m^3中には、0°Cで 4.5 g、30°Cで 32.6 g の水蒸気が含まれる。これらの水蒸気が凝縮して空気から分離されて液体水になったとすると、前者は $4.5\times10^{-6}m^3$、後者は

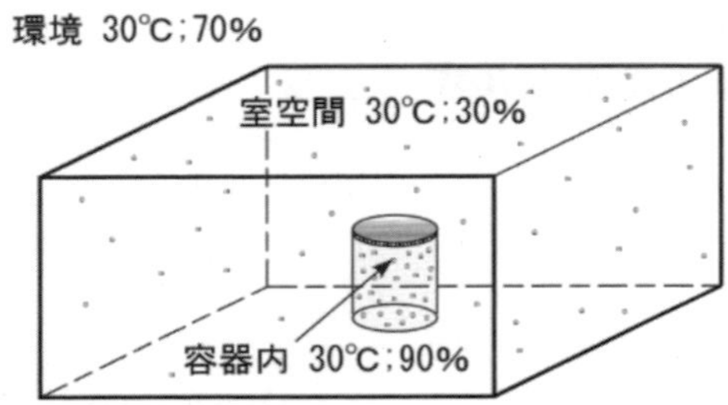

図 4.3.1 湿り空気の相互拡散。容器内には室空間より湿った空気が入っている。容器の蓋を取り外すと、水蒸気の粒子群が高湿側から低湿側の空間へと拡がり散っていく。同時に、乾き空気の粒子群は低湿側から高湿側の空間へと拡がり散っていく。室空間と容器内の粒々は、水蒸気粒子の存在密度を表現している。

$32.6\times10^{-6}m^3$となるから、大気中に存在する水蒸気は液体水に比べて存在空間が著しく拡大していることがわかる。

物質は濃度の高い方から低い方へと拡散する傾向があるから、狭い空間にひしめきあって存在する液体水は、大気が水蒸気で飽和していなければ、水蒸気になろうとする。温度の高低にかかわらずである。

環境である湿り空気から分離された状態として存在する液体水には、1気圧の圧力がかかっている。この液体水には、環境と同じ水蒸気圧になるまで拡がり散る能力、すなわち湿エクセルギーが保有されていると考えられる。そうすると、開放系として存在する液体水のもつエクセルギーは、次のように表わせるだろう。

$$\begin{aligned}[\text{液体水のエクセルギー}] &= [\text{温または冷エクセルギー}] \\ &\quad + [\text{湿エクセルギー}]\end{aligned} \tag{4.3.2}$$

液体水が水蒸気になるということは、水面に近い液体中にある水の粒子(分子)が、粒子どうしの間に働く引力をふりきって、空気中へと飛び出すことである。蒸気になった水粒子の方が熱運動の激しさが大きいが、それは水粒子が熱エネルギーを周囲から奪うことを意味する。熱エネルギーは温度の高い方から低い方へ流れるから、蒸発が起こっている系は周囲よりも低温となる。このように液体水の空気中への拡散は、周りから蒸発が起こっている系へと向かう熱の流れ、すなわち周囲を冷やすような熱拡散を伴う。これを「蒸発冷却」と呼ぶ。蒸発冷却では、液体水の湿エクセルギーの一部が消費され、冷エクセルギーが産み出され、それが消費されて冷却効果がもたらされる。定性的にはそのような説明がつく。

4.3.2 湿り空気のエクセルギー

温度 T の湿り空気の系が温度 T_oの環境に存在するとき、この湿り空気がもつエンタルピーの環境との差 ΔH_{ma}は、3.4の式(3.4.11)を参考にして次式で表わせる。

$$\Delta H_{ma}=(c_{pa}m_a+c_{pv}m_w)(T-T_o) \tag{4.3.3}$$

c_{pa}は乾き空気の定圧比熱、c_{pv}は水蒸気の定圧比熱である。m_aは乾き空気の質量、m_wは水蒸気の質量である。比熱の単位はJ/(g・K)、質量の単位はgとする。

この湿り空気がもつエントロピー S_{ma}は、熱拡散の大きさとしてのエントロピーの環境との差 ΔS_{ame}に加えて、物拡散の大きさとしてのエントロピー S_{mam}がある。両者を合計したのが、この湿り空気のエントロピーである。

$$S_{ma}=\Delta S_{mae}+S_{mam} \tag{4.3.4}$$

熱エントロピー ΔS_{ame}は、3.4 の式（3.4.12）を参考にして、

$$\Delta S_{mae}=(c_{pa}m_a+c_{pv}m_w)\ln\frac{T}{T_o} \tag{4.3.5}$$

また、物エントロピー S_{mam}は、

$$S_{mam}=-\left(\frac{m_a}{M_a}R\ln\frac{p_a}{p_{ao}}+\frac{m_w}{M_w}R\ln\frac{p_v}{p_{vo}}\right)\leqq 0 \tag{4.3.6}$$

ここで、M_aは乾き空気の分子量 28.97 g/mol、M_wは水の分子量 18.05 g/mol であり、R は気体定数 8.314 J/(mol・K)である。p_aと p_vは乾き空気と水蒸気の分圧、p_{ao}と p_{vo}は環境における乾き空気と水蒸気の分圧である。なお、$p_a+p_v=p_{ao}+p_{vo}$（=101.3 kPa）である。

式(4.3.6)がどのようにして導かれるかは、図 4.3.2 に示す a.〜d. のプロセスを考えるとわかる[2)]。まず、a. に示すように、単一の物質から成る n モル（mol）の理想気体が体積 V の容器に封入されていたとする。中央にある仕切り板の上部の空間は真空である。次に、外部との熱の出入りがまったくない断熱された条件下で、b. のように仕切り板を引き抜く。そうすると、気体が容器内の真空だった部分へと拡散して、ξ（グザイ）倍だけ存在空間を拡大して、体積が ξV になる。

この膨張の前後で気体の温度はまったく変化しない。断熱的な変化なので外部と気体との間に熱の授受はないし、気体分子は真空中に拡がっただけだから、蓋を構成する物質粒子に衝突してそれを押し動かすこともないからだ（自由膨張[†)3)]）。したがって、気体を出入りする熱エントロピーもないので、この自由膨張の前後で気体がもつ熱エントロピーは増減しないといえる。

この膨張した気体を、c. に示すように、外部から仕事を加えて、等温のまま元の体積にまで存在範囲を縮めること（等温圧縮）を考える。断熱的に仕事を加え

† 図 4.3.1 に示した湿度の異なる湿り空気どうしの相互拡散も、乾き空気・水蒸気それぞれの自由膨張である。

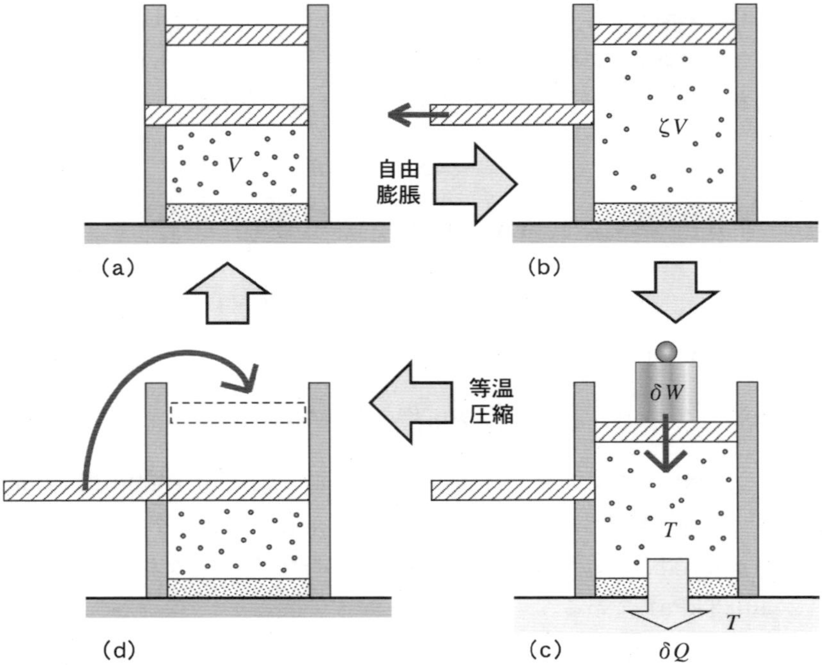

図 4.3.2　気体の自由膨張と等温圧縮。自由膨張によって気体の物（拡散の度合いとしての）エントロピーが増す。等温圧縮を行なうと、そのエントロピーが容器から外部へと排出される。

ると温度が上がってしまうから、仕事で加えられるエネルギーにちょうど等しい熱エネルギーを系の外部へ排出する。仕事は拡散現象ではないから、仕事によるエネルギーの流入に対応するエントロピーの流入はゼロである。一方、熱エネルギーの流出には熱エントロピーの流出が伴う。

等温圧縮で気体から外部へ取り出される熱エントロピーは、気体が V から ξV まで物拡散したときに生成された物エントロピーの大きさに等しい。気体を ξV から V まで等温圧縮する間に気体に加える仕事の総量 W は、気体に加えられる微小な仕事を δW、気体の圧力を p、気体の体積の微小な増加を $\mathrm{d}V$ として、次のように表わせる。

$$W=\int_0^W \delta W=\int_{\xi V}^{V}(-p)\,\mathrm{d}V \tag{4.3.7}$$

理想気体の状態方程式 $pV=nRT$ の関係を使って、式(4.3.7)から p を消去し、

等温圧縮であることに注意すれば、

$$W=-nRT\int_{\xi V}^{V}\frac{\mathrm{d}V}{V}=-nRT\ln\frac{V}{\xi V}=nRT\ln\xi \tag{4.3.8}$$

等温圧縮だから、容器に入る仕事 W と容器から出ていく熱 Q は等しいから、

$$\frac{Q}{T}=nR\ln\xi=nR\ln\frac{p_d}{p_b} \tag{4.3.9}$$

すなわち、容器から排出される熱エントロピーは、$nR\ln\xi$ に等しい。p_bと p_d は、図 4.3.2 における状況(b)と状況(d)における気体の圧力である。

等温圧縮する前（図 4.3.2 の b.）の気体のエントロピーを S_b、等温圧縮後（図 4.3.2 の d.）の気体のエントロピーを S_dと表現すれば、S_bは S_dより $nR\ln\xi$ だけ大きい。

$$S_d+nR\ln\xi=S_b \tag{4.3.10}$$

この式は、「自由膨張におけるエントロピー収支」と見ることができる。自由膨張によるエントロピー生成 S_gは、

$$S_g=S_b-S_d=nR\ln\xi \tag{4.3.11}$$

物質の拡散は、体積増加率 ξ が 1 より大きいことを意味するから、S_gは必ず正となる。

式（4.3.11）は、次のように変形できる。

$$S_d-S_b=-nR\ln\xi \tag{4.3.12}$$

式（4.3.12）は、拡散後（図 4.3.2 の b.）に比べて、拡散前（図 4.3.2 の a.）のエントロピーがどれくらい小さいかを表わす。

環境よりも湿度の高い空気は、環境中へと拡散していく前には、水蒸気粒子群についてはエントロピーが小さく、乾き空気粒子群についてはエントロピーが大きい。水蒸気粒子が多い分だけ、乾き空気粒子はまばらにしか存在しないからである。湿度が低ければ逆の関係になる。これら水蒸気と乾き空気のエントロピーを足し合わせたものが式（4.3.6）である。

式(4.3.6)では、体積増加率 ξ が水蒸気について p_v/p_{vo}、乾き空気について p_a/p_{ao}として表現されている。また、乾き空気の物質量 n_aは m_a/M_a、水蒸気の物質

量 n_wは m_w/M_wである‡。

以上のことから、湿り空気が環境に開放系として存在したときのエクセルギー X_{ma}は結局のところ、式（4.3.4）に環境温度 T_oを乗じて、式（4.3.3）から差し引くことで求められる[1)]。

$$X_{ma}=(\Delta H_{ma}-T_o\Delta S_{mae})-T_oS_{mam}$$
$$=(c_{pa}m_a+c_{pv}m_w)\left\{(T-T_o)-T_o\ln\frac{T}{T_o}\right\}+T_o\left(\frac{m_a}{M_a}R\ln\frac{p_a}{p_{ao}}+\frac{m_w}{M_w}R\ln\frac{p_v}{p_{vo}}\right) \quad (4.3.13)$$

式（4.3.13）の右辺第1項は湿り空気の熱エクセルギー、第2項が分離エクセルギーである。式（4.3.13）第2項の分離エクセルギーが、前節4.2で導いた化学エクセルギーの一つであることを確認しておこう。式（4.2.36）の最後の項を乾き空気と水蒸気について書き直すと、

$$(\mu_a-\mu_{ao})N_a+(\mu_v-\mu_{vo})N_v \quad (4.3.14)$$

乾き空気と水蒸気の相互拡散は自由膨張であり、温度は一定だから、エンタルピー変化はないので、

$$\mu_a-\mu_{ao}=-T_o(s_a-s_{ao}) \quad (4.3.15)$$

$$\mu_v-\mu_{vo}=-T_o(s_v-s_{vo}) \quad (4.3.16)$$

式（4.3.15）、式（4.3.16）の関係に注意して、式（4.3.13）の第2項と式（4.3.14）を見比べると、

$$s_a-s_{ao}=-R\ln\xi_a、N_a=m_a/M_a$$

$$s_v-s_{vo}=-R\ln\xi_v、N_v=m_w/M_w$$

であることがわかる。なお、湿り空気1㎥当たりの湿・乾エクセルギー、すなわち湿・乾エクセルギー密度 x_wは、次のようにも表現できる。

‡ $p_a+p_v=p_{ao}+p_{vo}=101.3$ kPa。これを変形すると、$p_v-p_{vo}=p_{ao}-p_a$を得る。体積増加率を、水蒸気について ξ_v、乾き空気について ξ_aと表現して、$\xi_v=p_v/p_{vo}>1$ とすると、$p_{ao}-p_a>0$。したがって、$1>p_a/p_{ao}=\xi_a$となる。$\xi_v<1$ ならば、$1<\xi_a$となる。

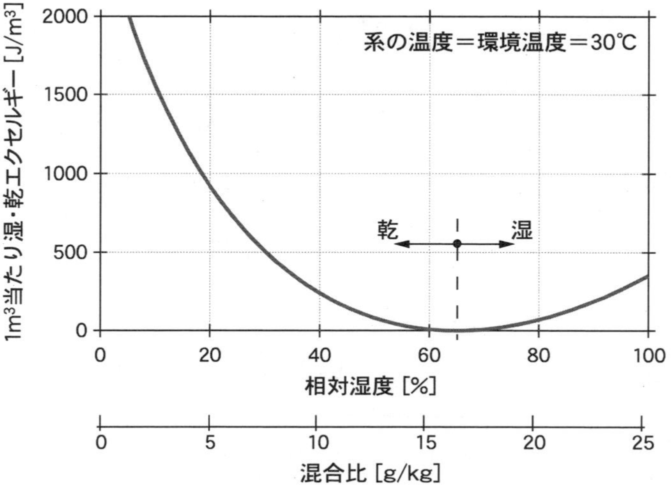

図4.3.3　湿り空気の分離エクセルギー。環境外気（30°C；65 %）と温度は等しく湿度のみが異なる湿り空気のもつ分離エクセルギーを式(4.3.13)′により計算したもの。大気圧は101.3 kPaで一定である。

$$x_w = \frac{T_o}{T}\left(p_a \ln\frac{p_a}{p_{ao}} + p_v \ln\frac{p_v}{p_{vo}}\right) \qquad (4.3.13)'$$

環境外気（30°C；65 %）の中に湿度だけが異なる湿り空気があるとして、そのエクセルギー密度を計算した例を図4.3.3に示そう。エクセルギーの値は $p_v = p_{vo}$（$p_a = p_{ao}$）のとき0となり、$p_v > p_{vo}$で湿エクセルギー、$p_v < p_{vo}$で乾エクセルギーをもつ。湿エクセルギーも乾エクセルギーも正の値である。この例では、相対湿度65 %より湿度が高ければ湿エクセルギー、低ければ乾エクセルギーである。

分離（湿または乾）エクセルギーをもつ湿り空気が環境の湿り空気と相互拡散する場合、湿り空気のもつ分離エクセルギーがすべて消費され、それに伴ってエントロピーが（$-S_{mam}$）だけ生成される（式（4.3.6）に示したように、$S_{mam} \leqq 0$だから、$-S_{mam} \geqq 0$）。

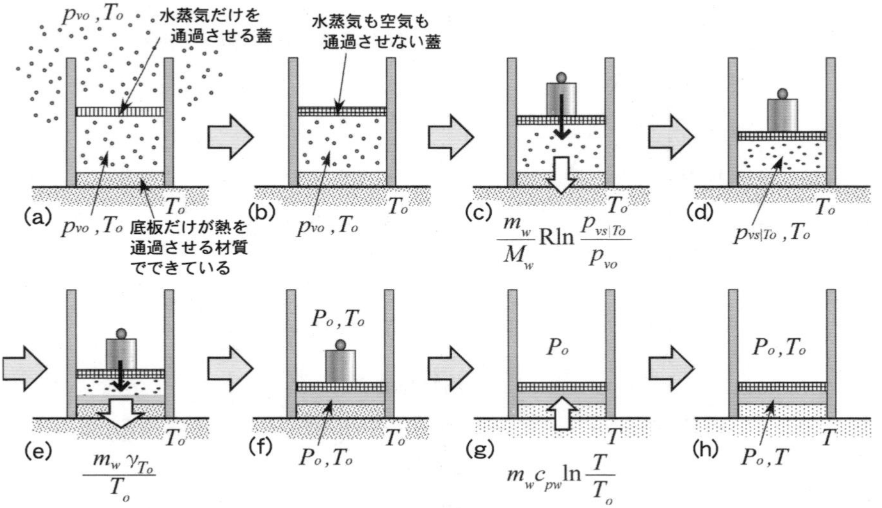

図 4.3.4　環境中の水蒸気（質量 m_w）を圧縮して飽和水蒸気を得て（b）から（d）、さらに圧縮して飽和水を得て（d）から（e）、大気圧まで圧縮して液体水を得る（f）。この液体水を、蓋が自由に上下方向に可動するようにして環境温度 T_oから T まで上昇（降下）させる（g）から（h）。なお、この容器の側壁と蓋はまったく熱を通さない材質でできており（完全断熱）、底板は熱容量が限りなく小さい材質でできており、容器を熱源（冷源）に載せると瞬間的に定常伝熱が実現されると想定する。

4.3.3　液体水のエクセルギー

ある物質のエクセルギーは、環境とのエンタルピー差とエントロピー差、そして環境温度によって決まる。液体水の場合は、環境中の水蒸気との関係で決まる。そこで、次のように考えよう。

図 4.3.4 の a. に示すように、環境中の水蒸気だけを透過させる蓋の付いた容器があるとする。したがって、この容器中には環境と同じ温度 T_oで水蒸気分圧 p_{vo}の水蒸気が入っている。その質量の合計を m_wとしよう。この容器の蓋を b. のように、乾き空気も水蒸気も透過せず、内部の水蒸気をまったく外部に漏らすことのない蓋に置き換える。そこから d. へと等温圧縮する。

この b. から d. へのプロセスで、水蒸気は温度 T_o一定のまま存在空間が小さくなり、圧力が p_{vo}から $p_{vs|T_o}$まで上がり、エントロピーが$(m_w/M_w)R\ln(p_{vs|T_o}/p_{vo})$ だけ小さくなる。エントロピーがこのような式で表わせることは、式(4.3.9)

の説明で述べたとおりである。等温変化では水蒸気粒子群の熱運動は不変であるから、エンタルピー（エネルギー）は変わらない。d. はこれ以上水蒸気ではいられない限界の状態である。$p_{vs|T_o}$ は温度 T_oにおける飽和水蒸気圧という。

この後、d. から e. そして f. まで圧縮を続けると、水蒸気は液体水へと状態(相)が変化する。この変化で熱エネルギー $m_w\gamma_{T_o}$と熱エントロピー $m_w\gamma_{T_o}/T_o$が容器の外へしぼり出される。γ_{T_o}は温度 T_oにおける水の蒸発潜熱である。この液体水を、さらに g. から h. へと圧力を一定にして加熱して温度を T_oから T まで上昇させる。

以上のプロセスをまとめると、液体水がもつことになるエンタルピー（エネルギー）の環境との差 ΔH と、エントロピーの環境との差 ΔS は、次のように表現できる。

$$\Delta H = m_w\{-\gamma_{T_o} + c_{pw}(T - T_o)\} \tag{4.3.17}$$

$$\Delta S = -\frac{m_w}{M_w}R\ln\frac{p_{vs|T_o}}{p_{vo}} + m_w\left(-\frac{\gamma_{T_o}}{T_o} + c_{pw}\ln\frac{T}{T_o}\right) \tag{4.3.18}$$

c_{pw}は、液体水の比熱である。

開放系として環境中に存在する液体水のエクセルギー X は結局、$\Delta H - T_o\Delta S$ として表現できるから、次のようになる[1)]。

$$X = \Delta H - T_o\Delta S = c_{pw}m_w\left\{(T - T_o) - T_o\ln\frac{T}{T_o}\right\} + T_o\left(\frac{m_w}{M_w}R\ln\frac{p_{vs|T_o}}{p_{vo}}\right) \tag{4.3.19}$$

右辺第 1 項は温または冷エクセルギー、第 2 項は液体水が環境中に開放系として存在する場合の湿エクセルギーである。

液体水の湿エクセルギーは、やはり化学エクセルギーの一種である。湿エクセルギーは、環境湿り空気が飽和していない限り($p_{vs|T_o}/p_{vo}>1$ だから)、必ず正の値となる。これは、水が水温にかかわらずに自然と蒸発（拡散）しようとする傾向をもつことを意味する。

図 4.3.5 は、30℃；70 %の環境に対して、1 g の液体水がもつエクセルギーを示したものである。液体水は環境との温度差に応じて温または冷エクセルギーをもち、また、水温にかかわらずに一定量の湿エクセルギーをもつことがわかる。湿エクセルギーは熱エクセルギーよりかなり大きい。

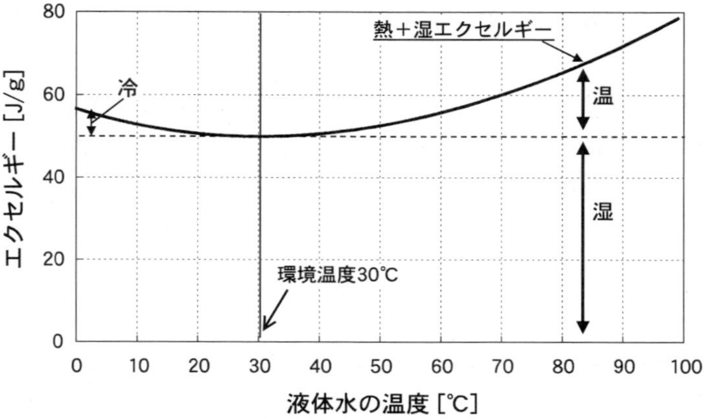

図 4.3.5　液体水のエクセルギー[1]。環境は 30℃；70％(絶対湿度は 18.8 g/kg(DA))。温・冷エクセルギーに比べて湿エクセルギーの値はかなり大きいことに注意。

4.3.4　濡れた面のエクセルギー収支

室内外空間では様々なところで蒸発冷却が起きる。最も身近な例は、私たちヒトのからだで起きる発汗・蒸泄である。茶碗に入っているお湯や、風呂桶に入っているお湯の表面も身近な例である。植物の葉で光合成に伴って起きる蒸発散も重要な例の一つだ。水の蒸発冷却による温度降下は著しいので、その応用は夏季の建築環境調整において重要である。

図 4.3.6 のような蒸発の起きている水面(温度 T_{sw}で飽和水蒸気分圧 $p_{vs|T_{sw}}$)を系として考えよう。水面からは水蒸気が m_wの速さで水面上部の空間へ拡散し出ていく。同時に、水面下部にある液体水が m_wの速さで水面へと流れ込みながら、飽和水から飽和水蒸気へと変化している。この水分収支を「入る」=「出る」の形式で表わせば、

$$m_w(\text{液体水}) = m_w(\text{水蒸気}) \tag{4.3.20}$$

次に、水面でのエネルギー収支を考える。蒸発が起きている水面の温度T_{sw}が周囲空間の温度 T_rよりも高く、また、水面下の液体水の温度 T_wがさらに高い場合($T_r < T_{sw} < T_w$)を想定しよう。そうすると、水面の上側では対流熱伝達 q_cと放射熱伝達 q_rによるエネルギーの出、水蒸気によってもち去られる蒸発潜熱 $m_w \gamma_{T_{sw}}$に相当するエネルギーの出があり、これら「出」の合計とつり合うだけの水面下

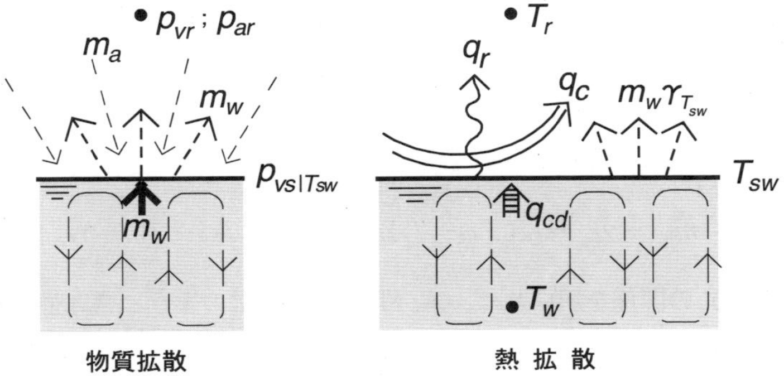

図 4.3.6　水面における物質拡散と熱拡散。この水面は、温度 T_r で水蒸気分圧 p_{vr}（乾き空気分圧 p_{ar}）の空気に囲まれているとする。

側から水面への伝導・対流が複雑に絡み合った q_{cd} の「入り」がある‡。

以上のことを、エネルギー収支式として表現すれば、

$$q_{cd}=q_c+q_r+m_w\gamma_{T_{sw}} \tag{4.3.21}$$

また、式（4.3.21）に対応するエントロピー収支は、

$$\frac{q_{cd}}{T_w}+s_g=\frac{q_c+q_r}{T_r}+\frac{m_w\gamma_{T_{sw}}}{T_{sw}} \tag{4.3.22}$$

ここで、s_g は水面と水内部の間で起きる伝導・対流によるエントロピー生成速さである。

式（4.3.21）と式（4.3.22）を式（4.3.20）と見比べると、式（4.3.21）と式（4.3.22）の左辺には、式（4.3.20）の左辺に現れた m_w に対応する項がないことに気づく。これは、$m_w\gamma_{T_{sw}}$ が熱エネルギーの正味移動量、$m_w\gamma_{T_{sw}}/T_{sw}$ が熱エントロピーの正味移動量を示しているからである。そこで、エネルギー収支式の左辺に蒸発前の液体水がもつエンタルピー、右辺に蒸発後の水蒸気がもつエンタルピーが顕わに表現されるように書き直すことにしよう。エントロピー収支式も同様である。

‡　ここで注意したいのは、この q_{cd} が水面下部から水面への熱流入のすべてであり、これとは別に式（4.3.20）の左辺に示した水面へと流れ込む液体水に伴うエネルギー（顕熱）があるわけではないことである。水面下側では水面近くの温度 T_{sw} の液体水粒子群がわずかに沈み、その一方で、T_w の液体水がわずかに浮上する対流伝熱が生じているだろう。

水のエンタルピーは、式 (4.3.17) に示したように、液体水の比熱 c_{pw}と環境温度 T_oにおける蒸発潜熱 γ_{T_o} を用いて表わすことができる。また水のエンタルピーは状態量§であることに着目すると、水蒸気の比熱 c_{pv}と温度 T_{sw}における蒸発潜熱 $\gamma_{T_{sw}}$を用いても表現可能である[5)]。

$$\Delta H = m_w\{-\gamma_{T_o} + c_{pw}(T_{sw} - T_o)\} = m_w\{c_{pv}(T_{sw} - T_o) - \gamma_{T_{sw}}\} \quad (4.3.23)$$

式 (4.3.23) の関係を用いれば、式 (4.3.21) は次のように書き換えられる。

$$m_w\{-\gamma_{T_o} + c_{pw}(T_{sw} - T_o)\} + q_{cd} = q_c + q_r + m_w c_{pv}(T_{sw} - T_o) \quad (4.3.24)$$

式 (4.3.23) と同様の関係は、水のエントロピーがやはり状態量であることに着目すれば導くことができる。導出手順は脚注*に述べることにして、その結果だけを書くと、

$$\begin{aligned}\Delta S &= -\frac{m_w}{M_w}R\ln\frac{p_{vs|T_o}}{p_{vo}} - \frac{m_w\gamma_{T_o}}{T_o} + m_w c_{pw}\ln\frac{T_{sw}}{T_o} \\ &= m_w c_{pv}\ln\frac{T_{sw}}{T_o} - \frac{m_w}{M_w}R\ln\frac{p_{vs|T_{sw}}}{p_{vo}} - \frac{m_w\gamma_{T_{sw}}}{T_{sw}} \end{aligned} \quad (4.3.25)$$

式 (4.3.25) を $m_w\gamma_{T_{sw}}/T_{sw}$の式として表現し直し、その結果を式 (4.3.22) に代入すると、次式が得られる。

---

§ ある山があって、登山道がルート A と B の 2 つあるとする。A は初心者向け、B は健脚者向けである。この山の麓の標高は 100 m、頂上は 1100 m としよう。ルート A を歩いた人もルート B を歩いた人も頂上に到着すれば、いずれも麓にいたときに比べて 1000 m だけ標高差が変化したことになる。この標高差の値は、どちらのルートを採ったかは無関係である。この標高差のように、スタートとゴールの 2 点を定めれば、途中の道筋によらずに一つの値が定まる量を状態量という。系のもつエネルギーやエントロピーは状態量、系を熱や仕事により出入りするエネルギーやエントロピーは移動量である。

* 温度 T で圧力 P の飽和水（蒸気）の化学ポテンシャルと、温度 $T+\mathrm{d}T$ で圧力 $P+\mathrm{d}P$ のやはり飽和水（蒸気）の化学ポテンシャルの差 $\mathrm{d}\mu$ を考えると、$\mathrm{d}\mu = v\mathrm{d}P - s\mathrm{d}T$ の関係が導ける。飽和水の体積とエントロピーを v_wと s_w、飽和水蒸気のそれらを v_vと s_vとすれば、$\dfrac{dP}{dT} = \dfrac{s_v - s_w}{v_v - v_w} \fallingdotseq \dfrac{\gamma_T}{Tv_v}$ が得られる[6)]。この関係は、Clapeyron-Clausius の式と呼ばれる。この式の γ_T に式 (4.3.23) を $\gamma_{T_{sw}}$について整理した結果を代入し、さらに理想気体の状態方程式の関係を v_vに代入して得られる式を積分すると、式 (4.3.25) の関係が導ける。

$$\left(-\frac{m_w}{M_w}R\ln\frac{p_{vs|T_o}}{p_{vo}}-\frac{m_w\gamma_{T_o}}{T_o}+m_w c_{pw}\ln\frac{T_{sw}}{T_o}\right)+\frac{q_{cd}}{T_w}+s_g$$
$$=\frac{q_c+q_r}{T_r}+\left(m_w c_{pv}\ln\frac{T_{sw}}{T_o}-\frac{m_w}{M_w}R\ln\frac{p_{vs|T_{sw}}}{p_{vo}}\right) \quad (4.3.26)$$

式（4.3.26）の右辺第2項の（　）内の1番目にあるのは飽和水蒸気の熱拡散の大きさとしてのエントロピーであり、2番目にあるのは飽和水蒸気の物質拡散の大きさとしてのエントロピーである。この飽和水蒸気は、そのままで留まることはなく、周囲の空気と直ちに相互拡散する。この相互拡散（エントロピー生成）の後の熱エントロピーは、室内の空気温度を T_r、水蒸気分圧を p_{vr} として $m_w c_{pv}\ln(T_r/T_o)$、物エントロピーは $(-m_w/M_w)R\ln(p_{vr}/p_{vo})$ と表わせる。そこで、式（4.3.26）の s_g には、この水蒸気の室内空間での熱・物質拡散によるエントロピー生成も含めることにする。

以上のことから、エネルギー収支式（4.3.24）とエントロピー収支式（4.3.26）は、それぞれ次式のように書き換えられる。

$$m_w\{-\gamma_{T_o}+c_{pw}(T_{sw}-T_o)\}+q_{cd}=q_c+q_r+m_w c_{pv}(T_{sw}-T_o) \quad (4.3.27)$$

$$\left(-\frac{m_w}{M_w}R\ln\frac{p_{vs|T_o}}{p_{vo}}-\frac{m_w\gamma_{T_o}}{T_o}+m_w c_{pw}\ln\frac{T_{sw}}{T_o}\right)+\frac{q_{cd}}{T_w}+s_g$$
$$=\frac{q_c+q_r}{T_r}+\left(m_w c_{pv}\ln\frac{T_{sw}}{T_o}-\frac{m_w}{M_w}R\ln\frac{p_{vr}}{p_{vo}}\right) \quad (4.3.28)$$

エントロピー収支式（4.3.28）を改めてよく見ると、左辺第1項は4.3.3の式(4.3.18)に示した液体水のエントロピーである。液体水は大気圧の下にあって単独で（周囲空気とは分離された状態で）存在する。一方、右辺に新たに表現した $(-m_w/M_w)R\ln(p_{vr}/p_{vo})$ のエントロピーをもつ水蒸気は単独で存在するのではなく、室内空間にある乾き空気と相互に拡散した状態で存在する。そのことを顕わに表現するために、式（4.3.28）の両辺に乾き空気のエントロピーの項を書き加えることにする。

すなわち、

$$-\left(\frac{m_w}{M_w}R\ln\frac{p_{vs|T_o}}{p_{vo}}+\frac{m_a}{M_a}R\ln\frac{p_{ar}}{p_{ao}}\right)+m_w\left(-\frac{\gamma_{T_o}}{T_o}+c_{pw}\ln\frac{T_{sw}}{T_o}\right)+\frac{q_{cd}}{T_w}+s_g$$

$$=\frac{q_c+q_r}{T_r}+m_w c_{pv}\ln\frac{T_r}{T_o}-\left(\frac{m_w}{M_w}R\ln\frac{p_{vr}}{p_{vo}}+\frac{m_a}{M_a}R\ln\frac{p_{ar}}{p_{ao}}\right) \qquad (4.3.29)$$

乾き空気の質量 m_aの値は、室内の湿り空気について成り立つ状態方程式から求めることができる*。

エントロピー収支式（4.3.29）に環境温度 T_oを掛けて、エネルギー収支式（4.3.27）から引けば、濡れた面のエクセルギー収支式が得られる。

$$m_w c_{pw}\left\{(T_{sw}-T_o)-T_o\ln\frac{T_{sw}}{T_o}\right\}+T_o\left(\frac{m_w}{M_w}R\ln\frac{p_{vs|T_o}}{p_{vo}}+\frac{m_a}{M_a}R\ln\frac{p_{ar}}{p_{ao}}\right)+q_{cd}\left(1-\frac{T_o}{T_w}\right)-s_g T_o$$

$$=(q_c+q_r)\left(1-\frac{T_o}{T_r}\right)+m_w c_{pv}\left\{(T_r-T_o)-T_o\ln\frac{T_r}{T_o}\right\}+T_o\left(\frac{m_w}{M_w}R\ln\frac{p_{vr}}{p_{vo}}+\frac{m_a}{M_a}R\ln\frac{p_{ar}}{p_{ao}}\right)$$

(4.3.30)

式（4.3.30）の左辺第2項に現われたのは、液体水が蒸発し相互拡散する際の相手となる乾き空気と蒸発する液体水とが併わせもつ分離エクセルギーということができる。この分離エクセルギーの計算例は、4.6の図4.6.3にある。

● 参 考 文 献 ●

1) 西川竜二・宿谷昌則・鈴木浩史：蒸発冷却のエクセルギー・エントロピー過程に関する試算、日本建築学会計画系論文集　第489号、1996年、pp.47-55
2) 宿谷昌則：エネルギー・物質の拡散と建築環境システム、日本建築学会大会学術講演梗概集、1998年、pp.473-474
3) 押田勇雄・藤城敏幸：熱力学　基礎物理学選書7、裳華房、1970年、pp.85-89
4) 伊澤康一・小溝隆裕・宿谷昌則：室内空気温・周壁平均温の組み合わせと人体エクセルギー消費の関係、日本建築学会環境系論文集　第570号、2003年、pp.29-35
5) 内田秀雄：湿り空気と冷却塔、改訂第4版、裳華房、1977年、pp.6-7
6) 戸田盛和：熱現象30講、朝倉書店、1997年、pp.68-69

* 質量m_wの水が水面上部空間の湿り空気と同じ水蒸気圧 p_{vr}になるまで拡散するのだから、その体積をVとして、$p_{vr}V=\frac{m_w}{M_w}RT_r$であり、その相互拡散の相手である乾き空気については、$p_{ar}V=\frac{m_a}{M_a}RT_r$である。両式を連立させて$V$を消去すれば、乾き空気の質量 m_aを求める式 $m_a=\frac{p_{ar}}{p_{vr}}\frac{M_a}{M_w}m_w$が得られる。

物拡散・熱拡散—開放系の理論—

4・4 濃と淡—溶液の分離エクセルギー

黒インクの液滴を水の入った容器にたらすと、インク液が水の中に次第に拡散していく。その逆はひとりでには起きない。これは、エントロピー増大の法則を説明するのによく挙げられる現象の例である。インク液は、拡散する前は拡散する能力（エクセルギー）をもっていて、拡散によってその拡散する能力を失っていく、すなわちエクセルギーが消費されていくと考えることができるだろう。本節では、インクと水とが「分離」状態にあるような場合のエクセルギーをどのように計算するかを述べる。

4.4.1　液体水と溶質の相互拡散と分離エクセルギー

前節で述べた湿・乾エクセルギーは湿り空気という混合気体に関する分離エクセルギーであった。これから述べるのは溶液に関する分離エクセルギーである。

何か二種類以上の物質が混ざり合った液体全体を溶液と呼び、その成分は量の多寡で溶質と溶媒の２つに分けて考える。一般的には量の少ない方を溶質、多い方を溶媒という。インクを水にたらす場合では、水に比べれば格段に量が少ないインクは溶質、インクを溶かし込む水の方は溶媒である。

溶質は、溶媒という液体が占めている広い空間に拡散していこうとする能力をもち、また、溶媒は溶質を溶かし込みながら自らはやはり、溶質の占めていた空間に拡散していこうとする能力をもつと考えることができる。占有空間の拡大であることは、4.3の湿り空気の場合と同じである。

図4.4.1のように、水の入った容器にインク液をたらすと、インクの粒子は容器内の水中へ拡散していく。インクが入ると容器内の液体全体（つまり溶液）の体積はわずかに増加するので、水の粒子もその占有空間がわずかに増え拡散する。インクという溶質と水という溶媒とが互いに占有空間を拡げ合うと考えられるので、この現象を「相互拡散」と呼ぶ。なお、相互拡散の起きる間、インクと水の

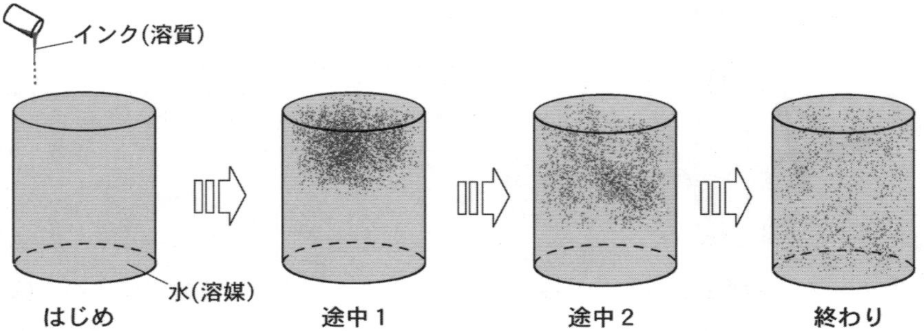

図4.4.1　溶液の相互拡散。インク（溶質）を水（溶媒）にたらすとインクは自然に水中に拡散していく。その逆、すなわちインクがひとりでに凝集したり、水から分離したりすることは決してない(エントロピー増大則)。インクの量だけ溶液全体の体積は増え、水の占有空間もわずかに増える。したがって、インクも水も拡散する。

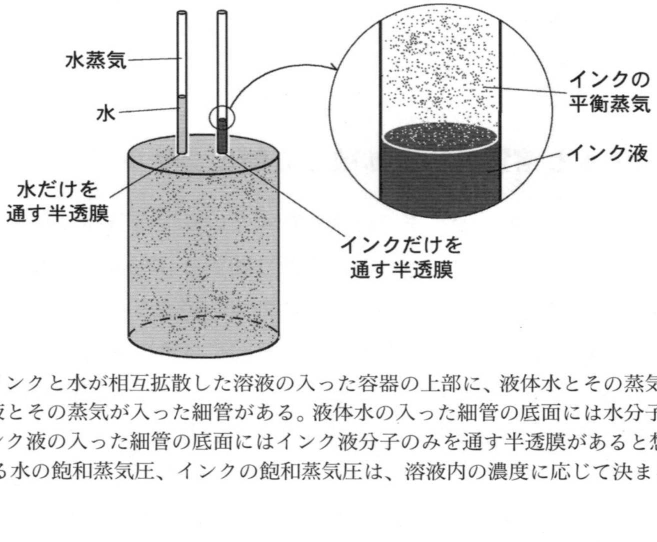

図4.4.2　インクと水が相互拡散した溶液の入った容器の上部に、液体水とその蒸気の入った細管、インク液とその蒸気が入った細管がある。液体水の入った細管の底面には水分子のみを通す半透膜、インク液の入った細管の底面にはインク液分子のみを通す半透膜があると想定する。細管上部にある水の飽和蒸気圧、インクの飽和蒸気圧は、溶液内の濃度に応じて決まる。

温度はつねに T_oで一定に保たれるとする。

湿・乾エクセルギーを定式化するのに、空気と水蒸気の双方を理想気体とみなして、その状態方程式（体積と圧力・温度の関係式 $pV=nRT$）を用いた。しかし、液体の場合には、液体そのものの状態方程式は存在しないので、次のような方法を考える[1]。

図4.4.2 をみてほしい。インクと水とが相互拡散した溶液が容器に入っている。容器の上蓋には、二本の細管がついている。一方の細管には液体水、他方にはイ

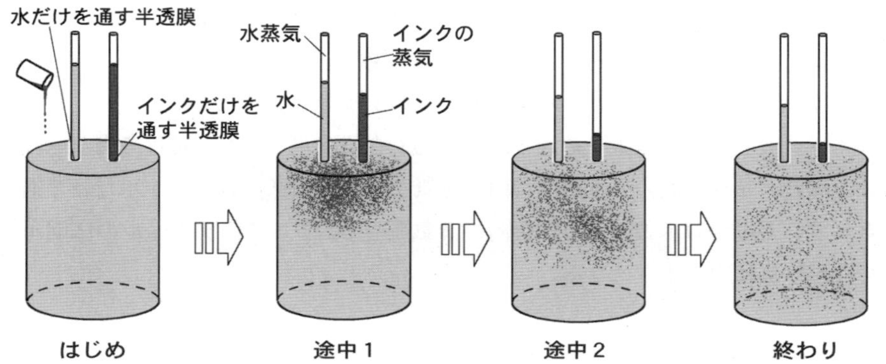

図 4.4.3　溶液の相互拡散と細管内蒸気の体積変化。「はじめ」の状態では二本の細管の底面についている半透膜は閉じられている。その後、半透膜が開かれ、インクと水とが相互拡散していくと、「途中 1 」「途中 2 」を経て「終わり」に至るまでに、細管内のインク蒸気と水蒸気はともに膨張していく。言い換えると、インク蒸気圧と水蒸気圧は下がっていく。

ンク液が入っている。これらの細管内部はもともと真空であったところに、液体水あるいはインク液が入れられたものとする。水の入った細管の底面には水分子のみを通す半透膜、インク液の入った細管の底面にはインク分子のみを通す半透膜が取り付けられていると想定する。液体水・インク液ともに細管内の下部空間だけを占めており、残りの上部空間には、一方では液体水の飽和（水）蒸気が、他方ではインク液の飽和蒸気が占めている。ここでは、考え方を示すために、インク液がインクという単一の物質の粒子群でできていると想定している。飽和水蒸気と飽和インク蒸気のいずれも、ある大きさの空間を占めるのだから圧力をもっている。これを飽和蒸気圧という。

図 4.4.1 に示した相互拡散の現象を、**図 4.4.3** に示すように、細管を取り付けた容器で観察することを考えよう。図 4.4.3 の途中 1 では、細管中のインク蒸気圧は、容器の中身が仮にすべてインク液のみとした場合における蒸気圧より小さい。何故なら、細管内のインク濃度が高く、容器内のインク濃度が低いため、この濃度差に応じて、細管内のインクが半透膜を貫いて容器の方へ出ていくからである。途中 2 では細管中のインク蒸気圧はさらに低くなり、終わりに至って、細管から容器へのインクの移動が終了し平衡状態となる。

細管内から容器へインクの移動が終わったときに達成されている細管内におけるインク液の蒸気圧は、容器内が仮にインク液だけで満たされていた場合の細管内の飽和蒸気圧に、水溶液中におけるインク液のモル分率を乗じた値になる。この関係はラウール（Raoult）の法則と呼ばれる[2]。

図4.4.3の終わりにおけるインク液と水のモル分率をそれぞれ x_i、x_w、細管内のインク液と水の蒸気圧をそれぞれ p_i、p_w、容器内がインク液だけで満たされていた場合のインク液の入った細管内の蒸気圧を p_{is}、同様に容器内が水だけで満たされていた場合の水の入った細管内の蒸気圧を p_{ws} として、ラウールの法則を式で表現すれば次のようになる。

$$p_i = x_i p_{is} \tag{4.4.1}$$

$$p_w = x_w p_{ws} \tag{4.4.2}$$

x_i も x_w も 0～1 の値をとる。蒸気圧の単位は Pa（パスカル）とする。細管内のインク蒸気・水蒸気は、その圧力から溶液の拡散状態を把握することができるので、溶液の化学ポテンシャル計の役割をしているといえるだろう。温度差が温度計、圧力差が圧力計で測定されるのと対応させて考えればよい。

図4.4.3と同じプロセスを、はじめに容器内にたらすインク滴の量を減らして行なったとすると、インクと水とが相互拡散しきった状態では、インクのモル分率、すなわち濃度は図4.4.3の終わりの状態より小さい。この状態の溶液が環境の状態「環境水」とすれば、図4.4.3の終わりに示したインク溶液は、この環境水に対して拡散する能力をもっている。

環境水中におけるインクと水のモル分率をそれぞれ x_{io}、x_{wo} 、蒸気圧をそれぞれ p_{io}、p_{wo} と表わせば、式（4.4.1）、式（4.4.2）と同様に、

$$p_{io} = x_{io} p_{is} \tag{4.4.3}$$

$$p_{wo} = x_{wo} p_{ws} \tag{4.4.4}$$

環境水中におけるインクの蒸気圧 p_{io} は p_i よりも低く、水の蒸気圧 p_{wo} は p_w よりも高い。

気体のもつエントロピーが体積変化に伴ってどのように変化するかは、4.3.2に述べた。その計算方法は、ここで扱っている問題に応用できる。すなわち、式(4.4.1)～(4.4.4)で示した蒸気圧を、気体の膨張によるエントロピー変化の式に

代入したものを溶液の相互拡散によるエントロピー変化の式とするのである。インクが n_i モル（mol）と液体水が n_w モルから成る水溶液の環境水とのエントロピー差は、

$$n_i R\ln\frac{p_i}{p_{io}}+n_w R\ln\frac{p_w}{p_{wo}}=n_i R\ln\frac{x_i}{x_{io}}+n_w R\ln\frac{x_w}{x_{wo}}>0 \qquad (4.4.5)^*$$

式（4.4.5）は必ず正である。図 4.4.3 の終わりの状態のインク溶液が環境水と相互拡散すれば、式（4.4.5）で示す量のエントロピーが生成される。言い換えると、式（4.4.5）に負の符号をつければ、相互拡散する前のインク溶液が相互拡散した後に比べてどれだけエントロピーが小さいかが表わせる。

$$-\left(n_i R\ln\frac{x_i}{x_{io}}+n_w R\ln\frac{x_w}{x_{wo}}\right)<0 \qquad (4.4.6)$$

式（4.4.6）を手掛かりにして、溶液にかかわるエクセルギーの計算式を導いていこう。

図 4.4.3 に示した容器の底板・側壁・天板は固定されている。また、細管の底にある半透膜は、やはり固定されている。したがって、インクも水もただ単にそれらの占めていた空間を拡げていくだけなので、容器の内外、容器と細管の間では仕事の出入りはない。また、温度はすべて T_o で一定に保たれていると仮定している。すなわち、インクと水は相互拡散の前後でエネルギーに変化はない。

[エクセルギー]＝[エネルギーの環境との差]－[環境温度]×[エントロピーの

---

* 図 4.4.3 のはじめの状態で、細管内の液体水と水蒸気がそれぞれ物質量 1 mol 当たりにもつエントロピーを s_{wl}、s_{wv} とし、図 4.4.3 の終わりの状態で、細管内の液体水と水蒸気がそれぞれ物質量 1 mol 当たりにもつエントロピーを s_{wlo}、s_{wvo} とすると、以下の関係が成り立つ。

$$s_{wv}=s_{wl}+\frac{\gamma_{wTo}}{T_o},\quad s_{wvo}=s_{wlo}+\frac{\gamma_{wTo}}{T_o}$$

ここで、γ_{wTo} は環境温度における水の蒸発潜熱［J/mol］である。

細管内では、水は液体と気体の相平衡状態になっている。そのため、細管内における水蒸気のエントロピーは、液体水より蒸発潜熱のエントロピーだけ値が大きくなっており、上の式はこのことを表している。

そうであれば、はじめの状態と終わりの状態における液体水のエントロピー差は、細管内でそれと気液相平衡になっている水蒸気のはじめの状態と終わりの状態における差と等しいことになる。

$$(s_{wvo}-s_{wv})=(s_{wlo}-s_{wl})$$

以上のことは、水だけでなくインクも同じである。

したがって、溶液そのもののかわりに、それと相平衡になっている細管内の蒸気のエントロピー変化に基づいて、式（4.4.5）を定式化することができる。

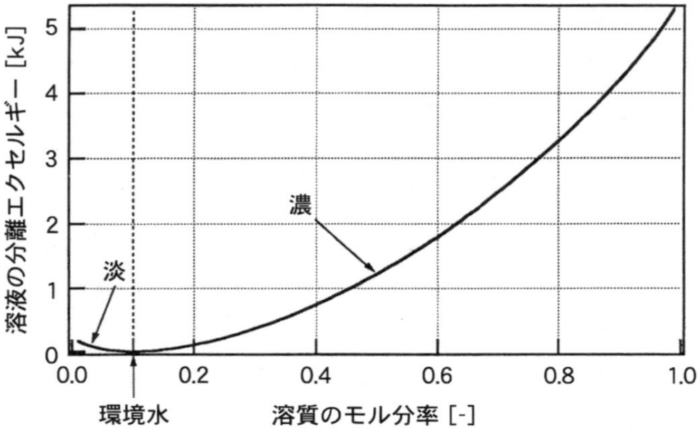

図 4.4.4 溶液の分離エクセルギー。溶液の濃度が環境水より高い場合でも、逆に低い場合でも分離エクセルギーは正の値になる。環境水より濃度が高い溶液の分離エクセルギーを「濃」エクセルギー、低い場合の分離エクセルギーを「淡」エクセルギーと呼ぶ。

環境との差］であるから、エネルギーに変化がないということは、［エクセルギー］＝－［環境温度］×［エントロピーの環境との差］になる。したがって、インク溶液の分離エクセルギーは、環境温度を T_oとして、式 (4.4.6) の全体に($-T_o$)を乗じた次式で表わせる。

［溶液の分離エクセルギー］＝

$$n_iRT_o\ln\frac{x_i}{x_{io}}+n_wRT_o\ln\frac{x_w}{x_{wo}}>0 \tag{4.4.7}$$

式 (4.4.7) は、環境水を図 4.4.3 の終わりの状態にするために、環境水の入った容器に外部から加えるべき最小限の仕事ということができる。

溶液の分離エクセルギーは、溶質と溶媒のそれぞれについての項を合計したものとして表現されている。式 (4.4.7) が、湿り空気の場合の式とよく似ていることに注意してほしい。

式 (4.4.7) を試算してみよう。環境水におけるモル分率が溶質 0.1；溶媒 0.9、環境温度 288 K （＝15℃）として、溶質と溶媒の 2 成分の和で 1 mol の溶液がもつ分離エクセルギーを計算すると、図 4.4.4 のようになる。

溶液の濃度が環境水より高い場合でも、逆に低い場合でも分離エクセルギーは正の値になる。温・冷エクセルギー、湿り空気の湿・乾エクセルギーとよく似ている。そこで、環境水より濃度が高い溶液の分離エクセルギーを「濃」エクセルギー、低い場合の分離エクセルギーを「淡」エクセルギーと呼んで区別する。

例えば、環境水が海水であれば、海水より塩分濃度が高い溶液、その極限としての食塩は濃エクセルギーをもつ。海水の塩分濃度がモル分率で0.1とすれば、食塩の濃エクセルギーは図4.4.4から約5.5 kJになる。また、河川水やミネラルウォーターなど、海水より塩分濃度がはるかに低い淡水は淡エクセルギーをもつことになる。淡水化装置あるいは水の浄化装置は、電力などのエクセルギーを投入・消費して淡エクセルギーをもつ水をつくる〈しかけ〉だといえる。

4.4.2 養分溶液の分離エクセルギー

4.3の湿り空気の分離エクセルギーでは、空気を水蒸気と乾き空気の2成分のみで構成されると仮定してその定式化を行なった。現実には乾き空気という物質は存在しないにもかかわらず、空気全体を水蒸気と乾き空気の2成分のみで扱うようにしたのは、湿り空気の加湿や除湿では、これら2成分を扱えば十分にことたりるからである。それでは、溶液としての水の場合、どのような成分構成を考えればよいだろうか。

現実の液体水には、数多くの物質が溶質として含まれている。しかしながら、すべての溶質成分を対象にして、溶液の分離エクセルギーを計算することは不可能である。なぜなら、ある溶質成分が対象水にだけ含まれ、環境水には存在しない場合には、分離エクセルギーは計算できないし、ある溶質成分が環境水にごく微量しか含まれていない場合には、分離エクセルギーの計算値は無限大になってしまい、意味のある計算値が得られないからだ。言い換えると、全溶質成分を対象にした溶液の分離エクセルギーの一般的な理論式は、導出することができない。

1.5で述べたように、人間活動を生態系における養分循環にできるだけ調和させていくことが、これからの環境技術としては重要である。このような視点に立つと、溶液の分離エクセルギーで扱うべき溶質成分は、水質汚濁で問題になる有機物・窒素・リンであろう。水質汚濁という環境問題は、これらの陸上起源の養分物質が、過剰に環境水中に移入して水中生態系のバランスが崩れることなので、有機物・窒素・リンを溶質成分として溶液の分離エクセルギーの計算方法を導くことができれば、家庭排水や生ごみの浄化と活用の技術について、照明や暖冷房・換気などの技術と併行するかたちで、そのあり方を養分循環の視野からとらえ直

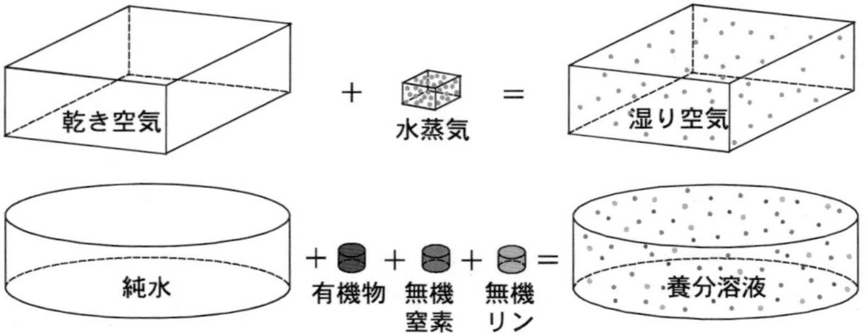

図4.4.5　2成分の湿り空気と4成分の養分溶液。湿り空気の加湿・除湿では、水蒸気と乾き空気の2成分を扱えばことたりる。同様にして、溶液の場合、水質汚濁で問題となる有機物・窒素・リンの3成分に純水を合わせた4成分を扱うことにすればよい。

すことが可能になると考えられるからだ。

このようなことから、養分溶液を図4.4.5に示すように、純水と有機物・窒素・リンの4成分だけから構成されると仮定する。

式（4.4.8）は、養分溶液1ℓ当たりの分離エクセルギーの計算式である。

[養分溶液の分離エクセルギー]

$$=n_cRT_o\ln\frac{x_c}{x_{co}}+n_nRT_o\ln\frac{x_n}{x_{no}}+n_wRT_o\ln\frac{x_w}{x_{wo}} \qquad (4.4.8)$$

$$n_c=\frac{\mathrm{TOC}}{1000\cdot M_c} \qquad (4.4.9)$$

$$n_n=\frac{\mathrm{T\text{-}N}}{1000\cdot M_n} \qquad (4.4.10)$$

$$n_w=\left(1000-\frac{1.75\cdot\mathrm{TOC}+\mathrm{T\text{-}N}}{1000}\right)\frac{1}{M_w} \qquad (4.4.11)$$

ここで、n_c、n_n、n_wは、有機物・無機窒素・純水のモル濃度［mol/L］、x_c、x_n、x_wは、対象溶液における有機物・無機窒素・純水のモル分率である。また、x_{co}、x_{no}、x_{wo}は、環境水における有機物・無機窒素・純水のモル分率、M_c、M_n、M_wは、炭素・窒素・水の分子量［g/mol］である。

式（4.4.8）は、純水・有機物・窒素の3成分で、分離エクセルギーを計算するようにしている。それは、溶液を純水・有機物・窒素・リンの4成分とした場合と、この4成分からリンを除いた3成分、窒素・リンを除いた2成分について、分離エクセルギーの計算値を比較したところ、4成分と3成分の場合の差は最大で±1%未満、3成分と2成分の場合の差は数10％だったため、3成分で扱うのが妥当なことが明らかになっているからである[5)]。

現実には有機物や無機窒素にも多数の種類が存在するが、有機物はTOC値で、無機窒素はT-N値で代表され、それぞれ単一の物質が溶質の2成分を構成すると想定している。TOC（Total Organic Carbon）とT-N（Total Nitrogen）は、それぞれ、溶液中の様々な溶質成分がもつ炭素原子の総量の濃度と窒素原子の総量の濃度である。TOCもT-Nも、単位はmg/Lである。

窒素有機化合物中の窒素は、すべて無機窒素として扱って分離エクセルギーが計算できるようにしてある。

水質汚濁の監視では、一般的指標として有機物濃度にBODやTOC、窒素濃度にT-Nなどが用いられており、これらの値がそのまま溶液の分離エクセルギー計算に用いることができれば便利である。BOD（Bio-chemical Oxygen Demand）は生物化学的反応に必要となる酸素の濃度で、その単位はmg/Lである。式(4.4.8)は、そのような考え方に基づいてTOCとT-Nが使用できるように導かれている。

式（4.4.11）中でTOCに乗じられている係数1.75は、純有機物148種類について理論TOCと分子量についての相関から得られた一次近似式の係数である(相関係数0.81)[5)]。多くの純有機物でTOCの1.75倍がその分子量になるということは、複数種の純有機物で構成される有機物溶液では、そのTOC値に1.75を乗じた値が、対象溶液中における全有機物の質量濃度になる。

なお、有機物濃度にTOCではなくBODを用いる場合は、式（4.4.9）と式（4.4.11）を以下の式（4.4.12）と式（4.4.13）に置き換えればよい。式（4.4.12）中でBODに乗じられている0.37は、有機物の酸化反応における酸素に対する有機物のモル数比の平均値である。また、式(4.4.13)中でBODに乗じられている1.056は、BODを総有機物質量濃度に変換する係数である[6)]。

$$n_c=\frac{0.37\cdot \mathrm{BOD}}{1000\cdot M_c} \tag{4.4.12}$$

$$n_w=\left(1000-\frac{1.056\cdot \mathrm{BOD}+\mathrm{T\text{-}N}}{1000}\right)\frac{1}{M_w} \tag{4.4.13}$$

4.4.2では、環境水を海水とした場合における食塩水の分離エクセルギーを示

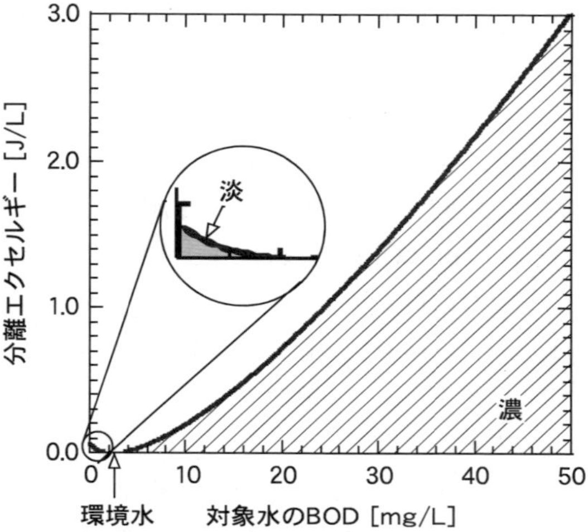

図4.4.6　養分溶液のBODと分離エクセルギー [J/L] の関係（環境水のBODは2.3 mg/Lであり、対象水のT-Nは環境水と等しい）。濃エクセルギーが淡エクセルギーに比べて圧倒的に大きな値を占めている。雨水のようにBODが極めて低い水の淡エクセルギーはほとんど0なので、雨水は資源というよりむしろ環境水に近い。

したが、このような条件設定では養分溶液の分離エクセルギーの計算値にほとんど差が生じない。そのため、養分溶液の流れを評価する場合は、環境水を対象とするシステムの近くにある河川水とする。そうすると、式 (4.4.8) は、環境水である最寄りの河川水を、対象水の組成と同じになるまでの分離に必要となる最小限の熱力学的仕事を与える式ということになる。

図4.4.6は、環境水のBODを2.3 mg/Lとした場合の溶液1L当たりの分離エクセルギーを計算した例である。濃エクセルギーが淡エクセルギーに比べて圧倒的に大きな値を占めている。

溶質濃度が環境水よりも高くなればなるほど、濃エクセルギーが大きくなるということは、環境水から所定の対象水の組成になるまで、溶質を分離するという熱力学的仕事の値が大きいことを意味する。すなわち、分離仕事の負荷が高いわけだから、分離状態の溶質はそれだけ資源性が高いことを意味する。

例えば、糞便・尿は、水洗トイレに投入される前では水中にまったく拡散していないので、高い濃エクセルギーをもつ。つまり、糞便・尿は水と分離状態にあるだけで、すでに高い資源性（ポテンシャル）をもっていることが濃エクセルギーの値によって明示されているわけである。

他方、雨水のようにBODが極めて低い水の淡エクセルギーは、ほとんど0である。雨水は資源というよりむしろ環境水に近いといえよう。

● 参 考 文 献 ●

1) 高橋達・宿谷昌則：人体を出入りする無機物質のエクセルギー。エントロピー過程、日本建築学会計画系論文集 第482号、1996年4月、pp.43-50
2) P. W. Atkins（千原秀昭・稲葉章 訳）：アトキンス物理化学要論 第2版、東京化学同人、1994年、pp.160-168
3) 原島鮮：熱力学・統計力学、培風館、1995年、pp.144-146
4) 押田勇雄：エクセルギー講義、太陽エネルギー研究所、1986年、pp.37-61
5) 布施安隆・高橋達：エクセルギー概念を用いた家庭排水の養分活用計画に関する研究、日本建築学会環境系論文集 第74巻 第635号、2009年1月、pp.33-38
6) 高橋達・椎野渡・鳥養正和・布施安隆・善養寺幸子：住宅の雨水・排水再生水活用システムの実測とエクセルギー解析、日本建築学会環境系論文集 第73巻 第623号、2008年1月、pp.39-45

物拡散・熱拡散―開放系の理論―

4・5 燃―化学エクセルギー

「燃える」という現象は、改めて眺めてみると不思議だ。確かな手触り感のある木や紙に火をつけると炎が出る。私たちは光や熱を感じ、木や紙は黒くなってどんどん小さくなっていく。

物質がそれまでとは異なるかたちに化《ば》けてしまうことに関する学問を「化学」と呼ぶのは理に適っている。化学に対応する英語 Chemistry は、錬金術を意味する Alchemy を基にしているのもまたうなずける。不安定な物質をなんとか安定な物質（金）に化けさせようというのが Alchemy だったからだ。

人間が火を使うようになったのは、人類史の始まりまでさかのぼると考えられるが、ものが燃えるという現象は、それ以来、長い間不思議なことと思われていたに違いない。これを何とか説明したいと考えるようになった人間は、燃焼可能な物質には燃えるための特別な何か――燃素（フロギストン）――が含まれていると考えた。科学の発達は、燃素は存在せず、そのかわりに燃焼する物質には炭素が含まれていること、燃焼には酸素がかかわることなどを次々に明らかにしてきた。

これまで述べてきたエクセルギーの観点から燃焼や酸化の現象を考えると、炭素などの燃料物質は、拡散する能力をもっていて、それは、温・冷エクセルギーや湿・乾エクセルギー、さらに濃・淡エクセルギーといった呼称に合わせると、「燃」エクセルギーとでも呼ぶべきエクセルギーをもっていると考えることができる。

4.5.1　化学反応という拡散現象

化学反応が拡散現象であることをイメージすることから始めよう。

次の3つを取り上げる。一つは炭が酸素と反応して燃焼し発熱する現象、2つめは鉄釘が酸素と反応して錆びる現象、3つめは炭酸カルシウム（$CaCO_3$）が吸熱して酸化カルシウム（CaO）と二酸化炭素に分解する現象である。

a. 炭を燃やす

炭の燃焼では、図 4.5.1 に示すように、炭のかけらと空気中の酸素とが結びついて二酸化炭素に姿を変え、空気中に拡散する。

炭のかけらが指でつまめる 3 cm 角の立方体だったとすると、酸素と結びついた二酸化炭素の方は 4.3 m 角の立方体（六畳間 3 部屋に相当）になって、炭素の占める空間は著しく大きくなる。すなわち拡散したのである。二酸化炭素にくっついた酸素は、図 4.5.1 の「はじめ」では、約 21 %を占めていたのが、「終わり」では、0.03 %を占めるようになっている。21 %と 0.03 %の差分の酸素は炭素とくっついて、図 4.5.1 に示した直方体状空間の外へ出ていく。出ていけなければ、燃焼は進まない。酸素分子群は、単独で存在する場合に比べて、炭素と結び合っている場合は 70 倍にまで体積が増えないと存在できない。炭と酸素が二酸化炭素に姿を変える現象は、物質（気体）の拡散にほかならない。

炭が燃えれば発熱することは、炭火の焼き肉などで誰にとっても馴染みあることだ。この発熱をエネルギーの拡散現象として捉えてみよう。

図 4.5.2 に示すように、炭を構成する炭素原子群は、互いに特異な結び合わされ方をしている。それが私たちの目には炭として見える。原子群が特異な結び合わされ方をするのに必要なエネルギーを結合エネルギーという。例えば、バネを縮めた状態に維持しているときに、バネの中にエネルギーが蓄えられているのと同様だと考えればわかりやすいだろう。

これら原子間の結合エネルギーは、炭素原子どうし・酸素原子どうしだけの場

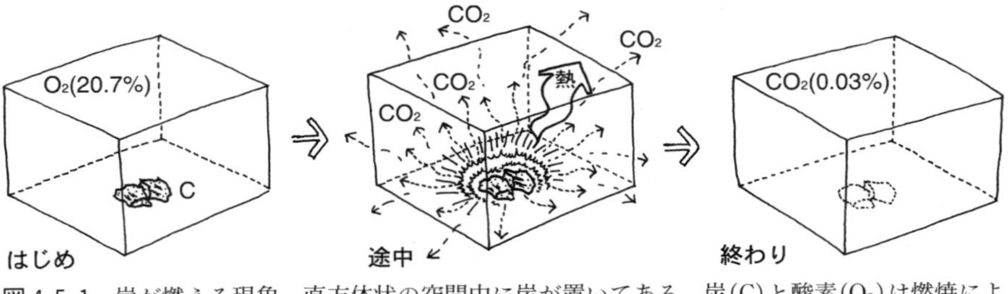

図 4.5.1　炭が燃える現象。直方体状の空間中に炭が置いてある。炭(C)と酸素(O_2)は燃焼によって結合して、二酸化炭素（CO_2）に姿を変え、より広い空間へと拡がり散っていく。燃焼が起きる前に炭を構成する炭素原子が特異な結合のしかたによって保持していたエネルギーは熱エネルギーとなって放出され、周囲に拡散していく。燃焼に関与した酸素は、二酸化炭素となって、そのほとんどが直方体状空間の外へ出ていく。

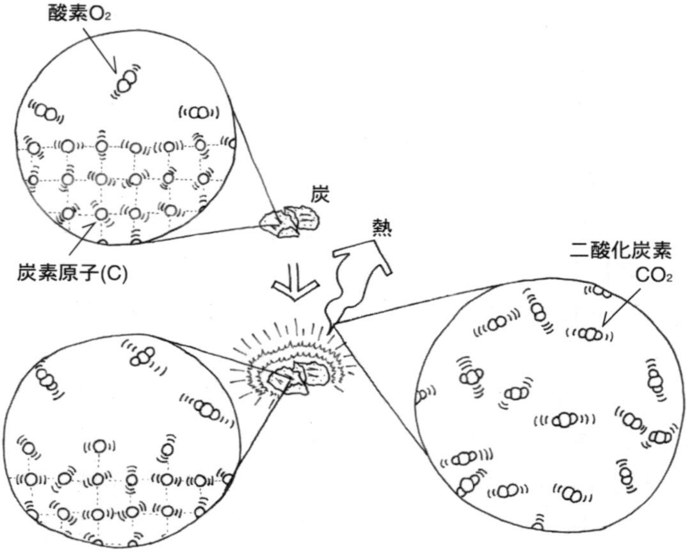

図 4.5.2　炭素の化学（原子間の結合）エネルギーと燃焼で発生する熱エネルギー。燃焼前（上）は、原子群がなす格子状の〈かたち〉がエネルギーを蓄えている。燃焼は、〈かたち〉がくずれて、エネルギーを放出することだと言える(下)。放出されたエネルギーは、方向がランダムな空気粒子の熱振動として伝搬していく（熱拡散）。

合の合計の方が、炭素原子と酸素原子とが結び合わされた場合よりも大きい。この結合エネルギーの差が、熱エネルギーとして周囲空間に放出されるのを、私たちは燃焼の際に熱さとして感じる。この熱エネルギーは、もとは原子群が特異なかたちをなすことで保有していたエネルギーで、それが姿を変えて現われたということができる。手の平に載せたボールの位置する空間が、床面に対して（潜在的に）もっていた位置エネルギーが運動エネルギーに姿を変えるのと同様だ。

以上のことを式で書けば、次のようになる。

[燃焼によって放出される熱エネルギー]＝
[炭素原子間の結合エネルギー合計]＋[酸素原子間の結合エネルギー合計]
－[二酸化炭素中の炭素・酸素原子間の結合エネルギー合計]

炭素原子群が構成する秩序立った格子の中に蓄えられている結合エネルギーは拡がり散りが小さく、二酸化炭素とその周囲にある物質粒子（分子）のランダムな熱振動が空間を伝わっていく熱エネルギーは、拡がり散りが大きい。言い換えると、炭素は大きな拡散能力をもっていたということになる。

b．鉄が錆びる

鉄は錆びると膨張する。古い鉄筋コンクリート建物でその壁や柱に亀裂が入って、コンクリート片がはじけ飛んでしまったかのようになっているのを見かけることがある。これは、錆びて膨張した鉄筋に押されてコンクリートが砕けたのである。

鉄釘を構成する鉄原子群の占める空間が拡がるイメージは、図4.5.3のように描ける。鉄原子群と酸素原子群の集団が互いに拡散し合って占有空間を拡げる。

鉄釘と反応する酸素について考えると、例えば鉄釘が5gとすると、そのすべてを錆びさせるには15ℓの空気が必要である。15ℓというのは、大気中の酸素濃度が約21％であるためで、純度100％の酸素なら、その約1/5、すなわち3ℓで済む。しかし、それでも鉄釘の体積より著しく大きい。15ℓの空気中にある酸素は、図4.5.4に示すように、錆びるという酸化反応の結果、錆びた鉄釘の占める空間

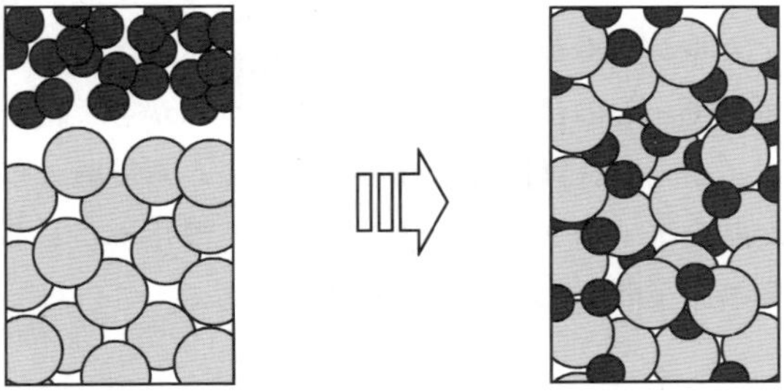

図4.5.3　鉄が錆びる現象のミクロなイメージ。●は酸素分子、●は鉄分子。二種類の分子がお互いの占有空間を拡げ合う。

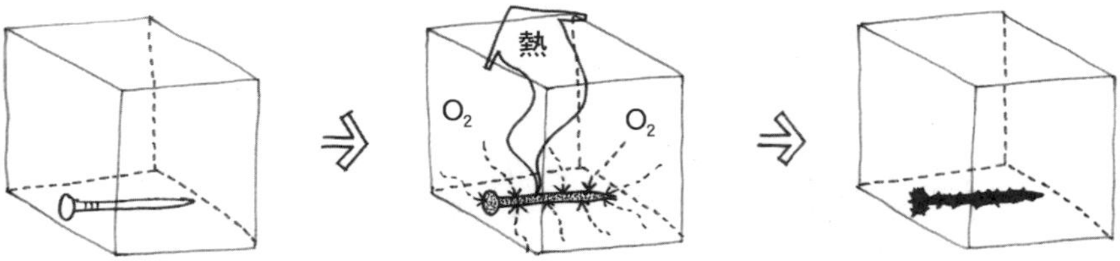

図4.5.4　鉄が錆びる現象。ある直方体空間に鉄釘が存在している。鉄釘よりはるかに大きな空間を占めていた酸素ガスは、鉄が錆びる過程で凝縮し、鉄釘が占めていた小さな空間に収まる。鉄釘は、酸素が割り込んでくるので、膨張する。それが錆である。その際に、鉄釘に蓄えられていた鉄原子の結合エネルギーが、炭の燃焼の場合と同じように、熱エネルギーとなって周囲に拡散する。酸素ガスの凝縮を上回る熱拡散が起こる。

の中にすべて収まってしまう。酸素について見れば、拡散ではなく凝縮である。これを保証しているのは、結合エネルギーから熱エネルギーへの拡散である。

使い捨てカイロの成分表示を見ると、主成分が鉄粉であることがわかる。ビニール袋に入っているカイロを開封して、カイロを手で揉んでいると次第に暖かさが感じられるようになる。これは、鉄粉が空気と接触し、空気中の酸素と反応し合って錆びる過程で熱エネルギーを放出しているからだ。

c. 炭酸カルシウムが吸熱する

a. と b. はいずれも発熱（エネルギーの周囲空間への拡散）を伴う現象だったが、今度は吸熱を伴う現象である。

図 4.5.5 は炭酸カルシウムの熱分解過程を模式的に描いたものである。炭酸カルシウム（$CaCO_3$）は、黒板に字を書くのに使うチョークの原料であり、バーナーなどの炎で 800°C程度になるまで加熱すると、酸化カルシウム（CaO）と二酸化炭素に分解する[2)]。

炭の燃焼で考えたのと同じように、熱分解の前後で原子間の結合エネルギーを比べてみると酸化カルシウムがもつ原子間の結合エネルギーと二酸化炭素がもつ原子間の結合エネルギーとの合計は、炭酸カルシウムがもつ結合エネルギーの合計よりも大きい。エネルギーは保存されるから、炎から炭酸カルシウムへ伝わった熱エネルギーが結合エネルギーへと姿を変えて、酸化カルシウムを構成する原子間と二酸化炭素の原子間とに蓄えられたはずである。これは、拡がり散りが相

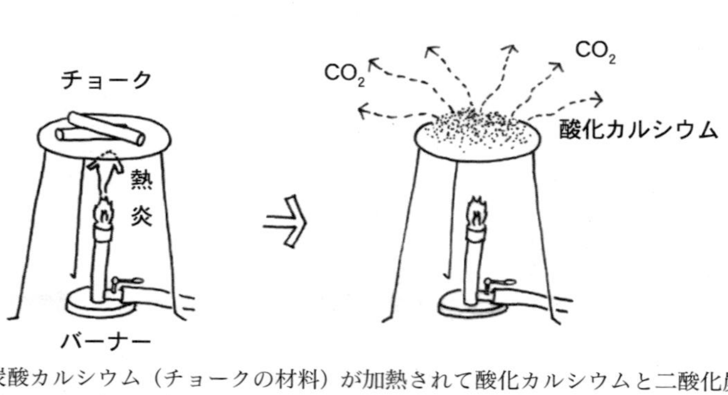

図 4.5.5　炭酸カルシウム（チョークの材料）が加熱されて酸化カルシウムと二酸化炭素に分解する現象。炎という〈かたち〉で存在した熱エネルギーが、酸化カルシウム（というカルシウムと酸素の特異な結び合わされ方）によって蓄えられるエネルギーに変容する。熱エネルギーから結合エネルギーへの変化は、拡散の度合いが減ることである。それが可能なのは、固体である炭酸カルシウム中の炭素が気体である二酸化炭素中の炭素へと、存在する空間を拡げるからだ。

対的に大きい熱エネルギーが、拡がり散りが小さい結合エネルギーへと形態変化したのである。したがって、エネルギーだけを見れば、拡散現象ではない。もし酸化カルシウムの比熱容量が炭酸カルシウムよりも十分に大きければ、凝縮を保証するだけのエントロピーの集積、すなわち拡散の大きさの増大があってもよさそうだが、それはあり得ない。酸化カルシウムの比熱容量は炭酸カルシウムよりも小さいからである。

目を転じて気体である二酸化炭素中の炭素に着目すると、炭酸カルシウム中の炭素に比べてはるかに大きな空間を占める。すなわち著しく拡散している。これが熱エネルギーから結合エネルギーへの凝縮を保証しているはずである。

熱エネルギーを吸収する化学反応など馴染みがないと思うかもしれないが、捻挫したときに患部を冷やすのに使う冷却剤は、吸熱反応の応用例である*。冷却剤の場合、図 4.5.5 の炎に相当するのが患部の傷ついた筋肉細胞群である。

以上三つの化学反応はいずれも、現象の全体としては必ず拡散が起きていた。これはエクセルギーの消費にほかならない。

4.5.2 エクセルギーによる化学反応の表現

ここでは、炭の燃焼を例にとって、化学エクセルギーの表現を求めてみよう。

ある物質が保有する化学エクセルギーは、式 (4.2.36) の第 4 項に示したように、

[化学エクセルギー]={[その物質の化学ポテンシャル]
　−[その物質が環境と平衡な場合の化学ポテンシャル]}
　　×[その物質量]　　(4.5.1)

ある物質の化学ポテンシャルは、単位物質量（1 mol）当たりについて、その物質のエンタルピーからその絶対温度とその物質のエントロピーの積を差し引いたものである。すなわち、

* 冷却剤の袋内では、硝酸アンモニウムと水分とが反応し周囲の熱を吸収する。

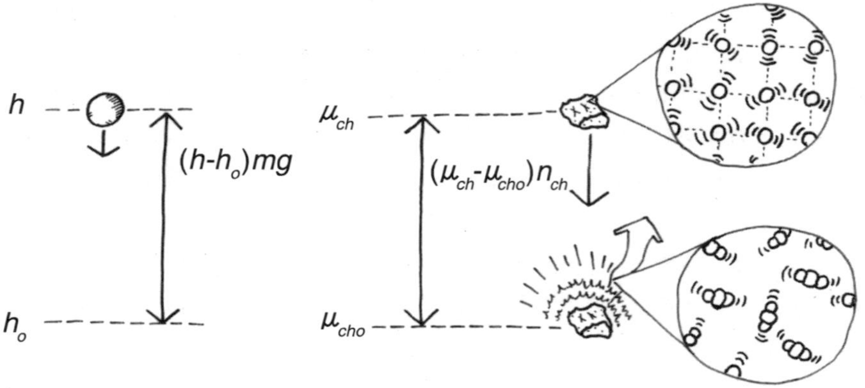

図 4.5.6 化学エクセルギーの式に現われる化学ポテンシャルの差は、質量 m の物体が高低差 $(h\text{-}h_o)$ に応じてもつ位置エネルギー $(h\text{-}h_o)\,mg$ の高低差に対応する。g は重力加速度。炭を例にとると、化学エクセルギーは、炭を構成する格子状の炭素原子群の化学ポテンシャル μ_{ch} と、環境と平衡した状態の（空気中にある二酸化炭素中の）炭素の化学ポテンシャル μ_{cho} の差に物質量 n_{ch} を乗じた $(\mu_{ch}\text{-}\mu_{cho})n_{ch}$ になる。$(h\text{-}h_o)mg$ と $(\mu_{ch}\text{-}\mu_{cho})n_{ch}$ の形式がよく似ていることに注意。

[化学ポテンシャル]＝[1 mol 当たりのエンタルピー]
－[絶対温度]×[1 mol 当たりのエントロピー]

である。

化学エクセルギーは、物質やエネルギーが化学反応によって環境と同じ状態になるまで拡散する能力なので、式 (4.5.1) の中に現れる「環境と平衡な場合」とは、図 4.5.6 に示すように位置エネルギーにおいて物体が落ちて到達する一番下の基準点に相当する。化学ポテンシャルの環境との差とは、位置エネルギーにおける高低差に相当すると考えるとわかりやすくなる。位置エネルギーは、位置エクセルギーと言い換えてもよい。

a. 対象物質と環境とのエンタルピー差

図 4.5.1 を今一度見ながら考えよう。炭 (C) は環境である空気中には存在しない。しかし、二酸化炭素（CO_2）というかたちでなら約 0.03～0.04 %含まれる。そこで、環境と平衡な状態にある炭素とは、空気中の二酸化炭素としよう。

炭素 n_{ch} モル (mol) について環境とのエンタルピー差は、炭素 1 mol 当たりのエンタルピーを h_{ch} 、二酸化炭素 1 mol 当たりのエンタルピーを h_{cho} とすると、

$n_{ch}(h_{ch}\text{-}h_{cho})$となる。

様々な物質のエンタルピーの具体的な値は、例えば文献1） 3）などに一覧表としてまとめられている。その中から、炭素・二酸化炭素の値を求めればよいのだが、そのときにエンタルピーの数値を求める基準が物質に応じて決められていることに注意しなくてはならない。例えば、二酸化炭素であれば、酸素ガス分子(O_2) とグラファイト原子（C、乾電池の中の黒い芯）を基準にする。これらから二酸化炭素が生成された場合に、二酸化炭素が保有することになるエンタルピーの値が生成エンタルピーという呼称で一覧表には表示されている。生成エンタルピーは、問題とする物質のエンタルピーと基準となる分子・原子のエンタルピーとの差である。記号では ΔH_fのように表す。Δ は「差」を表現する。

炭・酸素・二酸化炭素の 1 mol 当たりの生成エンタルピーをそれぞれ ΔH_{fch}、ΔH_{fox}、ΔH_{fcd}、炭の物質量を n_{ch}、炭を完全燃焼させるのに必要な酸素の物質量を n_{ox}、そのとき発生する二酸化炭素の物質量を n_{cd}とすると、炭が保有する環境とのエンタルピー差 $n_{ch}(h_{ch}-h_{cho})$は、次のように表わせる。

$$n_{ch}(h_{ch}-h_{cho})=n_{ch}\Delta H_{fch}+n_{ox}\Delta H_{fox}-n_{cd}\Delta H_{fcd}=n_{ch}(-\Delta H) \qquad (4.5.2)$$

ΔH を反応エンタルピーと呼ぶ。$\Delta H<0$ は発熱、$0<\Delta H$ は吸熱である。

炭の燃焼にかかわるエンタルピーの具体的数値は、**表 4.5.1** に示すとおりである。$n_{ch}=1$ mol とすると、$n_{ch}(h_{ch}-h_{cho})$は 393.5 kJ になる。

b．対象物質と環境とのエントロピー差

以上で述べたエンタルピー差の場合にならって、エントロピーのデータを用いた計算を行なえば、環境とのエントロピー差が求められる。燃える前の炭 1 mol のエントロピーを s_{ch}、炭が燃えた後に環境に存在する状態でもつエントロピーを s_{cho}とすると、炭 n_{ch} mol の環境とのエントロピー差は、$n_{ch}(s_{ch}-s_{cho})$と表現できる。

表 4.5.1　炭の燃焼反応 ($C+O_2\rightarrow CO_2$) にかかわるエンタルピーのデータ（25°C；1気圧）[3)]

ΔH_{fch}	0 kJ/mol
ΔH_{fox}	0 kJ/mol
ΔH_{fcd}	−393.5 kJ/mol
ΔH	−393.5 kJ/mol
$(h_{ch}-h_{cho})$	393.5 kJ/mol

物質のエントロピーに関するデータは、他の物質がまったく混ざっておらず、温度が絶対零度の状態を基準にして25°C；1気圧の場合の値がまとめられている。絶対零度を基準にしたエントロピーの値を絶対エントロピーと呼ぶ。物質を冷却していくと、気体だったものは液体になり、液体だったものは固体になる。固体をさらに冷却して最終的に絶対零度に達したとすると、物質を構成する原子は熱振動をまったく行なわないことになる。熱振動がまったくないから、熱容量は0になる。そうすると、絶対零度の物質がもつエントロピーは0になる。

ある物質の25°Cにおける絶対エントロピーとは、絶対零度から25°C；1気圧になるまでに、その物質が熱エントロピーをどれだけ溜め込んだかを表わすと考えればよい。

炭・酸素・二酸化炭素の1 mol当たりの絶対エントロピーをそれぞれS_{ch}、S_{ox}、S_{cd}と表わそう。S_{ch}やS_{ox}などの単位はOns/molである。Sの前にΔがついていないのは、これらが絶対零度から積み上げられた絶対エントロピーだからである。反応前後でのエントロピーの差は、炭・酸素・二酸化炭素の物質量n_{ch}、n_{ox}、n_{cd}を用いて$n_{ch}S_{ch}+n_{ox}S_{ox}-n_{cd}S_{cd}$と表わせるだろう。これを式（4.5.2）に示した（$-\Delta H$）に倣って表現すれば、

$$n_{ch}S_{ch}+n_{ox}S_{ox}-n_{cd}S_{cd}=n_{ch}(-\Delta S) \tag{4.5.3}$$

$(-\Delta S)$が本項の冒頭に示した$(s_{ch}-s_{cho})$に等しいと置きたいところだが、そうはならない。何故なら、式(4.5.3)左辺の各項はすべて25°C；1気圧の場合の絶対エントロピーであって、環境の状態がまったく考慮されていないからである。式（4.5.3）は、エクセルギーの計算に使えるように補正する必要がある。

純粋な（モル分率1の）二酸化炭素は、環境中の濃度（モル分率x_{cdo}）になるまで拡散可能であり、それだけエントロピーが小さい。そこで、その分を$n_{ch}(-\Delta S)$から引く。また、環境中にある酸素は、純粋な（モル分率1の）酸素よりもエントロピーが大きいので、その分を$n_{ch}(-\Delta S)$に加える。こうして求められたエントロピーが炭の環境とのエントロピー差ということになる。以上の関係を図解すれば図4.5.7のようになる。

図4.5.7の$n_{ch}s_{cho}$の（環境の）状態から順次エントロピーの値を加減することを考える。すなわち、

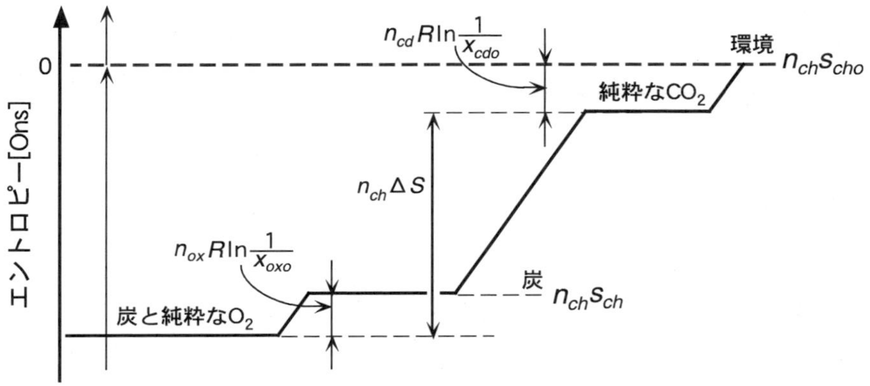

図 4.5.7　環境を基準にした炭のエントロピー。環境を基準にして、空気中の二酸化炭素→純粋な二酸化炭素→炭と純粋な酸素→炭へとさかのぼって考える。化学熱力学で整備されている絶対エントロピーの値から求められる ΔS は、純粋な酸素と純粋な二酸化炭素についてなので、環境に対してもつ物質拡散に関する補正が必要になる。

$$n_{ch}s_{cho}-n_{cd}R\ln\frac{1}{x_{cdo}}-n_{ch}\Delta S+n_{ox}R\ln\frac{1}{x_{oxo}}=n_{ch}s_{ch}$$

これを変形すれば、炭の環境とのエントロピー差 $n_{ch}(s_{ch}-s_{cho})$ が、次のように表現できる。

$$n_{ch}(s_{ch}-s_{cho})=-n_{cd}R\ln\frac{1}{x_{cdo}}+n_{ch}(-\Delta S)+n_{ox}R\ln\frac{1}{x_{oxo}} \qquad (4.5.4)$$

n_{ch}を 1 mol、環境中における酸素のモル分率を 0.207、二酸化炭素のモル分率を 0.0003 として、**表 4.5.2** に示すエントロピーの具体的な数値を使って、n_{ch} $(s_{ch}-s_{cho})$ を計算すれば、−57.3 Ons になる。

c. エクセルギー

炭の状態にある炭素の化学ポテンシャル μ_{ch}と、環境中で二酸化炭素の状態にある炭素の化学ポテンシャル μ_{cho}は、本節の冒頭で述べたように、

$$\mu_{ch}=h_{ch}-T_o s_{ch}$$
$$\mu_{cho}=h_{cho}-T_o s_{cho}$$

両辺の差を取って、炭の物質量をかけると、化学エクセルギーとなる。

$$(\mu_{ch}-\mu_{cho})n_{ch}=n_{ch}(h_{ch}-h_{cho})-n_{ch}T_o(s_{ch}-s_{cho}) \qquad (4.5.5)$$

表4.5.2 炭の燃焼反応（$C+O_2 \rightarrow CO_2$）にかかわるエントロピーのデータ（25℃；1気圧）[3]。R は気体定数 8.314 J/(K•mol)、x_{oxo}は 0.207、x_{cdo}は 0.0003 である。

S_{ch}	5.7 Ons/mol
S_{ox}	205.1 Ons/mol
S_{cd}	213.7 Ons/mol
ΔS	2.9 Ons/mol
$R\ln\frac{1}{x_{oxo}}$	13.1 Ons/mol
$R\ln\frac{1}{x_{cdo}}$	67.5 Ons/mol
$(s_{ch}-s_{cho})$	−57.3 Ons/mol

式（4.5.5）の右辺各項に、式（4.5.2）と式（4.5.4）を代入すれば、

$$(\mu_{ch}-\mu_{cho})n_{ch}=n_{ch}(-\Delta G)-n_{ox}RT_o\ln\frac{1}{x_{oxo}}+n_{cd}RT_o\ln\frac{1}{x_{cdo}} \qquad (4.5.6)$$

$$\Delta G=\Delta H-T_o\Delta S \qquad (4.5.7)$$

ΔG は化学反応の前と後での関与した物質すべての自由エネルギー変化を示し、反応自由エネルギーと呼ばれる*。複雑に見える式（4.5.6）の関係は、図解すると図4.5.8のようになる。

環境温度を 298 K として、a. と b. ですでに求めてある$(h_{ch}-h_{cho})$と$(s_{ch}-s_{cho})$の値を式(4.5.5)に代入すると、炭 1 mol の化学エクセルギーは 410.6 kJ になる。

同様にして、鉄の化学エクセルギーを算出してみよう。鉄が錆びる反応は化学式で表わすと、$2\,Fe+1.5\,O_2 \rightarrow Fe_2O_3$である。$\mu_{ir}$を鉄の化学ポテンシャル、$\mu_{iro}$を環境中における鉄、すなわち鉄錆の化学ポテンシャル、n_{ir}を鉄の物質量、ΔG を鉄の酸化における反応自由エネルギーとすると、鉄の化学エクセルギーは次式で表わせる。

$$(\mu_{ir}-\mu_{iro})n_{ir}=n_{ir}(-\Delta G)-n_{ox}RT_o\ln\frac{1}{x_{oxo}} \qquad (4.5.8)$$

$n_{ir}=2$ mol、$n_{ox}=1.5$ mol、文献1）から $\Delta G=-742.2$ kJ/mol†を代入し、$R=$

* ΔG は式（4.2.11）で定義されるギブス自由エネルギーの変化量である。

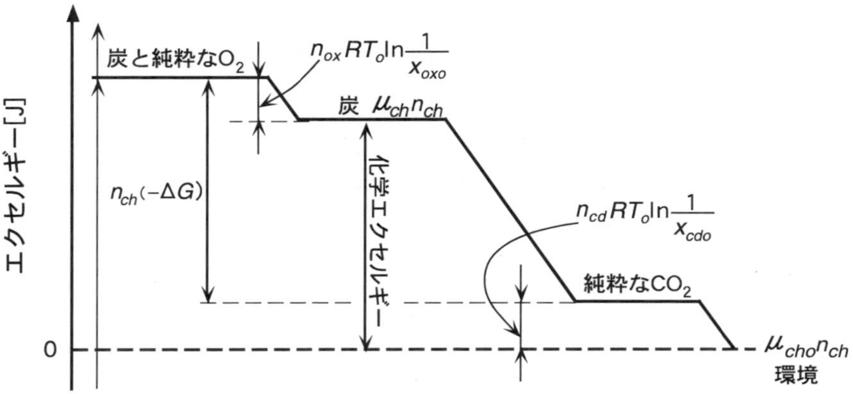

図4.5.8　炭の化学エクセルギー。化学エクセルギーは、反応自由エネルギー ΔG を、純粋な酸素と純粋な二酸化炭素が環境に対してもつ分離エクセルギーで補正したものである。

8.314、$x_{oxo}=0.207$ を式 (4.5.8) に代入して、鉄 1 mol 当たり 739.3 kJ を得る。

カイロ中の鉄が酸化・発熱する場合を考えてみよう。鉄の酸化反応におけるエクセルギー収支式は、次式のように表現できる。

$$(\mu_{ir}-\mu_{iro})\nu_{ir}-s_g T_o=(1-\frac{T_o}{T})q \tag{4.5.9}$$

なお、ν_{ir}は鉄が 1 秒当たりに酸化していく速さで単位は mol/s、s_gは酸化反応におけるエントロピーの生成速さで単位は Ons/s、T は発熱しているカイロ表面の絶対温度、q はカイロから放出される熱エネルギーの速さで単位は W である。式 (4.5.9) の右辺に鉄錆にかかわる項がないのは、鉄錆は環境中で化学平衡に達して安定しているためエクセルギーが 0 となるからだ。

仮に、カイロの表面温度を 318 K (=45°C)、環境温度を 298 K (=25°C)、1 秒当たりに酸化する鉄の物質量を 0.00018 mol/s（=0.01 g/s)、カイロからの熱流を 148 W とすると、1 秒当たりに酸化する鉄の化学エクセルギーは 133 W（=739300×0.00018)、カイロから放出される温エクセルギーは 9.3 W(=148×(1−298/318)) となる。すなわち、カイロ中の鉄粉がもつ化学エクセルギーの 93 %が消費され、7 %にあたる温エクセルギーが得られる。カイロは化学エクセルギー

† 式(4.5.8)の ΔG は、具体的には、「酸化鉄の生成自由エネルギーに物質量をかけたもの」から、「鉄の生成自由エネルギーに物質量をかけたもの」と「酸素の生成自由エネルギーに物質量をかけたもの」の合計を引いて求める。

の消費によって熱エクセルギーを取り出す〈しかけ〉ということができる。

炭酸カルシウム $CaCO_3$（チョーク）の吸熱反応によって、酸化カルシウム CaO と二酸化炭素が生成される場合のエクセルギー収支も試算してみよう。炭酸カルシウムは、カルシウム元素が環境中で化学平衡に達した安定した状態であるため、その化学エクセルギーは0である。加熱（吸熱反応）が酸化カルシウムに化学エクセルギーをもたせることになる。

酸化カルシウムの化学ポテンシャルが μ_{cox}、炭酸カルシウムの化学ポテンシャルが μ_{coxo}で、酸化カルシウムの物質量が n_{cox}だけあるとして、酸化カルシウム CaO の化学エクセルギーは、式（4.5.6）や式（4.5.8）と同様にして、次式で表現することができる。

$$(\mu_{cox}-\mu_{coxo})n_{cox}=n_{cox}(-\Delta G)-n_{cd}RT_o\ln\frac{1}{x_{cdo}} \qquad (4.5.10)$$

式（4.5.10）の右辺第2項は、二酸化炭素の分離エクセルギーであるが、これは、仮に酸化カルシウムが空気中の二酸化炭素と結びついて炭酸カルシウムになると考えると、炭や鉄の酸化における酸素の分離エクセルギーと同じ位置付けである。

環境温度を298 K、環境中での二酸化炭素のモル分率を0.0003とし、ΔG に文献3）の生成自由エネルギーの値から求めた－130.4 kJ/mol§ を代入すると、環境と同温の酸化カルシウム1 mol の化学エクセルギーの値は、110.3 kJ となる。

炭酸カルシウムの吸熱反応では、バーナーからの熱エクセルギーが投入され、酸化カルシウムの化学エクセルギーが取り出される。これをエクセルギー収支式として表現すると次のようになる。

$$\left(1-\frac{T_o}{T}\right)q-s_gT_o=(\mu_{cox}-\mu_{coxo})n_{cox} \qquad (4.5.11)$$

q はバーナーの炎から炭酸カルシウムに伝わる熱エネルギーの速さ、T は炎の温度、s_gは吸熱反応におけるエントロピーの生成速さ、n_{cox}は毎秒発生する酸化カルシウムの物質量である。酸化カルシウムとともに生成される二酸化炭素の方は周囲に拡散してしまう。そのエクセルギーはしたがって0である。q を100 W、T

§ 式(4.5.10)の ΔG は、「二酸化炭素の生成自由エネルギーに物質量をかけたもの」と「酸化カルシウムの生成自由エネルギーに物質量をかけたもの」の合計から、「炭酸カルシウムの生成自由エネルギーに物質量をかけたもの」を引いて求める。

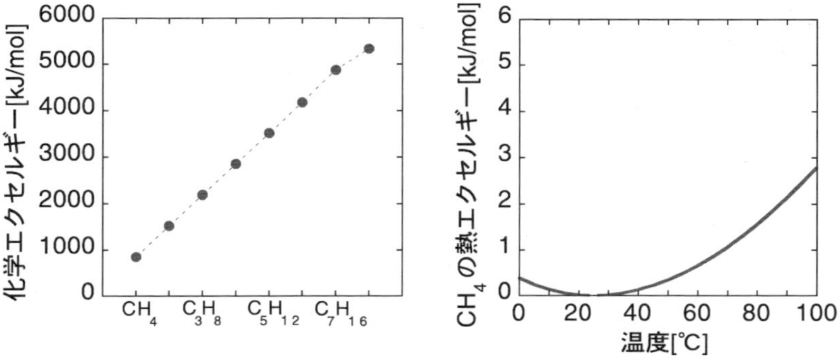

図4.5.9　メタンなどの気体燃料（パラフィン族）がもつ化学エクセルギーとメタンガスの熱エクセルギー。化学エクセルギーは気体燃料の分子量が14 g増えるごとに500〜800 kJ/molずつ増加する。熱エクセルギーは25℃の環境に対して物体（メタン）の温度が100℃で3 kJ/molの値を超えない。

を1073 K（=800℃）、n_{cox}を0.00056 mol/sとすると、炭酸カルシウムに温エクセルギー72 Wが投入された結果として、酸化カルシウムの化学エクセルギー62 Wが取り出されるということになる。

炭酸カルシウムの吸熱反応は、炭酸カルシウムから酸化カルシウムへと原子群を組み換えるのに、温エクセルギーを投入して、その一部を酸化カルシウム中に固定することだといえる。炎の温エクセルギーは、そのすべてが炭酸カルシウム中に入るわけではなく、一部は周囲空気を暖めるのに消費されてしまう。炎の温エクセルギーのうち20 %が炭酸カルシウムに投入されるとすれば、化学エクセルギーとして固定されるのは、炎の温エクセルギーの16 %である。これはかなり高い割合である。その理由は、バーナーが800℃という高温だからだ。

図4.5.9は、式（4.5.6）を使って算出したメタンなどのパラフィン族（化学記号$C_nH_{2(n+1)}$）と呼ばれる気体燃料の化学エクセルギーと、3.4の式（3.4.13）を使って計算したメタンガスの熱エクセルギーを併せて示したものである。環境は25℃；50 %の大気で、酸素・二酸化炭素・水蒸気のモル分率が0.207、0.0003、0.0157である。ΔGは、文献3）に掲載されているデータから求めた*。

化学エクセルギーは、気体燃料の分子量が14 g増えるごとに500〜800 kJ/mol

* ΔGは、「メタンなど気体燃料物質の生成自由エネルギーに物質量をかけたもの」と「二酸化炭素の生成自由エネルギーに物質量をかけたもの」の合計から、「酸素の生成自由エネルギーに物質量をかけたもの」を引いて求める。

ずつ増加する。一方、熱エクセルギーはメタンの温度が 10°C上昇するごとに 1 kJ/mol 程度しか増加しない。100°Cでも 3 kJ/mol を超えない。化学エクセルギーは、熱エクセルギーに比べて文字通り桁違いに大きい。

気体燃料は分子量が増えるほど、原子間に蓄えられている結合エネルギーと物質量が増加し、化学ポテンシャルが増加する。天然ガス (CH_4) をはじめ、石油・石炭などは、古代の微生物が生きていくのに、当時の植物・動物の死体中にある酸素を吸収した結果として残った炭化水素 (C と H だけで組み合わされた物質) である[8)]。これらの物質がもつ化学エクセルギーは、自然が長い時間をかけて生産したものということができる。

d. 標準化学エクセルギー

化学エクセルギーの計算は、熱エクセルギーの計算と違って、かなり煩雑である。物質ごとに化学反応による自由エネルギー変化量を文献から調べて計算式にいちいち代入しなければならないし、化学エクセルギーは環境温度だけでなく、化学反応を起こしている反応物質やその容器内の温度 —— 反応温度という —— によっても値が変化するので、そのことを考慮する必要があるからである。

もし、化学エクセルギーの値が反応温度によって大きく変化しなければ、その計算はずっと容易になるはずである。そこで、反応温度を外気温の変動程度の範囲で変化させた場合に化学エクセルギーがどの程度変化するかを、グラファイトを例にして計算した結果を示したのが図 4.5.10 である。簡単のため反応温度は環境温度と等しいとしてある。

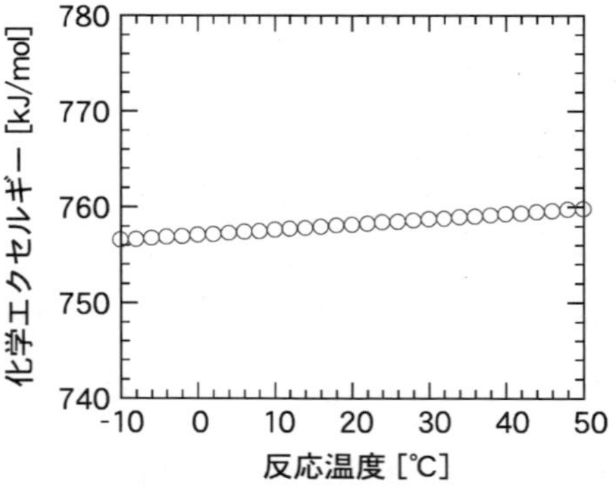

図 4.5.10　グラファイトの化学エクセルギーと反応温度の関係。反応温度が－10°Cから 50°Cに変化しても、化学エクセルギーの値は 4 kJ/mol しか変化していない。

グラファイトの化学エクセルギーは、反応温度が−10°Cから50°Cに変化しても、756 kJ/molから760 kJ/molに、すなわち4 kJ/molしか変化していないことがわかる。反応温度が外気温の変動範囲内であれば、化学エクセルギーの変化幅は1％に満たない。

このようなことから、化学工学では、25°C；1気圧における化学エクセルギーの計算値を標準化学エクセルギーと呼ぶことにしており、例えばJIS(日本工業規格）のエクセルギーに関する冊子には、エクセルギーの計算方法とともに、標準化学エクセルギーの値が物質ごとに表記されている。ただし、JISではエクセルギーのことを「有効エネルギー」という用語で表記している。

溶鉱炉内などの高温反応容器における化学反応ではなく、建築空間内外で生じる常温レベルの化学反応であれば、その化学エクセルギーは標準化学エクセルギーとほぼ同じになるので、標準化学エクセルギーの値を用いればよい。

4.5.3 化学エクセルギーの近似計算式

化学エクセルギーは、メタンやグルコースなど化学式が明確であり、しかも計算する物質の種類数が少ない場合には容易に計算できるが、化学式が不明な場合や物質の種類数が多い場合はどうだろうか。例えば、ごみは化学物質の種類でいえば何千という物質の混合体であるが、これらの構成物質ごとに化学エクセルギーを計算することは、現実にはほとんど不可能である。化石燃料も同様である。

このようなことから、化学式は不明でも元素組成と低位発熱量が明らかな場合については、燃焼反応を起こす物体の化学エクセルギーの近似式がすでに求められている。ラントらは数多くの燃料有機物について、化学エクセルギーの理論値を個別に算出し、その値と元素組成・低位発熱量との定量的関係を統計的に表す近似式を導出した。式 (4.5.12)、式 (4.5.13) は、ラントらの結果を、信澤が修正・改良したものである[9]。

[液体燃料の化学エクセルギー]

$$=m\cdot H_l\left(1.0038+0.1365\frac{\phi_H}{\phi_C}+0.0308\frac{\phi_O}{\phi_C}+0.0104\frac{\phi_S}{\phi_C}\right) \qquad (4.5.12)$$

[固体燃料の化学エクセルギー]

$$=m\cdot H_l\left(1.0064+0.1519\frac{\phi_H}{\phi_C}+0.0616\frac{\phi_O}{\phi_C}+0.0429\frac{\phi_N}{\phi_C}\right) \quad (4.5.13)$$

ここで、m は燃料物質の（乾燥）質量 [kg]、H_lは低位発熱量 [J/kg]、ϕ_H、ϕ_C、ϕ_O、ϕ_S、ϕ_Nは、それぞれ水素・炭素・酸素・硫黄・窒素の質量含有率 [-] である。なお、低位発熱量とは燃料を燃焼させたときに発生する全熱量のうち、水分蒸発に寄与する発熱量を除いた発熱量のことである。

式（4.5.12）や式（4.5.13）を用いると、生ごみや糞尿・化石燃料などについても、元素構成比と低位発熱量がわかれば、化学エクセルギーの算出が可能になる。

ラントは式(4.5.12)、式(4.5.13)よりもさらに簡単な近似式を求めている[10)]。それは式（4.5.14）～式（4.5.16）である。

$$[\text{気体燃料の化学エクセルギー}]=0.95\cdot H_h \quad (4.5.14)$$

$$[\text{液体燃料の化学エクセルギー}]=0.975\cdot H_h \quad (4.5.15)$$

$$[\text{固体燃料の化学エクセルギー}]=H_l+\gamma\cdot w \quad (4.5.16)$$

なお、H_hは高位発熱量、γ は水の蒸発潜熱で、いずれも単位は J/kg である。w は固体燃料の含水率 [kg/kg] である。高位発熱量とは、水分蒸発に寄与する発熱量を含む発熱量である。

以上のほかにも、排水中の有機物について化学エクセルギーを計算するための近似計算式が存在する。生活排水などのように有機物質濃度の高い水溶液は、有機物の酸化分解反応によるエネルギー・物質の拡散能力もまた高いので、大きな化学エクセルギーを保有することになる。そのため、水中の有機汚濁物質濃度指標を用いて化学エクセルギーを計算することができれば、排水浄化設備などの評価にとって非常に有用である。

このようなことから、田井・松重・合田は、138種類の有機物について、TOCなどの有機物濃度指標と標準化学エクセルギーの相関関係を求めて、有機物濃度を用いて標準化学エクセルギーが高精度で近似的に求められることを明らかにした[11)]。次の式（4.5.17）は、TOCを用いた養分溶液1L当たりの化学エクセルギ

ー [J/L] の次近似式である（相関係数 0.965)。単位は J/L である。なお、TOC とは総有機炭素（Total Organic Carbon）の濃度であり、単位は mg/L である。

[養分溶液の化学エクセルギー] = 45・TOC (4.5.17)

筆者らも田井らの研究を参考にして、もう一つの代表的な有機汚濁物質濃度指標である BOD と標準化学エクセルギーの関係について、次式(4.5.18)を求めた(相関係数 0.77)[12]。

[養分溶液の化学エクセルギー] = 27.3・BOD (4.5.18)

なお、BOD とは生化学的反応で要求される酸素濃度（Bio-chemical Oxygen Demand、単位は mg/L）である。式（4.5.18）は文献から、BOD [mg/mol] が既知の物質 42 種類について標準化学エクセルギーとの相関を求めた結果である。式（4.5.17）は TOC の値が与えられる場合、式（4.5.18）は BOD の値が与えられる場合に、化学エクセルギーの算出に用いることができる。

● 参 考 文 献 ●

1) P. W. Atkins（千原秀昭・稲葉章 訳）：アトキンス物理化学要論 第 2 版、東京化学同人、1994 年、pp.51-195
2) 同上、p.70
3) 日本化学会編：化学便覧 基礎編II 改訂 4 版、丸善、1993 年、pp.285-300
4) 高橋達・宿谷昌則：化学反応を伴うエクセルギー・エントロピー過程の計算方法の検討、日本建築学会大会学術講演梗概集、1996 年 9 月、pp.465-466
5) 高橋達・宿谷昌則：開放系としての建築環境システムにおけるエクセルギーの計算方法、日本建築学会大会学術講演梗概集、2002 年 9 月、pp.635-636
6) 押田勇雄：エクセルギー講義、太陽エネルギー研究所、1986 年、pp.62-89
7) A. Bejan：Advanced Engineering Thermodynamics, Wiley Interscience, 1988，pp.343-403
8) P. W. Atkins：Molecules, Scientific American Library，1987，p.34
9) 信澤寅男：熱管理上級講座〔3〕エクセルギーの実用計算法（2）、燃料および燃焼、Vol. 43、No.11、1976 年、pp.49-79
10) 文献 6）、pp.75-78
11) S. Tai, K. Matsushige and T. Goda：Chemical Exergy of Organic Matter in Wastewater, International Journal of Environmental Studies, Vol.27，1986，pp.301-315
12) 高橋達・椎野渡・鳥養正和・布施安隆・善養寺幸子：住宅の雨水・排水再生水活用システムの実測とエクセルギー解析、日本建築学会環境系論文集 第 73 巻 第 623 号、2008 年 1 月、pp.39-45
13) 布施安隆・高橋達：エクセルギー概念を用いた家庭排水の養分活用計画に関する研究、日本建築学会環境系論文集 第 74 巻 第 635 号、2009 年 1 月、pp.33-38

物拡散・熱拡散―開放系の理論―

4・6 動物のからだ（ヒト）

動物は、食物に含まれる化学エクセルギーを取り込み、体内でそれを消費し様々な活動を営む。餌を取るために筋肉を動かし、自分自身が餌とされないよう筋肉を動かす。これは、化学エクセルギーの消費による運動エクセルギーの出力によって行なわれる。化学エクセルギーの消費は温エクセルギーをも産み出し、恒温動物は、この温エクセルギーを体温を一定に保つのに消費する。恒温動物に限らず変温動物でも、体内でのエクセルギー消費に比例して必然的にエントロピーを生成し、生成されたエントロピーはその身近な環境空間へ、放射・対流・伝導、そして発汗蒸泄により排出する。ヒトも例外ではない。本節では、恒温動物であるヒトのからだのエクセルギー収支について述べよう。

4.6.1 物質収支―からだを貫く水の流れ

私たちヒトは、多かれ少なかれ一日のうちに何度か水を体内に取り込み、何度かに分けて尿として水を排泄する(小便)。また意識にのぼるか否かによらず、皮膚表面からの発汗蒸泄がある。

水を体内に取り込む主な目的は、60兆個といわれる細胞群の内外にある種々の物質濃度維持と体温維持である。体内における物質拡散（分離エクセルギーの消費）と熱拡散（化学エクセルギーと温エクセルギーの消費）によって生成されるエントロピーを水にのせて排出するためといってもよい。

表4.6.1は、成人1人の一日当たりの摂取水と排泄水のおおよその量を、その内訳とともに示したものである[1)]。摂取水の量はおよそ2500 ml/日である。その86％が飲水《いんすい》と摂食による。残りの14％は熱代謝による。熱代謝によって、体内で糖質・タンパク質・脂肪中に含まれる水素原子が燃焼の際に酸素と結びついて水(代謝水)が生じる。これは、食物に含まれる化学エクセルギーが体内で消費されて湿エクセルギーが産み出されることを意味する。

表 4.6.1　ヒト（成人）の1日当たり摂取水・排泄水[1)]

	摂取水			排泄水	
	2500 ml	(100)*1		2500 ml	(100)
飲水*2	1000	(40)	排尿	1500	(60)
摂食	1150	(46)	呼吸	500	(20)
熱代謝	350	(14)	発汗	400	(16)
			排便	100	(4)

*1 ( )内は百分率

*2 ここでは、飲み水でなく、「水を飲むこと」を指して飲水(いんすい)と表現した。

排泄水の量はやはり 2500 ml/日で、摂取水量と同じである。ヒトが水を飲んだり排尿したりするのは間欠的な行為だから、体重はその都度変化するが、1日当たりで見れば、からだに溜まる水はなく、毎日入れ換わっているだけである。したがって、「入る」＝「出る」が成り立つ。体重 70 kg のヒトであれば、その 70 % ほどを水が占めるとして、20 日（≒ 70×0.7×1000(ml/kg)/2500）もすれば、すべての水が入れ換わる。排泄水量の 60 %は尿であり、残り 40 %の半分が呼吸によって、もう半分が主に皮膚からの発汗によって体外へ出る。

冒頭に述べたように、ヒトは恒温動物の一種であるが、恒温とはいっても、皮膚表面に近い部分、特に手･足などは周囲空間の温湿度の影響を受けて変温する。そこで、ヒトのからだを図 4.6.1 に示すように、コアとシェルの 2 つの系から成ると考えよう。コアは人体周囲空間の温湿度が変動しても恒常的にほぼ 37℃で保たれ続ける部分で、シェルは、その外側にある身体の外皮部分であり、人体周囲空間の温湿度変動に応じて変温する。

図 4.6.1 を参照して、空気と水について次の収支が成り立つ。

コアでは、

[吸気]＋[代謝水（コア)]＋[血液（シェルからコアへ)]
　＝[呼気]＋[血液（コアからシェルへ)]　(4.6.1)

シェルでは、

[代謝水（シェル)]＋[血液（コアからシェルへ)]
　＝[汗水]＋[血液（シェルからコアへ)]　(4.6.2)

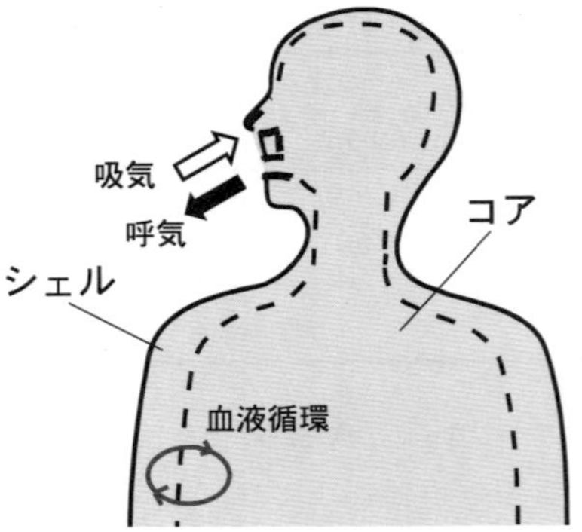

図 4.6.1 ヒトのからだを2つの系から成ると考える。一つはコア(核、鎖線の内側)、いま一つはシェル(外皮、鎖線と実線の間)である。コアは恒常的にほぼ37°Cが保たれ続ける部分、シェルは周囲環境の温湿度変動や体内での熱代謝(化学エクセルギーの消費)に影響されて温度が変動する部分。

両式に現われる代謝水とは、コアとシェルのそれぞれにおいて、飲水と摂食によって蓄えていた水と、熱代謝(化学反応)で生じる水の和である。これらは人体への入力なので左辺に記してある。

式(4.6.1)と式(4.6.2)の辺々を足し合わせると、人体全体としての空気と水に関する収支式が得られる。

[吸気]+[代謝水(コア)]+[代謝水(シェル)]
=[呼気]+[汗水] (4.6.3)

式(4.6.3)は、吸気にコアの代謝水が加わって呼気になり、シェルの代謝水が汗水として体外に出ることを併せて表現している。

4.6.2 エネルギー・エントロピー収支—からだを貫く熱の流れ

食物の摂取によって得た化学エクセルギーは、からだの運動のために消費されるが、「からだ」という特異な構造と機能を維持するためにも消費されていることを忘れてはならない。構造・機能の維持のためのエクセルギー消費なしに運動は可能でない。

炭水化物など多くの食物は、乾燥するととてもよく燃える。4.6.1に述べたように、からだを貫く水の出入りがあり、また、体内の約70%を水分が占めているの

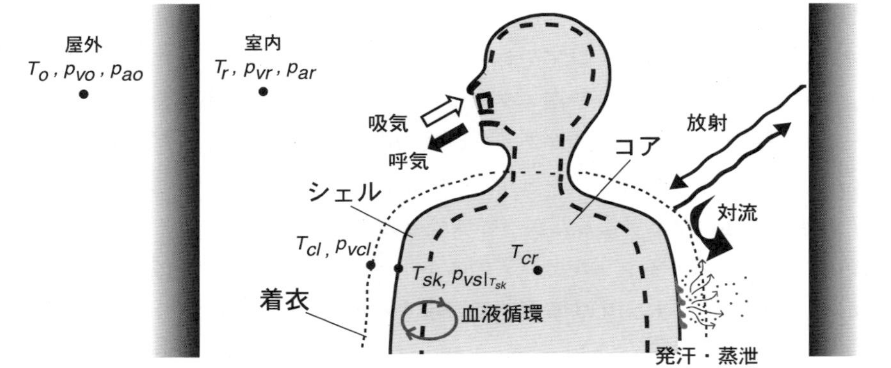

図4.6.2　室内にいるヒト。代謝熱は、放射・対流（・伝導）と汗水の蒸発によって、からだの周囲空間へ拡散していく。温湿度の勾配は一般にヒトのからだから建築環境空間へと低くなる（$T_{cr}>T_{sk}>T_{cl}>T_r$、$p_{vs|T_{sk}}>p_{vcl}>p_{vr}$）。この温湿度差に応じて熱拡散と水の蒸発が起きる。

は、体内での食物の燃焼速さが大きくなり過ぎて体温が上昇して、構造と機能が壊れてしまわないようにするためである。私たちヒトは、食物という燃料を水浸しにして、ゆっくりと特異なしかたで燃やすことで「からだ」を維持しているということができる。

からだを水が貫くのと同様に、からだで産み出された熱（エネルギーとエントロピー）は絶えず周囲空間へと流れていく。図4.6.2に示すように、人体が室内にある場合で、仮に室内の空気温度が外気よりも高いとすると、人体から放出される熱は、まず室内へ出ていき、次いで屋外へ出ていく。また、湿度も温度と同様に室内の方が外気より高いとすると、皮膚表面に染み出した汗水は、まず室内空気中へ拡散していき、次いで屋外へ出ていく。

シェルの外側には着衣がある。着衣はもちろんシェルを均一に包むわけではない（顔や手は露出している）。また、からだは頭や腕•足などの出っ張りがあって形状が複雑だ。このような不均一さや複雑さをできるだけ精密に考慮してエネルギーやエントロピーの収支式を導くことは理屈の上では可能だが、精緻なモデルが構築できたとしても、未知の変数が多くなり過ぎて結局は仮定値を多く代入しなければならないとすれば、計算の精度は上がらない。むしろ、計算が繁雑になっただけ計算から読み取るべきことが不明になることさえあり得る。したがって、ほどよい精度でヒトのからだをモデル化したい。

ここでは、コアについて1質点、シェルについて1質点で代表させて導かれた文献2）のエネルギー収支モデル（2ノードモデル）に準じることにする。このエネルギー収支モデルは、コアやシェル・着衣の温度を計算するには都合がよいが、特に放射エクセルギーや湿エクセルギーを導くためには不都合な表現形式になっているので、改変の必要がある。改変の内容は、放射エネルギーと吸気・呼気のエンタルピー、代謝水（シェル）・水蒸気（汗水蒸発後）のエンタルピーを、3.7や4.3に述べたことにしたがって環境との差として表現することである。その結果として得られるシェルとコアのエネルギー収支式をまとめて、式（4.6.3）に示した物質収支式に対応する形式で表現すると[4]、

[代謝熱エネルギー]
＋[吸気のエンタルピー]
＋[代謝水（コア）のエンタルピー]
＋[代謝水（シェル）のエンタルピー]
＋[着衣が吸収する放射熱エネルギー]
＝[蓄熱エネルギー（コア＋シェル）]
＋[呼気のエンタルピー]
＋[水蒸気（汗水蒸発後）のエンタルピー]
＋[着衣から出る放射熱エネルギー]
＋[着衣から出る対流熱エネルギー]　(4.6.4)

物質収支式（式（4.6.3））とエネルギー収支式（式（4.6.4））の各項を対応させて見ると、エネルギー収支式の左辺には入力として代謝熱エネルギーの項があり、右辺にはコアとシェルの温度変化に伴う蓄熱エネルギーの項があることがわかる。また、放射熱エネルギーの項が両辺にあり、右辺には対流で周囲空気へと出ていく熱エネルギーの項がある点が特徴的である。なお、式(4.6.4)では、筋肉による運動出力（仕事）を無視している。言い換えると、式(4.6.4)は、せいぜい事務作業程度の運動までを考慮できる式である。

左辺にある吸気のエンタルピーと代謝水（コア）のエンタルピーの和は、右辺の体外へ放出される呼気のエンタルピーに対応する。また、左辺にある代謝水(シェル）のエンタルピーに汗水蒸発の潜熱が加わったものが、右辺の体外へ放出される水蒸気のエンタルピーに対応する。

式(4.6.4)に一対一対応するコアとシェルを併せたエントロピー収支式は、次

のようになる[4)]。

[代謝で発生する熱エントロピー]
　＋[吸気のエントロピー]
　　＋[代謝水（コア）のエントロピー]
　　　＋[代謝水（シェル）のエントロピー]
　　　　＋[(汗水と相互拡散する）乾き空気のエントロピー]
　　　　　＋[着衣が吸収する放射熱エントロピー]
　　　　　　＋[エントロピー生成]
＝[蓄熱エントロピー（コア＋シェル)]
　＋[呼気のエントロピー]
　　＋[水蒸気（汗水蒸発後）のエントロピー]
　　　＋[(汗水と相互拡散する）乾き空気のエントロピー]
　　　　＋[着衣から出る放射熱エントロピー]
　　　　　＋[着衣から出る対流熱エントロピー]　　(4.6.5)

式（4.6.5）のエントロピー生成は、コアとシェル・着衣の間にある温度差に基づく熱拡散と、濡れた皮膚表面の飽和水と着衣外水蒸気の圧力差に基づく物（質）拡散による。代謝で発生する熱エントロピーは、体内の生化学反応による生成エントロピーを含んだ値である。

4.6.3　熱エクセルギー収支

人体のエクセルギー収支は、式（4.6.4）と式（4.6.5）を組み合わせて、次のように表現される[4)]。

[代謝で発生する温エクセルギー]
　＋[吸気の熱・分離エクセルギー]
　　＋[代謝水（コア）の温・湿エクセルギー]
　　　＋[「代謝水（シェル)＋乾き空気」の熱・分離エクセルギー]
　　　　＋[着衣が吸収する放射熱エクセルギー]
　　　　　－[エクセルギー消費]

=[蓄熱エクセルギー（コア+シェル）]
+[呼気の温・湿エクセルギー]
+[汗水蒸散後にできる湿り空気の熱・分離エクセルギー]
+[着衣から出る放射熱エクセルギー]
+[着衣から出る対流熱エクセルギー]　(4.6.6)

式 (4.6.6) の第1項は、食物に含まれる化学エクセルギーが「からだ」を構成する細胞群の活動（①筋肉繊維の収縮、②タンパク質の合成、③細胞質の状態維持）のために消費された結果産み出される温エクセルギーである。これは元をたどれば、炭素・水素・酸素原子が特異な組み合わさり方によって、主としてグルコースという分子群に蓄えられていたエクセルギーであり、日射エクセルギーを起源とする。グルコースの体内での燃焼で産み出される代謝水は湿エクセルギーをもつが、この湿エクセルギーを保有する水を構成している水素は、もともとは植物が光合成のために根から吸い上げた水を構成していた水素である。私たちヒトのからだの中で湧き出す温エクセルギーと湿エクセルギーは、いずれも他の生きものから与えられた物質によって産み出されたといえる。

式 (4.6.6) の左辺第6項の「エクセルギー消費」は、コア（約37°C）とシェル(30〜35°C)・着衣表面（20〜35°C）の間に存在する温度差による「熱拡散」と、シェルと着衣の間に存在する水蒸気圧力（濃度）差による「物拡散」(汗水の蒸発と乾き空気との相互拡散）という二つの拡散現象による。

体内における化学エクセルギーの消費は、熱エクセルギーの消費に比べるとたいへんに大きい。したがって、化学エクセルギー消費によって生成されるエントロピーも大きい。式 (4.6.6) の右辺第2〜5項のエクセルギー出力は、化学エクセルギー消費で営まれる生命活動による生成エントロピーを環境中へ排出するためにあるといえる。

式 (4.6.6) を具体的に計算するための表現形式を**表 4.6.2** にまとめて示しておく[4)]。それらの式の計算手順は、次のとおりである。まず、代謝熱エネルギー・着衣量・周囲空気温湿度・周壁平均温度・気流速度を条件として与えて、コア・シェル・着衣表面の温度を求め、得られた結果を表 4.6.2 のエクセルギー消費($\delta S_g \cdot T_o$) を除く各式に代入する。次いで、式 (4.6.6) をエクセルギー消費 ($\delta S_g \cdot T_o$) について解けば、エクセルギー収支式のすべての項が求められる。なお、表 4.6.2

表 4.6.2　人体の熱エクセルギー収支式の構成要素とその表現形式[4)]

「入る」	代謝で発生する温エクセルギー	$M\left(1-\frac{T_o}{T_{cr}}\right)dt$
	吸気の熱・分離エクセルギー	$\left[(m_{ain}c_{pa}+m_{vin}c_{pv})\left\{(T_r-T_o)-T_o\ln\frac{T_r}{T_o}\right\}+\left(\frac{m_{ain}}{M_a}RT_o\ln\frac{p_{ar}}{p_{ao}}+\frac{m_{vin}}{M_w}RT_o\ln\frac{p_{vr}}{p_{vo}}\right)\right]dt$
	代謝水（コア）*1の温・湿エクセルギー	$m_{\mathrm{w-core}}\left[c_{pw}\left\{(T_{cr}-T_o)-T_o\ln\frac{T_{cr}}{T_o}\right\}+\frac{1}{M_w}RT_o\ln\frac{p_{vs\mid To}}{p_{vo}}\right]dt$
	「代謝水（シェル）*2 ＋乾き空気」の熱・分離エクセルギー	$\left[\!\left[m_{\mathrm{w-}shell}\left[c_{pw}\left\{(T_{sk}-T_o)-T_o\ln\frac{T_{sk}}{T_o}\right\}+\frac{1}{M_w}RT_o\ln\frac{p_{vs\mid To}}{p_{vo}}\right]+\left(\frac{m_a}{M_a}RT_o\ln\frac{p_{ar}}{p_{ao}}\right)\right]\!\right]dt$
	着衣が吸収する放射熱エクセルギー	$f_{eff}f_{cl}\sum_{j=1}^{N}a_{pj}\varepsilon_{cl}h_{rb}\frac{(T_j-T_o)^2}{(T_j+T_o)}dt$
「消費」	エクセルギー消費*3	$\delta S_g\cdot T_o$
「溜まる」	蓄熱エクセルギー（コア＋シェル）	$Q_{core}dT_{cr}\left(1-\frac{T_o}{T_{cr}}\right)+Q_{shell}dT_{sk}\left(1-\frac{T_o}{T_{sk}}\right)$
「出る」	呼気の温・湿エクセルギー	$\left[(m_{aout}c_{pa}+m_{vout}c_{pv})\left\{(T_{cr}-T_o)-T_o\ln\frac{T_{cr}}{T_o}\right\}+\left(\frac{m_{aout}}{M_a}RT_o\ln\frac{p_{aout}}{p_{ao}}+\frac{m_{vout}}{M_w}RT_o ln\frac{p_{vout}}{p_{vo}}\right)\right]dt$
	汗水蒸発後にできる湿り空気の熱・分離エクセルギー*4	$\left[\!\left[m_{\mathrm{w-}shell}\left[c_{pv}\left\{(T_{cl}-T_o)-T_o\ln\frac{T_{cl}}{T_o}\right\}+\frac{1}{M_w}RT_o\ln\frac{p_{vr}}{p_{vo}}\right]+\left(\frac{m_a}{M_a}RT_o\ln\frac{p_{ar}}{p_{ao}}\right)\right]\!\right]dt$
	着衣から出る放射熱エクセルギー	$f_{eff}f_{cl}\varepsilon_{cl}h_{rb}\frac{(T_{cl}-T_o)^2}{(T_{cl}+T_o)}dt$
	着衣から出る対流熱エクセルギー	$f_{cl}h_{ccl}(T_{cl}-T_r)\left(1-\frac{T_o}{T_{cl}}\right)dt$

（注）各項は微小時間 dt 当たり、人体表面積 1 m²当たりで表現してある。この表中で熱エクセルギーと表記されている項は、「温」または「冷」エクセルギーの場合があり得る。また分離エクセルギーと表記されている項は、「湿」または「乾」エクセルギーの場合があり得る。記号の意味は次のとおり（アルファベット順）。a_{pj}は人体表面から周囲壁面 j への放射吸収係数で無次元（多くの場合はほぼ 1.0）、c_pは比熱で単位は J/(g•K) である。c_pにはさらに添え字がついている。a は乾き空気、v は水蒸気、w は液体水。f_{cl}は裸体表面積に対する着衣面積の比（=1.05～1.5）、f_{eff}は着衣人体表面積に対する放射にかかわる面積の比（=0.696～0.725）、h_{ccl}は着衣表面の対流熱伝達率で、h_{rb}は黒体表面（吸収率が 1 の面）の放射熱伝達率。これらの単位は W/(m²•K)。M

は代謝熱エネルギーの産み出される速さで単位はW/㎡である。M_aは乾き空気の分子量（＝28.97 g/mol)、M_wは水（液体水・水蒸気）の分子量（＝18.05 g/mol）である。m は単位時間当たり人体表面積1㎡当たりの空気または水（蒸気）の移動質量で単位は g/（㎡・s）である。m の添え字は次のとおり。ain は乾き空気の人体への入り、vin は水蒸気の人体への入り。$w\text{-}core$ はコアの代謝水、$w\text{-}shell$ はシェルの代謝水。$aout$ は乾き空気の人体からの出、$vout$ は水蒸気の人体からの出である。p は圧力で単位は Pa。p の添え字は、ar は室内の乾き空気、ao は室外(環境）の乾き空気、vr は室内の水蒸気、vo は室外（環境）の水蒸気。$vs|T_o$は環境温度 T_oにおける飽和水蒸気圧、$aout$ は呼気中の乾き空気、$vout$ は呼気中の水蒸気である。Q_{core}はコアの熱容量、Q_{shell}はシェルの熱容量で、これらの単位は J/(㎡・K)。R は気体定数 8.314 J/(mol・K)である。δS_gはエントロピー生成で単位は Ons/㎡(接頭文字 δ は微小な生成を表わす)。T はすべて温度で単位は K。T の添え字は cl が着衣、cr がコア、j が壁面番号、o が環境、r が室内空気、sk が人体表面である。ε_{cl}は着衣の長波長放射率（吸収率)。

*1 代謝水（コア）は水蒸気となって呼気に含まれることになる。($m_{w-core}+m_{vin}=m_{vout}$)

*2 代謝水（シェル）はすなわち汗水。

*3 この消費には化学エクセルギーの消費は含まれないことに注意。

*4 コア・シェル・着衣から成る人体系の境界面は着衣表面としているので、汗水が蒸発し着衣を通過した直後の水蒸気分圧は、着衣表面における値 p_{vcl}ということになる。実際の人体では、水蒸気は襟・袖・裾と皮膚の間からかなり拡散していると考えられ、また、頭や手など露出している部分からの拡散もある。これらについて p_{vcl}に対応するのは室内の水蒸気分圧 p_{vr}である。ここでは、簡単のために、着衣表面でも p_{vr}と仮定して計算する。

の各式についている $\mathrm{d}t$ は実際の計算では、例えば差分として Δt＝3600 s（秒）とする。エクセルギーの入る速さ・消費速さ・蓄積速さ・出る速さを求めるのであれば、得られた各項の値を Δt の値で割ればよい。エクセルギー消費速さと周壁平均温・室内空気温の関係を具体的に求めた一例が 2.3 の図 2.3.2 である。

4.6.4　湿エクセルギーの消費と温エクセルギーの出力

汗水のもつ湿エクセルギーの消費、着衣表面を出入りする熱（温または冷）エクセルギーの大小は、人体がエントロピー排出をうまく行なえるか否かを左右する。これは、ヒトの健康・快適に大いに関係する。

図 4.6.3 は、左が「汗水＋乾き空気」の分離エクセルギーで、右が汗水蒸発後にできる湿り空気の湿・乾エクセルギーである。これらは、外気温と室内空気温・周壁平均温がいずれも 30°Cの条件でヒトのからだから出る汗水の量 0.013 g/（s・m²）について作成したものである。

室内外の相対湿度が等しい場合を見ると、「汗水＋乾き空気」の分離エクセルギーは、湿度が低くなるほどに大きくなることがわかる§。また、室内相対湿度を一

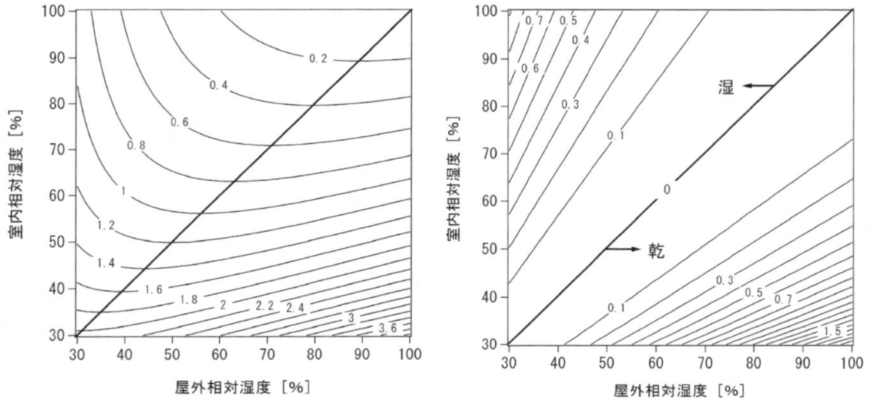

図 4.6.3　「汗水＋乾き空気」の分離エクセルギー（左）と蒸発後にできる湿り空気の湿・乾エクセルギー（右）。単位は W/㎡。「汗水＋乾き空気」の分離エクセルギーは、室内の相対湿度が低いと大きくなる。すなわち汗水は拡散しやすくなる。汗水蒸発後のエクセルギーは、「汗水＋乾き空気」の分離エクセルギーより小さい。

定として見ると、外気の湿度が室内に等しい場合に分離（湿）エクセルギーは最も小さく、外気の湿度が室内の湿度よりも小さくても大きくても分離エクセルギーは大きくなる傾向が見られる。

汗水蒸発後にできる湿り空気の湿・乾エクセルギーは、室内の方が屋外よりも相対湿度が高い場合に湿エクセルギー、その逆に低い場合は乾エクセルギーとなる*。湿エクセルギーでも乾エクセルギーでも、その値は、「汗水＋乾き空気」の分離エクセルギーに比べて小さい。このエクセルギーの差は、分離エクセルギーの消費を意味する。すなわち、汗水の拡散である。例えば、相対湿度が屋外で 60 %、室内で 70 %とすると、汗水は 0.65 W/m^2の分離エクセルギーをもち、蒸発後は 0.05 W/m^2の湿エクセルギーをもつ。その差 0.6 W/m^2は、汗水の蒸発による消費である。

図 4.6.4 は、人体に入る放射エクセルギー（左）と人体から出る放射エクセルギー（右）について外気温・周壁平均温（＝室内空気温）との関係を示したもの

§ 室内外の湿度が等しい場合は、「汗水＋乾き空気」の分離エクセルギーは汗水（液体水）の湿エクセルギーそのものとなる。

* 汗水が蒸発した後に乾エクセルギーが現われるのは不思議な感じがするかもしれないが、エクセルギーは環境との落差で決まるので、このようなことは起こり得る。

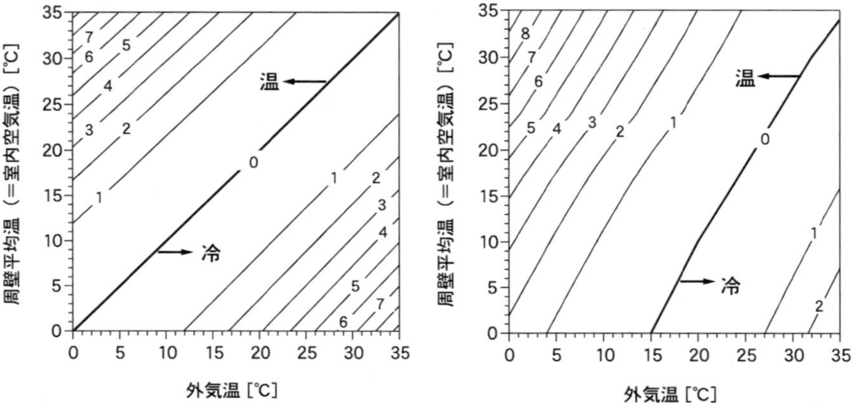

図 4.6.4　人体に入る放射エクセルギー（左）と人体から出る放射エクセルギー（右）。いずれも外気温・周壁平均温との関係を示す。単位は W/m²。人体に入る放射エクセルギーは、外気温＜周壁平均温（となる傾き 45°の線よりも左側の領域）では温エクセルギー、外気温＞周壁平均温では冷エクセルギーとなる。人体から出る放射エクセルギーは、着衣温と外気温の関数。着衣温と外気温が等しいと、放射エクセルギーは 0 になる。出る放射エクセルギー 0 の線より左側は人体から周壁に向かって出る温エクセルギー、右側は周壁に向かって出る冷エクセルギーを表わす。

である。人体に入る放射エクセルギーは、周壁平均温と外気温が等しくてエクセルギーが 0 となる傾き 45°の線よりも左側の領域で温エクセルギー、右側の領域で冷エクセルギーである。人体から出る放射エクセルギーの方は、着衣温と外気温が等しい場合に 0 になる。着衣温は、皮膚平均温（シェル温）と周壁平均温・室内空気温の関数である。エクセルギーの値が 0 になる（着衣温＝外気温の）線より左側は、着衣温が外気温より高いために周壁に向かって温エクセルギーが出る場合、右側は着衣温が外気温より低いために冷エクセルギーが出る場合である。

例えば、冬に外気温が 0°C のとき、周壁表面の温度が 25°C だったとすると、周壁全体から人体へは 4.5 W/m² の温エクセルギーが入射し、その一方で、人体からは 6.6 W/m² の温エクセルギーが放出される。周壁表面の温度がもっと低く、例えば 15°C だったとすると、「入り」が 1.6 W/m²、「出」が 4 W/m² となり、「入り」と「出」の双方が周壁平均温 25°C の場合より小さい。このように、人体を放射で出入りする温エクセルギーは、周壁平均温が比較的高めの場合に大きくなり、温もり感[6)]をもたらすのに重要である[7)]。建築外皮の必要十分な断熱性と蓄熱性が肝要な所以である。

夏に外気温が 30°C のとき、周壁温が 28°C だったとすると、0.05 W/m²（50 mW/

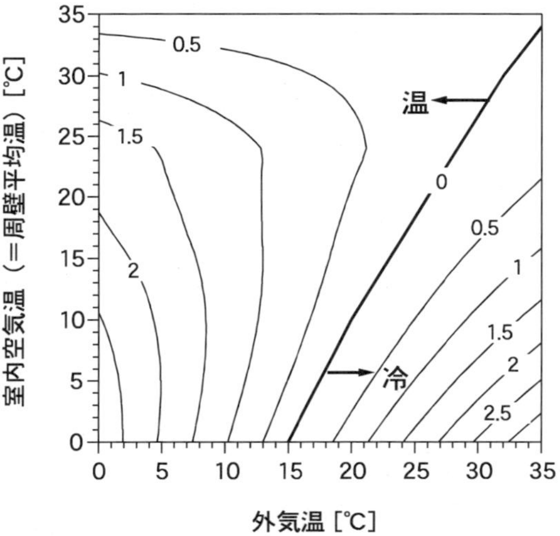

図 4.6.5　人体を出入りする対流熱エクセルギーと外気温・室内空気温の関係。単位は W/㎡。着衣温＝外気温のとき対流エクセルギーは 0 になる。対流エクセルギー 0 の線より左側は、人体から周囲空気に温エクセルギーが出る。右側は周囲空気から人体に冷エクセルギーが入る。

m^2) の冷エクセルギーが人体に入る。高温多湿な地域の実効放射による冷エクセルギーは、3.8 に述べたように、0.5〜1.0 W/m^2 (500〜1000 mW/m^2) であった。また 2.7 に述べた天井面を冷やす採冷システムの場合、天井から居住者に入る冷放射エクセルギー 0.004〜0.015 W/m^2 (4〜15 mW/m^2) が気持ち良さを与えていた。これらのことを考えあわせると、窓や壁の遮熱・断熱によって小さな冷放射エクセルギーを顕在化させることの重要性がよくわかる。

図 4.6.5 は、対流で人体を出入りする熱エクセルギーと外気温・室内空気温（＝周壁平均温）の関係を示したものである。対流による熱エクセルギーも、図 4.6.4 に示した着衣から出る放射熱エクセルギーと同様に着衣温と外気温が等しい場合に 0 になる。この熱エクセルギーが 0 の線より左側は、着衣から周囲空気に向かって温エクセルギーが「出る」場合、右側は周囲空気から着衣に向かって冷エクセルギーが「入る」場合である[ξ]。

ξ 対流で人体を出入りする温・冷エクセルギーの出入りの組合せは、着衣温・室内空気温・外気温（環境温度）の三者の高低関係で決まる[8)]。表 4.6.2 に示した着衣から出る対流熱エクセルギーの式を計算して、正の値になる場合が温エクセルギーの着衣からの出、負の値になる場合が冷エクセルギーの着衣への入りとなる。

冬に外気温が5℃のとき、室内空気温が20℃だったとすると、1.7 W/m²の温エクセルギーが対流によって人体から室内へ放出される。室内空気温が30℃の場合でさえも0.9 W/m²の温エクセルギーが人体から放出される。これは、暖房の役割が、対流によって人体に温エクセルギーを与えることではないことを説明する。夏に外気温が30℃のとき、通風によって室内空気温が外気温と同じ30℃になっている室内では、対流によって0.1 W/m²の温エクセルギーが放出される。一方、冷房によって室内空気温が23℃に調整されていたとすると、人体は対流によって0.1 W/m²の冷エクセルギーを受け取る。いわゆる冷房病は、人体が対流によって冷エクセルギーを受け取るような場合に起きる[9)10)]。冷房の役割は、対流によって冷エクセルギーを人体に与えることではないと言える。

大きな温エクセルギーを人体に与えることが暖房ではなく、また、大きな冷エクセルギーを人体に与えることが冷房でもない。暖房も冷房も、人体から周囲空間へのエントロピー排出がうまく行なえるように、人体からほどよい温エクセルギーが出力されるようにすることである。

図4.6.6は、冬季における人体エクセルギー収支の全体像を、(a)周壁平均温が19℃で空気温25℃の場合、(b)周壁平均温が25℃で空気温19℃の場合のそれぞれについて、「入力」側と「消費＋出力」側に分けて示したものである。周壁平均温と空気温の平均値（作用温度）は、(a)も(b)も22℃で同じである[11)12)13)]。

エクセルギー収支式は必ず、「入力」−「消費」＝「蓄積」＋「出力」と表現されるので、この式を「入力」＝「消費」＋「蓄積」＋「出力」と書き換えたとして、図中の左側にある横長棒グラフが「入力」を、右側が「消費」＋「蓄積」[§]＋「出力」を示している。棒グラフの高さ（縦方向の長さ）は、エクセルギーの「入力」（または、エクセルギーの「消費」＋「出力」）の値を示し、横軸はその内訳の比率を表わしている。

(a)は、躯体の断熱が不十分な室内で、対流式暖房（エアコンなど）で室内空気を暖めて、空気温が周壁温より高めになっている場合に対応し、(b)は、躯体の断熱性が高くて、床暖房や放射パネルによって壁・床・天井などの周壁の温度が、

---

§ 人体のコアとシェルに蓄積されるエクセルギーの合計値は極めて小さいので、図中には現われていない。なお、コアとシェルが蓄積するエクセルギーは、特に人が屋外と室内のあいだを移動するような過渡的（非定常的）な状況では、それぞれが異なった変動を示し、また、その値も無視できないかもしれない。

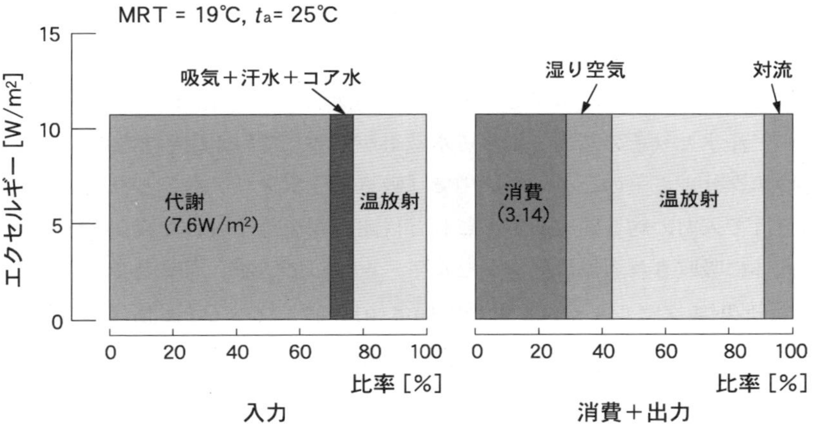

(a) 周壁平均温度19℃・室内空気温度25℃の場合

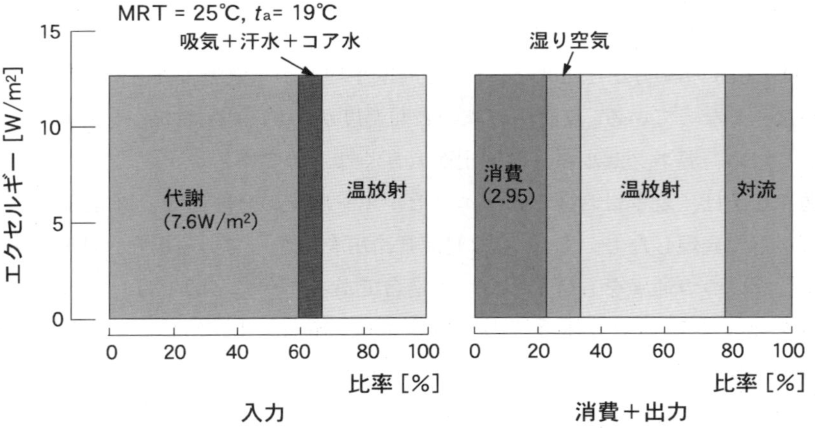

(b) 周壁平均温度25℃・室内空気温度19℃の場合

図4.6.6　冬季（外気温度 0°C；相対湿度 40 %）における人体を出入りし消費されるエクセルギー。(a)は周壁平均温度＜空気温の場合、(b)は周壁平均温＞空気温の場合。横軸は、エクセルギー入力・消費・出力の各要素が、エクセルギー入力（あるいは消費＋出力）の全体に占める割合。

空気の温度よりも高めになっている場合に対応する。

エクセルギー入力のうち代謝によって湧きだす温エクセルギーは、(a)と(b)の双方ともに7.6 W/m²であり、60〜70 %を占める。この温エクセルギーは、食物に含まれる化学エクセルギーが体内で消費された結果うみ出されたものであり、体内で生成される液体水に含まれる湿エクセルギーや人体周囲から入るエクセルギーとともに、体温を一定に保つために消費される。

吸気に含まれる温・湿エクセルギー、人体深部で生じる液体水の温・湿エクセルギー、汗水と（その蒸発で生じる水蒸気が拡散していく相手となる）乾き空気のもつエクセルギーの三者は、図中で「吸気＋汗水＋コア水」と表現してあり、その合計で入力の約5％である。これと代謝の和を差し引いた残り（25～35％）は、人体に吸収される温放射エクセルギーとなっている。周壁温度が高めの場合(b)の温放射エクセルギーは、低めの場合(a)の値に比べて1.8倍ほど大きい。

エクセルギー消費は、人体に入るエクセルギーの20～30％を占めている。周壁平均温が空気温よりも高い場合(b)の方が、エクセルギー消費は小さいことがわかる。これは、上述のように、「温」放射エクセルギーの吸収が大きいために、皮膚や着衣の表面温度が高めとなり、人体深部との温度差が小さめになるからである。

放射と対流によって人体表面から周囲空間へ出ていく温エクセルギーの割合は、図4.6.5の説明でも述べたように、周壁平均温が空気温よりも高い場合(b)の方が大きくなっている。皮膚や着衣の表面温度が、(a)の場合に比べて高めになっているため、温エクセルギーの放出が大きくなるのである。

図4.6.7は、夏季における人体エクセルギー収支の全体像を、図4.6.6と同様のしかたで表現したもので、(a)は対流式冷房を行なっている場合、(b)は放射冷房を行ないつつ通風をも行なっている場合である[11)12)13)]。(a)では、室内空気の温湿度を26°C；50％で人体近傍の気流速を0.1 m/s、(b)では30°C；65％で0.3 m/sを想定している。周壁平均温度は、(a)と(b)のいずれも27°Cと仮定している。図の読み方は図4.6.6と同じである。

夏季は、エクセルギーの「入力」と「消費＋出力」の値が冬季に比べてかなり小さい。これは、室内外の温度差が冬季よりも小さいからである。

人体に入るエクセルギーを見ると、(a)でも(b)でも、汗水と（その蒸発の際に相互拡散していく相手となる）乾き空気のもつエクセルギー（「汗水＋乾き空気＋コア水」）が40～50％を占めている。この比率は、冬季の場合に比べて著しく大きい。これは、(a)の対流式冷房では、室内に低温・低湿の空気が供給されるために、汗水が拡散していく先となる乾き空気が大きな「冷・乾」エクセルギーをもつからである。また、(b)の放射冷却＋通風では、発汗量が大きめになるために、

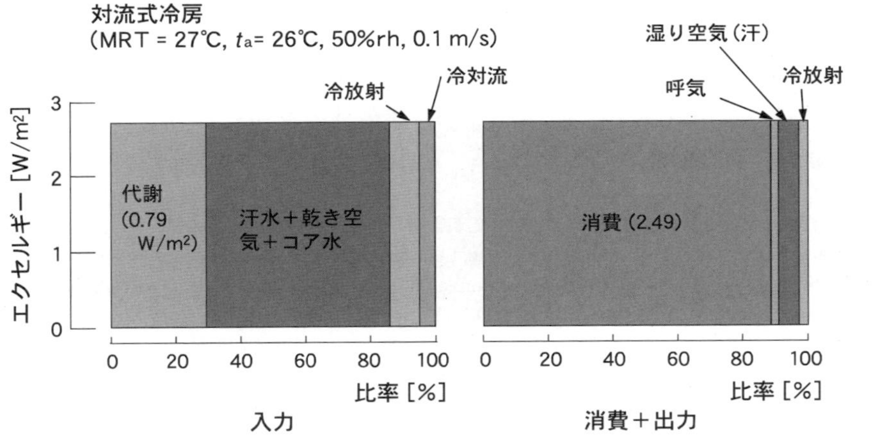

(a) 対流式冷房の場合

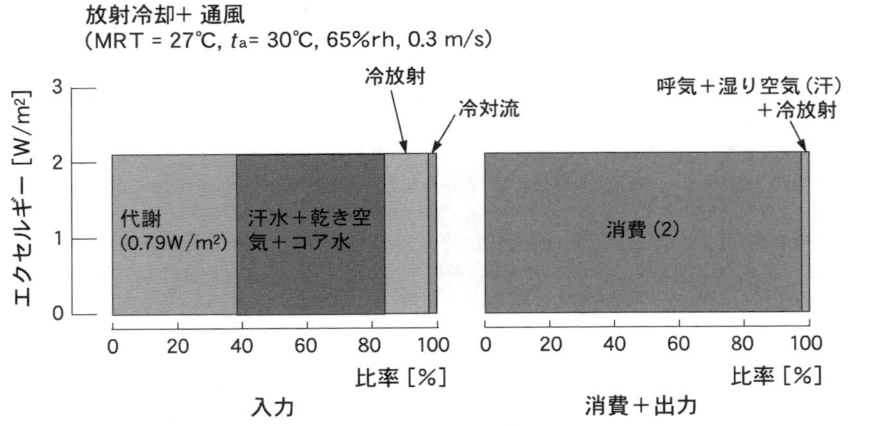

(b) 放射冷却＋通風の場合

図 4.6.7 夏季（外気温度 33℃；相対湿度 60 %）における人体を出入りし消費されるエクセルギー。(a) は対流式冷房を、(b) は放射冷却＋通風の場合。横軸はエクセルギー入力（あるいは消費＋出力）に占める割合。

結果として汗水のもつ湿エクセルギーが大きくなるからである。

汗水のもつ湿エクセルギーの消費が、通風のもたらす皮膚表面近くの対流によって促進されると、わずかながら冷エクセルギーが出力されるようになる。放射冷却と通風の組合せは、発汗という体温調節のしくみを活かして「涼しさ」の知覚を引き出す工夫で、「涼しさ」は汗水のもつ湿エクセルギーの消費がもたらすといえよう。

● 参 考 文 献 ●

1) 藤本守：水の代謝、最新・医学大辞典（後藤稠 編）所収、医歯薬出版、1996年、p.1383

2) A.P. Gagge, Y. Nishi and R.R. Gonzalez: Standard Effective Temperature—A Single Temperature Index of Temperature Sensation and Thermal Discomfort—, Proceedings of CIB Commission W 45 Symposium, HMSO, 1973, pp. 229-250

3) 斉藤雅也・宿谷昌則・篠原利光：人体のエクセルギー収支と温冷感、日本建築学会計画系論文集 第534号、2000年8月、pp.17-23

4) 伊澤康一・小溝隆裕・宿谷昌則：室内空気温・周壁平均温の組み合わせと人体エクセルギー消費の関係、日本建築学会環境系論文集　第570号、2003年8月、pp.29-35

5) 西川竜二・鈴木浩史・宿谷昌則：蒸発冷却のエクセルギー・エントロピー過程に関する試算、日本建築学会計画系論文集 第489号、1996年12月、pp.47-55

6) 宿谷昌則：エクセルギーの見方・考え方と自然共生建築、日本建築学会環境工学委員会 第32回熱シンポジウム「持続可能な社会における熱・光・空気のデザインと技術」—バイオクリマティックデザインの現在—予稿集、2002年11 月、pp.51-57

7) 江頭寛基・直井隆行・伊澤康一・宿谷昌則・生島充・石川雅規：〈あたたかさ〉に関する実験とその解析—採温と採暖の比較—(その２．被験者の温冷感と人体エクセルギー消費)、日本建築学会大会学術講演梗概集、2003年9月、pp.601-602

8) 伊澤康一・高橋達・斉藤雅也・宿谷昌則：採冷空間と冷房空間の人体エクセルギー収支比較、日本建築学会計画系論文集 第556号、2002年6月、pp.31-38

9) 江頭寛基・佐山竜一・斉藤雅也・宿谷昌則：冷房空間と屋外の往来に伴う疲労感に関する研究（その１．実態調査)、日本建築学会大会学術講演梗概集、2001年9月、pp.441-442

10) 佐山竜一・江頭寛基・斉藤雅也・宿谷昌則：冷房空間と屋外の往来に伴う疲労感に関する研究（その２．被験者実験)、日本建築学会大会学術講演梗概集、2001年9月、pp.443-444

11) 岩松俊哉・長沢俊・林慧・片岡えり・北村規明・宿谷昌則：集合住宅における放射冷却パネルを用いた採冷手法の可能性に関する研究(その３．人体エクセルギー収支に関する考察)、日本建築学会大会学術講演梗概集、2008年9月、pp.529-530

12) M.Shukuya, Thermal Radiant Exergy and Its Importance for Providing Low-Exergy Consumption Rate of Human Body in the Built Environment, CLIMA 2010, 9-12th May, Antalya Turkey, 2010

13) M.Shukuya, M.Saito, K.Isawa, T.Iwamatsu and H.Asada, "Human-body Exergy Balance and Thermal Comfort", Report for IEA/ECBCS/Annex 49— "Low-exergy systems for high-performance buildings and community systems, 2010

物拡散・熱拡散—開放系の理論——

4・7 植物のからだ（葉）

植物のからだは根・幹・枝・葉から成るといえよう。植物のからだは、前節4.6で述べたヒトのからだと同様に開放系である。植物が動物と最も異なる点は、ヒトのからだとは逆の化学反応（光合成）が葉で行なわれることだ。光合成反応は、グルコースという物質への化学エクセルギーの蓄積である。

私たちの身の回りにある植物を改めて眺めてみると、幹や枝の形・太さ、葉の形・大きさ・柔らかさといった構造の多様性に気づく。広葉樹は、その名のとおり広く大きめの軟らかい葉をもつのに対して、針葉樹は、小さくて硬い葉をもつ。落葉の有無といった機能の多様性もある。2.1に述べたパッシブシステムの多様性は、葉の形・大きさ、落葉の有無といった植物の多様性とよく似ている。

植物の多様性は、葉を取り囲む空気の温湿度や日射量・降水量・風速とよく対応する。広葉樹のよく育つ地域は、日射が強くしかも水資源が豊かであり、この気象条件を反映して光合成の速さが大きい。一方、針葉樹の多くは日射が弱い寒冷地域に生きるので、広葉樹に比べて光合成の速さが小さい[1)2)]。植物の葉には、以上のような多様性がある一方で、広葉樹・針葉樹あるいは落葉樹・常緑樹で違わない光合成と蒸散を営むという普遍性がある。本節では、葉のエクセルギー収支式の観点から、光合成と蒸散について考えてみたい。

4.7.1 光合成プロセスのイメージ

図4.7.1は、植物のからだのうち葉の部分の構造を模式的に描いたものである。この図は、2.9の図2.9.1として示したものと同じである。葉を構成する細胞は細胞壁に囲まれている。細胞内の空間には葉緑体があり、そのまた内側空間にグラナとストロマがある。葉緑素はグラナを構成するチラコイドと呼ばれる膜の中にある。グラナでは「明反応」が行なわれ、ストロマでは「暗反応」が行なわれる。

グラナの中のチラコイド膜上にある葉緑素は、細胞壁・細胞膜を透過してきた

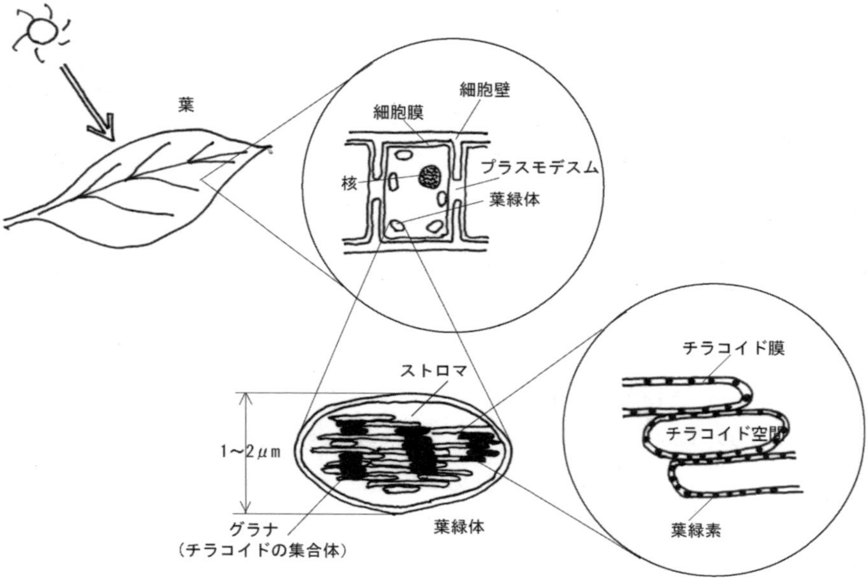

図 4.7.1　葉の構造。チラコイド膜にある葉緑素と ATP 合成装置・NADPH 合成装置では明反応が行なわれる。グラナ（チラコイドの集合体）の外側空間ストロマでは暗反応が行なわれる。

日射エクセルギーを取り込むと、それを消費することによって、まず光合成の原材料資源としての水（H_2O）を水素（H_2）と酸素(O_2)とに分解する。この水素は、やはりチラコイド膜上にある一種のタンパク質によって NADP と呼ばれる物質に結びつけられ、NADPH という物質がつくられる*[1]。チラコイド膜上にあるこのタンパク質を、NADPH 合成装置と呼ぶ。酸素の方は、葉緑体から葉細胞質へ、葉細胞から気孔へ、気孔から外部環境へと拡散していき排出される。

チラコイド膜には NADPH 合成装置に加えて、ATP 合成装置（これも一種のタンパク質）があって、ADP と呼ばれる物質にリン酸(Pi) を結びつけ、ATP もつくる*[2]。グラナにおける以上のプロセスを明反応という。「明」反応と呼ばれる

*[1]　NADP と NADPH は、ニコチンアミドアデニンヂヌクレオチドリン酸（nicotinamide adenine dinucleotide phosphate）の略称。NADP は酸化型、それに H がくっついた NADPH は還元型。

*[2]　ATP はアデノシン三リン酸（adenosine triphosphate）の略称。ATP の“T”は、3 を意味する tri の頭文字であることがわかれば、ADP はアデノシン二リン酸であることがわかるだろう。ADP の“D”は、2 を意味する di の頭文字。なお、AMP と略称される物質もあるが、これはアデノシン一リン酸のことである。“M”は mono の頭文字。

のは、日射エクセルギーの投入とその消費があってはじめて反応が進行するからである。

明反応に引き続いて、葉緑体のストロマで暗反応が起こる。これは、グルコース($C_6H_{12}O_6$)が生産される化学反応である。ストロマは周囲環境から二酸化炭素(CO_2)を取り込み、グラナの明反応とミトコンドリア[*1]で生産されたATPに蓄えられたエクセルギーを消費して、取り込んだ二酸化炭素にNADPHの水素(H)を強制的に割り込ませてグルコースをつくる。

このプロセスは、炭酸ガスの固定とも呼ばれる。空気中に0.03%程度の濃度で薄まって存在していた二酸化炭素が、グルコースの水溶液、あるいはグルコースが集合したショ糖やでんぷんといった固体として狭い空間に密集して存在するようになるからである[*2]。ストロマにおける以上の反応を「暗」反応と呼ぶのは、昼間に行なわれる明反応に対して、夜間にも進行可能だからである。

グラナの明反応とストロマの暗反応を模式的に描けば、図4.7.2のようになる。光合成全体は、日射エクセルギーから湿・冷エクセルギーへの流れと、液体水(H_2O) と二酸化炭素(CO_2)からグルコース($C_6H_{12}O_6$)と酸素(O_2)への流れの中に、NADPとADP・Piの循環があって営まれると見ることができる。

グルコース1個の生産について、明反応と暗反応におけるNADPの循環に着目して化学記号による表現を行なうと、次のようになる。

$$\begin{aligned} &12H_2O + 12NADP \rightarrow 12\,(NADPH + H^+) + 6O_2 \\ &6CO_2 + 12(NADPH + H^+) \rightarrow 12NADP + C_6H_{12}O_6 + 6H_2O \end{aligned} \qquad (4.7.1)$$

式(4.7.1)中にある4つの矢印をたどってみよう。12個のNADPが循環しており、そのあいだに12個の水素イオン(H^+)を運んでいることがわかる。NADPは作業物質の役割を果たしているのである。

*1 ミトコンドリア(mitochondria)は、植物でも動物でも、細胞中に共通して存在する器官である。その役割は、グルコースを取り込み、ADPとリン酸(Pi)からATPをつくり出すことである。私たちの身体では、筋肉繊維の収縮や、タンパク質のアミノ酸からの合成、神経細胞内外の塩分濃度制御に、ATPからADPとPiへの分解反応が用いられている。

*2 グルコースは水溶性でしかも反応性が高いため、不適切な場所で不必要な反応が起きると、植物の細胞群は致命的な傷を負いかねない。そのため、光合成でつくられたグルコースは、反応性の低いショ糖やでんぷんの形で蓄積される[3)]。

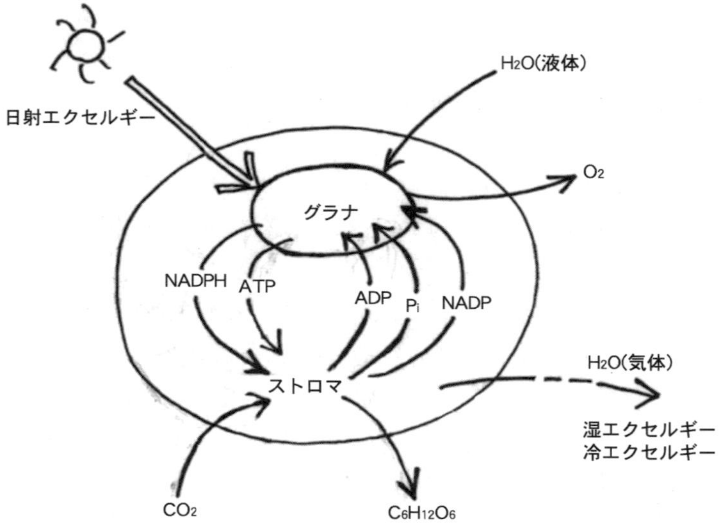

図 4.7.2　グラナとストロマにおける反応の全体。グラナにおける日射エクセルギーの投入と消費によって NADPH と ATP がつくられる。これらを使ってストロマで二酸化炭素がグルコースへと変化する。日射エクセルギーの消費は、グルコースの化学エクセルギーに加えて熱エクセルギーを産み出すが、熱エクセルギーは水の蒸発によって消費され、結果として生成されたエントロピーが葉の周囲空間へ排出される。

式（4.7.1）の上段左辺の初めの項に 12 個の水分子（H_2O）があり、下段右辺の終わりの項には 6 個の水分子がある。その差し引き 6 個の水分子は、式(4.7.1)の 2 つの式で示される反応をただすり抜けているだけで、光合成には何も寄与していないかに見える。しかしながら、実は次のことが起きている。初めの 6 個の水分子のなかにある水素(H)は、前半の式の右辺にあるように、水分子から椀(も)ぎ取られて、12 個の水素イオン(H^+)となる。これらは、後半の式にあるように、二酸化炭素(CO_2)がグルコースへと化ける際に、余剰として必然的に現われる酸素（O_2）と反応して、再び水分子の一部になる。すなわち、差し引き分の 6 個の水分子は、光合成反応の過程で新たにつくられているのである。

チラコイド膜にある葉緑素は、どんな波長（あるいは振動数）の光を受けても水を分解できるわけではない。水の分解が可能になる光の波長領域は限られている。図 4.7.3 は、葉緑素が励起される光の波長領域[4)5)]を、ヒトの視感度とともに示したものである[2)]。葉緑素は、ヒトの目には青く見える 0.4～0.5 μm と赤く見える 0.6～0.7 μm の波長範囲の光をよく吸収する。ヒトは 0.5～0.6 μm の光を

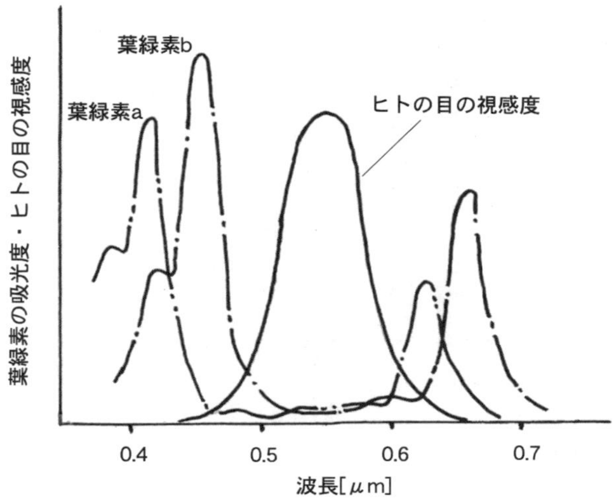

図 4.7.3　葉緑素(タイプ a とタイプ b)が励起される光の波長分布とヒトの目の視感度。葉緑素は、ヒトの目には青く見える波長 0.4〜0.5 μm と赤く見える 0.6〜0.7 μm の放射をよく吸収する。葉緑素は波長 0.5〜0.6 μm の放射を反射もしくは透過する。波長 0.5〜0.6 μm の領域は、ヒトの目には緑色に見える。植物の葉の多くが緑色に見えるのはこのためである。

緑色として感知する。葉緑素は、この波長領域の光は反射するか透過するかのどちらかである。そのため、私たちの目には多くの植物の葉が緑色に見える*。

図 4.7.4 は、日射の運ぶエネルギーが電磁波の波長ごとにおよそどのように分布するか、また、その中で葉緑素が励起される範囲（網掛け部分）を示したものである。光合成に直接関与できる日射エネルギーは、全体の約 19 %である[6)]。その1/4〜1/3、すなわち入射した日射エネルギーの 5〜6 %がグルコースという特異な構造に固定される*。入射した日射エネルギーの 94〜95％は、結局のところ熱化する。すなわちエントロピーが生成される。このエントロピーを葉の外部へ排出するのに大量の水が必要になる。

* 濃い赤色や赤紫色の葉をもつ植物も葉緑素をもつが、緑色に見えないのは赤色や赤紫色の色素タンパク質が多くあるためと考えられる。

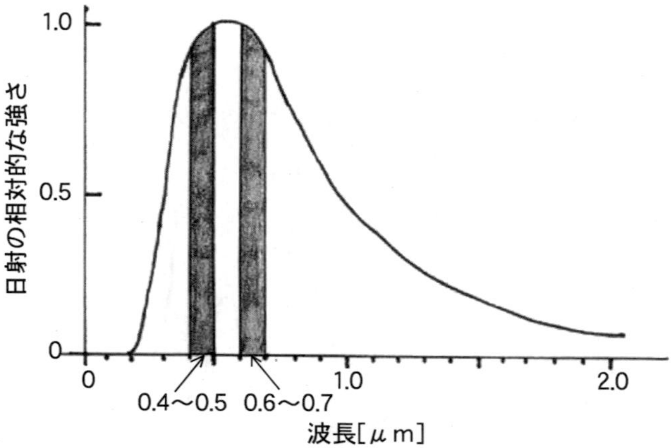

図4.7.4　日射の相対的な強さの波長分布とその中で葉緑素が励起される範囲（網かけの部分）[6]。これは全体の約19％である。

4.7.2　エクセルギー収支

以上のことを踏まえてエクセルギー収支式を書けば、おおむね次のようになるだろう。

[日射エクセルギー]−[エクセルギー消費①]＝
[グルコースのエクセルギー蓄積]＋[温エクセルギー]　(4.7.2)

葉が十分に繁った植物では、かなり強い日射を浴びていても葉の温度はあまり高くはならない。むしろ気温よりわずかに低くなっていることが少なくない[8)9)]。これは、葉から出る熱エクセルギーが温エクセルギーではなく、冷エクセルギー

---

* 光合成によってグルコース（$C_6H_{12}O_6$）1分子中に固定されるエネルギーは、波長が長め（0.7 μm）の光子（photon）の数で表現すれば16個に相当する。これは、グルコース1分子当たりの燃焼エンタルピー[7)]を光子1個当たりのエネルギー（$h\nu$）で割ることによって得られる。h はプランク定数（$=6.626\times10^{-34}$J•s）、ν は振動数。波長が0.7 μm であれば、$\nu=430$ THz。

光合成は、光子1個当たり二酸化炭素（CO_2）0.1〜0.125個を固定する。これを量子収量という。言い換えれば、二酸化炭素1分子を固定するのに、8〜10個の光子が必要である。グルコース（$C_6H_{12}O_6$）1分子を得ることは、二酸化炭素6分子を固定することだから、それに必要な光子数は48〜60個となる。したがって、その1/4(≒16/60)〜1/3(＝16/48)に相当するエネルギーが、グルコース1分子に固定される。残り（3/4〜2/3）の光子群は熱化し散逸する[6)]。

であることを意味する。それが可能となるためには、湿エクセルギーの消費がなければならないはずである。このことをエクセルギー収支式として表現すれば、

[温エクセルギー]＋[(液体水の) 湿エクセルギー]
　　－[エクセルギー消費②]＝[冷エクセルギー]
　　　　＋[(水蒸気の) 湿エクセルギー]　(4.7.3)

エクセルギー消費①は日射エクセルギーの消費、エクセルギー消費②は湿エクセルギーの消費である。

式 (4.7.1) の左辺に示した水 (H_2O) 分子12個のうちの6個は、グルコース ($C_6H_{12}O_6$) の構成に寄与する。右辺に示した水6個は、蒸発散に寄与はするけれども、冷エクセルギーを産み出すには不十分と考えられる。水蒸気によるエントロピー排出が十分に行なわれるには、どれほどの水量が必要かを見積もった勝木の計算によると[6)]、葉は約600個の水分子を余計に取り込まなくてはならない。この値は、外気温・日射の条件によって多少変化するものと考えられる。葉の気孔がもつ水の蒸散にかかわる抵抗の温度依存性などを考慮した計算を、日射や外気温の変動を考慮して行なった結果を示したのが2.9の図2.9.3である。この図を改めて見ると、光合成でグルコースそのものの構成に関与する水の量に比べて、著しく多量の水が蒸発していることがわかる。植物の葉は、根・幹・枝という道筋で、土から液体水の湿エクセルギーを吸い上げているということができる。

式 (4.7.2) の右辺第2項と式 (4.7.3) の左辺第1項の温エクセルギーは同一であることに注意して、式 (4.7.2) と式 (4.7.3) をまとめると、葉の全体についてのエクセルギー収支式が得られる。

[日射エクセルギー]＋[(液体水の) 湿エクセルギー]
　　－{[エクセルギー消費①]＋[エクセルギー消費②]}
＝[グルコースによるエクセルギー蓄積]＋[冷エクセルギー]
　　　　＋[(水蒸気の) 湿エクセルギー]　(4.7.4)

生きている植物と、それと形が見誤るほどに同じ（例えばプラスチック製の）植物模型があったとする。前者（の生きている植物）では、もちろん式 (4.7.4) が成り立つが、後者の模型では、エクセルギー消費②が生じ得ないし、グルコースによるエクセルギー蓄積もできない。また、温エクセルギーばかりがつくり出

表4.7.1　葉のエクセルギー収支式の構成要素とその表現形式[10)]

「入る」	日射エクセルギー	$\alpha(I-s_I\cdot T_o)\mathrm{d}t$
	（液体水の）湿エクセルギー	$\left(\frac{m_{wp}+m_{we}}{M_w}RT_o\ln\frac{p_{vs\mid To}}{p_{vo}}+\frac{m_a}{M_a}RT_o\ln\frac{p_{ao}^*}{p_{ao}}\right)\mathrm{d}t$
「消費」	エクセルギー消費	$\delta S_g\cdot T_o$
「溜まる」	グルコースによる蓄積エクセルギー	$\left[\left(\frac{m_{co}}{M_{co}}RT_o\ln\frac{1}{x_{co}}+\frac{m_{wp}}{M_{co}}RT_o\ln\frac{1}{x_{vo}}\right)+\frac{m_{gl}}{M_{gl}}(\Delta H-\Delta S\cdot T_o)-\frac{m_{ox}}{M_{ox}}RT_o\ln\frac{1}{x_{oxo}}\right]\mathrm{d}t$
「出る」	冷エクセルギー	$\frac{h_{cr}(T_l-T_o)^2}{T_l}\mathrm{d}t$
	（水蒸気の）湿エクセルギー	$\left(\frac{m_{we}}{M_w}RT_o\ln\frac{p_{vo}^*}{p_{vo}}\mathrm{d}t+\frac{m_a}{M_a}RT_o\ln\frac{p_{ao}^*}{p_{ao}}\right)\mathrm{d}t$

（注）各項は微小時間 $\mathrm{d}t$ 当たり、葉表面積 $1\,\mathrm{m}^2$ 当たりで表現してある。記号の意味は次のとおり。h_{cr}：葉表面の総合（対流＋放射）熱伝達率［W/(m²·K)］、I：葉が受ける日射エネルギー［W/m²］、M_{co}：二酸化炭素の分子量(＝44)［g/mol］、M_{gl}：グルコースの分子量(＝180)［g/mol］、M_{ox}：酸素の分子量(＝32)［g/mol］、M_w：水の分子量(＝18)［g/mol］、M_a：乾き空気の分子量(＝29)［g/mol］，m_a：蒸発する水と相互拡散する相手となる乾き空気の質量速さ［g/(s·m²)］、m_{co}：葉が二酸化炭素を取り込む速さ［g/(s·m²)］、m_{gl}：葉がグルコースをつくり出す速さ［g/(s·m²)］、m_{ox}：葉が酸素を排出する速さ［g/(s·m²)］、m_{we}：蒸発散のために取り込む液体水の速さ［g/(s·m²)］、m_{wp}：葉が光合成の原料として取り込む水の速さ［g/(s·m²)］、p_{vo}：環境の水蒸気圧［Pa］、$p_{vs\mid To}$：環境温度 T_oにおける飽和水蒸気圧［Pa］、p_{ao}：葉の周囲空間の乾き空気分圧［Pa］，p_{vo}^*：葉の周囲空間の水蒸気分圧［Pa］、R：気体定数［J/(mol·K)］(＝8.314)、S_g：生成エントロピー速さ［(Ons/s)/m²］（δは微小な生成を表わす接頭記号）、s_I：葉が受ける日射エントロピー［(Ons/s)/m²］、T_l：葉温［K］、T_o：環境温度（植物周囲の空気温度）［K］、x_{co}：環境における二酸化炭素のモル分率(＝0.00033)、x_{oxo}：環境における酸素のモル分率(＝0.21)、x_{vo}：環境における水蒸気のモル分率(＝0.002～0.007)、ΔH：光合成の反応エンタルピー［J/mol］、ΔS：光合成の反応エントロピー［Ons/mol］、α：葉の日射吸収率。

*1「入る」項には、ほんらい実効放射もあるが、光合成に与える影響は小さいとみて省略した。

*2　$T_l \neq T_o$であれば、グルコースが保有する熱エクセルギーも存在するが、化学エクセルギーに比べて著しく小さいので省略した。

*3　$T_l \neq T_o$であれば、水蒸気が保有する熱エクセルギーも存在するが、湿エクセルギーに比べて著しく小さいので省略した。

*4　$T_l < T_o$であれば、冷エクセルギーが出るが、$T_o < T_l$であれば、温エクセルギーが出る。日陰にある葉面は冷エクセルギーを出せる条件になりやすいが、日向にある葉面は温エクセルギーが出る条件にならざるを得ないことが多い。

*5　p_{vo}^*とp_{ao}^*は、葉が生い茂り過ぎているような場合を除いて、葉の周囲湿度は樹木全体にとっての周囲環境の湿度とほぼ同じとみなせるだろう。そういう場合は、$p_{vo}^*=p_{vo}$、$p_{ao}^*=p_{ao}$となる。

されてしまう。

緑地などで私たちヒトが感じる冷たさ（涼しさ）は、葉が自ら生きていくために根から吸い込んだ水の湿エクセルギーを消費してつくり出された冷エクセルギーによっているのである。

表 4.7.1 は、式 (4.7.4) の各項を具体的に計算するための表現形式をまとめて示したものである[10)13)15)]。

● 参 考 文 献 ●

1) 吉岡邦二：植物地理学 生態学講座 12、共立出版、1972 年、p.58
2) 宿谷昌則：自然共生建築を求めて、鹿島出版会、1999 年 2 月、pp.67-77
3) M.Jones & G.Jones, Biology, Cambridge Univ. Press, 1995, pp.54-56
4) 増田芳雄：植物生理学、培風館、1988 年、p.179
5) P. H. Raven and G. B.Johnson, Photosynthesis, Biology, Times Mirror & Mosby College Publishing, 1989, pp.179-198
6) 勝木渥：物理学に基づく環境の基礎理論―冷却・循環・エントロピー―、海鳴社、1999 年、pp.95-114
7) P.W. Atkins 著（千原秀明・稲葉昭 訳）：アトキンス物理化学要論 第 2 版、東京化学同人、1994 年、pp.51-96
8) 佐山竜一・平井秀幸・高橋達・宿谷昌則：雑木林内外の温熱環境に関する実測、日本建築学会大会学術講演梗概集、1999 年 9 月、pp.593-596
9) 斉藤雅也・矢部和夫・石野小夜子：都市林の林縁開放度が林内微気象と林床植生に与える影響、(財) 都市緑化技術開発機構、都市緑化技術 No.48、2003 年 4 月、pp.40-42
10) 斉藤雅也・高橋達・宿谷昌則：葉のエクセルギー収支に関する数値解析―涼房手法としての樹木の効果に関する基礎的研究―、日本建築学会計画系論文集 第 505 号、1998 年 3 月、pp.51-58
11) 足立匡俊・津村真理・伊澤康一・宿谷昌則：緑地空間がつくり出す「冷たさ」に関する実測研究（その 1. 実測概要と温湿度の測定結果)、日本建築学会大会学術講演梗概集、2005 年 9 月、pp.627-628
12) 津村真理・足立匡俊・伊澤康一・宿谷昌則：緑地空間がつくり出す「冷たさ」に関する実測研究（その 2. 保全林内のモデル化とエクセルギー解析)、日本建築学会大会学術講演梗概集、2005 年 9 月、pp.629-630
13) 伊澤康一・津村真理・足立匡俊・宿谷昌則：緑地空間がつくり出す「冷たさ」に関する実測研究（その 3. 葉面のエクセルギー消費と光合成・蒸散の関係)、日本建築学会大会学術講演梗概集、2005 年 9 月、pp.631-632
14) 徳永佳代・深井友樹・山口陽子・掛上恭・西崎久・宿谷昌則：環境共生住宅における通風と緑化の組み合わせ効果に関する実験研究（その 3. 建築外皮の熱特性と取得できるエクセルギーの関係)、日本建築学会大会学術講演梗概集、2008 年 9 月、pp.511-512
15) 井澤健輔・深井友樹・山口陽子・掛上恭・西崎久・徳永佳代・宿谷昌則：環境共生住宅における通風と緑化の組み合わせ効果に関する実験研究（その 4. 樹木の熱環境調整効果に関するシミュレーション)、日本建築学会大会学術講演梗概集、2008 年 9 月、pp.513-514

おわりに

本書をまとめ終えて、「エクセルギーの見方・考え方は誤りではなかったな・・・・」と改めて思う。

“エクセルギーで言えることは、エントロピーですべて言えるから、エクセルギーは不要ではないか。”、“エクセルギーの計算でわかることは、エネルギーの計算でわかることと同じ（だから、エクセルギーは不要だし不用）ですね。”、“エネルギー消費といって何が言いたいかは皆わかっているのだから、エネルギー問題の議論にエクセルギーなど今さらもち込む必要はない、むしろ混乱の元だ。”———このような指摘をたびたび受けた。

エクセルギーという概念に出会うよりもずっと前に、以上のような指摘を耳にしていたなら、私（宿谷）はエクセルギーの研究には手を出さなかったかもしれない。ネガティブな指摘をいくら受けても揺らぐことのないほどに強い信念を、エクセルギーの研究を進めるに当たって最初からもち合わせていたわけではない。

ネガティブな指摘を受けたのは、エクセルギーの研究を私たちなりに始めて3年ほど経ったころ（1993〜1995年）だった。そのころを思い出すと、「もう後には引けない。でも、困ったな。」という気持ちだった。しかし、ネガティブな指摘は、今となってみれば受けて幸いだった。ネガティブな指摘を受けられたからこそエクセルギー概念について深く考えることができ、こうして本書をまとめることになったと思うからだ。

学生時代に機械工学や化学工学を専攻する友人から“熱力学は（超）難解だ”という話を聞いたことがあって、なんとなく「恐ろしいから近づかないほうがよい学問」というイメージを抱いた。また、“自動車エンジンや発電プラントの働きに関する学問らしいから、建築や生物（ヒト）にかかわる学問とは関係ないだろう”といった（今になってみると）誤ったイメージも抱いたのだった。しかし、いずれにしても、自分自身で熱力学の本に目を通したわけではなく、また、熱力学の講義を受けたわけでもなしに、なんとなく勝手に抱いた軽いイメージだった。

学生時代に強い刷り込みがなかったことは、エクセルギーの研究を進める上ではかえって良かったと思う。軽いイメージしかなかったから、偏見を抱くことなしに研究を深めることができた。自分の頭で考えることができた。エクセルギーの研究という実践を通じて、学問する方法が学べたと思う。

本書の副題にある「流れ」と「循環」はいわゆるものではない。例えば、「鉛筆を取って下さい。」と言えば、言われた方は、(鉛筆がそこにあれば) 鉛筆を差し出すだろう。この「鉛筆」を「流れ」あるいは「循環」に置き換えてみる。「流れ」や「循環」がものでないのは明らかだ。「流れを取って下さい。」と言われても差し出すことはできない。

「流れ」と「循環」は、ものやものの集まりではなく、それらの働きである。働きとは機能である。機能に対置する熟語は構造だ。もののかたちづくる構造の振る舞いが機能だからである。構造は〈かたち〉、機能は〈かた〉と言ってもよい。構造は写真に撮れる。機能は写真に撮れない。だから、構造は見て取れるが、機能は読み取らなくてはならない。

「見て取る」のは瞬間的で、時間は (ほとんど) 止まっている。「読み取る」のは、多少なりとも時間がかかる。〈かたち〉は空間の広がりの中に瞬時に見る。〈かた〉は時間の流れと循環の中に読む。エクセルギーの概念は、〈かた〉を読み取るための道具の一つということができると思う。

建築環境に対する私たちなりの理解を深めるのにエクセルギー概念を使おう。そう思ってエクセルギーの研究に取り組み始めたわけだが、理解が深まっていくと、自然のしくみとは何かに自ずと目がいくようになり、以前には気づかずにいた自然に存在する様々な大きさの「流れ」や「循環」に気づき、それらが連なり展開する様子をもイメージできるようになってきた。学問を通して目を開かされ、自然のつくる〈かたち〉や〈かた〉の美しさが私たちにも少しは見えてきたし読めてきた。イメージが豊かになってきたと思うのだ。

「デザイン」といえば〈かたち〉――そう連想するのが常識だろう。〈かたち〉がデザインの一側面であることは間違いないが、「デザイン」にはもう一つの側面〈かた〉があることを見落とし (読み落とし) てはならないと思う。本書の副題を「流れ・循環のデザインとは何か」とした所以である。

本書は、1999年に発刊した「自然共生建築を求めて」（鹿島出版会）で書き記した内容を発展させ詳述したものであるが、前書から本書への成長には、1999〜2004年に行なわれた国際共同研究プログラム*への参加も重要だった。私たちの行なってきたエクセルギー研究の内容が通用するかどうかを確かめるまたとない機会だったからだ。この国際的な研究グループは4年間の共同研究を経て、International Society for Low Exergy Systems in Buildings (http://www.lowex.net/) を立ち上げるに至っている。海外では身近な（建築）環境にかかわるエネルギー問題に、エクセルギー概念を適用しようとする人たちがこれまでのところほとんどいない。本書の英文版をまとめる必要が出てきた。

北斗出版の長尾愛一郎さんは、エクセルギーの研究を通じて、私が培ってきたものの見方・考え方にたいへんに共鳴してくださった。最初の粗い目次案を見ていただいたのが2001年の初秋のころで、それから「1年半ぐらいで書き上げます」と豪語したのだったが果たせず、今日に至ってしまった。当初の約束に反して文章の量が多くなり、また、絵や数式の量も多くなってしまったが、私のわがままを大目に見てくださり、「読み継がれ得る良い本を」と辛抱強く待ち続けて下さると同時に励まし続けても下さった。本書は長尾さんなしに纏まりあがることはなかった。著者を代表して感謝します。ありがとうございました。

末筆になったが、本書が形を成すに到ったのはもちろん家族の支えがあってのことである。ありがとう。

2004年　初夏

編著者　　宿谷昌則

---

* 国際エネルギー機関—建築・地域社会における省エネルギー部門—(IEA-ECBCS)の「低エクセルギー利用暖冷房システムの開発研究」(Annex 37 : Low Exergy Systems for Heating and Cooling of Buildings, http://www.vtt.fi/rte/projects/annex37)。

索　引

さ行

た行

な行

は行

ま行

や行

ら行

わ行

共著者略歴

• 西川竜二（にしかわりょうじ）

秋田大学准教授(教育文化学部地域科学課程生活者科学講座・大学院教育学研究科)

専門は建築環境学。気候風土に適した住環境(熱・光)や、地域における住生活の健康課題(ヒートショック・曝露照度)の実態とその建築的改善策について研究と教育を行なっている。生活者への住環境教育と教員養成・学校教育(主に家庭科)にも携わる。

著書(分担)に、『学校のなかの地球』(技報堂出版、2007)、『雨の建築学』(北斗出版、2000)。

2004年から現職。秋田大学教育文化学部専任講師(2001〜2004)。東京理科大学理工学部建築学科助手(1998〜2001)。

博士(工学)(1998、武蔵工業大学)、武蔵工業大学大学院博士課程修了(1997)。同工学部建築学科卒業(1992)。東京生まれ(1970)。

• 高橋 達（たかはしいたる）

東海大学准教授(工学部建築学科・大学院工学研究科建築学専攻)

自然のポテンシャルを活かす冷暖房(主に水を用いたパッシブクーリング)とともに、コンポストトイレなど養分循環に寄与する衛生システムの研究と教育を行なっている。また、研究成果を生かした建築・設備の設計にも関わっている。

著書(分担)に、『生活環境学』(井上書院、2008)、『学校のなかの地球』(技報堂出版、2007)、『雨の建築学』(北斗出版、2000)など。

2005年より現職。福岡工業大学社会環境学部専任講師(2001〜2004)。(株)大林組(1993〜1994)。

博士(工学)(1999、武蔵工業大学)。武蔵工業大学大学院博士課程修了(1998)、東京工業大学大学院社会開発工学専攻修了、修士(工学)(1993)。武蔵工業大学工学部建築学科卒業(1991)。横浜生まれ(1968)。

• 斉藤雅也（さいとうまさや）

札幌市立大学専任講師(デザイン学部・大学院デザイン研究科)

専門は、建築環境学。人の温冷感覚・想像温度と環境調整行動の関係についての研究を行なっている。北海道を中心に、住み心地のよい建築環境空間とは何かを伝える教育活動も、建築の専門家・一般市民を対象に進めている。

著書(分担)に、『雨の建築学』(北斗出版、2000)、『北方型建築の熱環境計画』(北海道建築技術協会、2010)ほか。

現職のデザイン学部講師は2007年から、同大学院デザイン研究科講師は2010年から。札幌市立高等専門学校専任講師(2001〜2007)、コーネル大学客員研究員(2003〜2004)、実践女子大学非常勤講師(2000)。

博士(工学)(2000、武蔵工業大学)、武蔵工業大学大学院博士課程修了(1999)、同工学部建築学科卒業(1994)、津生まれ(1970)。

• 淺田秀男（あさだひでお）

(株)アーキテック・コンサルティング研究室長

暖冷房・照明に関わる室内環境・エネルギー評価に関する研究開発に携わっている。より良い室内環境をより小さなエネルギー使用量で実現するシステムの開発を目指している。

著書(分担)に、『昼光利用デザインガイド』(日本建築学会編著、技報堂出版、2007)、『自立循環型住宅への設計ガイドライン』(建築環境・省エネルギー機構、2005)。

2005年から現職。産業技術総合研究所中部センター客員研究員(2003)、デルフト工科大学(オランダ)建築学部客員研究員(2002〜2003)、東京理科大学理工学部助手(2001〜2002)、システック環境研究所(1998〜2000)、(株)大林組(1993〜1995)。

早稲田大学芸術学校非常勤講師(2004〜2007)、東京理科大学非常勤講師(2003〜2005)、武蔵工業大学客員研究員(1995〜1998)。

博士(工学)(2001、武蔵工業大学)、武蔵工業大学大学院修士課程修了(1993)、同工学部建築学科卒業(1991)。神戸生まれ(1967)。

• 伊澤康一（いさわこういち）

清水建設（株）技術研究所研究員

建築環境における空気清浄技術の研究開発に携わっている。生産施設等を対象として、清浄化が必要なエリアのみを、より小さなエネルギー使用量で清浄化する局所クリーン空調システムの開発を行なっている。
2005 年より現職。武蔵工業大学客員研究員(2004)。
博士(工学)(2004、武蔵工業大学)。武蔵工業大学大学院博士課程修了(2004)。同工学部建築学科卒業(1999)。仙台生まれ(1975)。

• 岩松俊哉 (いわまつとしや)

(財)電力中央研究所主任研究員(システム技術研究所需要家システム領域)
専門は建築環境学。厨房における換気・熱環境(特に放射環境)に関する実験・数値解析に取り組むとともに、住宅における熱環境と居住者の温熱快適性との関係について研究を行なっている。
著書(分担)に、『学校のなかの地球』(技報堂出版、2007)。
2010 年より現職。首都大学東京都市環境学部建築都市コース特任助教、国立国会図書館非常勤調査員(2009〜2010)。
博士(環境情報学)(2009、武蔵工業大学)。武蔵工業大学大学院環境情報学研究科博士課程修了(2009)。同環境情報学部環境情報学科卒業(2004)。東京生まれ(1981)。

• マーセル シュバイカ (Marcel SCHWEIKER)

カールスルーエ工科大学研究助手兼教育講師
住まい手の建築環境調整行動に関する心理学的・生理学的分析や熱的な快適さと暖冷房エクセルギー消費分析の研究を行なっている。
現職は 2010 年 7 月から。スタジオ・キパル(2005〜2006)、カッセル大学教育助手(2002〜2004)。
博士(環境情報学)(2010、武蔵工業大学)。武蔵工業大学大学院環境情報学研究科博士課程修了(2010)。カッセル大学大学院建築学専攻修士課程修了(2006)。カッセル大学建築学科卒業(2003)。ドイツ・ラーティンゲン生まれ(1978)。

編著者

宿谷昌則（しゅくやまさのり）

東京都市大学教授（環境情報学部・大学院環境情報学研究科）

専門は、建築環境学。自然のポテンシャルを活かす照明・暖房・冷房・換気などの建築環境システムとは何かを、熱力学と人間生物学の観点から理解し、人を含む自然の法則に照らして不自然でないシステムの開発を目指した研究と教育を行なっている。熱環境を中心とした一般向けの住環境教育にも携わっている。

著書に『自然共生建築を求めて』（鹿島出版会、1999)、『光と熱の建築環境学』（丸善、1993）など。著書（監修）に『住育ことはじめ』（小学館、2010)。

日本建築学会論文賞（2001)、空気調和・衛生工学会論文賞（1991)。

東京都市大学環境情報学部教授は1998年から、同大学院環境情報学研究科教授は2001年から。(株)日建設計（1983〜1985)、武蔵工業大学工学部建築学科専任講師（1985)、同助教授（1988)。

デンマーク工科大学オットメンステッド客員教授（2008〜2009)、東北大学大学院非常勤講師（2007〜)、早稲田大学大学院非常勤講師（2003〜)、九州大学非常勤講師（2001〜2003)、カリフォルニア大学ローレンスバークレー研究所客員研究員（1988〜1989）など。

工学博士（1982、早稲田大学)、早稲田大学理工学部建築学科卒業（1976)。東京生まれ（1953)。

エクセルギーと環境の理論 [改訂版]

2010年9月20日　改訂版第1刷発行

編著者　宿谷昌則©
発行者　関谷　勉
発行所　株式会社 井上書院
東京都文京区湯島 2-17-15　斎藤ビル
電話(03)5689-5481　FAX(03)5689-5483
http://www.inoueshoin.co.jp
振替 00110-2-100535
印刷所　あづま堂印刷株式会社
製本所　誠製本株式会社

ISBN978-4-7530-4858-8 C3052 Printed in Japan